LA MÉDIATION CULTURELLE

Collection *Communication et Civilisation*
dirigée par Nicolas Pelissier

Comité de lecture : Benoît d'Aiguillon, Olivier Arifon, Christine Barats, Philippe Bouquillion, Agnès Chauveau, Pascal Lardellier, Philippe Le Guern, Tristan Mattelart, Cécile Meadel, Arnaud Mercier, Dominique Pagès, Paul Rasse.

Design des couvertures : Philippe Quinton

La collection *Communication et Civilisation*, créée en septembre 1996, s'est donné un double objectif. D'une part, promouvoir des recherches originales menées sur l'information et la communication en France, en publiant notamment les travaux de jeunes chercheurs dont les découvertes gagnent à connaître une diffusion plus large. D'autre part, valoriser les études portant sur l'internationalisation de la communication et ses interactions avec les cultures locales.

Information et communication sont ici envisagées dans leur acception la plus large, celle qui motive le statut d'interdiscipline des sciences qui les étudient. Que l'on se réfère à l'anthropologie, aux technosciences, à la philosophie ou à l'histoire, il s'agit de révéler la très grande diversité de l'approche communicationnelle des phénomènes humains.

Cependant, ni l'information, ni la communication ne doivent être envisagées comme des objets autonomes et autosuffisants. Leur étude montre que toute société a besoin d'instances de médiation et qu'ils constituent des composantes à part entière du processus de civilisation. Or, à l'Ouest, à l'Est, au Nord et au Sud, ce processus admet des formes souvent spécifiques, parfois communes, mais toujours à découvrir.

La collection "Communication et Civilisation" comporte deux séries spécialisées : "Communication et Technologie" et "Communication en pratiques".

Dernières parutions

Michèle de BUSSIERRE, Cécile MÉADEL, Caroline ULMANN-MAURIAT (éds), *Radios et télévision au temps des "événements d'Algérie" (1954-1962)*, 1999.
Caroline ULMANN-MAURIAT, *Naissance d'un média : histoire politique de la radio en France (1921-1931)*, 1999.
Ion DRAGAN (éd.), *La communication du politique*, 1999.
Jean DAVALLON, *L'exposition à l'œuvre. Stratégies de communication et médiation symbolique*, 1999.

Bernard Lamizet

LA MÉDIATION CULTURELLE

L'Harmattan
5-7, rue de l'École Polytechnique
75005 Paris - FRANCE

L'Harmattan Inc.
55, rue Saint-Jacques
Montréal (Qc) - CANADA H2Y 1K9

DU MEME AUTEUR

Les lieux de la communication, Liège, Mardaga, 1992.

Markets and Myths : Forces for change in the european media (dirigé avec la collaboration de A. G. Weymouth), Londres, Addison Wesley Longman, 1996.

Les langages de la ville (dirigé avec la collaboration de P. Sanson), Marseille, Parenthèses, 1997.

Dictionnaire encyclopédique des sciences de l'information et de la communication, (dirigé avec la collaboration de A. Silem), Paris, Ellipses, 1997.

Dans la même collection

La médiation politique, Paris, 1998.

© L'Harmattan, 1999
ISBN : 2-7384-8644-4

Pour Antoinette et Flicka.

Introduction

LA MEDIATION ET LA CULTURE

La médiation et ses formes dans l'espace public

L'impératif social de la médiation

La médiation représente l'impératif social majeur de la dialectique entre le singulier et le collectif, et de sa représentation dans des formes symboliques. La société ne peut exister que si chacun de ses membres a conscience d'une relation dialectique nécessaire entre sa propre existence et l'existence de la communauté : c'est le sens de la médiation, qui constitue les formes culturelles d'appartenance et de sociabilité en leur donnant un langage et en leur donnant les formes et les usages par lesquels les acteurs de la sociabilité s'approprient les objets constitutifs de la culture qui fonde symboliquement les structures politiques et institutionnelles du contrat social. La médiation représente un impératif social majeur, en ce que, sans elle et sans la mise en oeuvre de leurs institutions et de leurs structures, la dimension collective et institutionnelle de l'existence sociale ne pourrait faire l'objet d'une reconnaissance, ni, *a fortiori*, d'une appropriation par les acteurs de la sociabilité. C'est la médiation qui, par sa dimension sociale et culturelle, nous fonde en tant que sujets sociaux et, par conséquent, met en oeuvre l'ensemble des dynamiques constitutives de la sociabilité : la médiation fonde la dimension à la fois singulière et collective de notre appartenance et, au-delà, de notre citoyenneté. C'est à cette échelle qu'il convient de prendre la mesure de l'importance des politiques culturelles : il ne saurait s'agir, comme on pourrait le croire, de politiques destinées à donner un «supplément d'âme» ou à organiser des activités collectives de loisirs ou d'acquisition de savoir, mais, au contraire, il s'agit de fonder, dans toute sa complexité et dans toute la pluralité de ses significations, la citoyenneté même qui constitue le lien social dans sa dimension politique et anthropologique. Dans ces conditions, l'impératif de la médiation est à la fois un impératif culturel, en ce qu'il assure la pérennité des formes et des langages de la représentations, et un impératif politique, en ce qu'il nous assure l'existence d'un langage et d'un système de significations et de représentations.

L'espace public : le lieu des médiations

C'est dans l'espace public que sont mises en oeuvre les formes de la médiation, en ce qu'il s'agit du lieu dans lequel est possible une telle dialectisation des formes collectives et des représentations singulières. L'espace public est, par définition, le lieu de la médiation culturelle[1], puisqu'il répond à trois définitions complémentaires. La première de ces définitions est qu'il s'agit d'un lieu de circulation, et non d'un lieu d'habitation : on n'habite pas l'espace public, on n'y a que des séjours temporaires ou des moments de passage. C'est, d'ailleurs, pourquoi le vagabondage est un délit, car nul ne saurait s'approprier l'espace public, qui doit demeurer un espace indistinct, et, pour cela, n'être voué qu'à des usages temporaires, comme peuvent l'être, précisément, les activités culturelles de représentation. Comme espace de circulation, l'espace public ne saurait faire l'objet d'une appropriation par un acteur singulier de la collectivité, ni constituer un espace de séjour. C'est pourquoi l'espace public est un espace fonctionnalisé : il y a, dans l'espace public, les lieux du jeu et du spectacle, les lieux de la religion et du culte, les lieux du savoir, les lieux de la justice, etc., et tous ces lieux, plutôt que d'être définis par ceux qui les possèdent ou par ceux qui les habitent, le sont par les usages dont ils font l'objet. C'est dans l'espace public que se déroulent les activités culturelles, puisqu'elles sont destinées à la communauté toute entière : du théâtre de rue aux salles de théâtre fermées, des musées publics aux galeries plus confidentielles, mais néanmoins ouvertes au public, les représentations de l'activité culturelle se déroulent toujours dans l'espace public. La seconde caractéristique de l'espace public est qu'il s'agit du lieu dans lequel je peux prendre conscience de mon appartenance collective : l'espace public n'est pas le lieu de l'appropriation singulière de l'espace, mais, au contraire, le lieu dans lequel s'expriment et se manifestent les formes collectives de la

---

[1] *Cf.* HABERMAS (1993), pp. 38-41.

sociabilité. L'espace public est voué à des usages sociaux, qui manifestent, dans leur pratique, la dimension collective de ceux qui les mettent en oeuvre : c'est dans l'espace public qu'ont lieu les défilés revendicatifs qui manifestent l'appartenance politique et les choix militants de ceux qui les composent ; c'est dans l'espace public qu'ont lieu les manifestations commémoratives qui témoignent de l'existence même de la collectivité. Enfin, c'est dans l'espace public que s'expriment et se représentent les formes institutionnelles de la médiation sociale et politique : l'espace public est le lieu des manifestations collectives de l'appartenance et de la vie politique, et, en particulier, il s'agit du lieu dans lequel sont mis en oeuvre les procédures et les rituels par lesquels s'expriment les logiques politiques et institutionnelles qui constituent la collectivité en État. Le moment de l'émergence de la cité est le moment où, dans l'histoire, émergent à notre conscience les logiques suivant lesquelles nous inscrivons notre sociabilité et notre appartenance dans des formes de pouvoir, de représentation et de territoire. Espaces publics fondateurs, l'agora et le théâtre constituent, dans l'Antiquité grecque, les deux espaces publics dans lesquels s'inscrit le contrat social fondateur de la cité - dans le langage politique des institutions et dans le langage culturel des spectacles, l'un et l'autre constituant les lieux de la représentation. Le caractère fondateur de l'espace public par rapport à la cité tient à ce qu'il faut qu'il y ait un espace public, un lieu de l'indistinction, pour que puissent s'exprimer et se représenter les formes collectives de notre sociabilité : il faut un espace public à la citoyenneté pour que, pouvant s'exprimer dans les formes symboliques d'un langage et d'une communication, elle fasse enfin l'objet d'une représentation qui lui confère une existence à la fois réelle, dans l'espace, et symbolique, dans les codes et dans les lois de la sociabilité. Par la matérialité des lieux qu'il constitue, l'espace public donne enfin une consistance effective à la sociabilité politique. Si, dans l'Antiquité grecque, l'agora et le théâtre constituent les lieux majeurs de la sociabilité, c'est qu'ils constituent, l'un et l'autre, les lieux dans lesquels s'expriment la dimension institutionnelle et la dimension esthétique de l'appartenance et de la sociabilité : les lieux dans lesquels le lien social s'inscrit dans des formes de représentation, qu'il s'agisse de la représentation de la cité par les citoyens qui délibèrent ou de sa représentation par les acteurs de l'esthétique théâtrale[2].

---

[2] *Cf.* LACARRIÈRE in DUMUR (1965), pp. 136-144 et BARTHES, *ibid.*, p. 524.

Les formes de la médiation : rationalité anthropologique et rationalité politique

Les formes de la médiation, institutionnelles ou symboliques, sont les formes qui en donnent à voir la mise en oeuvre, et qui, par conséquent, la rendent perceptible et intelligible pour ceux qui appartiennent à la sociabilité. Sans un langage de formes et sans une logique de représentation, la médiation demeurerait opaque et sans signification pour ceux qui ont à représenter leur appartenance sociale et politique. Les formes de la médiation sont les formes par lesquelles notre appartenance cesse de n'être qu'un objet de savoir dont nous sommes porteurs, pour devenir un objet de représentation. En effet, les formes de la médiation rendent possible, pour nous, la représentation de notre appartenance, et, en ce sens, elles rendent possible l'apparition de cet équivalent social et politique du stade du miroir, par lequel nous prenons conscience de notre propre appartenance et de notre propre sociabilité en percevant celles dont sont porteurs les autres : les formes de la médiation constituent le système de formes et de représentation par lequel nous devenons des acteurs sociaux. Elles constituent le monde en un miroir social. Alain Didier-Weill, dans *Invocations*, fait une analyse pénétrante du rôle de la loi dans la structuration symbolique du sujet, et, par conséquent, dans la construction de son identité culturelle, en montrant que, par l'invocation de la loi, c'est bien son propre ancrage social et son appartenance que désigne le sujet. Puisqu'elles s'inscrivent dans une dialectique entre le singulier et le collectif, les formes de la médiation se distinguent par le type de rationalité et de lois qui les structure, mais aussi par le type d'enjeu singulier que chacun d'entre nous pouvons y engager. Dans l'exercice des médiations politiques, le réel que nous engageons est celui de notre pouvoir, et le symbolique que nous y mettons en oeuvre est l'ensemble des institutions qui structurent la vie de la cité et donnent des formes collectives à la sociabilité. La dimension culturelle des médiations politiques tient à l'exigence de représenter les institutions et d'en inscrire la pratique dans des règles et dans des principes communs à tous. Dans l'exercice des médiations religieuses, le réel que nous engageons est la peur de notre mort et et le symbolique que nous y reconnaissons est la croyance qui nous lie à ceux qui partagent les mêmes valeurs et les mêmes dieux que nous. La dimension culturelle des médiations religieuses tient à la fois à la nécessité de représenter l'exercice de ces médiations par des manifestations publiques et par des monuments et des oeuvres d'art, et à la nécessité pour la médiation religieuse de s'inscrire dans des rituels par lesquels elle scande notre temporalité en socialisant le rythme de notre existence. Les médiations culturelles, enfin, représentent, pour nous, l'expression d'un certain nombre d'idéaux esthétiques, symboliques et plastiques grâce auxquels nous sommes en mesure de donner un sens et une consistance symbolique à l'appartenance sociale et politique dont nous sommes porteurs. Les médiations culturelles présentent cette caractéristique de constituer à la fois le réel d'une appartenance assumée pour ceux qui en reconnaissent la vérité et le symbolique d'une appartenance extérieure pour ceux qui se tiennent au-dehors de cette appartenance, et qui, par conséquent, ne comprennent les formes de la culture que comme des formes esthétiques. La culture représente une part de vérité pour ceux qui y adhèrent, mais elle ne représente qu'un système de formes pour ceux qui s'en tiennent à distance, dans la mise en oeuvre de ce que Claude Lévi-Strauss nomme *le regard éloigné*[3]. Là se situe la difficulté majeure de toute entreprise de réflexion sur la culture qui, comme aucune réflexion anthropologique, ne saurait être menée de la même manière de l'intérieur et de l'extérieur. Les formes de la médiation culturelle ne sauraient représenter la même signification selon que l'on se trouve dans sa propre culture ou dans la culture des autres : tandis que les formes de notre propre culture constituent pour nous l'expression d'une vérité de l'appartenance à laquelle nous adhérons par nos pratiques culturelles, les formes de la culture des autres constituent pour nous des objets de savoir que nous pouvons penser, comprendre et interpréter avec toute la distance du regard du savoir. C'est sans doute dans le champ des formes de la médiation culturelle que passe la ligne de séparation la plus absolue entre la culture que nous reconnaissons comme la nôtre, et dont nous soutenons notre appartenance, et la culture que nous reconnaissons comme la culture de l'autre, et dont nous soutenons notre savoir : c'est cette ligne de partage qui fonde, d'une part, la rationalité anthropologique de la culture, et, d'autre part, la rationalité politique de la culture.

L'acquisition de la médiation est l'acquisition de la conscience sociale

L'acquisition de la conscience sociale (qu'il s'agisse de la conscience de l'appartenance ou de la conscience de l'existence des autres acteurs de la sociabilité) est un processus qui s'inscrit dans le même processus que l'acquisition de la médiation : en effet, il s'agit,

---

[3] *Cf.* C. LÉVI-STRAUSS, *Le regard éloigné*, Paris, Plon, 1983.

finalement, pour le sujet, de se constituer comme acteur appartenant à une collectivité autant que comme acteur fondé dans sa subjectivité. La conscience sociale représente, pour le sujet, un acquis du même ordre que la dimension collective de la médiation, et relève, par conséquent, de l'activité culturelle. Dans l'histoire des pratiques culturelles, on peut observer que l'acquisition des formes culturelles de la médiation a toujours représenté le processus même par lequel s'acquiert la conscience sociale. On peut prendre un exemple ancien. Il s'agit de l'organisation des fêtes et des manifestations culturelles dans la cité antique : au-delà des spectacles présentés dans le théâtre aux habitants de la cité, il s'agissait de représentations massives, et souvent grandioses, de la sociabilité et de l'appartenance commune à la cité. Les pratiques culturelles sociales s'inscrivent, ainsi, à Athènes, dans le champ du culte de Dionysos, c'est-à-dire du culte qui représente la condensation entre la fête et divinité : entre l'esthétique et le sacré. Le culte de Dionysos est le culte qui constitue, à Athènes, la dimension proprement esthétique de la sociabilité et du politique : c'est le culte de Dionysos qui constitue véritablement, dans la culture athénienne, la dialectique de l'esthétique et du religieux, c'est-à-dire à la fois la dialectique entre le culturel et le politique et la dialectique entre l'extase singulière, proche de l'hystérie, et la ritualisation collective, qui prend la forme des grandes assemblées rituelles de l'hémicycle du théâtre antique. C'est, d'ailleurs, cette ligne de partage entre l'acteur et le choeur qui, dans le théâtre grec antique, marque la séparation entre deux lieux et deux fonctions symboliques de la musique : d'une part, le chant du choeur, conforme à la loi de la cité, d'autre part, le chant de l'acteur, porteur d'une parole singulière. Par ailleurs, pour assurer à la fête culturelle la participation du plus grand nombre, les fêtes ont commencé par être gratuites, puis, quand elles ont comporté un droit d'entrée, celui-ci était minime, et, de surcroît, on pouvait en être exonéré en situation de besoin. Le rôle du théâtre était ainsi, dans la culture athénienne antique, de permettre l'accès de tous aux formes et aux discours constitutifs de la dimension symbolique de la représentation. Le théâtre grec ne saurait se réduire à ce que nous appelons de nos jours un spectacle, dans toute la laïcisation de ce concept : il s'agit, véritablement, d'une manifestation rituelle d'appartenance collective, et, même, de disparition de la dimension singulière de l'existence, en quelque sorte fondue dans la manifestation collective de la transe et de la participation au rituel. Le théâtre grec représente pleinement une médiation de l'appartenance, puisque l'acteur y est porteur de la signification de son rôle et de la signification qu'y inscrit le spectateur dans une forme de transfert, facilité par le masque, qui abolit l'individualité singulière de celui qui le porte, et y est, en même temps, porteur de la représentation de la dialectique entre la singularité de chacun des spectateurs et de la collectivité de leur présence commune dans le théâtre. Mais le théâtre est aussi un discours - le discours d'un récit. La trame narrative qui fonde la consistance de la pièce à laquelle assistent les spectateurs grecs leur raconte aussi la tragédie de la fondation de leur cité même, quand ils assistent aux représentations ritualisées d'*Oedipe Roi*, ou la comédie de leurs rapports personnels et collectifs, quand ils assistent aux représentations d'Aristophane. Ce récit, dont est porteur le théâtre grec, donne une consistance symbolique à la conscience sociale, désormais, grâce à la narrativité, inscrite dans un ensemble de propos que tous sont en mesure de s'approprier : en effet, le propre du récit, qui se déroule effectivement lors de la représentation théâtrale, est l'identification du spectateur avec les personnages en présence, et, dès l'instant qu'a commencé la représentation, le public, pris dans les structures du récit et dans l'attente du dénouement, participe pleinement à la signification même de l'intrigue. Beau mot, d'ailleurs, que ce mot, *intrigue*, qui dit assez que les spectateurs (ou les lecteurs dans le cas d'un livre) sont pris dans les structures du récit, comme dans le tissage d'une nasse.

Acteurs culturels et acteurs de la médiation

La culture se donne à voir par la médiation

Par la culture, les pratiques sociales singulières deviennent des pratiques collectives : elles s'inscrivent dans des manifestations et des représentations collectives de la sociabilité, et, dans ces conditions, elles deviennent effectivement des médiations, puisqu'elles engagent des pratiques singulières (spectateurs, acteurs, auditeurs, lecteurs, etc.) dans des formes collectives de représentation de l'appartenance sociale et culturelle (spectacles, musique, livre, etc.). Une fois mise en oeuvre dans la réalité de l'espace public, la médiation donne à la culture une consistance perceptible et la matérialité sensible d'une prestation réelle, dans l'espace, avec ses costumes, ses sonorités, sa mise en scène et ses décors. Tandis que l'existence d'un sujet singulier se manifeste, pour l'autre, au cours de l'expérience du miroir, et tandis que l'existence des formes politiques de la médiation se manifeste, pour ceux qui y sont soumis, par la mise en oeuvre effective de la réalité de l'exercice d'un pouvoir, l'existence de la médiation culturelle se manifeste, pour ceux qui la partagent ou s'inscrivent dans les lieux et dans les structures de l'appartenance et du pacte social qu'elle représente, par la mise en oeuvre esthétique de prestations, d'activités ou de représentations qui ont la matérialité de signifiants et la consistance d'événements. La culture se donne donc à voir par la mise en oeuvre effective de la médiation qu'elle constitue, ce qui renvoie à l'existence même de l'espace public et à sa raison d'être dans la cité et dans l'espace politique. Tandis que l'espace privé se définit, dans le droit et dans les formes de la sociabilité, par l'acteur singulier à qui il appartient (je suis chez quelqu'un), l'espace public, qui ne saurait, au contraire, être la propriété de quelqu'un, puisqu'il est indistinct, se définit par la mise en oeuvre de pratiques collectives (manifestations, marché, cérémonies de toutes sortes), ou par la mise en oeuvre de pratiques représentant la collectivité et l'appartenance collective par la médiation d'une mise en scène et d'une représentation esthétique. La médiation culturelle donne à voir les formes de l'appartenance sociale en en faisant les objets et les structures d'une représentation devant le public, ainsi constitué par le fait même d'assister à la représentation : en assistant ainsi à la représentation de sa propre appartenance, le public prend conscience de sa propre sociabilité, et, par conséquent, les citoyens, les membres singuliers de la collectivité, prennent, de la même manière, conscience de leur appartenance, de leur statut et des lois que celui-ci leur impose. La médiation culturelle est donc bien plus qu'une structure institutionnelle, elle est bien plus qu'une organisation des formes de la culture et de la communication : de la même manière que la médiation du miroir est l'instance par laquelle nous prenons singulièrement conscience de notre identité par la médiation symbolique de l'image de l'autre, la médiation culturelle constitue l'instance par laquelle nous prenons pleinement conscience de notre appartenance par la médiation esthétique d'une représentation. C'est dire l'importance politique du fait culturel, fondateur de la cité et des représentations mêmes du contrat social. C'est le sens de l'engagement des cités antiques et des États modernes dans l'organisation de la création et de la diffusion des formes de la culture dans l'espace public, qu'il s'agisse des formes de représentation collective de la sociabilité (comme le théâtre, la musique ou l'opéra) ou des formes singulières de la création symbolique (comme les arts plastiques ou la littérature). Cet engagement a pu, dans l'histoire, prendre la forme d'un engagement financier, parfois assez lourd (rappelons-nous qu'à Athènes, les activités culturelles étaient à la charge de l'État), ou d'un engagement à la fois financier et institutionnel (c'est le sens de la création d'un ministère des affaires culturelles en France, en 1959, ou en Grande-Bretagne en 1997). C'est la médiation culturelle qui donne aux formes de la sociabilité la consistance esthétique matérielle qui leur permet de faire l'objet d'une représentation : c'est la création culturelle qui donne au personnage du mythe d'Oedipe la consistance physique et la voix d'un acteur, qui constituent la médiation par laquelle je puis, comme spectateur, m'identifier à lui et assumer les devoirs dont il est porteur. L'invention du chant répond à la nécessité, pour les formes indistinctes de la sociabilité, de faire l'objet d'une appropriation par les voix personnelles des acteurs, et l'invention du théâtre répond à la nécessité d'inventer des formes singulières d'appropriation de la conscience collective et politique de l'appartenance.

Les acteurs culturels dans le champ des acteurs de la médiation

Il faut donc bien qu'il y ait, dans la cité, des acteurs de la médiation culturelle, dont les pratiques et les stratégies s'inscrivent dans une logique esthétique. Si c'est la naissance du champ de la médiation qui donne pleinement naissance à la cité et à l'organisation politique et institutionnelle de la sociabilité, les acteurs culturels vont occuper dans ce champ une place particulière, caractérisée à la fois par des fonctions et des modes de travail (c'est la dimension réelle de leur inscription dans l'espace public) et par un statut et une image particulière (c'est leur dimension symbolique). On peut, d'abord, observer que les acteurs culturels apparaissent, dans l'histoire, dans le même temps que les autres acteurs de la médiation : dès l'instant qu'apparaît, dans l'histoire, la dialectique entre le singulier de ceux qui en font partie et le collectif de leur appartenance même, apparaît la nécessité d'une médiation symbolique de cette appartenance. Les acteurs culturels vont, dans la cité, donner à la représentation de l'appartenance et de la sociabilité la consistance d'un ensemble de pratiques effectives, qui inscrivent dans la réalité de l'espace et des formes de la cité l'esthétique de la représentation du lien social. Si l'on remonte à la plus haute antiquité que nous connaissions, nous avons des témoignages de l'existence d'artistes et d'hommes de théâtre, dont la vocation est justement d'inscrire les représentations de la sociabilité dans les formes d'une esthétique communicable qui puisse se donner à voir et à entendre. Dans le champ des acteurs de la médiation, soit : des acteurs sociaux dont la charge est, justement, de donner à voir la dialectique entre l'expérience singulière et la représentation collective, les acteurs culturels, c'est-à-dire les acteurs de l'esthétique, ont trois grandes missions. La première est de permettre à ceux qui appartiennent à la cité (appelons-les, une fois pour toutes, le public, par le nom de l'acteur collectif indistinct qu'ils constituent) de percevoir les formes symboliques par lesquelles se représente l'idéal esthétique de leur appartenance sociale ; c'est le rôle des arts plastiques, exercé par les artistes, de donner un corps et une matérialité à cette représentation renouvelable et mobile dans l'espace public. La seconde mission est de conserver la mémoire de ces formes esthétiques, en en assurant la transmission aux générations suivantes de l'histoire et aux publics éloignés de la cité ; c'est le rôle de l'écriture, de la littérature et des formes nouvelles de l'enregistrement, de donner une consistance effective à cette représentation conservable et transmissible. La troisième mission des acteurs de l'esthétique est de donner les formes de la représentation à voir et à entendre à des publics qui, dans l'espace de la représentation, représentent eux-mêmes la sociabilité ; c'est le rôle des formes renouvelables et répétables de la représentation théâtrale, du concert musical ou de la projection cinématographique. En effet, tout spectacle, au fond, met en présence les uns des autres deux ensembles d'acteurs. Les uns interprètent les rôles de la représentation : on leur donne le nom d'acteurs ou d'interprètes. Les autres représentent le peuple assemblé dans le lieu du spectacle : on leur donne le nom collectif de public. Les trois missions de l'esthétique dans l'espace public de la sociabilité consistent, finalement, à donner une représentation aux différents acteurs de la sociabilité, de façon à ce que les uns et les autres disposent d'une dimension symbolique qui donne du sens à leur existence dans l'espace public. C'est, en effet, le rôle des acteurs culturels, dans l'espace public de la sociabilité, de faire apparaître le sens de l'appartenance sociale constitutive de la cité en lui donnant une représentation par la médiation d'acteurs, de rôles et de mises en scène. Les acteurs culturels sont là pour donner à la médiation symbolique de la sociabilité une consistance esthétique inscrite dans la mémoire.

Pratiques culturelles et logiques de médiation

Les pratiques culturelles s'inscrivent toujours dans des logiques de médiation, qu'elles renvoient à la conscience d'un idéal esthétique, puisqu'elles consistent, fondamentalement, à inscrire les formes de l'appartenance et de la sociabilité dans des formes et dans des représentations que chacun comprend dans la singularité de son expérience esthétique. Pas de pratiques culturelles effectivement mises en oeuvre par des lecteurs, des spectateurs ou des usagers sans qu'aient été organisées, préalablement, les conditions dans lesquelles ces derniers peuvent inscrire leurs pratiques culturelles dans l'ensemble des pratiques sociales auxquelles ils se livrent, et par lesquelles ils expriment leur appartenance et leur sociabilité. Les pratiques culturelles que nous mettons en oeuvre sont, par définition, des formes de médiation, puisque c'est par elles que nous prenons conscience de notre appartenance et que c'est par elles que nous faisons exister la société dans laquelle nous vivons au coeur même des pratiques et des activités que nous mettons en oeuvre - y compris dans notre quotidienneté. Quand nous lisons, il s'agit d'une activité culturelle au cours de laquelle nous assumons la langue dont nous sommes porteurs, par le simple fait de la comprendre, et au cours de laquelle nous acquérons des informations qui nous donnent une culture commune avec tous les autres lecteurs du livre que nous lisons : en ce sens, la lecture est une activité de médiation qui donne à la sociabilité à laquelle nous appartenons une dimension et une consistance fondée, au-delà des rites et des institutions qu'elle se donne pour se donner à voir, sur des pratiques singulières d'autant plus ancrées dans notre conscience qu'elles sont mises en oeuvre au cours de notre expérience et de nos pratiques personnelles. Les pratiques culturelles représentent, ainsi, un processus de construction de la sociabilité assumé par des sujets singuliers, dans un espace culturel désormais éclaté en autant d'espaces individuels de pratiques culturelles singulières : les pratiques culturelles constituent l'éclatement des lieux de nos activités symboliques singulières comme forme légitime de l'espace public. En ce sens, les pratiques culturelles que nous mettons en oeuvre à titre individuel ne font que structurer l'espace public de la représentation symbolique. Parallèlement à la constitution d'un espace public collectif du politique, les pratiques culturelles participent ainsi à la naissance d'un espace public de la représentation médiatée, que l'on peut définir comme le champ dans lequel ce ne sont pas les institutions ni les pratiques strictement collectives de la sociabilité qui donnent naissance à l'espace public, mais la mise en oeuvre même de pratiques individuelles, mais socialement et symboliquement régulées comme des pratiques collectives éclatées ou singularisées. Tandis que les pratiques politiques mises en oeuvre dans l'agora ne sauraient être que des pratiques collectives, par lesquelles se reconnaît l'existence de la cité comme acteur social, les pratiques culturelles mises en oeuvre dans l'espace de la représentation mettent en oeuvre une dialectique symbolique du singulier et du collectif. L'articulation constitutive de cette dialectique entre des usages collectifs et des pratiques singulières se trouve, précisément, être l'instance du langage et de la représentation. En effet, c'est avec l'émergence du langage que naît la dialectique entre le singulier et le collectif : c'est avec l'apparition du langage dans l'expérience des hommes que ceux-ci acquièrent l'expérience de la médiation et de l'appartenance qui fait d'eux des êtres sociaux, mettant fin, pour toujours, à la naturalité biologique de leur existence. Le langage est, en effet, la médiation par laquelle, au lieu de représenter ma propre expérience par des formes et des signes qui, eux-mêmes, me seraient propres, je la représente par des formes et par des signes collectifs, qui font justement de cette expérience singulière même une forme symbolique que je puis partager avec les autres, en lui donnant une signification par laquelle elle peut être comprise par tous. C'est ainsi que la médiation symbolique, qui constitue le sens, naît en même temps que la médiation politique, qui constitue notre existence collective, et c'est donc la raison pour laquelle il n'y a pas de culture sans consistance politique qui la fonde et qui lui donne sa signification. Toute manifestation culturelle porte la signification politique par laquelle elle est interprétable dans l'espace public dans lequel elle est née et par laquelle elle acquiert la consistance politique et institutionnelle d'une médiation pour tous ceux qui circulent dans cet espace public et s'en reconnaissent, par conséquent, les membres. Lire, c'est reconnaître pour signifiant un texte dont on sait que tous les autres le reconnaîtront, en même temps, pour signifiant. Assister à un spectacle, c'est reconnaître à ce spectacle la force de médiation grâce à laquelle tout un public y assiste dans le même temps et dans le même lieu.

Le fait institutionnel et le fait culturel

Qu'est-ce qu'un fait culturel ?

Ce sont les faits culturels qui constituent la dimension symbolique de l'histoire, en ce qu'ils donnent aux événements et aux situations sociales de l'histoire une dimension interprétable, dotée d'une signification, et esthétique, dotée d'une forme que l'on peut percevoir et apprécier. Finalement, c'est par la succession des faits culturels dont elle est scandée que l'histoire est davantage qu'une suite d'événements : une mémoire signifiante pour ceux qui en sont porteurs et qui, se reconnaissant en elle, la fondent comme conscience collective de leur existence sociale. C'est le sens, d'ailleurs, du mot même, *histoire* :

l'étymologie de ce mot, *wid-tor, est une racine indo-européenne[4] qui signifie : celui qui sait et raconte pour avoir vu, c'est-à-dire : celui qui transforme en fait de sens un ensemble de faits réels observés et inscrits dans la mémoire. C'est en ce sens que les faits culturels se confondent avec l'histoire, puisqu'ils représentent, précisément, la transformation de faits réels ou de pratiques matérielles en faits porteurs de sens pour ceux qui les connaissent et y retrouvent une forme signifiante de leur appartenance et du lien social dont ils sont porteurs. Un fait culturel est une manifestation de la culture, c'est-à-dire une manifestation de pratiques symboliques mises en oeuvre par les acteurs de la sociabilité. Les faits culturels sont les manifestations par lesquelles ceux qui appartiennent à la sociabilité mettent en scène dans l'espace public les formes de leur appartenance : *culture* est issu du latin *colere*, qui signifie : mettre en oeuvre des pratiques symboliques collectives dans une situation religieuse ou dans une situation symbolique. Les faits culturels représentent l'articulation entre la signification de l'appartenance et la représentation esthétique de la sociabilité. C'est là la différence entre les faits culturels et les faits institutionnels : tandis que les faits culturels mettent en oeuvre des logiques esthétiques de la représentation, les faits institutionnels ne mettent en oeuvre que les logiques politiques selon lesquelles est construite la représentation du lien social. Un fait culturel est un événement qui produit une représentation esthétique ou symbolique de la sociabilité dans une logique esthétique, à l'intention d'un public qui, grâce à lui, acquiert la conscience de son appartenance collective. En ce sens, les faits culturels échappent à la dimension politique de la représentation, puisqu'ils s'inscrivent dans des lieux et dans des pratiques esthétiques. Les faits culturels construisent un espace public culturel : un espace dans lequel les acteurs de la sociabilité ne mettent pas en oeuvre des logiques de pouvoir, des logiques d'opinion ou des logiques de croyance, mais des logiques esthétiques et des logiques de représentation plastique ou dramatiques du lien social et de l'appartenance. Les faits culturels constituent une scène esthétique et symbolique de la société : le champ dans lequel les acteurs sociaux sont représentés dans le but de produire de la signification et de mettre en scène la sociabilité même. La différence fondamentale entre les faits institutionnels et les faits culturels

---

[4] Cette racine est composée de deux parties : *wid-* est le radical d'un verbe signifiant *voir* et *savoir*, que l'on retrouve dans le latin *uidere* ou dans le grec *oida* (de *we-woid-a*) ; *-tor* est le suffixe de formation des noms d'agents.

réside, sans doute, dans la signification qu'y revêt la présence collective du peuple assemblé. Dans la mise en oeuvre des faits institutionnels, le peuple est collectivement effectivement présent dans la réalité de la vie sociale, puisque, même quand il est représenté par des mandataires (députés, parlementaires de toute nature), ceux-ci détiennent la réalité du pouvoir du peuple. En revanche, dans la mise en oeuvre des faits culturels, le peuple est esthétiquement et symboliquement présent, par la médiation des acteurs ou des figures qui le représentent en n'exerçant qu'une forme symbolique de représentation. Les faits culturels ne font apparaître le peuple et la sociabilité que par la médiation de la signification qu'ils inscrivent dans les formes plastiques ou dramatiques de l'espace public.

L'institutionnalisation des faits culturels dans l'espace public

Le fait culturel s'institutionnalise quand il s'inscrit dans l'espace public et qu'il s'inscrit, dans ces conditions, dans les mêmes espaces et dans les mêmes logiques que les faits institutionnels. Dans l'histoire des faits culturels, on peut faire apparaître quatre grandes périodes - et quatre grandes logiques - de l'institutionnalisation des faits culturels. La première période est celle qui correspond à l'Antiquité : il s'agit d'une période dans laquelle se confondent le fait politique, le fait religieux et le fait culturel. Dans cette période, l'urbanisme, la construction des temples et des monuments, le développement esthétique du théâtre et des arts du spectacle, constituent autant de formes esthétiques par lesquelles la puissance publique, qui représente l'appartenance des citoyens autant sur le plan politique que sur le plan religieux, donne une visibilité majeure à l'appartenance et au lien social. Il s'agit d'un temps au cours duquel les formes de la culture représentent le langage par lequel les sociétés politiques se fondent sur le plan symbolique, en se donnant à voir auprès de ceux qui en font partie, mais aussi auprès des autres. La culture représente pleinement le sens du mot *colere* en latin, c'est-à-dire l'identification entre des pratiques symboliques et des pratiques religieuses, qui, les unes et les autres, marquent l'adhésion des sujets individuels à la dimension collective de la cité. La deuxième période est celle des temps modernes, qui se caractérise par la laïcisation de l'État et par l'identification des politiques culturelles avec les politiques de visibilisation et de représentation du politique et du lien social. La culture devient une affaire pleinement politique, au sens où elle est là pour signifier la souveraineté de celui qui la met en oeuvre. Qu'il s'agisse des politiques culturelles engagées par les rois de France au seizième siècle (châteaux de la Loire, art de la Renaissance), de la politique des arts et des fêtes à Venise ou de la politique de prestige culturel entreprise par un Louis XIV ou par un Frédéric II de Prusse, les formes de la culture constituent le langage par lequel s'exprime et se rend visible la sociabilité telle qu'elle est représentée par l'exercice politique d'un pouvoir. La troisième période, qui est celle de l'émergence du capitalisme, est celle de la naissance du marché de la culture et du marché de l'art, qui deviennent les modes d'expression et de reconnaissance d'un système économique, social et politique. L'art devient un marché : les premières galeries importantes ouvrent leurs portes et le commerce des oeuvres d'art s'institutionnalise, mais, dans le même temps, l'art lyrique s'affirme comme l'expression esthétique d'un idéal politique bourgeois, et s'ouvrent dans plusieurs pays d'Europe les premiers grands opéras, en même temps que naissent les premiers arts industriels de la reproduction (gravure, puis photographie). La culture constitue désormais une activité économique, dans laquelle apparaissent les premiers effets du marché de l'art : émergence du vedettariat, premières ambitions littéraires structurées par le marché, apparition des premières structures modernes de l'architecture et de la muséologie, etc. Enfin, la période contemporaine naît après la crise des années trente et la deuxième guerre mondiale : il s'agit de la reconnaissance de l'importance publique et sociale du fait culturel, et, par conséquent, la reconnaissance de la nécessité d'une politique culturelle, que l'on peut symboliser, en France, par la création du Festival d'Avignon, en 1947, et du Théâtre National Populaire en 1953, par l'action décisive d'un Jean Vilar, qui entend inscrire les pratiques culturelles dans l'espace public au même titre que n'importe quelle pratique institutionnelle[5] et au même titre que n'importe quelle philosophie politique, la culture constituant, au lendemain de la seconde guerre mondiale, le mode d'expression d'un espoir politique nouveau dans de nouvelles structures, dans de nouveaux États, dans de nouvelles logiques politiques. La politique culturelle représente, au lendemain de l'expérience de la deuxième guerre mondiale et du nazisme, un mode privilégié d'expression et de représentation pour l'idéal politique à construire.

---

[5] *Cf.* VILAR (1986), p. 172.

La dialectique de la culture entre logique institutionnelle et logique esthétique

Mais, en même temps que le fait culturel s'inscrit dans l'histoire, il échappe à l'institutionnalisation, et constitue même une forme de résistance à la montée des institutions et des pouvoirs : la logique esthétique du fait culturel le fait échapper aux logiques de pouvoir et aux logiques strictement institutionnelles, pour l'engager dans une forme de tension entre logique institutionnelle et logique esthétique. Cette tension entre deux logiques se figure dans le processus même d'institutionnalisation des faits culturels, qui représente un champ conflictuel - à tout le moins le champ de mise en oeuvre d'une dialectique entre ces deux types de logique, qui font apparaître deux types d'impératifs. Tandis que la logique institutionnelle inscrit la médiation dans une logique de la sociabilité, la logique esthétique l'inscrit dans une logique de l'idéal. C'est ainsi que la logique institutionnelle fait apparaître les impératifs de la sociabilité, et, pour cela, met en oeuvre des processus et des stratégies de nature à préserver et à pérenniser les relations entre les acteurs de la sociabilité, et, de cette manière, à garantir la continuité et la pérennité des formes de l'appartenance, tandis que la logique esthétique fait apparaître des impératifs esthétiques, et, pour cela, met en oeuvre des processus de création de nature à inventer de nouveaux langages de représentation et de nouvelles formes esthétiques. La dialectique entre logique institutionnelle et logique esthétique constitue la dynamique même de l'histoire de l'art, en suscitant des tensions et des contradictions entre les stratégies de la pérennité politique et les pérennités de la création : cette dialectique, que l'on peut définir comme la dialectique entre la médiation politique et la médiation esthétique, est l'une des significations du principe selon lequel l'art se définit comme l'identification du sujet à l'idéal de soi, l'idéal constituant, précisément, un lieu étranger au politique et à la sociabilité. Une telle tension peut déjà se lire dans le *Phèdre* de Platon, et elle traversera, comme une de ses constantes, toute l'histoire de l'art et des formes de la culture. Définie comme l'idéal grec du *kalos kagathos*, qui sublime l'articulation entre l'idéal esthétique et l'idéal politique, la beauté représente, pour Platon, la mise en oeuvre d'une forme de nature à représenter l'idéal dans une pratique symbolique. Dès lors, les philosophies classiques de l'esthétique vont définir la beauté, ainsi que l'art, c'est-à-dire les pratiques qui permettent de la produire, comme ce qui permet de donner à l'idéal politique et social une forme symbolique que l'on puisse diffuser et retenir dans sa mémoire (*Phèdre*, 278 a). Les activités culturelles vont donc donner une forme visible ou sonore à ce qui est censé représenter un idéal pour le public qui, en l'admirant, revendique la reconnaissance du même idéal esthétique. Platon (*Phèdre*, 275 d), rapproche, à cet égard, la peinture, l'écriture et la parole, donnant à l'idéal esthétique une dimension politique par cette reconnaissance même : c'est dans la substitution d'une admiration collective à une admiration singulière que l'idéal esthétique devient un idéal politique, en s'inscrivant, par là, dans une logique de médiation.

Codes institutionnels et codes culturels

La différence entre la logique institutionnelle et la logique esthétique des faits culturels s'inscrit dans la différence entre les codes culturels et les codes institutionnels : les codes culturels sont des codes d'interprétation, tandis que les codes institutionnels sont des codes de normalité. Les codes institutionnels du langage et de la communication inscrivent la médiation dans une logique de la signification, qui consiste à faire reconnaître aux mêmes formes la même signification par tous ceux qui appartiennent à la communauté, et qui revendiquent leur appartenance par cette reconnaissance même, tandis que les codes culturels inscrivent la médiation dans les formes et dans les logiques de la création de formes et de représentation de nature à donner une consistance esthétique à l'idéal de soi. C'est pourquoi les logiques culturelles sont souvent en contradiction avec les logiques institutionnelles, dont elles dénoncent souvent ce qui apparaît comme un conformisme, lié à la nécessité de maintenir la continuité des logiques de médiation. L'antagonisme entre logique institutionnelle et logique esthétique définit la dimension proprement politique de la culture. L'histoire a pu donner plusieurs significations à cet antagonisme majeur, selon les formes et selon les cultures dans lesquelles il a pu s'inscrire, qui en ont constitué différentes formes d'interprétation. De la critique à la contestation radicale, du conformisme de l'art officiel à la reconnaissance d'une dimension esthétique de la communication politique, les codes institutionnels et les codes culturels se sont toujours présentés, dans l'histoire, comme l'articulation de deux modes de lecture et d'interprétation des faits sociaux. Quatre illustrations particulières peuvent représenter cette tension constante dans l'histoire. Dans l'Antiquité grecque, l'idéal du *kalos kagathos* (*beau et bon*) représente la résolution de cette dialectique entre idéal politique et idéal esthétique dans l'émergence d'un idéal unique de beauté et de culture. La

Renaissance et l'époque classique auront représenté des périodes au cours desquelles la tension se sera résolue au profit du politique, dans une forme d'atténuation ou d'effacement de la contradiction dans les formes du classicisme théâtral, pictural ou architectural. On peut considérer que l'art de l'Antiquité et l'art classique s'inscrivent dans des formes institutionnelles de l'appartenance, dans lesquelles la dimension esthétique et symbolique de l'identité du sujet se confond avec l'exercice de sa citoyenneté. Le Romantisme a constitué, au XIXème siècle, un moment particulièrement aigu de cette tension, précisément avec l'émergence, dans l'histoire, de logiques d'appartenance différentes dans le domaine politique et dans le domaine culturel, comme les logiques qui sont imposées par la naissance de grands empires. La montée des tensions politiques et économiques sur l'art rend la position de l'art contemporain très nette quant à la stratégie de rupture qu'il entend constituer par rapport aux régimes politiques et sociaux établis, de même que l'extension des logiques territoriales des empires (ou, ce qui revient au même sur le plan culturel) des impérialismes rend particulièrement aiguë la différenciation entre les appartenances culturelles et les appartenances nationales, imposant à l'art et à la littérature, comme au XIXème siècle, une forme de critique radicale du concept même d'appartenance, dans sa dimension esthétique comme dans sa dimension politique. L'enjeu des pratiques culturelles, dans une telle situation historique, est bien la reformulation, par l'esthétique, de formes nouvelles de l'appartenance, de la sociabilité et de la représentation de la citoyenneté. L'identification du sujet à l'idéal de soi revêt une dimension politique, dès lors que les formes de l'idéal politique entrent en contradiction avec celles de l'idéal culturel, comme c'est le cas à l'époque que nous vivons, qui se caractérise par un questionnement radical de la légitimité des formes de l'appartenance et de la sociabilité. C'est le sens de l'engagement politique des artistes contemporains, au coeur même de leurs pratiques artistiques.

Culture, droit, loi

Le droit comme forme politique de la sociabilité

En inscrivant la sociabilité dans les formes politiques d'une pratique, le droit représente une institutionnalisation de nos pratiques sociales. En ce sens, il importe de situer la place du droit dans l'ensemble de nos pratiques et de nos structures culturelles. Le droit représente la forme politique que revêt la sociabilité, d'abord, parce qu'il représente l'inscription d'une logique de l'exercice du pouvoir dans les formes de l'organisation sociale : le droit est l'ensemble des dispositions qui organisent la vie sociale et qui structure les relations entre les hommes, en vertu de décisions prises par le pouvoir politique. Le droit est un ensemble de lois, et les lois procèdent du politique. Mais le droit est aussi, par conséquent, un mode de lecture, un mode d'interprétation de l'organisation de la sociabilité : en comprenant le droit, on comprend les logiques anthropologiques qui structurent la vie sociale et la vie privée d'un peuple, et l'on peut, en quelque sorte, lire une organisation sociale, lui donner du sens, en en analysant le droit et les structures institutionnelles. C'est dire l'importance culturelle du droit, qui, en quelque sorte, assure une médiation entre la dimension symbolique et la dimension politique de l'organisation sociale. Pour comprendre une culture, il importe de penser le droit de la société dont elle est, par ailleurs, une médiation symbolique. En instaurant, par exemple, des habitudes alimentaires ou en instaurant des lois morales, le droit fait de notre vie entière une succession de représentations de notre appartenance : le droit, finalement, fonde la culture en établissant la ligne de partage entre les logiques de la nature et celle de la sociabilité, et, ainsi, en éteignant la dimension biologique de notre existence, pour lui substituer sa dimension anthropologique. En établissant, ainsi, la loi de la prohibition de l'inceste, le droit fonde la sexualité dans sa dimension symbolique, en en faisant un mode de représentation de notre culture. De la même manière, en organisant la propriété et la transmission de l'héritage, le droit fait de la famille un espace culturel, régi et structuré par des lois symboliques, et, ce faisant, il fait des relations au sein de l'espace de la filiation des relations de type culturel et symbolique auxquelles nous allons, désormais, donner du sens. La différence entre le champ du droit et celui de la culture se situe, dans ces conditions, dans le mode d'usage que nous avons des lois et des structures qu'ils nous prescrivent. Tandis que le droit socialise nos pratiques sociales en les structurant selon des normes qui garantissent la sociabilité, la culture donne du sens à nos pratiques symboliques en structurant les représentations que nous pouvons mettre en oeuvre de l'idéal de la sociabilité. C'est pourquoi le droit comporte nécessairement des instances chargées de juger et des prescriptions assorties de sanctions, tandis que la culture comporte des acteurs chargés de représenter et de donner une signification interprétable. La pratique du droit est l'affaire des juges, tandis que la pratique de la culture est l'affaire des créateurs et des acteurs de l'idéal et du savoir. C'est pourquoi la culture représente paradoxalement, dans l'histoire un champ privilégié d'intervention du politique et, en même temps, un champ de résistance au pouvoir. Le droit et la culture se partagent, en quelque sorte, le champ de la sociabilité, en y inscrivant deux modes distincts de représentation : la culture y inscrit une représentation symbolique, tandis que le droit y inscrit une représentation pratique ; la culture y inscrit des signes au moyen de pratiques symboliques et esthétiques, le droit y inscrit des pratiques et des actes conformes à des normes sociales. Ce sont donc deux statuts différents du sujet et de la personne qui sont inscrits dans les logiques sociales par le droit et par la culture. Tandis que le droit constitue des personnes réelles en acteurs sociaux en en régulant les conduites et en fixant des lois qui réglementant leurs relations, la culture les constitue en sujets de sens en rendant communicables leurs pratiques symboliques et en les structurant par rapport à des idéaux qu'elle représente au cinéma, dans la littérature, en peinture.

Le droit comme régulateur institutionnel des pratiques sociales

Le droit représente l'instance qui fait de nos pratiques sociales des pratiques conformes à un certain nombre de logiques communes, et qui, par conséquent, les inscrit dans des formes institutionnelles de régulation. Le droit, en quelque sorte, culturalise nos pratiques sociales, en les inscrivant dans un code et dans un ensemble de lois qui, à la fois, nous les rendent communes à tous et nous les rendent spécifiques, par rapport aux pratiques sociales en vigueur dans d'autres régimes ou dans d'autres cultures. C'est le sens qu'il convient de donner au concept de régulation : régulation signifie à la fois l'imposition d'une règle, donc d'une façon sociale et culturelle d'agir, et la constitution d'une instance chargée de la régulation et de son contrôle : c'est le rôle du tiers, de constituer à la fois l'arbitre en cas de conflit et le contrôle de sociabilité. S'il nous faut parler du droit à propos des formes culturelles de la sociabilité, c'est que l'on ne saurait comprendre la mise en oeuvre de pratiques culturelles dans l'espace public sans comprendre, au préalable, comment le droit l'organise et structure les pratiques sociales que nous pouvons y mettre en oeuvre. À cet égard, l'expérience de la culture romaine est particulièrement éloquent. En effet, dans les pays qu'elle a conquis ou, si l'on préfère, qu'elle a organisés, encore qu'il se soit bien agi d'une conquête, c'est-à-dire de l'instauration d'un pouvoir, la romanité a instauré, véritablement, une culture, faite de quatre éléments que l'on retrouve dans tous ces pays : une langue, puisque, dans tous ces pays, y compris ceux qui, comme la Gaule, n'étaient pas de langue latine, le latin a constitué une base étymologique active ; une architecture, puisque, dans tous les pays que Rome a intégrés à l'Empire, on peut encore voir des monuments et des constructions qui témoignent de la présence des normes latines d'architecture et de construction ; une loi, puisque le droit romain a été le fondement juridique de nombreux pays, et pas seulement de l'Italie qui en est l'héritière directe ; une culture, enfin, sous la forme de l'organisation de pratiques culturelles et de formes esthétiques de représentation. Rome n'a donc pas seulement constitué, pour les pays de l'*imperium*, une puissance coloniale ou une puissance politique : elle a aussi représenté un mode d'organisation de pratiques symboliques et de pratiques culturelles, un peu, comme, à une autre époque, l'Empire austro-hongrois a pu constituer une logique comparable, que l'on trouve encore présente dans les romans de Roth[6], comme *La marche de Radetzky* (publié en 1950) ou *La crypte des Capucins* (publié en 1972). Le politique organise ainsi les espaces de pouvoir, en faisant d'eux les espaces de la culture et de la loi. En organisant les formes institutionnelles des pratiques sociales, le droit donne à l'espace les structures et les formes qui peuvent nous le rendre interprétable, en termes politiques : par le droit, nous pouvons comprendre, penser les formes de notre sociabilité, leur donner un sens, et, ainsi, nous mettre en mesure d'y adhérer plus facilement, pour y inscrire des pratiques sociales qui deviendront des pratiques culturelles dès lors qu'elles constitueront des signes de notre appartenance. La régulation de nos pratiques sociales par le droit qui les organise nous permet de leur donner du sens, et, ainsi, de rendre compte, pour nous-mêmes et pour les autres, de la façon dont nous les mettons en oeuvre. En ce sens, le droit constitue bien une forme de culture : il inscrit dans les formes de la culture non seulement les formes et les représentations que nous y créons, mais aussi les actes et les conduites que nous y menons dans l'espace public où nous rencontrons ceux qui, comme nous, adhèrent aux mêmes lois que nous. Sans le droit qui permet de comprendre nos pratiques en leur donnant du sens et en en identifiant l'origine, notre culture ne serait rien qu'un système symbolique sans relation avec le réel et sans incidences sur notre mode de vie : c'est par le droit que la culture devient, pleinement, une institution c'est-à-dire une médiation symbolique de l'appartenance sociale.

---

[6] Joseph ROTH (1896-1939).

Culture et loi

La culture et la loi entretiennent entre elles un commun rapport à la limite. De la même manière que c'est l'instauration d'une limite commune à tous qui fonde la loi et qui fonde un espace de droit, c'est l'instauration d'une forme de limite qui fonde un espace culturel dans son homogénéité et dans sa totalité. D'une part, il s'agit de la limite que représente la censure dans l'émergence des faits culturels. C'est la censure qui constitue les faits culturels, en ce qu'il s'agit d'une impossibilité de nature symbolique et sociale, et non d'une impossibilité de type matériel : tant que je ne peux savoir que la terre tourne par des expérimentations, des observations et des hypothèses rationnellement fondées, ce savoir ne m'est pas interdit, il m'est inaccessible ; en revanche, dès lors que j'ai la possibilité de fonder ce savoir en raison, l'impossibilité que me construit l'institution (l'Église pour Galilée) constitue, pour moi, une censure, par laquelle la loi fait obstacle au développement de la culture et de la connaissance. D'autre part, la culture et la loi connaissent la limite que constitue l'exercice ordinaire de la sociabilité. C'est ainsi que certaines formes de pratiques culturelles et de représentation peuvent constituer un obstacle à la mise en oeuvre et à la continuité des pratiques culturelles par lesquelles le plus grand nombre est censé représenter son appartenance commune : dans ces conditions, les pratiques de création culturelle peuvent faire l'objet d'une censure censée protéger contre toute atteinte les formes et les structures du consensus culturel. C'est au nom d'une telle censure que *Les Fleurs du Mal* ou *Madame Bovary* ont fait l'objet d'interdictions au XIXème siècle, lors de leur parution. En effet, ces deux textes étaient suspectés de mettre en cause les pratiques sociales considérées comme la norme des bons usages et des bonnes moeurs, comme, en d'autre temps, au moment de la guerre d'Algérie, *Les Paravents* de Genêt ou, plus près de nous, dans les années soixante, *La Religieuse de Diderot* de Rivette pouvaient faire l'objet d'une censure censée protéger l'équilibre institutionnel de la création et de la représentation. La culture et la loi se trouvent ici en quelque sorte en contradiction, puisque la loi fait obstacle, pour des raisons tenant au maintien d'une certaine conception de l'ordre, à la création esthétique et culturelle. La censure constitue, dans de tels cas, une forme totalitaire de l'articulation entre culture et loi, puisqu'il s'agit de ne penser cette articulation que de manière répressive et non dans les formes de l'organisation institutionnelle de la médiation dans l'espace public. La culture, finalement, ne représente un champ de mise en oeuvre de la loi que quand la loi se substitue à l'exercice des formes et des acteurs de la médiation dans l'espace de la sociabilité.

L'espace public comme espace de médiation

Mise en oeuvre d'une logique de médiation dans l'espace public

L'espace public se caractérise et se définit comme un espace qui ne fait pas l'objet d'appropriations particulières par des acteurs singuliers de la sociabilité, mais comme un espace de circulations et d'usages temporaires, qui se caractérise, au contraire, par l'absence d'appropriation possible et par l'instauration de logiques de circulation. En ce sens, l'espace public est le lieu dans lequel se mettent en oeuvre les médiations caractéristiques de la sociabilité, puisqu'il s'agit de relations engagées entre des personnes particulières et des structures collectives. La médiation ne saurait s'inscrire que dans l'espace public, puisque c'est dans l'espace public que peut se penser l'usage collectif d'un espace, et, par conséquent, c'est dans l'espace public que peuvent se penser les mises en oeuvre collectives de formes et de stratégies de communication et de représentations. C'est ainsi que les activités de médiation culturelle se mettent en oeuvre dans l'espace public, de façon à pouvoir faire l'objet d'un usage et d'une appropriation par tous les membres de la collectivité : la logique de la culture suppose la reconnaissance et l'appropriation de tous les acteurs à qui elle est destinée, puisqu'elle met en oeuvre des formes de médiation. La logique de la culture, dans ces conditions, n'est pas du même ordre que la logique de la loi, puisqu'elle repose sur la reconnaissance par tous les acteurs sociaux de la dialectique entre le singulier et le collectif. Les pratiques culturelles sont des pratiques sociales engagées dans l'espace public, puisqu'il faut bien qu'elles fassent l'objet d'une réception, d'une appropriation et d'une interprétation par tous ceux à qui elles sont destinées, et pour qui elles sont censées représenter des formes du lien social dont ils sont porteurs. C'est pourquoi les manifestations culturelles ont toujours lieu dans l'espace public, et selon la logique de la représentation : le concept de représentation est ici à prendre dans sa signification la plus complexe. D'une part, il s'agit d'une forme qui est donnée à voir et à percevoir : la représentation suppose, en ce sens, des acteurs et un objet d'une part, et, d'autre part, un public de spectateurs à qui ils sont destinés. Pas de représentation sans quelque chose à voir, ou à entendre ; pas de représentation sans que soit sollicitée la perception du public. La représentation consiste, en fait, dans la socialisation d'une activité de perception, renvoyée par le public à une signification qui en assure, an quelque sorte, la sublimation. D'autre part, cette perception a lieu dans l'espace public : la représentation se déroule dans un lieu public, doté d'une scène ou d'une présentation d'objets et d'un lieu destiné à accueillir les spectateurs et les visiteurs. Il n'y a pas de représentation dans un lieu privé, la représentation transforme le lieu même dans lequel elle a lieu en espace public de sociabilité ; c'est pourquoi l'aménagement du théâtre et des lieux de représentation est toujours porteur d'une certaine conception de la sociabilité[7]. Les mystères, au Moyen-Âge, comportaient toujours une certaine représentation de l'espace de la représentation, conforme au discours biblique. Enfin, la mise en scène même de la représentation est porteuse d'une certaine conception de la sociabilité : toute représentation, tout spectacle, toute exposition se déroule conformément à un certain nombre de codes et de conventions de sociabilité. La représentation théâtrale est, dès le commencement, par exemple dans l'organisation du théâtre antique, porteuse de codes et de conventions liées à la représentation de la cité par le choeur ou à la représentation des conventions sociales par les dieux qui en sont l'incarnation dans la mythologie. Dans ces conditions, on peut observer que l'organisation même des formes et des lieux de la représentation transforme l'espace public en un espace symbolique dans lequel les spectateurs de la représentation sont en mesure d'interpréter les codes et les conventions de la sociabilité et de se les approprier, ce qui est le but de toute manifestation spectaculaire et culturelle, qu'il s'agisse des spectacles donnant à voir des représentations narratives de la médiation, ou des expositions, donnant à voir des objets porteurs d'une représentation figurale de la médiation.

Identification culturelle des acteurs de l'espace public

Les acteurs de l'espace public ont une identité culturelle à partir du moment où est reconnu l'idéal dont ils se soutiennent dans la mise en oeuvre effective de leurs pratiques : c'est cet idéal qui donne du sens à leurs pratiques culturelles. L'identification culturelle des acteurs qui font partie de l'espace public consiste, précisément, à faire apparaître les

---

[7] *Cf.* CANTAL-DUPART (1998), p. 26 et CHOLLET (1998), qui cite, p. 15, ces lignes de René Allio : « *L'architecture est l'instrument de base du théâtre. Elle a conditionné le spectacle jusqu'à ce point, qu'étudier une dramaturgie d'une époque donnée, c'est étudier un théâtre d'une forme donnée.* ».

logiques esthétiques qui structurent leur intervention dans le champ social et les choix politiques ou idéologiques qui orientent leurs pratiques symboliques en leur donnant une signification. En quelque sorte, on pourrait dire que, si l'identification des sujets de la communication intersubjective consiste à faire apparaître la vérité de leur parole, l'identification politique des acteurs de la communication médiatée consiste à faire apparaître les logiques idéologiques et institutionnelles qui orientent leur intervention dans l'espace public, et l'identification culturelle des acteurs de l'espace public consiste à faire apparaître les logiques symboliques qui donnent leur consistance à leurs pratiques esthétiques et culturelles. L'identification culturelle des acteurs de l'espace public consiste, finalement, à faire apparaître la nature de ce que l'on peut appeler leur engagement culturel. Il s'agit, par conséquent, d'aller plus loin que la simple interprétation ou la simple reconnaissance de la signification de leurs prestations : il ne s'agit pas seulement d'être en mesure de donner du sens à un tableau, à un texte ou à l'interprétation d'une oeuvre musicale : il s'agit de penser l'intervention de cette pratique esthétique dans l'espace public. Les acteurs de tous ordres qui interviennent dans l'espace public ne sont pas identifiés comme des personnes singulières, mais en fonction des représentations collectives dont ils sont porteurs dans l'exercice des médiations qu'ils incarnent. Je n'ai pas affaire, dans l'espace public, à des personnalités, mais à des idées, à des orientations, à des pratiques sociales, qu'il me faut, par conséquent, identifier en fonction des choix sociaux et institutionnels qu'impliquent ces idées ou ces orientations. Quand je vais au théâtre, je ne vais pas voir la dimension privée, singulière, de l'acteur que je vois jouer : pour cela, il me faudrait le connaître personnellement, avoir avec lui des relations d'ordre privé qui me permettraient de connaître sa façon personnelle de vivre et d'avoir des relations humaines. Quand je vais au théâtre, je vais voir l'interprétation que me donne cet acteur de tel ou tel personnage d'une pièce que je connais ou que je découvre : c'est en ce sens qu'existe le concept de *médiation théâtrale*, dont parle Jean Caune[8]. La médiation théâtrale constitue une dialectique qui articule la dimension symbolique, et donc collective, d'un personnage de théâtre qui peut être, grâce à son texte ou à son scénario, connu de tous, et la dimension singulière et personnelle de l'acteur qui incarne ce personnage dans la mise en scène et dans la représentation qu'il en donne. L'identification culturelle des acteurs de l'espace public consiste, précisément, à faire

---

[8] *Cf.* CAUNE (1996).

apparaître la dialectique qui fait d'eux des médiations, entre la dimension collective de la représentation dans laquelle ils jouent et la dimension singulière de leur prestation propre. La médiation culturelle s'inscrit dans les personnages dans cette logique et dans cette pratique. De la même manière, peut-on parler de médiation esthétique à propos de représentations artistiques. En effet, si l'on choisit l'exemple de la pratique d'un peintre, on est confronté à une dialectique du même ordre entre la prestation singulière d'un artiste, qui met en oeuvre des techniques et des formes dans une représentation du monde qu'il assume dans sa création, et la dimension collective de la culture dont cet artiste est porteur, qui est faite du savoir qu'il a pu acquérir, des représentations et des symboles dont il peut être porteur, de la conscience sociale et politique qu'il peut mettre en oeuvre dans sa peinture. La dialectique constitutive de la peinture consiste à inscrire dans l'espace public de la représentation des formes et des oeuvres d'art dans lesquelles sont inscrites les représentations et les significations qui donnent sa consistance sémiotique particulière à la médiation esthétique dont l'artiste est porteur. Quand Holbein peint *Les Ambassadeurs*, il met en oeuvre une dialectique culturelle entre la représentation dont il est porteur du pouvoir, de la diplomatie et de la mort, et la représentation qu'il construit lui-même de la place respective de chacune de ces instances : le pouvoir et la diplomatie au centre, et la mort présente, mais dans un autre plan[9]. C'est la mise en scène de ces attributs culturels qui représente, proprement, la mise en oeuvre de la médiation culturelle dans l'espace symbolique de la représentation artistique, et qui, ainsi, permet d'en identifier les acteurs.

Qu'est-ce qu'un espace de médiation ?

Un espace de médiation est un espace social régulé non par la seule intervention d'acteurs institutionnels, mais aussi par la diffusion des représentations de la médiation assurée par ces acteurs et de leurs stratégies. Les espaces de la médiation culturelle sont les lieux de l'espace public dans lesquels la dialectique entre la dimension singulière des pratiques de la médiation culturelle et la dimension collective de leur signification et de leur implication institutionnelle et sociale prend toute sa signification. Un espace de médiation, dans ces conditions, ne saurait être un espace social régulé et structuré par les seules lois et les seules structures de l'appartenance et de la sociabilité : un espace de médiation

---

[9] *Cf.* LACAN (1973), pp. 80-83.

est aussi structuré et organisé selon les lois symboliques du langage, de la communication et de la médiation symbolique qu'il a la charge, précisément, de faire apparaître aux acteurs de la sociabilité. Le rôle des espaces de médiation, dans l'espace public, est de donner à voir et à comprendre à ceux qui appartiennent à la sociabilité les formes, les lois et les usages constitutifs de leur appartenance même : il s'agit de faire apparaître de façon perceptible, réelle, matérielle, les structures et les contraintes qui fondent l'appartenance non seulement en état singulier, mais aussi en structure collective et institutionnelle inscrite dans l'histoire. Les espaces de la médiation culturelle donnent à voir les modalités pratiques réelles de leur appartenance sociale et politique à tous les usagers singuliers qui y circulent et qui en prennent connaissance. C'est le rôle, globalement, des stratégies de la médiation culturelle de donner une consistance effective au lien social qui fonde notre identité et notre appartenance en leur donnant la consistance effective d'une matérialité symbolique que l'on peut percevoir - précisément dans les stratégies de présentation et de représentation dont fait l'objet la médiation culturelle. Les stratégies de la médiation culturelle s'inscrivent dans l'histoire de la sociabilité dès l'instant où l'appartenance sociale requiert d'être figurée dans l'espace public, c'est-à-dire dès l'instant où l'appartenance sociale s'inscrit dans des formes symboliques et dans des langages : dès l'instant où les hommes s'inscrivent dans le langage, ils s'inscrivent dans des stratégies de représentation symbolique de leur appartenance, puisque le propre du langage est d'être porté par des langues, c'est-à-dire par des systèmes différentiels d'articulation de l'appartenance et de la signification. Les formes de la culture s'inscrivent dans l'espace public en même temps que les formes des langues s'inscrivent dans les logiques et dans les échanges de la communication. C'est le rôle de l'archéologie de faire l'histoire des formes primitives de la médiation culturelle et de nous apprendre quelles sont les structures symboliques dans lesquelles les hommes ont, tout au long de leur histoire, donné une consistance matérielle et formelle à l'expression de leur appartenance et de leur sociabilité. L'archéologie des formes de la culture consiste à retrouver, dans l'histoire, la continuité des formes dans lesquelles l'appartenance sociale et culturelle des formes s'est inscrite dans les stratégies symboliques de la représentation et dans les systèmes langagiers de la signification. L'archéologie, finalement, ne se contente pas de dater les formes de l'appartenance et les stratégies de la sociabilité : elle leur donne aussi la consistance symbolique d'un ensemble de messages, de discours et de représentations, grâce auxquels le lien social ne se contente pas d'être un fait de l'histoire, mais aussi se voit reconnaître une signification.

L'espace public comme espace de communication et de signification

Ce qui structure symboliquement l'espace public, c'est la reconnaissance d'un sens aux stratégies des acteurs institutionnels. Leur sens fait l'objet d'une reconnaissance au cours de la mise en oeuvre des pratiques culturelles dans lesquelles ils s'inscrivent. L'espace public est le lieu dans lequel s'inscrivent ces formes et ces pratiques culturelles : en ce sens, on peut définir l'espace public comme l'espace dans lequel la médiation culturelle acquiert sa consistance, sa matérialité, et, d'une certaine manière, sa réalité même. Pas de réalité de la médiation culturelle qui ne s'inscrive dans la matérialité d'un espace public au sein duquel les acteurs de la sociabilité peuvent la découvrir, en prendre connaissance, la comprendre et lui donner une signification. En effet, c'est le rôle de l'espace public, qui est, par définition, l'espace dans lequel s'inscrivent les stratégies de communication, de signification et de représentation des acteurs publics de la sociabilité, de constituer le lieu d'expression des médiations symboliques constitutives de la sociabilité. À ce titre, c'est dans l'espace public que se déploient les stratégies culturelles et institutionnelles des acteurs de la représentation, et, par conséquent, c'est l'espace public qui constitue l'espace de communication dans lequel les formes de la culture acquièrent toute leur consistance, et, au-delà, toute leur signification. C'est pourquoi les manifestations culturelles des médiations de l'appartenance sociale ont lieu dans l'espace public : ce n'est pas dans les espaces privés, dans les maisons et dans les domiciles, qu'ont lieu les manifestations culturelles destinées à mettre en scène les formes symboliques de l'appartenance et de la sociabilité. Les lieux de la culture appartiennent tous à l'espace public, qu'il s'agisse des lieux ouverts comme la rue ou les lieux fermés comme les théâtres, les musées ou les salles de concert. Les lieux de la culture, en fait, représentent les lieux de l'espace public dans lesquels s'inscrit la signification de la médiation constitutive de la sociabilité, tandis que les lieux du politique représentent les lieux de l'espace public dans lesquels s'inscrivent les stratégies institutionnelles des acteurs du pouvoir et de la représentation. C'est pourquoi les lieux de la culture ne sauraient faire l'objet d'aucune fermeture qui ne soit, en même temps, la mise en oeuvre d'une censure politique ou institutionnelle : on ne ferme pas les lieux de la culture, ils ne sauraient être que des lieux dans lesquels les acteurs qui appartiennent à la sociabilité acquièrent la représentation symbolique de leur appartenance, et peuvent par conséquent, constituer leurs stratégies d'acteurs et mettre en oeuvre les choix qui structurent leur opinion. On peut, dans ces conditions, établir une distinction entre deux types d'espaces publics consacrés à la mise en scène de la médiation culturelle : les espaces de la représentation et les espaces de la présentation. Les espaces de la représentation sont les espaces publics dans lesquels la médiation culturelle s'inscrit dans des formes et dans des rôles tenus par des acteurs, tandis que les espaces de la présentation sont les espaces publics dans lesquels la médiation culturelle s'inscrit dans des objets et dans des formes montrés au public. Dans ces conditions, peuvent être distinguées deux formes d'esthétique dans les lieux de la politique culturelle, selon les types de pratique artistique ou symbolique qui sont inscrits dans l'espace public. L'esthétique de la représentation, dans la mesure où elle s'inscrit dans des stratégies mises en oeuvre par des acteurs, va reposer sur des logiques d'identification distanciée du public aux rôles qu'il voit incarner par des acteurs sur des lieux scéniques réels (théâtre ou concerts) ou figurés (cinéma, musique enregistrée), tandis que l'esthétique de la présentation va reposer sur des logiques de condensation de la signification dans des objets et dans des formes que le public voit exposés dans des lieux d'exposition réels (musées, galeries d'exposition) ou figurés (reproductions d'oeuvres d'arts, livres, projection de diapositives ou lecture de CD-Rom, etc.). Dans ces deux cas, l'esthétique de la présentation ou de la représentation s'inscrit dans des formes institutionnelles de la médiation culturelle et dans les stratégies qu'elle met elle-même en oeuvre pour assurer sa propre diffusion dans l'espace public.

Chapitre 1

POLITIQUE DE LA REPRESENTATION

Culture et lien social

La culture comme médiation symbolique entre ceux qui appartiennent à une même société

Dans une problématique politique et dans une rationalité de l'espace public, la culture peut se définir comme l'ensemble des pratiques et des activités qui donnent une consistance effective à la médiation symbolique constitutive de l'appartenance et de la sociabilité. L'ensemble des pratiques et des objets constitutifs des codes et des pratiques de la culture donne une consistance symbolique et un système de formes et de représentations au lien social, par ailleurs constitutif de notre appartenance. C'est pourquoi la culture est un langage nécessaire à la constitution même du politique comme instance structurante de la sociabilité. En effet, aucune représentation de la sociabilité ne pourrait s'imposer sans s'inscrire dans un langage fondant une logique de signification pour ceux qui appartiennent à l'espace public. La culture peut, ainsi, se définir comme l'ensemble des médiations esthétiques qui donnent une consistance symbolique à l'appartenance sociale dont sont porteurs ceux qui les mettent en oeuvre. La culture rend, dans ces conditions, interprétable notre appartenance sociale en lui donnant une signification et en l'inscrivant dans un système conventionnel de représentation : la construction des églises du Moyen-Âge, dans toute l'Europe de la chrétienté, n'aura pas été seulement un événement de l'histoire de l'architecture, elle n'aura pas été seulement une entreprise de construction, elle aura constitué un mouvement esthétique porteur d'une signification à la fois politique et religieuse : l'importance de l'église dans l'espace public dans tous les pays européens. En ce sens, la culture aura bien constitué une médiation symbolique représentant une appartenance - en l'occurrence religieuse et politique - en lui donnant la consistance d'un système de signifiants. Finalement, en effet, la culture représente, par rapport aux faits sociaux et institutionnels, l'équivalent de ce que, dans la langue, représente le signifiant par rapport au signifié : une instance qui donne une consistance matérielle à une référence qui n'a d'existence que dans la conscience et la culture de ceux qui en sont porteurs. La médiation culturelle représente, finalement, l'instance qui rend possibles l'inscription de nos appartenances et de nos formes de sociabilité dans des systèmes sémiotiques qui en permettent la représentation, mais aussi le transfert et la circulation au cours des échanges symboliques dans lesquelles nous mettons en oeuvre nos appartenances et nos liens sociaux dans la représentation des identités dont nous sommes porteurs. C'est la médiation culturelle qui rend possible le transfert des représentations de nos appartenances et leur circulation dans les espaces de communication et de circulation dans lesquels nous sommes amenés à évoluer et à occuper une place. La culture est la médiation qui permet à nos appartenances et aux liens sociaux dans lesquels nous nous reconnaissons de faire l'objet de circulations et d'échanges dans des espaces de communication et dans des espaces de significations dans lesquels, en les donnant à voir et à entendre, nous mettons en jeu notre propre appartenance et les liens qui constituent notre identité. Par nos pratiques culturelles, nous mettons en oeuvre dans l'espace public les formes et les discours qui donnent une consistance symbolique identifiable et reconnaissable aux appartenances et aux liens sociaux que nous entendons représenter dans l'espace public. C'est bien pourquoi les formes de la culture sont des médiations : en nous livrant, de façon individuelle et singulière, à des pratiques symboliques identifiables, reconnaissables et porteuses de signification, nous donnons une consistance symbolique collective à une appartenance, dès lors constitutive de sociabilité. Les pratiques culturelles donnent un signifiant au signifié de notre appartenance, et, dès lors, l'inscrivent dans une logique de communication, d'échange symbolique et de reconnaissance, grâce à laquelle il peut être, pour nous, objectivé : la médiation culturelle est un système de signifiants qui représente la sociabilité en lui donnant un sens pour nous-mêmes et pour les autres.

Culture, filiation et appartenance

En les inscrivant dans des systèmes symboliques de représentation, la culture inscrit les relations de filiation dans la dimension sociale d'une appartenance. Il en va ainsi, par exemple, des rituels mis en oeuvre dans les relations de filiation : les rites liés à la naissance (baptême dans la religion chrétienne ou rites de reconnaissance dans d'autres cultures), au mariage ou à la mort, en inscrivant les liens de filiation et les liens familiaux dans des procédures et dans des formes symboliques, donnent à la filiation la médiation institutionnelle d'un système de relations et de représentation, et, dès lors, l'inscrit dans des systèmes institutionnels socialisés de représentation et de communication. Les formes symboliques structurées par les systèmes culturels d'appartenance et de sociabilité inscrivent les espaces et les logiques de filiation dans des formes représentables et dans des logiques qui peuvent faire l'objet d'une communication dans l'espace public. C'est de cette manière que la filiation devient elle-même une médiation de la sociabilité, et, en particulier, que les lois et les logiques institutionnelles qui la structurent font l'objet d'une communication et d'une représentation qui en assurent la reconnaissance et l'appropriation par tous ceux qui appartiennent à la société. *Oedipe Roi* dans l'Antiquité grecque, ou *Phèdre* dans la France du XVIIème siècle, ne représentent pas seulement les récits de faits et d'aventures survenus à des personnages de la mythologie ou de la culture dominante : il s'agit aussi de médiations symboliques par lesquelles les interdits fondateurs de la sociabilité se trouvent représentés dans des formes et dans des conventions esthétiques qui en permettent la diffusion et l'appropriation dans l'espace public - d'autant plus facilement, justement, que cette appropriation s'inscrit dans les formes du plaisir esthétique assuré par un spectacle. La médiation symbolique par laquelle est représentée la vie du personnage d'Oedipe ou celle du personnage de Phèdre confère toute leur importance institutionnelle aux pratiques culturelles : elles permettent l'appropriation des lois et des formes constitutives de la sociabilité par les sujets auxquels elles sont destinées, d'autant plus facilement qu'en assistant précisément à ces spectacles, ceux-ci participent de façon active à ce que l'on peut appeler la mise en scène de la médiation spectaculaire de la sociabilité. La médiation esthétique de la sociabilité que représentent les pratiques culturelles engagent les spectateurs, dans leur participation même aux spectacles auxquels ils assistent, à donner à leur reconnaissance de la loi et de la sociabilité la consistance visible de leur présence et de leur participation à l'émotion esthétique produite. C'est là tout le sens de l'assistance à un spectacle ou de la participation à une manifestation culturelle. Au-delà du plaisir immédiat offert par les formes à notre perception et à notre conscience esthétique, c'est toute notre appartenance et notre sociabilité qui font ainsi l'objet d'une représentation et qui se voient conférer une consistance matérielle perceptible et sensible dans l'espace public de notre appartenance et de notre sociabilité. La culture représente, ainsi, la médiation symbolique qui assure la relation entre les structures singulières de notre filiation et les structures collectives de notre sociabilité et de notre appartenance : en ce sens, c'est bien la culture qui constitue le langage commun de nature à articuler ces deux instances dans notre conscience et, ainsi, à donner une consistance symbolique effective et une signification interprétable aux formes qui résultent de notre filiation et à celles qui résultent de notre appartenance. C'est le sens, en particulier, des structures narratives, classiques dans la littérature et dans les arts du spectacle, qui représentent esthétiquement les formes primitives de la filiation et de la famille : amour, inceste, adultère, jalousie, constituent les matériaux classiques des formes symboliques de la médiation culturelle, car ils rendent possible l'appropriation conjointe des formes de la filiation et des formes de l'appartenance par ceux à qui ces formes s'adressent.

Exclusion de la culture et dissolution du lien social

Le problème, à la fois social et politique, de l'exclusion de la sociabilité se pose dans le domaine de la culture et des pratiques sociales de la fonction symbolique, comme il se pose dans tous les autres domaines de la vie sociale et des médiations institutionnelles. Sous quelque forme que ce soit, il a toujours existé des situations d'exclusion des formes culturelles de la sociabilité, qu'il s'agisse de l'exclusion de l'école, de l'exclusion des spectacles et des activités culturelles, ou, plus radicalement, de l'exclusion de la langue. Même si elle constitue une limite absolue, indépassable, de la médiation culturelle de la sociabilité, l'exclusion de la culture revêt une signification importante, et relève d'une interprétation, comme n'importe quel fait politique ou n'importe quel événement de la sociabilité. La signification de l'exclusion culturelle est particulièrement aiguë dans les situations dans lesquelles elle s'inscrit dans des logiques plus vastes d'exclusion de la sociabilité et dans des circonstances dans lesquelles les formes sociales ou politiques de l'exclusion sont particulièrement sensibles. C'est ainsi qu'il faut relever dans l'histoire les situations d'exclusion comme les moments de persécution culturelle ou religieuse, qui sont constitutives de situations historiquement et politiquement conflictuelles de tension et qui portent des menaces sensibles de dissolution, à terme, du lien social dans les pays ou dans les systèmes sociaux dans lesquels elles sont relevées ou dans lesquelles certaines populations peuvent en être victimes. On peut prendre deux exemples particulièrement éclairants dans l'histoire : l'antisémitisme et la persécution des juifs dans l'histoire de nombreux pays occidentaux, et le fait social de l'illettrisme, qui se perçoit de nouveau de nos jours, dans certains pays développés. L'antisémitisme et la persécution des juifs dans l'Europe médiévale, puis dans l'Europe moderne et contemporaine, est un fait fondamentalement lié à une exclusion culturelle : c'est l'exclusion d'un système de représentations, d'usages et de formes de sociabilité, qui fait l'objet d'une exclusion, précisément pour ce qu'il représente d'autonomie au sein des groupes sociaux dans lesquels il se développe. En ce sens, l'antisémitisme a constitué, dans l'histoire, une logique d'exclusion, en partie destinée à fonder l'illusion d'une meilleure fondation du lien social entre les non exclus. On sait qu'au contraire, il n'en a rien été, puisque c'est cette exclusion même qui, se développant, a pu atteindre le point culminant qu'a représenté le nazisme et le passage de l'exclusion à l'extermination. L'exemple, plus récent, de l'illettrisme est plus complexe. Il s'agit du constat selon lequel une quantité non négligeable de personnes demeurent à l'extérieur des structures et des institutions de formation organisées par la société politique, et, par conséquent, se trouvent, de fait, exclues de l'accès à la culture. Une telle exclusion devient une préoccupation politique à partir du moment où elle menace, par son étendue même, les fondements mêmes de la sociabilité et de l'appartenance. Dans ces conditions, la politique du développement culturel a aussi pour but de combattre ce type d'exclusion, porteur, à terme, de risques de dissolution du lien social. L'exclusion de la culture revêt aussi une signification politique et institutionnelle : en effet, elle signifie la dissolution du lien social, fait de savoir et de représentation. L'enjeu social, identitaire, mais aussi politique, de l'exclusion culturelle est ainsi considérable : c'est le devenir même de la sociabilité qui est en cause, que cette exclusion ait été décidée et assumée comme volonté politique, ou qu'elle ait simplement été imposée par des circonstances auxquelles le politique n'a pu trouver de parade efficace. Le danger de l'exclusion du lien social est double : il concerne les personnes exclues, qui, de fait, perdent tout statut et toute reconnaissance, mais il concerne aussi les acteurs sociaux qui mettent en oeuvre des stratégies d'exclusion ou qui, même, laissent s'imposer des logiques et des processus d'exclusion : c'est le lien social qui, en dernière analyse, est ainsi menacé par un tel silence de la culture.

Le miroir des formes

La culture inscrit le lien social dans un système de formes reproductibles et diffusables, qui constitue, en quelque sorte, un miroir où peuvent se reconnaître ceux qui appartiennent à cette sociabilité. Les formes de la culture représentent une forme de miroir symbolique dans lequel je puis lire, reconnaître et élucider l'appartenance sociale dont se soutient mon existence, et qui fait de moi un sujet de sociabilité. En ce sens, il y a un miroir des formes, et, par conséquent, se met en oeuvre, à un certain moment, une forme culturelle du processus de l'identification spéculaire à l'autre constitutive de mon identité : la rencontre sociale de l'autre dans des processus culturels constitue, elle aussi, pour moi, un moment constitutif de mon appartenance, comme le stade du miroir représente le moment constitutif de mon identité. Les formes de la culture, dans ces conditions, représentent bien autre chose que l'ensemble des représentations esthétiques ou symboliques constitutives d'une esthétique. Elles représentent, en fait, pour le sujet, l'ensemble des faits symboliques constitutifs de son appartenance sociale, politique et institutionnelle : l'ensemble des formes qui le constituent comme acteur social dans l'espace de l'histoire. C'est le sens des cultures professionnelles ou des cultures politiques : ces formes symboliques représentatives de groupes sociaux distinctifs et porteurs de dénomination sont eux-mêmes constitués en groupes porteurs d'une sociabilité significative pour le sujet qui en est porteur à partir du moment où ils s'inscrivent dans des formes et des logiques culturelles de médiation et de représentation. C'est le sens des formes de la culture : elles sont le langage par lequel l'appartenance et le lien social acquièrent la consistance symbolique qui leur permet de faire l'objet d'une reconnaissance et d'une appropriation par les sujets singuliers de la médiation. La culture est un miroir de formes, en ce que je puis reconnaître mon appartenance dans les formes qu'elle me propose et dans les représentations qu'elle m'offre dans l'espace public de la sociabilité. Les pratiques culturelles, en ce sens, ne sont pas autre chose, pour le sujet qui les met en oeuvre, que l'expérience même par laquelle il renouvelle, à ses propres yeux, l'expérience originaire et fondatrice du contrat social : reconnaître les formes de la culture, au spectacle ou dans une exposition, c'est renouveler symboliquement le pacte qui m'unit à la société constitutive de mon appartenance. Le miroir social exercé par les formes de la culture représente ainsi le moment fondateur de l'existence culturelle, et, au-delà, sans doute, le moment fondateur de la médiation symbolique - elle-même constitutive du sujet. En effet, pas de médiation symbolique sans un langage dans lequel elle s'exprime et dans lequel elle acquiert sa consistance ; or, c'est la médiation culturelle qui produit ce langage lui-même, c'est par la médiation des formes de la culture que le sujet peut effectivement se constituer comme tel et acquérir la dimension sociale fondatrice de ce que l'on peut appeler la part institutionnelle de son identité. Dans les formes de la culture, je ne me contente pas de reconnaître mon appartenance et les sujets qui, avec moi, partagent le même code social et le même lien constitutif : je reconnais aussi en elles les médiations symboliques qui me structurent comme sujet et qui fondent l'historicité sociale et anthropologique de mon existence. C'est par les formes de la culture que mon existence même accède à la dimension proprement symbolique de la sociabilité. C'est dire l'enjeu que représentent les activités et les pratiques culturelles dans la formation de l'identité du sujet. C'est dire l'enjeu que représente le miroir des formes dans les processus constitutifs du contrat social : c'est dans le miroir des formes que, constitué symboliquement en sujet par la médiation du stade du miroir, je puis reconnaître et, par conséquent, fonder, mon appartenance et ma sociabilité par la médiation de la représentation que m'en renvoie l'autre.

La culture comme représentation du politique

Le politique devient un langage

Par les pratiques culturelles, le politique devient un langage, fait de mots, d'images et de pratiques mis en représentation. Le politique est l'ensemble des formes institutionnelles qui représentent la médiation de l'appartenance pour ceux qui en sont porteurs : il s'agit d'un ensemble de manifestations institutionnelles, structurées par des règles, des normes et des usages fondés sur la conscience d'appartenance de ceux qui les mettent en oeuvre et sur leur représentation de l'idéal politique. Pour s'inscrire dans la plénitude d'une médiation, le politique acquiert les formes et le langage d'un système de représentation, par la médiation duquel puissent en être porteurs les acteurs de la sociabilité, dans leur conscience et dans leurs pratiques sociales. C'est le rôle de la culture de constituer un système de représentation par lequel l'idéal politique puisse pleinement constituer une médiation : pas de système politique sans médiation symbolique de représentation, et, par conséquent, sans culture ; pas de système institutionnel qui ne se fonde sur la conception et sur la mise en oeuvre d'une politique culturelle. L'avènement au politique de l'importance de l'esthétique culturelle de nature à en constituer une sublimation et une médiation s'inscrit, dans l'histoire, sensiblement au moment où le domaine des états acquiert une taille trop importante pour faire l'économie de médiations de représentation des acteurs qui y exercent le pouvoir. Dès que l'espace politique est trop grand pour se limiter à une gestion directe par la parole de ceux qui l'administrent, la médiation culturelle et la représentation symbolique deviennent des nécessités institutionnelles - ne serait-ce que pour que ceux qui appartiennent à cet état aient pleinement conscience de leur appartenance, de leur sociabilité et des règles qu'elles impliquent dans leur vie et dans leurs pratiques. On pourrait dire, à cet égard, que l'avènement des médiations culturelles de l'appartenance politique est contemporain de l'avènement des médiations morales des conduites et des pratiques singulières : il s'agit, dans l'un et l'autre cas, d'assurer la visibilité de l'appartenance qui fonde désormais les acteurs sociaux. L'invention des formes de la représentation, qui fonde l'avènement du politique, en donnant à l'exercice des pouvoirs les lieux et les médiations par lesquels ils expriment à la fois leur universalité et leur sociabilité, inscrit dans les formes de la culture les formes et les usages de l'exercice des institutions en tant que médiations symboliques de l'appartenance sociale. Au commencement du politique est la culture, car il ne saurait y avoir de politique sans institutions, et, par conséquent, sans formes symboliques - et, donc, culturelles - de leur représentation, de leur visibilité et de leur mise en oeuvre. C'est d'ailleurs bien en raison de cette articulation originaire entre la médiation politique et la médiation culturelle qu'il n'y a pas de politique muette : il n'y a pas de politique sans parole, sans formes et sans signification, puisque le politique consiste toujours à donner aux choix qui engagent les acteurs sociaux une visibilité et une matérialité dans le réel de la sociabilité. Mais, dès lors qu'il s'inscrit ainsi dans les formes et les institutions de la représentation, le politique s'inscrit dans les structures de la médiation culturelle, qui lui donnent son expression et le langage dans lequel il peut faire l'objet d'une communication et d'une appropriation par les acteurs de la sociabilité, qui deviennent, du fait même de cette appropriation, les citoyens de l'espace politique. Le politique devient un langage dès lors qu'il fait l'objet d'une communication entre les acteurs qui lui sont soumis, et, par conséquent, les formes de la médiation culturelle acquièrent la fonction majeure de rendre visibles, intelligibles et reconnaissables les formes et les médiations par lesquelles le politique s'inscrit dans l'espace public de la sociabilité. La culture fait advenir le politique au langage, et, de ce fait, lui donne une signification. C'est, sans doute, par la médiation culturelle que le politique cesse de ne constituer qu'une représentation institutionnelle de notre appartenance, mais acquiert aussi une signification que nous puissions interpréter, et, par conséquent par laquelle nous puissions reconnaître et nous approprier les institutions par lesquelles il structure et régule l'espace public[10].

Le rôle de la presse et des autres médias dans la culture

Les médias inscrivent la culture dans des stratégies et dans des processus d'information accessible aux acteurs de la sociabilité. Le rôle des médias est complexe dans le champ de la médiation culturelle : il ne saurait être question de les cantonner, comme ils semblent l'être depuis le XIXème siècle et l'avènement de la presse industrielle moderne, à des fonctions de circulation de l'information et à des fonctions de divertissement et de loisir. C'est par la presse et les médias que les formes de la culture peuvent faire l'objet d'une diffusion dans l'espace public, puis, dans un second temps, d'une appropriation par les acteurs singuliers de l'espace public, mettant ainsi en oeuvre le principe même de la médiation, dialectique entre le singulier et le collectif de la sociabilité. La presse et les autres médias participent à la constitution des formes de la médiation culturelle, et, en particulier, ils donnent aux formes de la représentation culturelle, quelles qu'en soient les modalités, les langages et les stratégies qui peuvent en assurer la diffusion dans l'ensemble de l'espace public. C'est par la presse et les autres médias que la culture peut, ainsi, faire l'objet d'un ancrage dans l'histoire de la sociabilité et dans la réalité des acteurs qui en sont porteurs à un moment donné. Le rôle de la presse et des médias est donc considérable par rapport aux formes de la culture, puisqu'ils lui donnent les langages et les formes de représentation par lesquels elle peut accéder au statut de médiation, et constituer, elle aussi, une dialectique entre des pratiques singulières et des formes collectives de représentation. Au-delà de la simple information sur les activités culturelles, à laquelle il ne faudrait pas réduire les médias - encore qu'ils en assurent tout de même la fonction dans l'espace public, les médias assurent à la médiation culturelle une consistance symbolique qui lui permet de faire l'objet

---

[10] *Cf.* CASSIRER (1993), pp. 398-399.

d'une circulation (donc d'une diffusion dans l'espace public), puis d'une découverte (donc d'une appropriation) par les usagers des médias qui sont aussi les acteurs singuliers de la sociabilité. Ce sont les médias qui donnent une consistance symbolique aux acteurs de l'actualité et de l'information et qui, par conséquent, les inscrivent dans les formes et dans les codes de la médiation culturelle. Sans les médias, les acteurs qui donnent sa consistance proprement narrative à l'actualité et à l'information n'auraient ni consistance symbolique ni signification, et leurs actes et leurs stratégies ne seraient dotés d'aucune signification interprétable, de nature à fonder leur consistance symbolique, et, par conséquent, de nature à fonder et à structurer l'idéologie dans laquelle ils s'inscrivent et qui donnent du sens à leurs conduites sociales et institutionnelles. C'est là le rôle de l'information : elle rend visibles et, surtout, intelligibles, les stratégies, les choix et les conduites des acteurs politiques constitutifs de la médiation institutionnelle de notre appartenance. Le rôle des médias n'est pas seulement de nous apporter des informations, de nous faire connaître des événements et des situations que nous ignorerions sans leur intervention : au-delà, il s'agit de donner une consistance symbolique à des événements et à des informations auxquels nous sommes conduits à donner du sens lors de l'exercice de notre sociabilité politique - et, en particulier, lors de l'exercice de notre souveraineté populaire, par exemple à l'occasion d'un vote ou d'une décision que nous sommes amenés à prendre. Ainsi, les médias font oeuvre de culture, en donnant une consistance symbolique à des événements qui, dès lors qu'ils apparaissent dans l'information médiatée, appartiennent à notre savoir collectif et constituent, désormais, les formes de la médiation culturelle par laquelle nous reconnaissons notre appartenance et notre sociabilité. Dans ces conditions, la presse et les médias font partie de l'ensemble de nos médiations culturelles, mais, pour aller au-delà, il importe de remarquer que ce sont l'ensemble des informations dont ils sont porteurs qui constituent la médiation culturelle - et, pour commencer, la médiation politique. Les conditions dans lesquelles s'exerce le pouvoir des acteurs politiques, les formes que peut revêtir la vie des institutions, les logiques juridiques et institutionnelles de l'exercice et de la confrontation des pouvoirs, bref : tout ce que l'on est convenu de désigner par le concept de vie politique, fait partie intégrante de la médiation culturelle. C'est aussi à la forme et aux structures de ses institutions politiques que l'on reconnaît une culture.

Le miroir social

La culture constitue un miroir social (pratiques, traditions, etc.) dans lequel peuvent se constituer et se reconnaître les acteurs de la sociabilité. De la même manière que le sujet singulier ne structure sa propre existence symbolique que dans l'image de lui que lui renvoient les autres, au cours de l'expérience fondatrice du stade du miroir, les acteurs de la sociabilité, dans l'espace public, ne peuvent fonder les stratégies qu'ils mettent en oeuvre ni légitimer les conduites et les pratiques sociales et institutionnelles qui les fondent dans leur statut et dans leur existence sociale et politique que sur les pratiques culturelles et les représentations symboliques de la sociabilité que leur renvoient les autres acteurs qui appartiennent au même espace public qu'eux. Les formes de la culture représentent une forme de miroir social, parce que ce sont elles qui nous renvoient, en la mettant en scène, l'image des acteurs que nous rencontrons dans l'espace public et qui, par là, nous font apparaître l'image de notre propre appartenance en lui donnant la consistance symbolique d'une représentation. La culture est le miroir social dans lequel, en leur donnant une signification et une consistance symbolique forte, nous pouvons prendre conscience de l'existence des autres et de notre propre inscription dans l'espace public. Les formes de la culture, telles que nous pouvons les connaître et nous les approprier dans notre propre savoir et dans notre conscience symbolique, sont les images et les représentations qui peuplent ce miroir symbolique : faites des oeuvres d'art que nous pouvons contempler en y trouvant des représentations de notre idéal esthétique, faites des spectacles auxquels nous assistons en y trouvant la signification et la représentation de notre propre appartenance, faites aussi des discours que nous entendons et des livres que nous lisons, en y trouvant l'écho sublimé de nos propres paroles et de nos propres expériences symboliques, les formes de la culture construisent pour nous un univers de formes qui fonde notre existence sociale en lui donnant la consistance symbolique d'un univers de représentations. Les pratiques culturelles que nous mettons en oeuvre consistent, ainsi, à donner la consistance réelle d'une pratique et d'un ensemble de réalisations à cet ensemble de représentations dont nous sommes porteurs, et qui nous est, précisément, à la fois révélé et structuré par notre activité culturelle. La culture, finalement, dans notre inscription au coeur de l'espace public de la sociabilité, a la même fonction que les pratiques symboliques que nous pouvons mettre en oeuvre avec les autres : elle consiste à nous faire prendre conscience de notre appartenance par la simple pratique des activités culturelles, comme nous prenons conscience de notre identité par la simple pratique des activités symboliques que nous mettons en oeuvre, par notre parole, dans notre rencontre intersubjective avec l'autre. La culture, cet ensemble de pratiques symboliques constitutives de notre identité, fonde notre appartenance et notre statut dans l'espace public de la sociabilité - elle fonde même, en quelque sorte, notre sociabilité en lui donnant la consistance symbolique d'une identité - par la mise en oeuvre des pratiques qui lui donnent sens et consistance en la rendant identifiable, à nos propres yeux comme elle la rend identifiable aux yeux des autres, que nous rencontrons dans l'espace public de l'indistinction. Pas de sociabilité, donc, pas de représentation de l'appartenance, sans un système de formes et de représentations qui leur donnent une consistance symbolique grâce à laquelle nous puissions les apprendre et nous les approprier. Pas de sociabilité, pas d'existence en tant qu'acteurs dans l'espace public, sans une culture qui nous rendent reconnaissables, et, par conséquent, identifiables aux autres dans l'espace public. C'est l'espace public lui-même qui, dans une telle perspective, acquiert un autre statut : espace de la circulation et de la rencontre, espace aussi, du point de vue politique, de la représentation et de la communication des appartenances et des choix dont sont porteurs les citoyens, l'espace public est aussi, fondamentalement, l'espace dans lequel les représentations de nos appartenances, c'est-à-dire la dimension sociale de notre identité, acquièrent une consistance symbolique par laquelle elles deviennent communicables et par laquelle elles acquièrent une signification. C'est le sens du miroir social d'être, ainsi, le lieu dans lequel nos appartenances trouvent une signification pour nous : c'est en assistant à une représentation de *Don Giovanni* que je prends conscience, par mon appartenance même au public pour qui cet opéra a un sens, de la signification que peut revêtir pour tous le *Viva la libertà* prononcé, en 1787, sur la scène d'un opéra[11].

La culture comme miroir du politique

C'est qu'il n'y a pas de représentation de l'appartenance qui ne soit politique : l'exemple de *Don Giovanni* n'est pas, ici, donné au hasard : les pratiques culturelles, les formes esthétiques de la représentation, qu'elles s'inscrivent dans le langage de la musique, dans celui de la peinture ou dans celui de n'importe quelle pratique, portent toujours la signification à la fois de l'idéal esthétique dont elles se soutiennent et de

---

[11] *Don Giovanni*, I, 22.

l'idéal politique dont se soutient celui qui les énonce. La culture représente toujours à la fois le miroir social de nos appartenances et le miroir politique qui me renvoie le sens de ces appartenances par rapport à l'idéal de sociabilité dont elles sont porteuses. C'est pourquoi la culture est toujours porteuse d'une signification politique : c'est pourquoi les formes et les pratiques culturelles s'interprètent toujours à la fois sur le plan esthétique et sur le plan politique, sur le plan des choix de leurs formes et sur le plan des choix de leurs engagements. On ne peut lire *Don Giovanni* seulement comme une histoire d'amour ou seulement comme une histoire de religion : l'opéra de Mozart est aussi, à chacune de ses paroles, à chacune de ses mesures, à chacun de ses vers, un discours politique, c'est-à-dire un discours sur la sociabilité et un discours sur l'idéal politique c'est-à-dire sur la liberté. L'opéra de Mozart représente une sublimation des idéaux dont il a la signification, comme *La Flûte Enchantée* peut se lire comme une sublimation des idéaux et des choix politiques de la maçonnerie, ou comme *L'Enlèvement au Sérail* peut se lire comme une illustration de la rationalité en politique et de l'idéal démocratique[12]. Si nous choisissons nos exemples, ici, dans les opéras de Mozart, c'est parce qu'ils semblent parfaitement représentatifs de la condensation et de la double signification de l'oeuvre d'art et de la représentation culturelle : l'opéra, en effet, à l'époque de Mozart, est la représentation de l'oeuvre d'art totale, la représentation de l'idéal esthétique dans toute sa complexité et dans toute la pluralité de ses significations. L'opéra représente à la fois des personnages, c'est-à-dire un récit et l'identification à des personnages, mais aussi la puissance d'un discours et d'une intrigue narrative, un espace scénique, c'est-à-dire la représentation sublimée d'un lieu qui nous est donné à voir, et qui, par conséquent, comme espace de représentation, est un espace symbolique, et, enfin, par sa musique, il nous inscrit dans une temporalité et dans un rythme qui sont ceux de l'idéal esthétique de la représentation : par la temporalité musicale, par la mélodie, qui donne sa consistance esthétique à la relation de communication entre les acteurs, les interprètes et le public, l'opéra donne la consistance réelle d'un spectacle, d'une représentation pratique, à la mise en scène qui nous rend intelligible la représentation de l'idéal esthétique. Mais il existe d'autres formes de représentations culturelles de la dimension politique du miroir social. Par la satire ou l'ironie, qui en constitue un miroir déformé ou amplifié par

---

[12] C'est, sans doute, le sens qu'il convient de donner à la représentation de la générosité du pacha Sélim, qui s'oppose à la bassesse d'Osmin.

une forme de caricature, ou par la représentation théâtrale ou artistique, la culture représente l'image spéculaire du politique, ce qui explique son importance dans tous les régimes : c'est par les représentations qu'en donnent les pratiques culturelles ou artistiques que le politique acquiert sa consistance symbolique et qu'il devient, dans ces conditions, une pratique pourvue de sens pour ceux à qui il s'adresse. La culture, dans ces conditions, a une importance fondatrice pour tout système politique : elle lui donne une signification et elle lui donne les formes par lesquelles il peut être porté dans la conscience des acteurs singuliers qui le mettent en oeuvre dans l'ordinaire de leurs pratiques sociales. En ce sens, la culture donne à la médiation politique la consistance esthétique sans laquelle elle n'est rien, sans laquelle elle ne saurait avoir aucune consistance dans la conscience des acteurs singuliers de la sociabilité. La culture est un système symbolique dans lequel il est nécessaire que s'inscrive le politique pour pouvoir avoir quelque consistance dans la conscience des acteurs à qui il donne une existence sociale. Pas de conscience sociale, pas de conscience morale, pas de citoyenneté, enfin, qui ne s'expriment et n'acquièrent leur signification dans la mise en oeuvre des formes esthétiques et symboliques des pratiques culturelles et des représentations artistiques.

La représentation de l'idéal politique

L'idéal politique et ses représentations dans l'espace culturel

L'espace culturel met ainsi en scène diverses représentations esthétiques de l'idéal politique, dans lesquelles les acteurs de la sociabilité peuvent se le représenter, en lui renouvelant leur appartenance et leur reconnaissance de sa légitimité. L'espace culturel est l'espace symbolique de l'idéal politique : celui, finalement, où le politique peut acquérir la consistance et la représentation sublimée d'un idéal. C'est d'abord une question de visibilité : la médiation culturelle permet de représenter l'idéal politique en lui donnant la consistance d'un spectacle : d'un objet à voir, à entendre, voire à admirer, ou bien encore à détester. Quoi qu'il en soit, pour que puisse s'éprouver un quelconque sentiment ou une quelconque opinion vis-à-vis de l'idéal politique, encore faut-il qu'il existe comme objet et qu'il ait une consistance propre à nous le faire exister de façon réelle et perceptible. La médiation culturelle nous fait assister à des manifestations de l'idéal politique, propres à susciter en nous des sentiments et des opinions grâce auxquels il ne s'agisse pas seulement d'une abstraction, d'une idée plus ou moins confuse, mais bien d'un ensemble de formes et de manifestations réelles, perceptibles, interprétables et évaluables dans la réalité effective de l'espace public. La visibilité de l'idéal politique, assurée par la médiation des formes de la culture, le fait exister comme événement ou comme réalisation dans le champ de l'espace culturel. C'est ainsi que l'idéal démocratique se trouve représenté, dans l'espace culturel de l'Athènes antique, aussi bien par les réalisations architecturales que l'on peut encore connaître sur l'Acropole, que par les représentations esthétiques qui en sont faites dans la statuaire et dans la représentation du *kouros*[13], de l'homme idéal porteur de ces idéaux démocratiques, ou dans la littérature et l'histoire de la philosophie, par les représentations qui en sont données par le théâtre de Sophocle ou d'Euripide, par l'art oratoire de Lysias, ou encore par les réflexions de Platon. C'est ainsi encore que l'idéal politique de l'alliance entre la religion chrétienne et le pouvoir politique s'est trouvé effectivement réalisé, par la construction des églises, au Moyen-Âge, dans un pays comme la France, ou à l'époque baroque, dans un pays comme l'Espagne ou dans un pays comme l'Italie. C'est même parce qu'il est le lieu où s'inscrivent les représentations esthétiques de l'idéal politique que l'espace culturel constitue un espace capital d'expression de la médiation politique : l'espace culturel est un espace stratégiquement fondamental, parce que c'est là que peuvent se percevoir - voire s'admirer ou se trouver rejetées - les formes par lesquelles est représenté l'idéal politique constitutif de la culture politique qui caractérise notre appartenance et notre citoyenneté. La politique culturelle consiste, dans un pays, à décider quelles formes prendront les manifestations de l'idéal politique et dans quels langages esthétiques elles s'inscriront. Il est clair, cependant, qu'une telle politique ne s'inscrit pas nécessairement dans les formes primitives de la propagande, mais que, justement dans les pays où la culture ne fait pas l'objet d'une censure ou d'un refoulement, elle s'inscrit dans une véritable recherche esthétique : celle de l'engagement.

L'épopée

L'épopée représente, ainsi, l'une des premières formes de la médiation poétique de l'idéal politique. *Epos* signifie, en grec, la parole poétique, le vers, c'est-à-dire la parole qui s'inscrit dans une forme esthétique de nature à sublimer la signification et l'information pour les

---

[13] Le *kouros*, le jeune homme, est l'idéal de beauté de la statuaire grecque classique.

inscrire, au-delà de la logique du discours, dans une logique de la représentation. L'épopée, en ce sens, telle que la référence en est, en quelque sorte, fondée dans l'Antiquité grecque par le personnage mythique d'Homère, consiste dans la déclamation d'un texte chanté en vers qui fait des récits situés à l'articulation, à la lisière, entre l'histoire et la mythologie, c'est-à-dire des récits situés entre la logique de la sublimation propre au mythe, dont les acteurs sont des personnages plus ou moins divinisés, et la logique de l'identification narrative, portée par des personnages de récits, qui sont des personnages comme ceux qui en écoutent les aventures et les exploits. L'épopée constitue, de cette manière, une forme esthétique de médiation culturelle, fondée sur une identification sublimée : les auditeurs de l'épopée constituent un espace de communication et de signification qui ne se fonde pas, comme dans les relations de la communication ordinaire, sur l'identification spéculaire à celui qui parle, ni, comme dans les relations de la communication médiatée, sur la représentation d'une appartenance politique et d'un lien social partagé, mais sur la représentation d'un idéal de soi porteur d'une médiation politique. La fonction d'identification à l'idéal de soi, portée par l'épopée, l'inscrit dans le champ des pratiques artistiques, et elle en fait une forme de sublimation, puisque les héros de l'épopée sont porteurs d'idéal et non d'identité, mais le thème de l'épopée, qui renvoie à des événements fondateurs du lien social, l'inscrit dans le champ des pratiques institutionnelles de la médiation politique. En ce sens, l'épopée revêt un double statut, caractéristique de la médiation politique de l'Antiquité, car elle ne saurait constituer, aujourd'hui une forme esthétique pleinement significative. Ce qui caractérise la médiation politique dans l'Antiquité, en raison, sans doute, des conditions dans lesquelles elle fait l'objet d'une diffusion dans l'espace public, mais aussi en raison de la structure même de l'espace public et de son aire de diffusion c'est la continuité entre le sens esthétique et le sens politique dont elle est porteuse. Nulle séparation, nulle discrimination, dans le domaine de l'épopée, entre sa dimension esthétique et sa dimension institutionnelle : entre le projet de représentation dont elle est porteuse et le projet de médiation politique qui l'habite. C'est cette double consistance symbolique de l'épopée qui caractérise, d'ailleurs, la situation de communication à laquelle elle donne lieu. La représentation mythique du chanteur aveugle renvoie, précisément, à l'absence de relation d'identification spéculaire entre lui et ses auditeurs. Il n'y a pas de miroir aveugle, et, en ce sens, le chanteur aveugle de l'épopée ne saurait constituer une médiation d'identification :

le chanteur aveugle inscrit l'épopée dans le domaine de la sublimation et lui donne la consistance d'une communication idéale, et non réelle. En ce sens, on se trouve bien, dans le cas de l'épopée, dans une situation de communication dont le but n'est pas la représentation esthétique d'une situation réelle, mais, au contraire, elle est la représentation idéalisée d'une situation dans laquelle l'appartenance même de l'aède et de ses auditeurs se trouve sublimée dans les formes impossibles d'une mise en scène à laquelle nul ne saurait se référer que de façon proprement mythique, c'est-à-dire idéale. L'épopée est ainsi la représentation esthétique d'un idéal politique , et, en aucun cas, ne constitue un miroir dans lequel puissent se représenter les acteurs de la sociabilité pour y construire leur identité. L'épopée est, ainsi, une médiation culturelle non d'identification mais d'idéalité.

La peinture

La peinture constitue une des formes les plus originaires de la représentation publique de l'idéal politique, car elle structure l'espace de la sociabilité en y inscrivant des formes plastiques et en structurant le regard de ceux qui l'habitent ou en font usage. Tandis que les autres formes de communication et de représentation, comme le langage, s'inscrivent hors de la structuration de l'espace, la peinture et l'image fondent leur signification et leur fonction de représentation sur l'usage qu'elles font de l'espace et sur la transformation qu'elles opèrent de l'espace réel en un espace symbolique et politique. En effet, dès lors que la peinture se trouve sur un mur ou sur une façade, elle rend l'espace signifiant par la signification qu'elle fait prendre au lieu dans lequel elle est inscrite. C'est ainsi que les constructions se transforment en édifices symboliques à partir du moment où elles sont décorées, à l'intérieur et à l'extérieur, par des peintures qui leur assignent un mode de lisibilité et qui les inscrivent dans une culture et dans un système de représentation dont se soutienne leur signification. C'est, d'ailleurs, à la peinture dont ils sont porteurs que l'on peut reconnaître la culture et le moment de l'histoire dans lesquels sont inscrits les monuments et les constructions dont est fait l'espace public. La peinture représente l'idéal politique par des images et par des médiations esthétiques constitutives d'espaces de représentation, et constituées, par conséquent, à la fois en fonction de règles de rationalité spatiale (perspective) et en fonction de règles de rationalité sociale et politique (volumes et conception architecturale). La peinture est là pour donner à voir la dimension institutionnelle de l'espace public en organisant la signifiance du lieu dans lequel elle figure : c'est en observant les peintures d'un espace que nous pouvons observer de quel idéal est faite la sociabilité qui organise cet espace ; c'est en admirant les fresques et les peintures qui ornent les murs d'un monument ancien que nous pouvons reconnaître la culture et l'idéal esthétique, mais aussi la signification et l'idéal politique dans lesquels a été construit ce monument. En ce sens, la peinture nous donne à voir, aussi loin que l'on remonte dans l'histoire, les formes esthétiques de la sociabilité, et, de cette manière, elle nous la rend lisible, en nous assignant la place à laquelle nous devons nous inscrire pour prendre connaissance des figures qui la représentent et pour apprécier la dimension esthétique des images dont elle est faite. Si la peinture occupe ainsi une place particulière dans l'histoire de l'art, c'est parce qu'elle structure l'espace institutionnel en un espace symbolique : parce qu'en jalonnant l'espace de formes à voir et à admirer, la peinture fait de l'espace public l'espace d'une représentation permanente. En effet, c'est là la différence profonde, radicale, entre les arts de l'image et, par exemple, les arts du spectacle ou les arts sonores : les arts de l'image s'offrent en permanence au regard. Ils constituent des formes et des objets que l'on peut admirer dans toute la durée de notre présence dans le lieu où ils se trouvent. En ce sens, la peinture constitue, dans l'histoire de l'art, la force majeure de constitution des lieux en espaces de signification et en espaces de médiation. C'est que la peinture, en se donnant à voir, fait de nous les sujets symboliques d'un *cogito* du spectateur : la peinture n'est pas seulement un art du donner à voir, un art de l'image ; elle est aussi un art de la médiation, un art du spectateur, un art du regard. Si la peinture se donne à voir, elle façonne notre regard en faisant de lui l'instrument d'une médiation symbolique à laquelle nous adhérons. En structurant notre regard, par exemple, comme elle l'a fait pendant toute la durée de l'art classique, la perspective n'a pas été qu'un artifice de la représentation, mais, au contraire, elle a constitué, aussi, une puissante médiation esthétique de la culture et de la sociabilité, en faisant de nos espaces des espaces de sens, dans lesquels chercher l'indicible, l'immontrable : la ligne de fuite, cette ligne invisible qui assigne leur place aux sujets de la médiation esthétique qui en deviennent, désormais, les sujets de la représentation.

Les arts du spectacle : de l'opéra au théâtre

Les arts du spectacle sont les autres arts les plus anciens de la structuration de l'espace public en espace symbolique. ce sont les autres arts de la représentation, les autres arts par lesquels, dans l'histoire des formes de la culture, on peut observer la façon dont les lieux de l'espace public sont ainsi voués à la production d'une signification pour autant qu'on veuille bien la comprendre et pour autant qu'on veuille bien adhérer au pacte social auquel, de cette manière, ils nous convient. Les arts du spectacle présentent cette différence radicale, fondamentale, avec les autres arts de la représentation, qu'ils sont des arts de l'éphémère. Tandis que l'image demeure après que je l'eus regardée, constituant, ainsi, une permanence de l'espace symbolique, le spectacle occupe l'espace public le temps seulement d'une représentation, le temps seulement d'une représentation symbolique offerte à un public par des interprètes qui, de cette manière, concluent temporairement avec lui un pacte symbolique d'occupation et d'usage de l'espace. Le temps de la représentation, les arts du spectacle font, de l'espace public de la sociabilité, l'espace symbolique de la reconnaissance et de l'interprétation. Les arts du spectacle, en ce sens, vont donner à lire des formes dans l'espace public, mais sans les inscrire dans la permanence de l'image. C'est pourquoi les arts du spectacle sont sans doute mieux inscrits dans le présent de la sociabilité : les arts du spectacle sont sans doute moins distanciés que les arts de l'image par rapport au temps de la sociabilité. En ce sens, les arts du spectacle représentent pleinement le politique et la sociabilité dans lesquels ils s'inscrivent : les arts du spectacle représentent l'idéal politique par la médiation d'acteurs qui le mettent en scène dans une situation narrative et dans des espaces figurant des espaces pratiques. C'est par les arts du spectacle, qu'il s'agisse du théâtre ou de l'opéra, que les formes sociales et politiques de la représentation parviennent à occuper de façon vivante l'espace public de la signification et de la sociabilité. Les codes et les conventions de la représentation ne sauraient donc être les mêmes dans le champ des arts du spectacle et dans les arts de l'image et de la représentation plastique. Pour commencer, c'est la relation entre l'acteur et le spectateur qui constitue la médiation fondatrice de toute signification dans l'exercice des arts du spectacle : en effet, tandis que la médiation des arts visuels de l'image s'inscrit dans l'espace de perception des formes par le sujet, la médiation des arts du spectacle s'inscrit dans la constitution de l'espace public en un espace de représentation par la présence effective et structurée d'un public, qui assume, ainsi, le statut d'un acteur collectif de la représentation. Il y a lieu, sans doute, d'ailleurs, d'excepter le cinéma de cette analyse, dans la mesure où le cinéma appartient déjà aux médias et aux formes de la communication médiatée, pour nous en tenir à ce qu'il est convenu d'appeler le spectacle vivant, théâtre ou opéra essentiellement, seul en mesure de mettre effectivement en présence l'un de l'autre, dans un espace public réel, l'acteur collectif de la représentation et l'acteur collectif de l'assistance : les interprètes et le public. Le spectacle public constitue en acteurs les interprètes et le public par la mise en présence réelle les uns des autres dans un espace public structuré par des lois et par des usages relevant de la collectivité. C'est dans ces conditions que la représentation accède au statut d'un objet ou d'un événement : la représentation d'un spectacle vivant est un événement parce qu'elle constitue un moment réel de l'histoire de la sociabilité, parce qu'elle s'inscrit dans le temps de la sociabilité comme un moment réel, dès lors inscrit dans la mémoire et dans la culture de ceux qui y sont assisté. Quand j'assiste à une représentation de *L'Enlèvement au Sérail*, je participe, comme spectateur, à la représentation de l'idéal politique que constitue la figure du pacha Sélim, dans sa dimension humaine, mais aussi dans son sens politique, de la même manière, mais à une autre place, que le chanteur qui interprète son rôle. Dans ces conditions, c'est bien la mise en scène effective de la représentation institutionnelle de l'opéra dans un lieu public qui constitue un fait culturel symbolique en événement de la sociabilité.

L'exercice politique de la représentation

Le spectacle et la mise en scène : la ritualisation de la représentation du politique

La représentation du politique, dès lors qu'elle fait l'objet d'une répétition et d'une mise en scène dans l'espace public, s'inscrit dans des rituels et dans les formes symboliques de la culture et de la représentation. C'est le sens de la mise en scène et de la ritualisation de la représentation du politique à laquelle on peut assister dans toutes les cultures et dans toutes les sociétés. Qu'il s'agisse de la représentation théâtrale du politique, ainsi mis en scène dans des logiques esthétiques, comme ce peut être le cas de la représentation du pouvoir, esthétiquement sublimée, par Racine dans ses tragédies ou par Mozart dans ses opéras, ou de la théâtralisation du politique et de l'exercice institutionnel du pouvoir, comme ce peut être le cas dans les mises en scène du pouvoir de Louis XIV[14] ou de Napoléon[15], la ritualisation esthétique de la représentation du politique inscrit dans l'espace public les formes et les langages de l'exercice du pouvoir comme en une continuité avec la représentation des formes et du langage de l'exercice esthétique des codes et des logiques de la représentation. L'invention du théâtre, qui est contemporaine de l'invention du politique, signifie la nécessité pour la sociabilité d'être jouée et mise en scène pour pouvoir exister et avoir une signification pour tous ceux qui en sont porteurs. La ritualisation de la représentation du politique confère toute sa signification à l'exigence de la mise en scène qui est celle de toutes les manifestations culturelles de la sociabilité. À cet égard, le politique n'est que la consistance de la signification des mises en scène et des représentations dont est faite l'activité culturelle dans l'espace public : les mises en scène du politique dans les activités esthétiques qui se déroulent dans l'espace public de la représentation confèrent au politique une signification qui lui permet de faire l'objet, de la part du peuple assemblé, d'une reconnaissance symbolique aussi bien qu'institutionnelle. Le sens, finalement, de la représentation théâtralisée de la sociabilité, dans la mise en scène du théâtre comme dans celle du politique, est de rendre possibles, pour les spectateurs qui y assistent, la représentation et l'appropriation des formes du lien social. La théâtralisation du politique le constitue, dans le même temps, dans la réalité institutionnelle de l'exercice effectif du pouvoir et dans la réalité esthétique de l'exercice symbolique de la signification et de l'identité culturelle. La politique de représentation du lien social, en définitive, met en scène la performativité fondatrice du politique, c'est-à-dire la coïncidence, dans un même lieu et dans un même temps de l'histoire et de la sociabilité, de la signification des pratiques culturelles et de la réalité de l'exercice du pouvoir. Le spectacle n'a pas d'autre sens que de représenter ainsi, sur la scène censée représenter l'espace public lui-même, les formes et les lieux des pratiques constitutives de la sociabilité. Le sens très fort de la distanciation brechtienne[16] au théâtre est sans doute à trouver dans une telle articulation du politique et de l'esthétique : dès lors que nous nous trouvons au théâtre, les fonctions de la vie publique

---

[14] En particulier, dans l'organisation très stricte de l'*étiquette*, dont le but était de constituer l'exercice du pouvoir monarchique, au palais, comme la mise en scène, ou la mise en espace, d'une forme symbolique.

[15] Par exemple, la théâtralisation du sacre dans le tableau peint par David.

[16] *Cf.* BRECHT (1970), p. 42 et p. 47.

sont désormais représentées par des rôles au théâtre. Cela signifie que ceux qui les interprètent leur donnent, ainsi, une consistance symbolique, fondamentalement distincte de la consistance réelle qui est la leur dans le champ de l'exercice ordinaire de la vie publique. La distanciation théâtrale vient nous rappeler que, dans le lieu de la représentation, nous sommes un public de spectateurs, et que, par conséquent, nous ne faisons que représenter le peuple assemblé, tandis que les acteurs y interprètent des rôles, et, par conséquent, y mettent en scène des représentations symboliques sublimées des fonctions sociales et institutionnelles qu'ils incarnent. La distanciation théâtrale est ici, sans doute, l'équivalent de la sublimation esthétique dans le domaine de l'art : l'une et l'autre instaurent par rapport au réel la distanciation qui fonde le caractère symbolique de la représentation.

Le spectacle et les pratiques politiques comme formes de la représentation de la sociabilité

Le spectacle et le politique constituent des formes selon lesquelles la sociabilité peut faire l'objet d'une représentation, pour des destinataires, dans un espace institutionnellement déterminé (l'agora ou le théâtre). En fait, ce que nous révèle la représentation ritualisée du politique dans le lieu théâtral, c'est que le lien social n'existe qu'à partir du moment où il est fondé sur le sens que je lui donne. La sociabilité fait l'objet d'une représentation, au théâtre comme dans l'agora, dès l'instant où ceux qui mettent en oeuvre cette représentation, comme ceux qui y assistent, ont conscience de son caractère symbolique parce qu'ils lui assignent un sens. Le théâtre ne saurait exister, comme forme de représentation dans l'espace public, qu'à partir du moment où sa signification donne une dimension symbolique à la sociabilité. Finalement, c'est peut-être le public qui, en interprétant, comme il l'entend, le spectacle auquel il assiste, est en mesure de donner du sens à la représentation esthétique, mais aussi, par la médiation qu'elle instaure, à la sociabilité même dont il se reconnaît ainsi un acteur. C'est, d'ailleurs, une des raisons majeures pour lesquelles la représentation théâtrale fait partie des représentations institutionnalisées de la sociabilité. En reconnaissant une signification et un statut institutionnel au théâtre, et, d'une manière générale, aux formes de la médiation spectaculaire, la sociabilité leur reconnaît la dimension fondatrice de donner un sens au lien social et à l'appartenance qui constitue leur public comme tel. Le spectacle et les pratiques politiques constituent les deux instances qui fondent le sens du politique et de l'appartenance ; c'est pourquoi la médiation esthétique de la sociabilité ne saurait se distinguer de sa médiation politique et institutionnelle. Seule la dimension esthétique qu'en constitue le spectacle permet à la médiation politique d'avoir pour nous une signification qui nous permette d'assumer notre citoyenneté en lui donnant un sens et, ainsi, en adhérant à cette citoyenneté et au statut qu'elle nous confère. C'est là la différence radicale et fondatrice entre le stade du miroir comme fondateur de la subjectivité et le miroir social fondateur de la signification de l'appartenance. Par la médiation symbolique du miroir, j'accède au statut symbolique de sujet en constituant l'image de l'autre comme une représentation qui donne un sens à ma subjectivité. C'est pourquoi le stade du miroir constitue le moment fondateur de la subjectivité et conditionne l'accès du sujet au symbolique. En revanche, quand nous nous plaçons sur le plan de la sociabilité et de l'appartenance, il ne saurait y avoir identification puisque nous sommes dans le lieu de l'indistinction. C'est pourquoi la médiation esthétique du politique que constitue la représentation théâtrale ou spectaculaire donne une signification, et une consistance symbolique, à une appartenance qui ne se pense pas en termes d'identité, mais en termes de statut et de droit. Le miroir social ne fonde pas l'appartenance, qui existe, comme un état de fait de l'histoire, sans qu'aucun sujet n'y puisse rien, l'esthétique de la représentation ne fait pas exister le lien social qui s'inscrit dans les logiques de l'histoire, mais elle lui confère la dimension symbolique qui lui donne un sens pour tous ceux qui en sont porteurs, et, de cette manière, elle fonde pour eux son caractère de médiation. Sans le spectacle et les formes ritualisées de la représentation, le lien social demeurerait une réalité sans signification, inscrite dans les nécessités de l'histoire. Mais il faut aller plus loin : sans la consistance symbolique que lui confèrent la représentation et le spectacle, c'est l'histoire même qui n'existerait pas, faute d'avoir un sens pour le sujet qui en est acteur, et, par conséquent, c'est la conscience même de la médiation et du statut qui en découle qui n'auraient pas d'existence pour lui. Sans la représentation que lui donne de la sociabilité la médiation esthétique du spectacle et de la mise en scène, le sujet n'aurait pas la conscience du sens de son appartenance et de son historicité, et il ne se soutiendrait, dès lors, d'aucune identité et d'aucune citoyenneté : la sociabilité même n'aurait pas de sens pour lui et il ne saurait y adhérer pour accéder, ainsi, à l'histoire.

Les pratiques culturelles et la citoyenneté

Les pratiques culturelles constituent une forme de citoyenneté symbolique dans le champ politique, puisqu'elles représentent le système des formes par lesquelles le sujet donne sa consistance esthétique à son appartenance. Les pratiques culturelles, dans ces conditions, se lisent dans deux dimensions, ou, si l'on préfère, dans deux espaces : d'une part, elles acquièrent la consistance d'une signification pour ceux qui y assistent, qui sont, par leur médiation, constitués en un acteur collectif que l'on appelle le public ; d'autre part, elles acquièrent la consistance d'une signification pour ceux qui les mettent en oeuvre, qui sont, par leur médiation, constitués en un ensemble d'acteurs singuliers que l'on appelle les artistes, ou les acteurs de la culture. Cette dualité des espaces dans lesquels elles acquièrent leur consistance est, en soi, constitutive du caractère symbolique des pratiques culturelles : en effet, c'est parce qu'il existe deux espaces, ou une dualité entre l'espace réel et l'espace de la représentation, que le symbolique se constitue sur la base de l'arbitraire de la relation établie entre ces deux espaces et entre ces deux logiques. Les pratiques culturelles se constituent, dès lors, comme le plan symbolique qui, parallèle au plan réel des pratiques de la sociabilité, est en mesure de leur donner une signification qui fonde la conscience sociale et politique des sujets qui mettent en oeuvre ces pratiques sociales. L'enjeu des pratiques culturelles est donc bien la constitution d'une instance symbolique de la citoyenneté, sans laquelle il n'y a pas d'adhésion ni, par conséquent, de pratiques sociales conscientes de la part des sujets qui en font partie. Les pratiques culturelles mettent en scène la médiation dans le réel de pratiques sociales effectives, et, par conséquent, donnent leur consistance symbolique et leur signification aux pratiques par lesquelles j'assume singulièrement la médiation dont je suis porteur. Les pratiques culturelles représentent deux fois la citoyenneté en lui donnant du sens. D'abord, par leur mise en oeuvre même. En effet, le fait d'assister à un spectacle ou à un autre, le fait de participer à une manifestation culturelle ou à une autre, est significatif par le choix même que cette activité implique de la part du sujet qui la met en oeuvre. En ce sens, une pratique culturelle est significative de la représentation que se fait le sujet de sa propre implication dans l'espace public et des modalités pratiques selon lesquelles il entend représenter son appartenance et sa citoyenneté. Comme toute manifestation politique, la participation à une activité culturelle représente un caractère symbolique par le fait même d'avoir lieu dans l'espace public, par une forme de performativité propre au langage politique. À cet égard, l'histoire même des pratiques artistiques et de leur inscription dans l'espace public est l'histoire des conflits auxquels a donné lieu leur mise en oeuvre même, et toute oeuvre d'art un peu forte et un peu significative est, en germe, porteuse de conflits. On peut prendre l'exemple de la construction du centre Beaubourg à Paris (devenu le Centre Georges Pompidou), ou l'exemple des luttes qui ont entouré la création théâtrale au cours de son histoire, du *Cid* à l'apparition du drame romantique (*Hernani*) et au théâtre contemporain (Living Theatre). Ensuite, c'est la signification de la représentation qui est porteuse d'une représentation de la citoyenneté et qui, ainsi, lui donne une signification. Pour celui qui assiste à *Oedipe Roi*, la tragédie fait apparaître les implications douloureuses de l'appartenance sociale en donnant une signification explicite, inscrite dans la forme d'un récit, à l'interdit de l'inceste et aux lois fondatrices de la cité. La tragédie résulte, précisément, de la confrontation d'un sujet, qui nous représente tous individuellement, avec les exigences de la sociabilité, qui représentent, sur la scène du théâtre, la sociabilité même à laquelle nous appartenons. C'est bien cela, le fait tragique : cette irréductible contradiction entre les exigences de la singularité et celles de la sociabilité, dont on sait bien, en fin de compte, parce que nous nous savons un *zôon politikon*, un animal politique, comme le dit Aristote, que ce sont les exigences de la sociabilité qui, tôt ou tard, finiront par l'emporter. Sublimation esthétique de l'antagonisme fondateur de notre subjectivité, la tragédie met en scène, dans l'espace public, en lui donnant une signification de nature à nous y faire adhérer, la contradiction dans laquelle nous nous débattons et qui fonde notre identité sur une dialectique constitutive de la médiation symbolique de l'appartenance.

Le mandat comme modalité politique de l'exercice de la représentation

Pour mieux comprendre le processus de la médiation culturelle, il nous faut ici penser la médiation politique. C'est le mandat qui constitue un acteur en acteur public institutionnel de la sociabilité politique, lui conférant, ainsi, la charge de représenter le peuple, non esthétiquement, amis politiquement. La différence entre ces deux formes de représentation que constituent le mandat et l'esthétique est triple. D'une part, elle tient au statut du public, c'est-à-dire du peuple (*publicus* est directement dérivé de *populus*). Tandis que le peuple assemblé est un acteur de la représentation institutionnelle, puisqu'il choisit celui qui sera porteur d'un mandat, c'est-à-dire, en fin de compte, d'un pouvoir, il est, dans l'exercice de la médiation spectaculaire, en situation de spectateur : il constitue la foule indistincte devant laquelle se déroule la représentation, sans qu'elle puisse intervenir autrement que par sa seule présence. La différence entre la représentation par le mandat et la représentation esthétique tient donc, d'abord, au statut du public et au rôle que l'on attend de lui. D'autre part, elle tient aux enjeux de la représentation, liés, naturellement, à la différence que l'on vient d'observer quant au statut du public dans le temps de la représentation. Tandis que l'enjeu de la représentation politique est de l'ordre du pouvoir, l'enjeu de la représentation esthétique est de l'ordre du plaisir - et, précisément, si le peuple est, par définition, celui qui est en dehors du pouvoir (c'est même la différence constitutive qui distingue le peuple de ses élus), c'est bien lui, en revanche, qui assiste à la représentation du spectacle et en retire le plaisir esthétique qui le fonde comme sujet collectif de la représentation. Enfin, elle tient aux formes de sa mise en oeuvre et au type de code et de système de représentation par lesquels se produit la signification dans l'espace public de la sociabilité et de la communication. Le code n'est pas le même, ni, par conséquent, les formes de la représentation, selon qu'il s'agit du spectacle ou de la représentation politique : selon qu'il s'agit de la mise en oeuvre d'un mandat ou de la mise en oeuvre d'un langage esthétique. D'une part, le langage politique, qui est celui de la représentation institutionnelle, fonde sa signification sur l'idéal politique dont il est porteur, tandis que le langage esthétique, qui est celui de la représentation théâtrale, fonde sa signification sur l'identification du sujet et du public à l'idéal de soi, c'est-à-dire sur une logique qui n'a rien de politique, mais qui se fonde sur une image ou un idéal dont on est porteur dans la mise en oeuvre même de ses pratiques esthétiques ou artistiques. Le sujet, d'une certaine manière, est le garant dont se soutient l'art, tandis que le garant dont se soutient le politique, c'est le peuple tout entier - ou l'idéal que l'on s'en fait. D'autre part, tandis que le langage politique est porteur d'une signification qui s'inscrit dans l'historicité de ceux qui le mettent en oeuvre, le langage esthétique est porteur d'une signification qui ne s'inscrit pas dans l'historicité, mais dont le propre est de pouvoir se relire ou se réécrire dans d'autres lieux ou en d'autres temps. Tandis que je peux relire indéfiniment des oeuvres littéraires ou regarder indéfiniment les tableaux de Léonard de Vinci, le discours politique ne trouve sa vérité que dans la pratique sociale même dont il se fonde, et, par conséquent, au moment historique où il est écrit ou prononcé. La différence, ici, est très grande entre la vérité esthétique de la communication dans une pratique symbolique de l'ordre de l'esthétique et la réalité du pouvoir exercé par le discours politique. C'est même cette différence absolue qui fonde la place de l'esthétique dans les formes politiques et historiques de la sociabilité.

L'exercice symbolique de la représentation

Les pratiques de la représentation dans l'espace public

L'espace public est l'espace ouvert dans lequel ont lieu les manifestations institutionnelles de la représentation politique ou religieuse de l'État, mais aussi les représentations culturelles de la sociabilité. Il convient donc de définir l'espace public comme un espace dans lequel vont se dérouler, parfois au risque d'une forme de concurrence, les représentations de l'idéal politique et les représentations de l'idéal esthétique - les unes, comme les autres, constituant des formes de mises en scène de la sociabilité, dans l'espace de l'indistinction, pour ceux qui reconnaissent la légitimité des formes de cette mise en scène. Les pratiques de la représentation se font toujours en public, justement parce que c'est cette présence du public qui représente une forme de reconnaissance de la légitimité de ce qui s'y joue. Il serait extrêmement réducteur de mesurer la légitimité d'un spectacle à l'importance quantitative du public qui y assiste : en effet, ce n'est pas la quantité de public qui sanctionne la légitimité d'une manifestation se déroulant dans l'espace public, c'est la dualité même, fondatrice, entre le public et ce qui s'y représente. La légitimité de la représentation se soutient de la présence du public, et ne saurait se mesurer, de façon quantitative, à l'importance de cette présence. Les pratiques de la représentation dans l'espace public vont, dans ces conditions, constituer des formes différentes de langage et, finalement, d'information : ce n'est pas la même information qui se met en scène dans l'espace public, selon qu'il s'agit d'une information énoncée par des acteurs institutionnels dans les pratiques symboliques de l'exercice du pouvoir, ou d'une information énoncée par des acteurs dramatiques ou esthétiques dans les pratiques esthétiques de la mise en scène d'une représentation théâtrale. Il convient, dans ces conditions, de faire apparaître la spécificité des deux logiques de représentation qui peuvent ainsi, les unes et les autres, s'inscrire dans les lieux de l'espace public - ainsi constitué en espace de la représentation. C'est à la signification ainsi produite que s'apprécie la différence entre ces deux logiques de représentation. Tandis que la représentation politique produit elle-même sa propre signification, dans une forme de performativité, la représentation esthétique - en l'occurrence, par exemple, la représentation théâtrale - produit sa signification par rapport à une référence extérieure, réelle ou imaginaire, à laquelle se réfère le discours ou le scénario. La représentation politique produit elle-même sa propre signification, car elle constitue elle-même l'exercice réel d'un pouvoir institutionnel. La décision prise par le peuple assemblé est exécutoire, de la même manière, d'ailleurs, que la décision prise par des juges, également au nom du peuple assemblé. En revanche, la mise en scène esthétique ne saurait produire qu'une représentation du réel, et, par conséquent, sa signification ne saurait se penser qu'en référence à un code qui lui est extérieur – et qui, comme on le sait depuis Saussure, ne saurait se fonder que d'un arbitraire conventionnel de la communication. Par conséquent, c'est de deux statuts différents du sujet dans la communication que se soutiennent ces deux formes de représentation : tandis que la représentation politique se fonde sur la représentation du sujet de la signification comme sujet de droit, c'est-à-dire comme sujet indistinct de la sociabilité, la représentation esthétique, par exemple artistique ou théâtrale, se fonde sur une représentation du sujet comme sujet de la signification, c'est-à-dire comme sujet porteur de la consistance symbolique d'une identité et d'un désir propres. Nous sommes en présence, ainsi, de deux modes de signification, qui conditionnent la mise en oeuvre de deux types différents de représentation de statut différent, qui appartiennent à des logiques et à des modes de rationalité profondément différents, dont les enjeux sont, pour le premier, le pouvoir et la continuité de la cité, et, pour le second, le plaisir artistique ou littéraire et la représentation d'un idéal esthétique. S'il n'entre pas dans le champ du présent livre de parler de la représentation politique, en revanche, il importe, ici, de parler de la représentation esthétique, dont se soutient la constitution de la culture.

Signification de la représentation culturelle

La signification de la représentation culturelle n'est donc, fondamentalement, pas du même ordre que la signification de la représentation politique, puisque, dans ce dernier cas, l'enjeu de la représentation est l'exercice du pouvoir et, dans le premier, la représentation symbolique d'un idéal. La signification de la représentation culturelle se soutient, dans ces conditions, de l'instauration de l'idéal esthétique sur lequel elle se fonde. C'est pourquoi la fixation de la perspective comme idéal de la représentation picturale a véritablement fondé un système esthétique de la représentation qui, au-delà d'un simple outil ou d'une simple forme de création, s'est imposé comme le fondement d'une véritable identité culturelle. La signification de la représentation culturelle, en effet, est, fondamentalement, de donner une consistance à l'idéal qui fonde la visibilité de l'identité ou de la culture dont on est porteur. La représentation culturelle et l'esthétique dont elle se soutient ont pour rôle d'élucider et de rendre pertinente la signification de leur culture, pour ceux qui assistent à cette représentation ou qui en sont les visiteurs. En lui donnant des formes par lesquelles elle s'inscrit dans un système symbolique, la représentation culturelle donne un sens à notre appartenance sociale, et, par là même, elle donne un sens à notre existence sociale et la fonde. C'est le fondement de l'émotion esthétique. La musique, le théâtre et le musée constituent, en particulier, trois lieux différents, et, par conséquent, trois modalités différentes de signification de la représentation culturelle. La musique est, d'abord, la représentation esthétique d'un groupe : si la musique instrumentale est une pratique individuelle, la musique s'inscrit dans des pratiques collectives, dès lors qu'elle prend la forme du chant choral ou de la musique orchestrale, et, dans ces conditions, elle représente, en particulier par l'exigence d'harmonie ou d'unisson dont elle se soutient, la mise en oeuvre d'un idéal collectif d'appartenance. Il faut attendre une modernité assez récente pour qu'apparaissent, et, justement, dans des circonstances sociales et politiques, tendues, des formes musicales qui ne se fondent pas sur l'idéal de l'harmonie, mais, par exemple, sur l'exploration de nouvelles sonorités. La musique peut se définir comme la mise en scène esthétique d'une représentation de la dialectique entre le choeur et l'interprète : entre le collectif et le singulier. Le théâtre met en scène le collectif dans le lieu de la représentation. En ce sens, la dialectique de la médiation entre le singulier et le collectif est différente dans le cas de la médiation théâtrale : il s'agit d'une médiation complexe entre, d'une part, le singulier de chaque spectateur et le collectif de la représentation par les acteurs, et, d'autre part, entre le singulier de chaque acteur dans l'interprétation de son rôle et le peuple assemblé dans l'orchestre. Le théâtre, en ce sens, constitue une forme de chiasme dialectique entre deux dimensions de l'articulation du singulier et du collectif. Cette mise en scène dramatique de la dialectique entre le singulier et le collectif donne à l'appartenance et au lien social la vérité symbolique d'une représentation esthétique par un texte ou par un scénario. Elle vient, ainsi, donner un sens à une médiation dialectique qui, sans la représentation théâtrale, aurait seulement la consistance d'une réalité de l'histoire sans faire l'objet d'une interprétation, et, donc, d'une appropriation par le public. Le musée, enfin, inscrit la médiation dans les objets d'une présentation : il ne s'agit pas, dans le champ du musée, de la représentation d'une histoire par une mise en scène, ni de la représentation de l'appartenance par l'interprétation d'un choeur ou d'un orchestre, mais de la présentation d'un idéal artistique auquel s'identifier, par des objets et par des oeuvres d'art. Le musée collectionne, accumule, dans la logique *a priori* ouverte, d'un regroupement et d'une mémoire, les objets dans lesquels il reconnaît les formes de notre idéal esthétique, pour les musées d'art, ou les formes de l'idéal esthétique d'une autre culture, pour les musées ethnologiques ou archéologiques. Par rapport à la musique et au théâtre, le musée donne à la représentation culturelle une troisième signification : il lui donne la signification d'une condensation sur des objets et sur des formes censés être représentatifs d'une sociabilité et de ses valeurs. Le musée ne nous représente pas une société, en donnant ainsi une signification à la sociabilité dont elle se soutient : il nous la présente, en nous la donnant à voir.

Les deux champs de l'espace public

La mise en oeuvre de la représentation culturelle partage l'espace public en deux champs : celui du réel des structures de la société, qui correspond au champ politique de la représentation culturelle et celui du symbolique de leur représentation, qui correspond à son champ esthétique. Il y a une dimension politique de la représentation culturelle, qui explique, d'ailleurs, pourquoi les formes et les lieux de la médiation culturelle constituent des objets et des pratiques de fort investissement politique. Cette dimension politique de la représentation culturelle définit, dans l'espace public, un champ de formes, de pratiques symboliques, de codes et de significations qui assigne leur dimension symbolique aux formes politiques de la sociabilité, et qui, par conséquent, rend possible leur inscription dans les formes et les médias de la communication. L'instance politique de la représentation culturelle définit, dans l'espace public, le champ dans lequel l'appartenance et la sociabilité sont mises en scène pour faire l'objet d'une représentation, puis d'une acquisition par les acteurs singuliers de la sociabilité. L'instance politique de la représentation culturelle donne leur consistance proprement symbolique à l'appartenance politique et à la citoyenneté ; dans ces conditions, elle représente le moment fondateur des pratiques symboliques de la vie institutionnelle. La fête représente l'un des moments exemplaires de cette forme politique de la représentation, et, avec elle, le politique et les formes institutionnelles de la sociabilité s'inscrivent dans des formes nombreuses de représentation, qui confèrent à la vie institutionnelle la consistance symbolique qui lui donne une signification pour ceux qui en sont porteurs et qui la mettent en oeuvre dans leurs pratiques culturelles. Les rituels des régimes politiques, la célébration des commémorations nationales, comme, en France, la commémoration du 14 juillet ou celle du 8 mai, représentent les moments particuliers dans lesquels est mise en scène l'instance politique de la représentation culturelle, inscrivant, ainsi, la dimension politique de l'appartenance dans des formes et dans des rituels qui lui donnent une place dans la vie culturelle. L'autre champ majeur d'activité de l'espace public est la mise en oeuvre des médiations esthétiques de l'appartenance et de la représentation, par lesquelles la sociabilité acquiert des formes esthétiques dont se soutient l'expression de sa signification pour ceux qui en sont porteurs. Les médiations esthétiques de l'appartenance et de la sociabilité confèrent à l'appartenance et à l'organisation de la sociabilité des formes esthétiques et artistiques par lesquelles peut se représenter la signification qu'elles revêtent pour tous ceux qui en reconnaissent la légitimité. Par les médiations esthétiques de l'appartenance et de la sociabilité, je puis donner un sens à la citoyenneté et aux pratiques sociales et institutionnelles qui font de moi un sujet de l'histoire et de la sociabilité : il y a une dimension institutionnelle et politique de l'art et de l'esthétique, qui inscrit notre appartenance et notre citoyenneté dans un langage de formes et de représentations. C'est le sens du théâtre antique, d'ainsi fonder dans la pratique esthétique de la représentation dramatique les formes de la médiation et de l'appartenance, comme le feront les constructeurs médiévaux des cathédrales ou les architectes modernes des palais de la Renaissance et de l'époque classique. Toutes ces formes esthétiques de la culture représentent l'espace public et les lois dont se structure l'appartenance dans une scène collective, qui est celle de la dimension institutionnelle du miroir social qui me renvoie mon image d'être social porteur de culture et de pouvoir, autant que le miroir de la subjectivité me renvoie l'image d'un sujet de langage et de désir.

L'acquisition de la compétence politique

C'est bien là le sens de la médiation institutionnelle de la culture, qui confère toute leur signification aux formes institutionnelles du politique et de la sociabilité, et qui, de cette manière, fonde la médiation politique pour le sujet qui en est porteur et qui en reconnaît la légitimité. L'inscription de la culture dans des logiques institutionnelles consiste à donner une dimension esthétique et culturelle aux formes politiques de l'appartenance sociale. L'exercice symbolique de la représentation est une forme d'acquisition de la culture politique (c'est-à-dire de la compétence d'exercer ses droits politiques) pour les acteurs de la société civile, sous la forme des manifestations publiques, de la fête (qui représente une modalité symbolique et esthétique d'acquisition de l'indistinction), des rituels de représentation de l'appartenance, et sous la forme de la médiation culturelle et esthétique des actes et des pratiques politiques et institutionnels. Les manifestations publiques de la sociabilité, qu'il s'agisse de manifestations revendicatives ou de célébrations institutionnelles, s'inscrivent toujours dans une mise en scène, puisqu'il s'agit de se donner à voir, de façon codée et significative dans l'espace public : en ce sens, ces manifestations publiques de la sociabilité se déroulent toujours selon un certain rituel et s'inscrivent toujours dans des codes - voire dans une esthétique ; il y a une esthétique des slogans de manifestations, dont on peut, d'ailleurs, faire l'histoire en la rapprochant de l'histoire des formes de spectacle et de chanson populaire. La fête est une des manifestations les plus originaires de la sociabilité dans ses formes esthétiques : elle consiste dans la mise en oeuvre de formes esthétiques qui font échapper la sociabilité à l'ordinaire de la quotidienneté, et qui mettent en scène, dans l'espace public, une forme de renversement ou de subversion de l'ordre social, de nature à en représenter les limites et à en fonder une signification. C'était le sens des Saturnales, dans la Rome antique, et c'est le sens du moderne carnaval, que d'ainsi subvertir les rôles et les statuts établis de la sociabilité, pour, en mettant cette subversion en scène dans l'espace public, mieux asseoir l'adhésion du peuple aux règles établies de la sociabilité. Les rituels de la représentation et de l'appartenance consistent à mettre en scène dans l'espace public des cérémonies et des activités institutionnelles faisant apparaître toute la complexité et tout l'importance du lien social dans l'histoire : les fêtes religieuses et politiques, comme la célébration de la Passion orchestrée par les oeuvres de Bach, ou la célébration du bicentenaire de la Révolution française orchestrée, en 1989, par la mission d'É. Biasini et par la musique de J.-M. Jarre, constituent des exemples significatifs de l'inscription de l'histoire politique et des formes religieuses des rituels d'appartenance dans des formes collectives de représentation et de célébration. Enfin, les actes et les pratiques politiques et institutionnels s'inscrivent dans des formes de médiation culturelle et esthétique qui leur assurent une consistance symbolique et qui leur donnent une signification interprétable pour ceux qui assistent à la mise en oeuvre de ces rituels. La médiation culturelle, ainsi inscrite dans des formes esthétiques de représentation, acquiert une consistance symbolique qui la rend reconnaissable pour ceux qui n'en sont pas porteurs, et qui l'inscrit dans la mémoire de ceux qui en sont porteurs, et dont elle constitue, ainsi, la compétence symbolique, comme il existe une compétence linguistique dont sont porteurs ceux qui parlent une langue. Cette compétence symbolique, qui fait des sujets de la sociabilité à la fois des sujets du politique et des sujets de la signification, fonde la culture politique dans sa dimension symbolique : elle rend possible, de cette manière, la constitution de la conscience politique en une histoire dont sont porteurs les citoyens et les acteurs de la sociabilité. En fait, la compétence politique des citoyens ne saurait se fonder que sur la signification qu'ils attribuent aux actes politiques qu'ils mettent en oeuvre, et c'est le rôle de la médiation culturelle de rendre ainsi significatifs les actes constitutifs de leur citoyenneté. Ne nous y trompons pas : l'acquisition de la conscience politique et de la citoyenneté passe nécessairement par l'acquisition des formes esthétiques de la médiation culturelle.

Chapitre 2

ESTHETIQUE DE LA REPRESENTATION

Esthétique et culture

La culture et l'appartenance

La culture est l'ensemble des pratiques et des manifestations qui représentent symboliquement l'appartenance sociale de ceux qui les mettent en oeuvre. Elle s'inscrit, par conséquent, dans une double logique : d'une part, une logique institutionnelle, puisqu'elle représente une appartenance et les structures d'une sociabilité ; d'autre part, une logique esthétique, puisqu'elle est un ensemble de pratiques symboliques et de formes de représentation. En fait, entre l'appartenance et la culture, il y a un peu le même rapport que, dans la linguistique saussurienne, entre le signifié et le signifiant : la culture est un ensemble de formes symboliques, et, en ce sens, elle relève de la logique du signifiant ; l'appartenance est un ensemble de données dont je suis conscient et qui fonde mes pratiques sociales et mes pratiques symboliques, et, en ce sens, elle relève de la logique du signifié. C'est volontairement que nous revendiquons, ici, l'héritage saussurien dans cette problématique de la culture : en effet, ce que fonde Saussure à propos de la langue, qui constitue peut-être le premier système culturel, le système culturel le plus originaire, c'est l'idée selon laquelle, entre les formes symboliques et les références dont elles se soutiennent, il n'y a pas de causalité. C'est le sens de l'hypothèse fondatrice de Saussure, selon laquelle le signe est arbitraire. Mais, si l'on va plus loin, il faut aussi noter ici qu'entre le signifiant et le signifié, l'antériorité est indécidable : nul ne saurait dire laquelle de ces deux instances se fonde la première ; il n'y a ni chronologie ni histoire entre les deux instances du signe. Mais, de la même manière que l'on peut rapprocher le rapport entre culture et appartenance du rapport saussurien entre signifiant et signifié, il nous faut noter ici le fait que, pas plus qu'il ne saurait y avoir de signifié sans le signifiant qui lui donne sa consistance symbolique dans la communication, il ne saurait y avoir de système social et institutionnel d'appartenance sans la culture qui lui donne sa consistance symbolique dans l'exercice et les pratiques de la sociabilité. Par ailleurs, entre la sociabilité et la culture qui lui donne sa consistance symbolique, il ne saurait y avoir d'historicité ni d'antériorité de l'une par rapport à l'autre : ce qui fonde l'histoire, c'est la culture qui l'inscrit dans les logiques symboliques de notre mémoire et de notre langage, autant que ce qui la fonde la culture, c'est l'histoire dans laquelle elle s'inscrit et qui lui donne ses références. Il importe de ne pas se méprendre sur l'importance de la politique culturelle et sur l'importance historique des pratiques culturelles ; il ne s'agit ni de pratiques secondaires ou superficielles ni de jeux de formes sans consistance, mais, au contraire, c'est par les formes de la culture que la sociabilité peut avoir une consistance, et c'est en mettant ces formes en oeuvre que les sujets de la sociabilité font pleinement exister, dans le réel de l'histoire, la logique de la médiation, constitutive elle-même de l'appartenance et de la sociabilité. Sans la culture qui l'inscrit dans des formes et dans des représentations, la sociabilité serait une illusion ou un fait sans consistance : elle serait, par définition, en dehors de l'histoire. C'est pourquoi on ne saurait penser la sociabilité sans l'inscrire dans les formes de la culture qui, en la représentant, lui donnent une consistance symbolique. Sans la culture dont je soutiens la consistance même de mon identité, je ne saurais dire à quelle société j'appartiens, de quelles lois et de quels usages je me réclame, de quelle logique historique je me soutiens, et, dans ces conditions, je ne pourrais ni me reconnaître aucune existence symbolique, ni m'en faire reconnaître aucune par les autres. C'est sans doute le sens de l'obligation anthropologique des rites funéraires : dans toutes les cultures, les rites funéraires sont une nécessité sans laquelle les morts sont supposés errer sans repos et, par conséquent, sans laquelle la ligne de partage entre les vivants et les morts ne saurait être tracée : cette obligation renvoie à l'exigence de donner à tout événement de la vie - à commencer par la mort - la forme qui, en lui donnant une consistance symbolique et institutionnelle, lui donne, en même temps un sens pour chacun d'entre nous et une légitimité pour la société tout entière.

Un système de formes

Dans ces conditions, la culture inscrit l'appartenance dans des formes symboliques qui peuvent faire l'objet d'une représentation de nature à en permettre l'acquisition par ceux qui appartiennent à la communauté. La culture, comme la langue pour la sociabilité, va donner à l'appartenance sociale, un système de formes reconnaissables et interprétables par lesquelles elle puisse faire l'objet d'une communication (par la culture, je puis signifier aux autres quelle est mon appartenance) et d'une appropriation par celui qui en est porteur (par la culture, j'acquiers les formes qui me permettent d'être moi-même conscient de mon appartenance et de l'assumer dans mes pratiques sociales et dans mes pratiques symboliques). La culture est donc un système de formes, qui se caractérise, comme tous les systèmes de formes, par une logique de représentation et de signification, qui rend les formes interprétables, et, par conséquent, les met en mesure de s'inscrire dans des processus et dans des stratégies de communication. Comme toutes les formes que nous connaissons, les formes de la culture sont des objets de la perception : le concept même de forme, dont il est fait usage ici, renvoie à une logique de perception et à une logique de reconnaissance. La perception signifie que les formes appartiennent au monde des objets de la réalité ou de l'imaginaire, tandis que la reconnaissance signifie qu'elles s'inscrivent dans un rapport à d'autres réalités qu'elles-mêmes, qu'elles permettent de reconnaître, ou de faire reconnaître. L'appartenance des formes de la culture au monde du réel ou de l'imaginaire signifie qu'elles font l'objet d'une perception : je vois un tableau, j'entends un morceau de musique, je puis imaginer une scène par la lecture d'un texte ou en regardant un tableau abstrait. C'est pourquoi le concept d'esthétique renvoie, étymologiquement, à celui de perception : il importe de souligner l'appartenance première des formes de la culture à un univers de formes réelles accessibles à notre perception. Le système des formes que constitue la culture s'inscrit d'abord dans l'univers des perceptions qui nous sont offertes dans notre rapport au réel et à l'expérience. Mais ces perceptions dont nous faisons l'expérience deviennent des formes dans la mesure où elles font l'objet d'une reconnaissance : en voyant le tableau, en entendant la musique, en imaginant la scène que figure le texte que je lis, je ne mets pas seulement en oeuvre une activité de perception, il ne s'agirait, alors, pas de pratique culturelle ; je mets en oeuvre une activité symbolique, parce que je reconnais ces formes : c'est en mettant en oeuvre cette reconnaissance que je m'inscris dans une pratique culturelle, parce que, ce faisant, je mets en oeuvre un code d'équivalence symbolique, sans lequel il n'y a pas de reconnaissance possible des formes. Ce deuxième moment de l'activité esthétique du sujet, celui par lequel il ne se contente pas de percevoir, mais reconnaît aussi les formes qu'il a perçues, distingue radicalement l'activité culturelle de l'activité de perception. En effet, l'activité de perception consiste à reconnaître la sensation en la renvoyant à une expérience grâce à laquelle je puis mettre en relation cette sensation nouvelle avec d'autres sensations, antérieures et comparables - voire avec des sensations dont on a pu me parler et que l'on a pu me décrire. En revanche, l'activité culturelle consiste à reconnaître un objet ou une forme déjà perçus, en les renvoyant à une mémoire symbolique sociale et culturelle, c'est-à-dire collective. Tandis que l'activité de perception est seconde par rapport à une activité de sensation, les pratiques culturelles sont secondes par rapport à des activités de perception, qui ont, elles-mêmes, mis en oeuvre la reconnaissance des formes. Ce qui confère à l'activité culturelle son caractère second par rapport à l'activité de perception, c'est la mise en oeuvre de la médiation qu'elle suppose : l'activité de perception ne s'inscrit pas dans une logique de médiation, mais dans une logique singulière de l'activité du sujet. Les pratiques culturelles inscrivent les formes dans une dimension de médiation, et, de cette manière, elles leur donnent un sens et les renvoient à une appartenance et à une sociabilité.

L'esthétique de la culture

Comme système de formes, la culture relève d'une esthétique qui en rend compte comme d'un objet de savoir et qui l'évalue comme toute politique. L'esthétique de la culture rend raison des processus selon lesquels sont élaborées, puis reçues et interprétées les formes constitutives de la médiation culturelle. L'esthétique de la culture représente la scientificité de l'élaboration des formes culturelles, en en inscrivant la conception dans une rationalité, au lieu d'en faire l'expression immédiate d'une inspiration de nature quelque peu divine - à tout le moins irrationnelle. La naissance d'une esthétique des formes de la culture relève, en fait, elle-même, d'une situation historique de rupture par rapport à ce que l'on peut appeler les logiques de l'inspiration. Dans le discours platonicien sur la poétique et sur les arts, qui sera repris avec une certaine constance par les philosophies européennes de l'art jusqu'à Kant et Hegel, le propre de l'art et des formes de la culture est d'échapper aux formes ordinaires de la rationalité : l'art est considéré comme extérieur au champ de la philosophie, qui ne saurait en rendre compte, sauf à en dénaturer la dimension proprement créatrice et inspirée. Dans la philosophie grecque de l'art, l'artiste est inspiré, c'est-à-dire habité par le souffle divin. Eschyle, dans *Les Danaïdes*, nous met en garde : *Puissent ce pays, ce sol, ces eaux limpides, puissent les dieux du ciel et les dieux souterrains, agréer cette troupe de femmes comme leurs suppliantes. Le désir de Zeus n'est point aisé à saisir. Mais, quoi qu'il arrive, il flamboie soudain en pleines ténèbres, escorté d'un noir châtiment, aux yeux des hommes éphémères. les voies de la pensée divine vont à leur but par des fourrés et des ombres épaisses que nul regard ne saurait pénétrer* (Trad. de P. Mazon, adaptée par S. Purcarete[17]). Dans ce texte, le poète tragique inscrit son texte dans une forme divine d'inspiration et de rationalité, qui le fait échapper aux logiques proprement humaines de la signification, et qui, par conséquent, inscrit les formes de la culture et de la représentation dans une signification d'un autre ordre. De la théorie antique de l'inspiration jusqu'à l'idéal kantien de l'inspiration immédiate, les logiques de la culture s'inscrivent dans des formes qui échappent aux formes ordinaires du langage et aux structures institutionnelles de la médiation symbolique. Si l'art est immédiat, c'est qu'il s'inscrit hors des médiations qui fondent les formes symboliques de la sociabilité. La véritable rupture constitutive de la modernité, sur le plan esthétique, est, sans doute, la naissance d'une rationalité de la poétique et de l'activité culturelle, avec les formalistes russes, à partir de 1914. Le projet de ce cercle de réflexion était de fonder une scientificité des formes esthétiques de la culture, dans le but de mieux la penser et, en même temps, d'en permettre la diffusion dans le grand public. S'il serait vain, en fin de compte, de prétendre dater, de manière absolue, l'émergence de ce souci de rationalité à l'horizon de l'esthétique, on peut, toutefois, considérer l'émergence de ce courant esthétique comme un repère important. C'est après ce moment que, dans plusieurs pays, à la fois pour des raisons qui tiennent aux exigences nouvelles de la diffusion et aux connaissances que la philosophie et les sciences sociales finissent par structurer, finira par s'imposer la nécessité de penser l'art, l'esthétique et la littérature.

Logique unificatrice des formes de la culture

Mais, si, au-delà de la recherche de cette fondation, en quelque sorte scientifique, des logiques de la médiation culturelle, on tente de comprendre le rôle de l'esthétique dans la culture et de penser les

---

[17] ESCHYLE (1996), pp. 12-13.

conditions de la mise en oeuvre d'une logique esthétique des formes de la culture, il convient de se situer sur un autre plan, et de comprendre le rapport entre l'activité créatrice des formes de la culture et l'activité de médiation de l'esthétique. C'est sur ce plan que l'esthétique va jouer un rôle intégrateur, car elle constitue la logique selon laquelle les différentes formes de la culture font l'objet d'une unification et d'une intégration. Entre l'esthétique de la culture et les pratiques artistiques et culturelles donnant lieu à la conception et à la production des formes symboliques qui feront l'objet d'une diffusion et d'une exposition dans le grand public, il y a, fondamentalement, la différence entre des pratiques, souvent singulières en raison de leur mode de production dominant, segmentées en disciplines particulières tenant à leur mode de mise en oeuvre et à leur rapport à la matière signifiante, et une logique de médiation, dont le but est fondamentalement, au-delà de la simple activité de diffusion de ces formes, d'en assurer l'intelligibilité, la réception et l'appropriation - c'est-à-dire, en fait, de les inscrire dans un langage. La culture représente la médiation symbolique des formes de la création artistique : elle représente la possibilité pour les formes de la création de faire l'objet d'une interprétation par ceux qui les reçoivent et qui, dès lors, sont en mesure de les inscrire dans leurs pratiques culturelles de la sociabilité. La médiation culturelle consiste, en fin de compte, à inscrire les formes symboliques de la création intellectuelle et artistique dans des logiques sociales et institutionnelles qui leur donnent une signification dans l'espace de la communication et qui, par conséquent, leur reconnaissent un statut de médiation dans l'espace public de la sociabilité et de l'appartenance. En ce sens, l'esthétique représente une rationalité unificatrice des formes de la culture, qui les met en mesure de faire l'objet d'une diffusion dans les formes et dans les lieux de diffusion des activités symboliques de la sociabilité, et qui leur confère une signification qui les rende interprétables, et, par conséquent, appropriables par les sujets singuliers de la sociabilité dans leurs pratiques symboliques et dans leurs pratiques culturelles. Il existe une logique unificatrice des formes de la culture qui donne lieu à ce que l'on peut appeler leur institutionnalisation : d'une part, il s'agit de leur inscription dans des pratiques sociales de nature à garantir l'unification et l'intégration des sujets qui en sont porteurs ; d'autre part, il s'agit d'inscrire ces formes de la culture dans des logiques identifiables et régulées de conception et de création (cela donnera lieu, par exemple, au phénomène des écoles ou à la stabilisation des styles) ; enfin, il s'agit de constituer pour ces formes de la culture un code de signification qui, en les rendant interprétables dans l'espace public, leur permette d'en assurer l'intégration et l'homogénéisation dans un projet culturel de sociabilité et d'appartenance.

Les langages de la culture

Le langage des formes et des représentations

Si la médiation culturelle représente ainsi une médiation constitutive de la sociabilité, c'est qu'elle assure une communication, une interprétation et une circulation des formes de la culture dans l'ensemble de l'espace public de la sociabilité. En effet, la médiation culturelle assure l'inscription des formes de la culture dans un langage : la culture constitue l'ensemble des codes et des logiques d'interprétation qui permettent d'interpréter les pratiques sociales engagées dans l'espace public et d'en rendre raison à la fois sur le plan politique, sur le plan anthropologique et sur le plan historique. La médiation culturelle construit un langage de rationalité et d'intelligibilité des formes de la culture, condition *sine qua non* de leur appropriation et de leur usage par les sujets qui appartiennent à l'espace social dans leurs pratiques symboliques et dans leurs usages des formes et des structures de la représentation et de la communication. Le langage des formes et des représentations consiste dans un mode de signification lié non pas, comme dans la langue, à un rapport entre les formes symboliques et un réel extérieur à la communication, mais à un rapport entre les formes symboliques et le désir de celui qui les met en oeuvre, dans son activité de création s'il s'agit de l'artiste et dans son activité symbolique de communication s'il s'agit de leur visiteur, de leur auditeur : de leur public. Au fondement de l'activité esthétique, il y a quelque chose d'un désir. En effet, la différence radicale, et constitutive, entre les formes de la langue et les formes de l'art, est en ce que les formes de la langue sont là pour neutraliser le réel, pour faire disparaître les spécificités du réel de la référence à laquelle elles renvoient ou celles du réel des interlocuteurs qu'elles mettent en présence, puisque la fonction de la langue est d'établir une communication, un échange symbolique, constitutif, entre ses partenaires, de sociabilité et, par conséquent, d'indistinction. Tandis que la langue a pour fonction majeure de faire disparaître les spécificités des acteurs de la communication dans l'instauration d'une médiation symbolique unificatrice et intégratrice, l'art et la médiation esthétique ont pour logique de faire apparaître les spécificités matérielles et formelles pour fonder sur cette spécificité matérielle la sublimation esthétique du langage et de la représentation. Le langage des formes esthétiques et de la représentation produit une signification qui n'est pas liée à la représentation du réel absent de la communication, mais qui se fonde sur la sublimation du réel dans la mise en oeuvre de l'activité symbolique du sujet. C'est, d'ailleurs, pourquoi, tandis que le propre de la langue est d'inscrire celui qui parle et celui qui écoute dans l'indistinction d'une alternance (dans l'échange de communication, chacun, à son tour, parle et écoute), le propre de la création artistique et esthétique est de spécifier le rôle de la création et celui de l'intellection ou de la réception, la médiation constitutive de l'échange et de la sociabilité entre les acteurs de la création et de la réception ne se situant pas dans la mise en oeuvre du code, mais se situant, en fait, dans l'activité de sublimation esthétique du réel, qui représente leur activité commune de médiation et, par conséquent, de constitution du sens. Dans ces conditions, le langage des formes esthétiques se pense dans la logique de l'identification du sujet non à l'autre (il s'agirait de la médiation symbolique), mais à l'idéal de soi, ce qui constitue la mise en oeuvre de la sublimation esthétique.

Le langage des gestes

Le langage des gestes est la médiation esthétique du corps. Le geste est le premier langage de la représentation : c'est par le geste que nous nous donnons à voir, que nous devenons acteurs pour le public des spectateurs qui, par sa présence active et par son interprétation du spectacle auquel il assiste, fonde le langage du corps des acteurs. Le langage des gestes consiste à reconnaître au corps et à son usage une fonction symbolique de représentation : c'est par les gestes que le corps s'inscrit dans le champ des pratiques et des formes symboliques, pour devenir une médiation, comme toute représentation mise en scène dans l'espace public. Par le geste, qu'il s'agisse du geste du mime, du geste de l'acteur ou, plus simplement, du geste dont nous faisons signe dans la communication, notre corps s'inscrit dans la logique du sens et devient une médiation culturelle. C'est dire l'importance du langage des gestes dans la fondation des formes culturelles de la représentation de la sociabilité par les acteurs qui la donnent à voir, grâce à leur gestualité, dans l'espace public. C'est que les gestes n'ont pas lieu seulement dans l'espace théâtral ou dans l'espace du spectacle : le geste est la forme symbolique du corps, telle qu'elle est mise en oeuvre dans n'importe quel lieu de l'espace public. Les gestes et les postures ont du sens, dès lors que, mis en oeuvre dans des formes culturelles, ils s'inscrivent dans un langage interprétable et répétable : les gestes s'inscrivent dans un langage quand ils ne sont pas seulement mis en oeuvre, pour une fois, lors d'une situation singulière, qui ne saurait, en soi, les constituer comme des médiations, mais quand ils le sont, de façon renouvelée, à l'occasion d'une mise en scène prévue pour un public, grâce auquel ils deviennent effectivement des médiations. C'est, en particulier, le cas du mime et le cas des rituels, qui sortent du champ de la médiation théâtrale, structurée par un langage et par une narrativité, pour s'inscrire dans un champ de la représentation, structuré par ce seul corps qui se donne à voir dans les manifestations qu'il donne de sa dimension symbolique et de son aptitude à mettre en oeuvre une relation de communication et de représentation. La différence entre les rituels et le mime réside, sans doute, dans la finalité du geste qu'ils mettent en oeuvre, religieuse ou sacralisée dans un cas, esthétique dans l'autre, mais ils consistent, en fin de compte, l'un et l'autre dans la constitution du geste en forme esthétique porteuse de médiation et de signification pour ceux qui y assistent dans l'espace de la sociabilité. La différence entre le rituel et le mime tient, sans doute, au statut du public qui y est assemblé : tandis que le rituel fait apparaître, par le geste, une représentation de l'appartenance, qui implique, par conséquent, l'adhésion du public qui assiste à sa mise en oeuvre en lui donnant une signification fondée sur une logique institutionnelle et sur le lien social, le mime se déroule devant un public qui ne saurait adhérer à ce qui est pour lui un spectacle, distancié par toute la mesure de l'esthétique mise en oeuvre, et dont la signification repose sur la mise en oeuvre d'un code esthétique et sur la mise en oeuvre de règles de mise en scène et de représentation. Tandis que, par les gestes symboliques qu'il met en oeuvre, le rituel sublime l'appartenance même, le mime sublime, par sa mise en scène, les gestes mêmes qu'il donne à voir, et dont il fait des formes esthétiques signifiantes.

Le langage des signes et des mises en scène

Dans le domaine du théâtre, du chant, du cinéma, et, d'une manière générale, dans le champ des médiations spectaculaires, le corps n'est plus seul à porter la médiation : il s'inscrit dans une pratique de la médiation portée par le langage et par l'articulation d'une parole porteuse de la signification. Le langage des signes et des mises en scène, ce que l'on peut appeler, de façon générale, le langage de la dramaturgie, est un langage qui produit une signification fondée sur une forme de dialectique entre les formes mises en oeuvre par le geste et par le corps et les formes mises en oeuvre par le langage et par les autres signes de la sociabilité. Le langage des mises en scène et de la dramaturgie consiste à inscrire la médiation du corps, telle qu'elle est exprimée et signifiée par les acteurs au cours de sa mise en scène dans l'espace public, dans une logique langagière de signification et dans l'énonciation d'un discours appelé à produire une signification complémentaire de celle qui est produite par le corps et par sa mise en scène. Le langage de la dramaturgie consiste, en fin de compte, à articuler l'une à l'autre deux médiations de la signification : la médiation de la parole et la médiation du geste. C'est que la médiation de la parole, est seconde par rapport à celle du geste parce qu'elle n'est accessible qu'à l'interprétation de l'autre - alors que la médiation du geste est accessible aussi à son regard et aboutit à une forme de neutralisation de la médiation corporelle. Dans la mise en oeuvre de la dramaturgie et de la médiation théâtrale, ou dans celle du chant, ou encore dans celle du cinéma, la médiation corporelle est subordonnée à la mise en oeuvre de la médiation de la langue : la mise en scène des gestes et des attitudes du corps s'inscrit dans une mise en scène de la langue et du discours des acteurs, qui porte toute la narrativité de la représentation, du film ou du chant. L'invention du théâtre et du chant consiste, finalement, à inscrire la médiation de l'usage du corps dans le geste ou dans la voix dans la certitude d'une signification portée par le langage. La dramaturgie peut, en ce sens, se définir comme une forme de limitation des significations exercées par la médiation du corps et du geste : comme l'inscription de cette médiation dans une forme de condensation assurée par le langage. La médiation corporelle du geste et de la voix est, en quelque sorte, neutralisée par la mise en oeuvre d'une dramaturgie qui vient fonder la mise en scène sur l'articulation dialectique entre le corps et le langage, ne serait-ce que parce que la dramaturgie inscrit les gestes dans le temps de la parole. Tandis que le mime et le rituel des gestes sont structurés par la temporalité du geste de l'acteur qui les met en oeuvre, c'est la temporalité du langage et de l'expression qui vient structurer la mise en scène de la dramaturgie. Dès lors que la dramaturgie est ainsi portée et structurée par les paroles et par le langage qui fonde sa narrativité et sa mise en scène, c'est le langage qui va fonder la représentation et donner sa signification au geste, désormais considéré comme secondaire par rapport à la verbalisation exercée par le symbolique. La dramaturgie, dès lors qu'elle est structurée par le langage, pourrait bien nous faire oublier que le chanteur a une voix et que l'acteur a un corps, dans la mise en oeuvre d'une indistinction généralisée des pratiques symboliques[18].

Le langage des rythmes et des mesures

Il s'agit du langage de la musique et des incantations fondées sur la répétition ou, plus généralement, sur une dialectique entre les formes et la temporalité : sur une approche du langage comme mise en oeuvre d'une temporalité. À cet égard, la danse, structurée par un rythme et par un rapport étroit à la mise en scène du corps dans la temporalité, représente un langage de rythmes articulé au langage des gestes. À tenter une archéologie primitive des formes de la médiation culturelle, on pourrait se demander quelle est l'antériorité du geste par rapport au rythme ; si l'on se posait une telle question, nécessairement un peu vaine car il s'agit d'une question d'origine, donc d'une question qui échappe nécessairement à l'horizon de notre rationalité, on pourrait néanmoins, sans doute, poser l'hypothèse d'une antériorité du langage des gestes par rapport à celui des rythmes. En effet, la médiation gestuelle se soutient de la dimension originaire d'un miroir symbolique dans lequel je puis me représenter le corps de l'autre comme le mien, tandis que la médiation rythmique, musicale ou chorégraphique, suppose que je me sois déjà inscrit dans la dimension langagière de la médiation, puisqu'elle s'inscrit dans la temporalité. C'est le langage qui fonde notre rapport à la temporalité, car c'est lui qui inscrit notre rationalité dans une logique temporelle de la succession, de l'ordre, et de la pertinence de l'organisation de la communication dans le temps. En ce sens, la dimension temporelle de la médiation esthétique est, sans doute, une dimension seconde de cette médiation - d'autant plus que la conscience de la temporalité ne peut pleinement s'inscrire dans notre conscience symbolique qu'une fois qu'y est inscrite la conscience de la mort. L'esthétique musicale, si l'on désigne par ce concept l'ensemble des formes esthétiques des sonorités et des rythmes, consiste, pour le sujet, à articuler la mémoire des rythmes dont son corps est porteur au sens qu'il donne au sonorités instrumentales ou vocales qu'il écoute. Le langage des rythmes et des sonorités représente, pour le sujet, l'instauration d'une esthétique de la succession et de la temporalité : il instaure une médiation esthétique qui se fonde sur la dialectique entre la dimension singulière du temps de l'expérience singulière et la dimension collective et sociale du temps de l'appartenance et du collectif. La médiation musicale consiste à

---

[18] *Cf.* DIDIER-WEILL (1998), pp. 42-43.

inscrire la dialectique entre le singulier et le collectif, constitutive de toute médiation, dans la relation que le sujet peut établir entre son expérience propre de la temporalité et du rythme (y compris du rythme de sa respiration) et une dimension culturelle, symbolique, et, par conséquent, socialisée et collective, des temporalités et des rythmes qui sont porteurs de sens. Pour apprendre à chanter, encore faut-il commencer par apprendre à respirer : en d'autres termes, à inscrire sa respiration même dans une logique de médiation, au lieu d'en faire un simple exercice physiologique. Les sons et les rythmes qui fondent l'esthétique de la musicalité consistent, en fin de compte, dans une socialisation et une médiation de la temporalité de l'esthétique : tandis que le geste s'inscrit dans l'espace et, par conséquent, représente une forme de culturalisation de la spatialité, les sonorités (sons, rythmes et chants) s'inscrivent dans le temps, et, par conséquent, représentent une forme de médiation esthétique de la temporalité.

Esthétique et communication

Communication et émotion esthétique : les arts du spectacle et la musique

Les arts du spectacle et la musique produisent une médiation particulière entre des interprètes, qui mettent en forme un langage de la représentation, et un public, qui met en oeuvre une forme d'émotion esthétique. Ce qui caractérise, de façon commune, les arts du spectacle et la musique, c'est la représentation : la prestation devant un public d'un certain nombre de pratiques culturelles censées avoir une signification pour lui et censées lui faire apparaître une sublimation esthétique de son appartenance et du lien social qui le structure. L'émotion esthétique, dans le champ de la musique et dans celui des arts du spectacle, est liée à la mise en oeuvre d'une représentation collective de l'appartenance. L'émotion esthétique, dans ces domaines, relève toujours, elle-même, d'une logique de médiation. Il convient donc de définir l'émotion esthétique dans le cas où elle structure l'appartenance et la médiation, et, par conséquent, dans le cas où elle ne repose pas seulement sur la perception d'une forme esthétique, mais aussi sur la perception d'une appartenance. En fait, la signification fondamentale de la musique et des arts du spectacle repose sur l'articulation entre l'émotion esthétique singulière éprouvée par le sujet et la représentation de son appartenance au public qui l'entoure dans la salle du spectacle ou dans le lieu de la fête. C'est, d'ailleurs, la raison pour laquelle le lieu revêt une importance fondamentale dans la mise en oeuvre de l'esthétique de la représentation : il fait partie des instances constitutives de la médiation, et, à cet égard, sa construction, son aménagement, voire son emplacement, font partie des éléments qui vont donner lieu à la mise en oeuvre d'une médiation esthétique forte. C'est aussi la raison pour laquelle le choix du lieu fait partie intégrante de la signification même de la représentation et pour laquelle la mise en scène constitue pleinement le spectacle en tant que tel, pour le public qui y assiste. L'émotion esthétique, dans le champ des arts du spectacle et de la musique, s'inscrit aussi bien dans la participation à un événement collectif que dans la perception singulière des formes et des sons de la représentation. On peut, dans ces conditions, s'interroger sur la signification de la mise en scène et de l'usage de l'espace dans les arts de la représentation. Si l'on s'arrête un moment sur le concert, on est frappé d'observer l'importance de l'évolution de la mise en scène et de l'organisation du concert, dans l'histoire de la musique et dans l'histoire de ce qu'elle peut représenter comme forme esthétique de médiation culturelle. Entre le concert classique, dans un lieu de taille réduite, le concert symphonique de l'époque romantique et du XIXème siècle, qui requiert une immense salle de spectacle et une tenue de soirée uniforme, le concert moderne tel que les installations modernes des salles de concert l'ont démocratisé et le concert pop dans d'immenses espaces ouverts occupés par une foule diverse qui s'approprie l'espace de la représentation comme un vaste espace naturel, il y a toutes les différences qui séparent les statuts de la médiation musicale dans différentes cultures et qui lui assignent, dans ces différentes cultures, une signification institutionnelle particulière. L'émotion esthétique, dans de tels arts collectifs de la représentation, est constituée aussi bien par l'organisation de la médiation dans l'espace public dans lequel elle a lieu que par la mise en oeuvre même des formes esthétiques et instrumentales de la médiation.

La communication picturale

L'esthétique picturale présente une importante dimension sociale et politique, qui s'inscrit dans les formes de la communication et de la médiation dans l'espace public. L'image représente les formes de l'appartenance et donne à voir l'idéal de soi dont sont porteurs celui qui la réalise et celui qui la regarde en lui donnant sa signification. Elle-même mise en scène grâce aux musées et aux expositions qui la présentent à leurs visiteurs, ou encore en faisant l'objet d'une installation dans l'espace public, l'image instaure une culture du regard qui fonde sur l'esthétique des formes la reconnaissance dont se soutient la signification des pratiques culturelles. La communication picturale se distingue des formes de la cultures fondées sur la temporalité et sur le rapport à la langue par le fait qu'elle repose, elle, sur un rapport à l'espace, qu'elle contribue à institutionnaliser et auquel elle donne du sens : en installant sur les murs des temples et des églises des peintures ou des fresques représentant des scènes de la vie des dieux ou, dans la religion chrétienne, des scènes de la vie des saints, la peinture fait de l'espace dans lequel elle se trouve un espace symbolique, c'est-à-dire un espace porteur de sens et structuré par le regard des fidèles : en installant sur les murs des villes des affiches et des images éventuellement accompagnées de discours, l'image fait de l'espace urbain un espace porteur d'information et structuré par le regard des acteurs sociaux au cours des déplacements qui constituent leur usage de l'espace public. L'image représente toujours, en fin de compte, un système de formes signifiantes dont la lisibilité se construit dans l'espace, et qui, par conséquent, font de l'espace un champ symbolique de représentation, de signification et d'information. C'est pourquoi la culture de l'image est nourrie d'une esthétique de l'espace, plus que d'une esthétique de la temporalité comme la culture du spectacle ou de la représentation. Le propre de l'image et de la communication picturale est de faire de l'espace un espace culturel : c'est aux images que l'on y rencontre ou aux constructions qui nous y sont données, elles aussi, que nous sommes en mesure de reconnaître un espace, soit que l'on y retrouve les traces de notre propre culture, un peu comme quand nous allons dans une galerie que nous connaissons, ou comme quand nous regardons, dans la rue, des affiches ou des monuments familiers, soit que l'on y apprenne à lire les images d'autres cultures que la nôtre, comme quand nous allons dans un musée d'anthropologie ou dans un musée d'antiquités, ou comme quand nous découvrons, dans un autre pays, des paysages, des costumes, des attitudes, des constructions, des images qui ne sont pas les nôtres. La communication picturale consiste à inscrire la signification culturelle dans l'espace et non dans le temps : en regardant *La bataille de San Romano*, d'Uccello, nous reconstruisons symboliquement l'espace dans lequel ces trois tableaux, désormais séparés[19], se trouvaient ensemble,

---

[19] La série des "Batailles" de P. Uccello se compose de trois tableaux : un diptyque de 1436, dont un tableau se trouve à Londres, à la National Gallery, et l'autre à Florence, à la

mais, aussi, nous lisons dans l'espace au lieu de la lire dans le temps de la lecture, le récit sublimé du déroulement de cette bataille. En contemplant l'étrange visage du condottiere, et, au contraire, en observant l'invisibilité de celui des soldats, clos derrière leurs armures, nous engageons, dans le face à face de cette rencontre, une relation d'identification et de médiation qui s'inscrit dans l'espace de la présentation du tableau, alors que cette médiation, dans le temps de la lecture, se fait hors de toute spatialité.

L'esthétique et les codes sociaux de la communication

Mais il nous faut, à présent, prendre un peu de distance, et envisager le projet esthétique de la culture de façon plus générale, en dehors de telle ou telle forme de représentation, pour nous interroger sur les codes de la communication et de la médiation esthétiques. En effet, ce qu'ont de commun les différentes formes de représentation esthétique que nous connaissons, c'est la mise en oeuvre d'un processus auquel nous avons donné le nom de sublimation, c'est-à-dire la représentation sublimée d'une appartenance culturelle, et la mise en oeuvre d'une médiation, c'est-à-dire d'un mode d'usage de la représentation permettant à son lecteur d'inscrire dans les formes culturelles de la représentation, qui s'offrent de la même manière à l'attention de tous, une signification qui lui soit propre. Dans la mise en oeuvre d'une telle médiation, la distanciation, analysée par Brecht, constitue la structure fondatrice de la communication esthétique, car elle nous permet de comprendre le processus de la médiation esthétique dans toute sa complexité et dans toutes ses implications. La distanciation, finalement, inscrit les formes de la représentation dans la logique d'un code, et non dans la logique d'une évidence : elle remplace la logique de la représentation par une logique de la signification. Ce concept de distanciation est d'abord mis en oeuvre, par Brecht, dans le champ du théâtre et de la dramaturgie : il s'agit de poser l'idée selon laquelle la représentation théâtrale ne saurait, en aucun cas, constituer une identification de l'acteur au personnage qu'il interprète, ni du spectateur à la scène à laquelle il assiste, mais, au contraire, représente la distance d'une signification, et de la nécessité d'une interprétation, qui permet de comprendre le personnage, et, par conséquent, la scène, sans tomber dans le piège classique de l'illusion. Le concept brechtien de la distanciation consiste à mettre un terme à

Galerie des Offices, et un tableau de 1456-1458, qui se trouve au Louvre : *cf.* ROCCASECCA (1997).

l'illusion esthétique de la représentation, pour lui substituer la médiation esthétique de la signification. Il y a là quelque chose de véritablement fondateur pour l'esthétique, dans la mesure où, désormais, la culture ne se reconnaît plus comme une forme imposée par l'évidence, mais où elle constitue une médiation symbolique, mise en oeuvre par des sujets qui en soient d'autant plus conscients qu'elle représente une distanciation effective par rapport au réel qu'elle est censée représenter. Le concept de distanciation inscrit la médiation symbolique au coeur du dispositif esthétique, puisqu'il l'inscrit, précisément, dans l'écart possible qui, en séparant la forme esthétique du réel auquel elle se réfère, lui confère une autonomie symbolique, et, par conséquent, une indépendance institutionnelle qui la fonde comme pratique sociale et comme pratique politique : dans la distance ainsi constatée entre la logique esthétique de la signification et la logique réelle de l'histoire, c'est le politique qui rend possible l'interprétation dont se soutient la pratique culturelle que nous engageons. Le concept de distanciation, finalement, inscrit la culture dans une logique sémiotique, puisqu'il l'inscrit dans une logique fondée, comme la sémiotique de la langue, sur l'hypothèse forte de l'arbitraire de la signification : la distance entre la forme esthétique et le réel dont elle se soutient n'est pas autre chose que la distance de l'arbitraire du code entre la forme signifiante et le réel auquel elle se réfère.

L'art comme représentation critique de la sociabilité

Le concept de distanciation inscrit l'art dans une perspective critique par rapport au réel de la sociabilité dont il constitue une forme esthétique de représentation, et, par conséquent, il confère aux pratiques culturelles la fonction institutionnelle majeure de donner cette critique à voir, de la représenter dans le champ des institutions qui ordonnent les formes symboliques de l'appartenance. Les pratiques esthétiques et artistiques constituent une forme distanciée de représentation des formes et des structures de la sociabilité, qui se soutient d'une position critique par rapport à elles. La distanciation esthétique, qui fonde la sublimation esthétique en lui donnant sa consistance institutionnelle, fait de l'art une représentation nécessairement critique de la sociabilité et des formes que nous lui donnons : les formes de l'art font apparaître les formes de la sociabilité dans une perspective de sublimation, et, par conséquent, dans un projet critique par rapport à la sociabilité existante. C'est le sens qu'il convient de donner au projet esthétique du romantisme ou au projet esthétique du surréalisme, mais c'est aussi le sens dont l'art classique est porteur. La peinture de Delacroix constitue une sublimation du réel par la mise en scène qu'elle fait apparaître. Ainsi, *La mort de Sardanapale*[20] montre-t-il une scène inscrite dans notre mémoire symbolique : il s'agit de Sardanapale au milieu d'une danse de femmes qui s'offrent à lui en une dernière fête. On se trouve, ici, devant une triple sublimation du réel représenté : d'une part grâce à la mise en scène, dont la couleur et les dimensions du tableau soulignent l'exubérance et la richesse ; d'autre part, par la mise en scène de la femme qui se présente à Sardanapale dans une forme de danse qui constitue une sorte de rituel esthétique ; enfin, dans la relation à l'oeuvre qui nous est imposée par sa mise en scène elle-même, nous sommes engagés à rencontrer le regard de Sardanapale, et, en quelque sorte, à nous identifier à lui, puisque c'est lui qui, dans le tableau, se trouve en situation de spectateur : or, dans ces conditions, le tableau sublime notre propre regard en faisant apparaître la mise en scène d'un regard sublimé : d'une position sublimée de spectateur devant une scène biblique - à tout le moins d'une scène présente dans notre culture, par ailleurs porteuse d'une signification terrible, puisqu'il s'agit de la fameuse scène du *Mané, Thécel, Pharès, Compté, mesuré, pesé*, inscrit en une vision devant les yeux du personnage principal, présumé porteur de nos identifications. La lisibilité de la peinture dans une sémiotique culturelle consiste, en l'occurrence, à faire apparaître la multiplicité des codes qui permettent de donner du sens à l'image et, par conséquent, de fonder ce que l'on peut appeler ici une esthétique pleine, c'est-à-dire une esthétique qui prenne en compte la complexité des instances du sujet de la communication et de la signification, pour constituer une articulation entre le sens et la forme esthétique. Si *La mort de Sardanapale* constitue une sublimation esthétique du réel de la représentation (la mort d'un roi entouré de sa cour), c'est à la fois parce que nous nous identifions, de façon sublimée, au personnage représenté, et parce que cette identification même nous fait apparaître en quoi consiste l'idéal de soi dont se soutient l'expérience esthétique - en l'occurrence, l'idéal de soi à quoi le tableau met en oeuvre une identification est de l'ordre de la représentation du pouvoir et, en même temps, de l'ordre d'un souvenir culturel : la soumission de tous aux prescriptions symboliques de la loi. Si, dans ce tableau, le regard de Sardanapale constitue un repère d'identification de nature à orienter notre lecture et notre parcours dans le tableau, c'est précisément parce que notre adhésion esthétique à la communication mise en oeuvre par le tableau s'inscrit dans la

---

[20] 1827, env. 4 x 5 m. Ce tableau se trouve au musée du Louvre.

représentation d'une critique de la sociabilité dont est porteur le personnage de Sardanapale. Mais c'est aussi, en l'occurrence, par sa monumentalité même que l'oeuvre d'art constitue une médiation critique de la sociabilité : les dimensions imposantes du tableau viennent nous rappeler que la médiation esthétique de la peinture et des arts de la représentation structure l'espace. En effet, le tableau organise l'espace dans lequel il figure, et, en l'occurrence, il structure un espace culturel d'usage collectif - tandis que d'autres tableaux, de taille plus réduite, structureront l'espace de la médiation culturelle comme un espace de pratique singulière.

L'expérience esthétique de la représentation

Une expérience du sujet

La lisibilité esthétique de l'oeuvre d'art, qui fait apparaître ainsi l'importance de la médiation culturelle, montre le processus selon lequel l'image donne à voir, en la mettant en scène dans l'espace public, une représentation de la médiation esthétique. Quand je donne une signification au tableau de Delacroix, je construis la représentation que je me fais, moi-même, dans ma culture et en me soutenant du type de sociabilité dont je suis porteur, de la sociabilité et de l'idéal esthétique que je peux rechercher dans un tel tableau. Si l'expérience esthétique est bien, d'abord, une expérience du sujet, c'est parce que l'oeuvre d'art commence par faire l'objet d'une perception et d'une reconnaissance par lui. D'où, par exemple, l'importance des dimensions d'un tableau ou l'importance de la durée d'une oeuvre musicale. En effet, la durée d'une oeuvre musicale ou les dimensions d'un tableau constituent les premiers repères par lesquels le sujet va donner une consistance symbolique culturelle à la représentation à laquelle il assiste ou qu'il a sous les yeux. La dimension primaire de la médiation esthétique, c'est-à-dire de la reconnaissance par le sujet de la sociabilité de l'existence d'une médiation entre sa perception singulière de l'oeuvre d'art et la représentation collective dont cette oeuvre d'art peut être porteuse, passe, d'abord, par des repères quantitatifs, de l'ordre de la durée ou des dimensions, par lesquels le sujet prend conscience de l'objectalité de l'oeuvre d'art : de son caractère d'objet présent dans un espace culturel de représentation. La lisibilité esthétique de l'oeuvre d'art commence par la reconnaissance par le sujet des dimensions qui la caractérisent et qui marquent le temps qu'elle prend ou l'espace qu'elle occupe. En ce sens, la lisibilité esthétique de l'oeuvre d'art se définit comme la reconnaissance par le sujet de l'expérience symbolique de sa dimension de médiation - pour commencer, par la reconnaissance de la place de cette médiation dans l'espace ou dans le temps de la sociabilité. C'est le sujet qui, dans sa pratique de la perception, de l'usage des oeuvres esthétiques et de ce qu'il est convenu d'appeler l'émotion et le plaisir esthétiques, constitue le moment de l'expérience esthétique de la représentation, en conférant aux oeuvres constitutives de la médiation esthétique la taille et la place qu'il leur reconnaît dans son expérience propre de la médiation culturelle, à la fois en termes de volume et de dimensions et en termes de signification, puisque la reconnaissance de la médiation esthétique par le sujet consiste dans le processus même de l'interprétation des oeuvres.

Création, compréhension et interprétation

La création ne s'inscrit dans l'expérience de la représentation que quand elle fait l'objet d'une compréhension de la part du public à qui elle s'adresse, et dont l'assistance constitue le moment effectif de la représentation. C'est dans l'assistance du public et dans l'interprétation qu'il donne de la création que se met en oeuvre le processus de la médiation esthétique de la culture. En effet, la création culturelle n'est pas la création d'un objet au terme d'un processus, que l'on pourrait désigner comme sa fabrication ; la création culturelle ne consiste pas, de la part du créateur, à donner naissance à un objet qui se manifestera désormais avec la forme et la consistance matérielles d'une présence dans l'espace visuel ou dans l'espace de la perception. La création culturelle se distingue nécessairement de la production d'objets que l'on pourrait qualifier d'objets ordinaires parce que leur raison d'être est de figurer dans nos pratiques ordinaires de la sociabilité et de l'espace public. La création culturelle, en effet, consiste dans une création qui ne donne pas seulement naissance à un objet inscrit dans les pratiques sociales d'un sujet singulier, comme c'est le cas des objets produits par la production artisanale ou manufacturée : elle consiste dans la création d'un objet appelé à avoir la fonction d'une médiation. L'objet créé au cours du processus de la création culturelle n'est pas seulement un objet inscrit dans des pratiques instrumentales de la sociabilité : il s'inscrit lui-même dans un processus de médiation, parce que la forme qu'il fait apparaître renvoie à une signification qui fait l'objet d'une interprétation, et, par conséquent, parce que cet objet s'inscrit dans une dialectique entre l'usage singulier dont il fait l'objet de la part de son créateur et de son usager ou de son visiteur et l'usage collectif dont les partenaires de la communication et de l'échange symbolique attendent qu'il fixe les formes et les conventions culturelles de la signification et de l'interprétation. Les objets qui appartiennent, ainsi, à l'espace culturel de la sociabilité ne se définissent pas tant pour la présence qui leur est reconnue dans l'espace public ni pour les usages qui leur sont assignés dans les formes et les conventions de la sociabilité, mais plutôt par la signification qui leur est reconnue dans les pratiques ainsi définies comme pratiques culturelles, parce qu'elles mettent en oeuvre des médiations symboliques articulant une réalité sociale et une signification esthétique. C'est toute la différence, d'ailleurs, qu'il convient d'établir entre le concept d'oeuvre et le concept de produit, appelé à une curieuse généralisation depuis l'émergence des logiques modernes de la communication médiatée et des médias de la communication et de l'information. Tandis que la concept de produit renvoie à une médiation de l'usage social et de l'usage singulier, le concept d'oeuvre renvoie à une médiation culturelle de la signification collective et de la signification singulière - c'est-à-dire à une logique symbolique de la médiation, au lieu d'une logique pratique. Tandis que la logique de l'usage social renvoie à un processus de compréhension des instruments, des pratiques et des événements constitutifs de la sociabilité, la logique de la signification renvoie à un processus d'interprétation des formes constitutives de la médiation symbolique de l'appartenance et de la sociabilité : la création culturelle consiste, dans ces conditions, à mettre en oeuvre une médiation symbolique.

L'esthétique pleine

C'est dans cette problématique qu'il nous faut, ici, introduire le concept, fondamental, de l'esthétique pleine, dont la formulation s'inspire du concept de parole pleine, introduit par Jacques Lacan dans le champ de la psychanalyse. L'esthétique pleine s'inscrit dans la logique d'une articulation forte entre le réel de la subjectivité, c'est-à-dire le désir, et le réel de la sociabilité, c'est-à-dire le politique. L'esthétique pleine consiste dans la représentation, dans les formes esthétiques d'une sémiotique ou d'une mise en scène dans l'espace public, de l'événement fondateur d'une nouure entre la consistance singulière de la médiation esthétique, fondée sur l'expression esthétique du désir du sujet, et sa consistance collective, fondée sur l'expression esthétique de l'idéal de la sociabilité et de l'idéal politique. L'esthétique pleine consiste à donner un langage à cette nouure, de manière à l'inscrire dans les pratiques esthétiques sociales mises en oeuvre par les acteurs de la sociabilité dans l'espace public de la représentation esthétique. L'esthétique pleine est l'esthétique qui rend possible la représentation de cette nouure dans les formes constitutives, au coeur de l'espace public, de la médiation culturelle. L'esthétique pleine représente ainsi un projet esthétique et culturel fort, de nature à constituer un engagement pour les acteurs de la sociabilité, et, par conséquent, à donner une signification à leur expérience esthétique de l'espace public. L'esthétique pleine, finalement, consiste dans l'expérience particulière, qui est celle du moment où l'esthétique *nous point*, pour reprendre une expression de R. Barthes sur la photographie[21], en même temps qu'elle représente, pour nous, l'idéal politique qui rend raison de notre engagement dans l'espace public. L'esthétique pleine, par conséquent, peut être considérée comme l'idéal de la médiation esthétique, puisqu'elle s'inscrit, fondamentalement, dans les formes et dans les pratiques de la médiation entre la dimension singulière et la dimension collective de la création et de l'activité esthétiques. L'esthétique pleine fonde véritablement l'activité esthétique en ce que celle-ci peut avoir un sens pour chacun d'entre nous, en même temps qu'elle peut en avoir un pour la sociabilité même à laquelle nous appartenons, et qui fonde la dimension collective de la conscience de nos médiations. L'esthétique pleine représente, par exemple, les créations esthétiques ou artistiques qui font à la fois l'objet de l'adhésion des acteurs culturels qui les mettent en oeuvre et du public qui y reconnaît son appartenance et son idéal politique. Ces moments culturels de l'adhésion populaire à une activité symbolique forte de médiation esthétique sont rares : peut-être faut-il en voir des illustrations dans l'adhésion populaire à des événements culturels qui deviennent des mythes, comme les films de Chaplin ou comme, en son temps, le théâtre de la Commedia dell'Arte. Sans doute faut-il en lire le projet dans le projet fondateur du mouvement auquel on aura donné le nom de l'éducation populaire ou de l'animation socio-culturelle : un tel mouvement a, en effet, pour but de faire adhérer le peuple à la représentation culturelle du lien social dont il est porteur et qui le fonde comme acteur collectif. L'esthétique pleine représente, pour ceux qui la mettent en oeuvre ou en usage, la médiation par laquelle ils représentent leur lien social dans les formes esthétiques mêmes qui représentent leur idéal politique et leur idéal de sociabilité.

---

[21] BARTHES (1980).

Les limites esthétiques de la représentation

Mais l'idéal de la représentation et de la création esthétique fait lui-même l'objet d'une dialectique et d'une contradiction, en se heurtant à l'impératif d'un horizon qui le fonde et dont se soutiennent son identité et sa culture. Toute forme esthétique de représentation connaît les limites que représente, pour elle, le non représentable. En un sens, c'est même cette dialectique même de l'irreprésentable, de l'inexprimable, qui fonde la consistance même de l'idéal esthétique de la sociabilité : c'est par référence à la contradiction qu'en porte le non représentable que peut, sans doute, se caractériser l'idéal esthétique de la représentation et des formes culturelles des pratiques constitutives de la sociabilité. Dans toute logique de représentation, et, en particulier, dans toute esthétique et dans toute culture, il y a du non représentable, il y a des réalités qui échappent à la représentation, en marquant, par là même, l'irréductibilité de certains lieux du réel à la réduction esthétique que constitue tout projet culturel de représentation. Les limites esthétiques de la représentation, enfin, permettent de définir et d'identifier le projet culturel même dont elles sont l'horizon : c'est ainsi, par exemple, qu'en interdisant la représentation de ce qui est au-delà de l'horizon, la perspective fonde une logique esthétique et culturelle particulière qui dominera et caractérisera la représentation picturale classique ; c'est ainsi également que le théâtre d'ombres se caractérise et se soutient de l'interdit dont il est le lieu d'une représentation de la consistance non spéculaire de la personne et des acteurs de la sociabilité. Les limites esthétiques de la représentation qui, ne nous y trompons pas, ne sont pas seulement des limites esthétiques mais constituent bien, aussi, des limites symboliques et culturelles des systèmes constitutifs de l'expression et du langage, constituent, ainsi, une rationalité de nature à rendre possible l'élucidation des références dont elle se soutient et dont se fonde la culture à laquelle elle donne son langage. À cet égard, on peut citer l'exemple de *Phèdre* qui met en scène, en quelque sorte avec la distance du code, l'interdit de la représentation par le langage, au cours de ce dialogue entre Phèdre et sa servante, Oenone :

J'aime... À ce nom fatal, je tremble, je frissonne.
J'aime... - Qui ? - Tu connais ce fils de l'Amazone,
Ce prince si longtemps par moi-même opprimé ?
- Hippolyte, Grands dieux ! - C'est toi qui l'as nommé !

Dans ces vers de Racine[22], se trouve proprement mis en scène, par le refus de Phèdre de dire le nom, ce dont elle laisse, en quelque sorte, l'opprobre à Oenone, qui, pour reprendre les termes mêmes de Racine, va, finalement, *nommer* au lieu d'*ouïr*, l'interdit fondateur de la représentation esthétique de la sociabilité, et même du politique : l'interdit du désir incestueux, qui, dès lors, va donner toute sa signification, toute sa consistance et toute sa portée politique et morale à l'événement constitutif de la tragédie racinienne. La représentation fonde son caractère tragique de la nécessité même dans laquelle elle se trouve de figurer l'indicible, de nommer l'innommable, de représenter le non représentable. En ce sens, nous nous trouvons bien en présence d'une sublimation esthétique, puisque par la représentation esthétique, le théâtre rend possible la représentation du tragique d'une situation interdite pour les acteurs mis en présence du public dans l'espace de la médiation théâtrale.

L'idéal esthétique de la représentation

Art et culture

L'art est ici à penser : en effet, c'est l'art qui définit la consistance de l'esthétique de la représentation, en lui donnant l'idéal que peut représenter, pour elle, un enjeu, ou un but à atteindre au cours de sa mise en oeuvre. L'art, présent sans doute dans toutes les cultures, représente pour elles l'enjeu d'un horizon, d'une limite - à cette différence près, mais elle est de taille, avec le concept de limite ou d'horizon, que l'art peut être mis en oeuvre, effectivement, dans le champ de certaines pratiques culturelles auxquelles est reconnu le statut de pratique artistique. L'art constitue une limite, mais plutôt au sens d'un but, en ce qu'il s'agit d'une limite que l'on peut atteindre : en effet, l'art ne représente pas seulement la limite d'un idéal, mais représente aussi l'ensemble des pratiques culturelles considérées comme conduisant à la réalisation ou à la rencontre de cette limite. L'art ne saurait se réduire à de l'impossible : il a aussi la consistance sociale effective d'un ensemble de pratiques mises en oeuvre par des acteurs dans des lieux et dans des structures déterminés, avec des outils et suivant des stratégies et des méthodes eux aussi déterminés. L'art inscrit l'idéal de soi dans le champ des pratiques sociales constitutives d'une culture, en donnant à la culture

---

[22] RACINE, *Phèdre*, I, 3.

à laquelle il appartient la limite et l'horizon qui lui permettent de donner du sens aux pratiques sociales qui la mettent en œuvre. L'art fonde une échelle de valeurs qui permet aux acteurs de la sociabilité de juger les oeuvres culturelles, de les définir, ou non, comme faisant partie d'un patrimoine artistique et d'un ensemble de pratiques légitimes reconnues comme constitutives de la pratique de l'art. C'est le sens de la référence au concept d'idéal de soi. Pour que la culture puisse faire l'objet d'une appropriation effective, au cours de leurs pratiques symboliques, par les acteurs de la sociabilité, encore faut-il qu'existe, dans ces pratiques culturelles, de quoi orienter les choix et les interprétations de ceux qui les mettent en oeuvre. C'est le sens d'un idéal, d'ainsi rendre possible l'orientation des pratiques sociales engagées en son nom. Pas de pratiques culturelles sans qu'elles soient orientées vers la réalisation d'un idéal qui leur donne leur signification et qui donne sa consistance à l'engagement de ceux qui les mettent en oeuvre au cours de leurs pratiques sociales. L'art, comme identification du sujet à l'idéal de soi, est ce sens qui permet de comprendre les pratiques culturelles, de les rendre intelligibles, et, aussi, de les situer dans l'histoire des pratiques symboliques et institutionnelles caractéristiques d'une culture et d'une appartenance sociale ou anthropologique. En donnant le sens que peut constituer une limite aux pratiques culturelles qui le mettent en oeuvre, l'art constitue un point de repère, une norme d'identification qui permet aux acteurs de la sociabilité d'adhérer pleinement aux pratiques culturelles qu'ils mettent en oeuvre, et, de cette manière, l'art constitue les pratiques culturelles en des pratiques symboliques pleines, faites à la fois de formes et d'idéal.

L'art comme sublimation des formes de l'appartenance

La culture peut se définir comme l'expression symbolique de l'idéal esthétique - comparable à l'idéal politique, dans sa reconnaissance par les sujets de la sociabilité. En effet, cet idéal de soi auquel s'identifient les sujets de l'ordre symbolique au cours de leurs pratiques artistiques peut, lui-même, se définir de deux manières complémentaires. D'une part, il s'agit d'une sublimation de l'image de soi, et, d'autre part, il s'agit d'une sublimation des formes de l'appartenance. D'une part, l'art permet au sujet qui le met en oeuvre ou au sujet qui le reçoit, y assiste, ou l'interprète, de prendre conscience de ce que peut être l'idéal de soi dont il est porteur, et, d'autre part, l'art constitue, pour les formes institutionnelles de sociabilité dans le champ desquels il est mis en oeuvre, une représentation sublimée des formes de l'appartenance et de la vie sociale et institutionnelle. Ces deux dimensions de l'art représentent, en fait, deux dimensions de la sublimation esthétique : d'une part, l'art peut se définir comme l'identification du sujet à l'idéal de soi, et, d'autre part, il met en oeuvre une représentation sublimée de l'institution. Dans sa dimension singulière, l'art peut être considéré comme une sublimation du stade du miroir, comme un *miroir sublimé*. C'est, en particulier, le sens de toutes les théories ou de tous les discours sur l'inspiration artistique qui ont cours depuis des siècles, mais c'est aussi, en particulier, sans doute, le sens qu'il convient de donner à l'idée - en particulier antique, et, spécialement, platonicienne - selon laquelle les artistes sont porteurs d'un souffle divin - de ce que les anciens grecs appelaient l'*epos*. Comment comprendre le mythe d'Homère aveugle autrement que comme la reconnaissance de l'impossibilité de s'identifier à lui, et, par conséquent, comme la reconnaissance de son caractère sublime de sa parole, c'est-à-dire de son vers ? Dans sa dimension collective, l'art met en oeuvre une logique différente de la sublimation : il ne saurait plus s'agir de l'idéal de soi d'un sujet, soit-il poète, mais il s'agit de la sublimation des formes mêmes de notre appartenance et de notre sociabilité. En d'autres termes, la dimension collective et sociale de la sublimation poétique et esthétique peut s'inscrire dans la représentation de l'idéal politique : les rituels et les formes culturelles de communication représentent des formes de sublimation esthétique des rituels de la religion et de la sociabilité. Les formes de la sociabilité mettent en oeuvre, dans l'organisation de la cité et de ses institutions, des formes et des structures de nature à représenter pour ceux qui en font partie l'idéal politique dont ils devraient être porteurs. C'est le sens de l'art institutionnel, qu'il s'agisse des formes grandioses que peuvent revêtir l'architecture ou les arts de l'aménagement, ou des formes moins valorisées et, sans doute, moins fortes, de ce que l'on est convenu d'appeler l'art officiel. La sublimation esthétique, dans sa dimension sociale et collective, consiste à représenter l'idéal de l'appartenance sociale dont peuvent être porteurs les citoyens ou les sujets de la sociabilité : il s'agit, en fait, par exemple par la construction du château de Versailles, de montrer aux sujets du roi de France quelle est la grandeur d'une sociabilité politique dont le pouvoir peut se représenter et s'illustrer dans de telles réalisations. L'art peut, ainsi, désigner l'ensemble des formes de la sublimation esthétique de l'appartenance et de la sociabilité : l'art, en ce sens, ne s'adresse pas seulement aux sujets singuliers qui l'admirent, mais il constitue aussi une sublimation de leur conscience sociale d'appartenance, c'est-à-dire de leur conscience politique. C'est pourquoi il n'y a pas de système politique d'appartenance, il n'y a pas de sociabilité politique pleine, sans mise en oeuvre d'une représentation artistique de l'idéal politique.

L'art est une sublimation esthétique de la sociabilité et du contrat social

La monumentalité ou le théâtre officiel (qui ne représente pas nécessairement des formes d'art mineures ou de moindre valeur artistique : cf. Racine) constituent des formes sublimées du contrat social fondateur de l'appartenance. Il s'agit des formes que prend la représentation, dans l'espace public, de l'idéal politique et social de l'appartenance dont peuvent être porteurs les sujets de la sociabilité, et qu'ils peuvent être amenés à reconnaître dans les oeuvres artistiques qui leur sont présentées. L'art constitue la sublimation esthétique de la sociabilité et du contrat social ; il leur permet de n'être pas seulement présents dans la conscience des sujets de la sociabilité sous la forme inaccessible de limites inexprimables, mais de l'être aussi sous la forme de représentations matérielles, réelles, perceptibles dans l'espace public au cours de la mise en oeuvre de pratiques artistiques effectives. L'art représente l'ensemble des pratiques esthétiques effectives qui permettent aux formes de l'idéal de soi d'être présentes dans l'espace public, et de faire, par conséquent, l'objet d'une appropriation et d'une reconnaissance de la part des sujets de la sociabilité qui y sont confrontés au cours de leurs expériences culturelles. La création artistique consiste, dans ces conditions, à donner une forme esthétique sublimée à la sociabilité et à l'appartenance : elle ne saurait, par conséquent, être muette, ne pas s'inscrire dans la signification d'une pratique symbolique de communication et de représentation. Pas de création artistique sans qu'elle soit porteuse d'un certain nombre de représentations culturelles et sans qu'elle mette en oeuvre des choix institutionnels. L'art ne saurait être neutre, car il est porteur de représentations d'idéaux de la sociabilité eux-mêmes porteurs de signification pour ceux qui les connaissent ou qui les mettent en oeuvre. L'idéal de l'art pour l'art, cette forme de culture artistique fondée sur une conception de l'art comme extérieur aux enjeux et aux débats politiques constitutifs de la sociabilité, ne saurait être qu'illusoire, tant il est vrai que les oeuvres d'art et les pratiques artistiques, dès lors qu'elles sont présentes dans l'espace public, y inscrivent des représentations et des significations que l'on ne peut comprendre que par rapport à des formes et à des représentations de l'idéal politique dont cette sublimation esthétique est porteuse. La création artistique est engagée par le fait même qu'elle fournit aux engagements politiques et institutionnels des acteurs de la sociabilité les formes d'idéal dans lesquelles ils peuvent exprimer ou représenter la consistance de l'idéal politique dont ils se soutiennent. C'est pourquoi l'art ne saurait être neutre : comme toute pratique symbolique, il est pourvu d'une signification interprétable par les autres acteurs de la sociabilité, mais, comme c'est le cas de toute pratique sociale, son interprétation est, en soi, l'énonciation d'une adhésion ou d'un choix politique, puisque l'interprétation s'inscrit dans les formes de l'opinion, constitutive de la dimension symbolique de l'appartenance et de la citoyenneté. L'art, pour n'être pas nécessairement au service d'une opinion ou d'un acteur politique de façon servile, est nécessairement engagé car il est porteur des formes, à la fois esthétiques et politiques, de notre idéal d'appartenance et d'existence.

Le miroir social

En effet, et c'est pourquoi notre appartenance est toujours engagée dans des formes de communication et de représentation, nous sommes porteurs de formes symboliques de la culture, que nous retrouvons chez les autres acteurs de la sociabilité. La représentation artistique constitue une forme de miroir social sublimé de ceux qui la reçoivent. On peut parler ici de miroir social, car il s'agit, pour nous, de retrouver chez les autres acteurs de la sociabilité non seulement les formes symboliques de notre propre existence, voire de notre identité, mais aussi les formes symboliques de l'appartenance même dont nous sommes porteurs. La culture est un ensemble de pratiques sociales codées et identifiables, auxquelles nous donnons une signification, mais aussi que nous reconnaissons comme une sociabilité spéculaire de notre propre appartenance. Les formes esthétiques de la représentation auxquelles nous assistons devant la mise en oeuvre de formes culturelles constituent, pour nous autant d'images de notre propre sociabilité, et, à ce titre, elles participent de la constitution de la dimension sociale et institutionnelle de notre identité. C'est bien ce qui explique la nécessité de la mise en oeuvre d'activités culturelles, pour tout système de sociabilité, pour toute société politique. Sans les formes de la culture, la sociabilité n'aurait aucun moyen de représentation de nature à constituer un miroir social pour ceux qui, s'y reconnaissant, s'approprient ces pratiques culturelles en les mettant à leur tour en oeuvre dans l'exercice de leur sociabilité. Les formes de la culture donnent une consistance symbolique effective au miroir social qui nous renvoie à nous-mêmes notre propre appartenance en la constituant, dès lors, comme partie intégrante de notre identité. L'enjeu de l'existence d'un tel miroir social est bien là : il est dans la constitution de notre conscience de la sociabilité et de ses devoirs au même titre que le miroir constitue notre conscience de notre propre subjectivité et des modes d'expression et de représentation dans lesquels elle s'inscrit. Le miroir social de la culture et de la médiation esthétique fait de nous les sujets de langage et de symbolique pleinement conscients de leur appartenance et de leur sociabilité, et prêts, grâce aux formes de la médiation culturelle que nous nous sommes appropriés, à les mettre en oeuvre dans des pratiques sociales de communication et de représentation qui donnent du sens à cette appartenance. Le miroir social que constituent les formes de la culture, finalement, fait de nous les sujets conscients de la sociabilité et de la représentation politique. C'est bien le sens de nos pratiques artistiques, de donner une consistance symbolique et une signification à la représentation de notre appartenance dans le miroir social qui fait de nous, en même temps que des sujets de la loi, des sujets de la culture. C'est, d'ailleurs, fondamentalement, la raison pour laquelle il n'y a pas de pratiques ni d'activités culturelles sans que s'instaure une relation entre des acteurs et un public. Pour que la culture exerce son rôle de miroir de la sociabilité, encore faut-il qu'elle consiste dans des formes données à voir, à entendre ou à lire, à un public qui s'y reconnaisse, et qui leur donne du sens, précisément en fonction de cette forme sociale de spécularité : encore faut-il qu'elle se déroule toujours dans des lieux de représentation.

Chapitre 3

LES LIEUX DE LA REPRESENTATION

L'agora et le théâtre

L'histoire dans les formes de la culture

L'agora et le théâtre constituent les lieux fondateurs dans lesquels l'histoire de nos formes de la sociabilité s'inscrit dans les formes de la communication publique. À Athènes, la démocratie, c'est-à-dire les formes du pouvoir - donc les formes du politique, s'inscrivait d'une part dans des pratiques et dans des stratégies institutionnelles, qui constituent le mode d'usage des institutions et qui les inscrivent dans des pratiques sociales et historiques effectives de l'espace public, et, d'autre part dans des pratiques et dans des formes qui constituent le mode de représentation esthétique des institutions, et qui les inscrivent dans les pratiques et dans les stratégies de la représentation théâtrale. Mais il ne saurait s'agir ici seulement de la culture grecque : les références à l'agora et au théâtre ne sont que des exemples, en quelque sorte canoniques, des formes originaires de notre culture, mais aussi des modes de constitution d'autres cultures qui lui sont extérieures, mais qui présentent les mêmes formes d'histoire. Ce qui fonde l'articulation, que nous connaissons, entre les formes de la représentation esthétique et celles de la représentation politique, c'est l'idée selon laquelle, pour parler de l'espace de la filiation et de la famille à celui des appartenances et de la sociabilité, il nous faut passer par l'instance de la représentation. Ce qui fonde la différence radicale entre l'espace privé et l'espace public, entre l'espace de notre naissance et celui de nos pratiques sociales et institutionnelles, c'est la nécessité de la représentation, qui, seule, peut donner corps à l'espace de l'indistinction. Il n'y a aucune réalité tangible, perceptible, qui donne au lien social la consistance d'une matérialité : seule, la représentation de sa mise en oeuvre peut nous le rendre perceptible dans notre expérience pratique de la sociabilité ; c'est le rôle de la double représentation, politique et esthétique, du lien social dans les deux lieux que nous citons ici comme des formes d'archétypes, l'agora et le théâtre. Mais une critique de la culture n'a, sans doute, ici, à rendre pleinement raison que du théâtre, c'est-à-dire du lieu fondateur de la représentation esthétique de la sociabilité. La différence entre l'agora et le théâtre est dans les enjeux de la représentation. Tandis que c'est réellement le pouvoir qui est en jeu dans la mise en oeuvre de la représentation politique, c'est sa représentation, c'est-à-dire sa consistance dramatique, qui est en jeu dans la mise en oeuvre de la représentation esthétique au sein du théâtre. Ce ne sont donc ni les mêmes enjeux de communication et de représentation, ni, par conséquent, les mêmes significations qui sont en cause dans ces différents lieux de la représentation. Tandis que la représentation politique a pour signification des choix d'organisation sociale, la représentation esthétique a pour signification des choix d'ordre symbolique : des choix de signification. Dans ces conditions, il ne saurait s'agir de choix de même consistance, ni de procédures semblables pour mener à ces choix et pour en mettre en scène une représentation dans l'espace public. Ce sont, par conséquent, enfin, les acteurs de ces représentations qui n'ont pas le même statut et qui ne mettent pas en oeuvre les mêmes stratégies. Dans les formes de la culture, l'histoire, au fond, n'a pas le même sens que dans les formes de la représentation politique : si l'histoire politique est de l'ordre de l'expérience, puisque cette histoire met bien en jeu la réalité du pouvoir et de l'organisation sociale, l'histoire esthétique est de l'ordre de la représentation symbolique, puisque ce qu'elle met en jeu, c'est la mise en scène, déjà au second degré, de l'organisation sociale. *Oedipe Roi*, ce n'est pas la représentation de l'exercice du pouvoir, c'est la représentation de la tragédie qu'implique, pour celui qui en est porteur, l'exercice du pouvoir.

Constitution des lieux fondateurs de la culture

Les premiers moments de la sociabilité voient la naissance des lieux fondateurs des pratiques publiques de la culture et de la représentation. L'esthétique de la représentation, ne nous y trompons pas, est au fondement originaire de l'organisation de la sociabilité, et elle ne saurait être considérée comme une activité sociale et institutionnelle seconde. La médiation esthétique est bien l'un des lieux fondateurs de la sociabilité, et, par conséquent, penser les lieux fondateurs de la culture revient bien à penser les lieux originaires de la sociabilité. Ces lieux fondateurs sont les lieux, comme la place publique, le théâtre, les espaces religieux, dans lesquels le lien social se donne à voir, pour la première fois, dans toute sa signification et dans toute sa consistance : ce sont les lieux dans lesquels, en assistant à la représentation d'*Œdipe Roi*, le public prend conscience, pour la première fois, de la signification et de la puissance de la loi. C'est pourquoi ces lieux fondateurs de la culture se distinguent des autres lieux de pratique sociale par la possibilité de répétition et de reproduction qui y est mise en oeuvre. La différence entre un événement historique et sa représentation théâtrale ou esthétique, c'est que le premier n'a lieu qu'une fois, alors que je peux en reproduire la représentation esthétique. C'est pourquoi les premières figures esthétiques de la représentation du lien social en sont, sans doute, les figurations peintes. L'importance de l'art pariétal pour la compréhension des premières formes de la sociabilité est précisément qu'il fait apparaître ce qui, dans ces expériences de la sociabilité, fait sens et n'a pas la consistance d'un fait réel : les peintures de scènes de chasse sur les cavernes, nous informent sur ce qui, dans la culture des premiers peuples, s'inscrivait dans une logique de la représentation esthétique, et, par conséquent, était passé du côté du sens et de l'itérabilité. Les peintures des cavernes sont fondamentales, parce qu'elles nous informent sur le statut de l'art dans les premières sociétés et sur ce qu'y donnait sa consistance à la représentation : nous comprenons mieux les systèmes sociaux en faisant apparaître l'instance esthétique de la représentation qui donne du sens (et non de la réalité) au lien social qui les constitue en sociétés politiques. Le jeu dramatique de la représentation vient sans doute après, il constitue, sans doute, une instance seconde de la représentation. En effet, les représentations picturales de la médiation esthétique fondent l'espace de la mise en scène du symbolique, et il faut cette mise en scène pour que puisse avoir lieu, dans l'espace de la représentation, la représentation dramatique proprement dite du lien social : la mise en scène théâtrale du moment mythique de la naissance de la cité. La représentation des événements fondateurs de la cité, ainsi que la ritualisation de sa répétition, supposent que soit achevée la constitution d'un lieu symbolique de la représentation, qui confère son caractère sans doute primaire, originaire, à l'image, la mise en scène représentant, sans doute, le moment second de cette représentation.

Représentation et critique sociale

En effet, dès lors qu'ils sont inscrits dans la consistance d'une distance symbolique avec le langage, les lieux de la représentation théâtrale sont aussi les lieux de la critique sociale, ce qui a pu faire considérer le théâtre comme une forme de lieu cathartique : c'est le rôle d'*Oedipe Roi* dans le théâtre grec, ou encore celui d'une pièce comme *Le Barbier de Séville* ou *Le Mariage de Figaro*, de Beaumarchais. La représentation dramatique, dans le lieu du théâtre, est seconde par rapport à la représentation plastique dans l'espace de la représentation iconique, parce qu'elle articule aux formes visibles de la représentation la consistance symbolique du discours et la matérialité de la voix, qui vient marquer la présence de l'autre. Le théâtre est second, parce qu'il s'inscrit dans les formes de la parole et du discours, mais aussi parce qu'il donne une consistance réelle à l'événement qu'il représente, grâce à la présence de l'acteur qui le joue. C'est pourquoi la représentation théâtrale, dès le commencement, représente une importante forme de critique sociale. Dans *Oedipe Roi*, le choryphée, ou le devin, font apparaître, à différents moments du texte de la pièce, des formes critiques ou distanciées de discours et de rationalité. Tirésias, le devin, ou le choeur dans ses plaintes et dans ses discours collectifs, constituent, finalement, pour Oedipe, des manifestations présentes, effectives, de la limitation de son pouvoir, un peu à la manière de l'esclave qui, à Rome, le jour du triomphe, chuchotait à l'oreille du triomphateur : *Rappelle-toi que tu n'es qu'un homme*. La représentation théâtrale est une critique de la société dans laquelle elle prend place, puisqu'elle est au second degré ; puisque ses enjeux ne sauraient être réels, elle est en mesure de juger, comme à distance, les enjeux réels de la sociabilité. La représentation théâtrale est toujours une critique, parce qu'elle fait apparaître une forme de dédoublement distancié de la réalité sociale et politique de la société dans laquelle elle s'inscrit. C'est ce qui fait toute l'ambiguïté du théâtre et de la représentation, et qui constitue l'une des explications du concept de distanciation, si fondamental dans la critique de la culture. En effet, dès lors que la représentation esthétique se place en situation de critique par rapport à la réalité qu'elle met en scène de façon itérative, par l'image ou par le théâtre, elle instaure entre le réel et sa représentation une distance fondatrice, qui assigne aux acteurs politiques et aux acteurs dramatiques la réalité de leur fonction et de leur place dans le champ social. Dès lors que la représentation répète, dans l'espace public, la représentation de la société, elle s'inscrit, par rapport à elle, dans la situation d'un juge - à tout le moins d'un critique, puisqu'elle ne s'y engage pas directement, mais indirectement. L'engagement esthétique de la représentation n'est pas de même nature que l'engagement politique, parce qu'il s'agit d'un engagement à montrer et à dire, et non d'un engagement à agir et à décider. Les acteurs, au théâtre, ne disposent pas du pouvoir d'agir, et encore moins du pouvoir de faire agir : dans ces conditions, leur statut n'est pas d'intervenir eux-mêmes, immédiatement, dans la sociabilité, mais il est davantage celui de fonder esthétiquement les choix qui seront faits, dans l'exercice de leur statut, de leur pouvoir et de leur sociabilité, par d'autres - précisément par leur public. La représentation esthétique et dramatique ne donne pas de réalité, elle donne du sens.

Le théâtre comme lieu de constitution du public

Le public se constitue en acteur social et institutionnel au cours même de la représentation théâtrale, qui le fonde comme acteur en lui renvoyant l'image symbolique de son appartenance et en l'instaurant comme acteur collectif face aux acteurs de la représentation. Peut-être s'agit-il là de la première fonction proprement institutionnelle du théâtre et de la représentation : avant même de figurer le récit d'une scène ou d'une pièce pour le peuple assemblé, peut-être s'agissait-il de rendre nécessaire, le temps de la représentation, le rassemblement du peuple à l'occasion d'un spectacle pour lui renvoyer, dans son discours et dans ce qu'il donne à voir, quelque chose de sa vérité. Le théâtre, sans doute avant même d'être l'occasion de représenter une histoire, une légende, des personnages, est l'occasion pour le peuple de se trouver assemblé sur la place publique, comme il s'y trouve, mais dans d'autres occasions, lors de l'assemblée, qui en est sa représentation politique, ou lors du culte, qui en est sa représentation religieuse. Le théâtre constitue, en ce sens, une médiation culturelle de l'appartenance sociale, en représentant l'occasion pour le public de se constituer en tant que tel, de se donner, en quelque sorte, à voir aux acteurs et à lui-même, le temps de la représentation. C'est que le public se trouve, lors de la représentation théâtrale, constitué de deux points de vue : le sien et celui de la scène elle-même. De son point de vue à lui, le public se retrouve, à l'occasion de la représentation, en se donnant à voir à lui-même, et l'on sait bien qu'à toutes les époques, l'aménagement des lieux de représentation théâtrale a toujours été conçu à la fois pour mieux donner le spectacle à voir, et pour mieux permettre au public de se regarder soi-même. Rappelons-nous toutes les descriptions des costumes et des toilettes, au XIXème siècle, telles qu'elles nous sont faites par Balzac, Flaubert ou

Alexandre Dumas, dans les romans dans lesquels ils mettent en scène la vie bourgeoise des villes en progrès. Du point de vue de la scène, sachons nous rappeler que les acteurs de la représentation voient les spectateurs autant que ne les voient ces derniers. Le public se donne à voir à la scène qui, parfois, lui renvoie l'image de sa propre existence et, en tous les cas, peut constituer une critique de la sociabilité dont est porteur le public assemblé sur le lieu du théâtre. C'est cette double mise en scène de la représentation que Jean-Paul Rappeneau a bien su montrer, dans son *Cyrano de Bergerac* (1990), en faisant précéder le film proprement dit de toute une suite d'images représentant l'entrée dans le théâtre, les abords de la scène, la vie qui se joue de ce côté-ci de la représentation, et qui est proprement donnée à voir aux acteurs. Le théâtre constitue ainsi un double mode de constitution collective du public comme acteur spécifique de la sociabilité : d'une part, les acteurs se donnent une image du public qu'ils lui renvoient à leur tour lors de la représentation elle-même, d'autre part, le théâtre et les arts du spectacle constituent une médiation symbolique par laquelle le public est mis en mesure de prendre conscience symboliquement de sa propre existence et de son statut politique et social. La représentation théâtrale constitue, en ce sens, un *cogito* collectif du public au cours duquel se déroule une prise de conscience et la formation, seconde, d'une forme d'identité : c'est, sans doute, la raison de l'importance accordée au théâtre et aux arts du spectacle par les régimes politiques constitutifs dans l'histoire, de nos médiations symboliques et culturelles de la sociabilité et de l'appartenance.

Espace public et espace culturel

L'espace public et l'espace culturel

La représentation, dès lors qu'elle a lieu, transforme l'espace public dans lequel elle se déroule en espace de culturel, de la même manière que la délibération institutionnelle le transforme en espace politique et le culte en espace religieux. Il convient donc de définir le concept d'espace culturel par rapport à celui d'espace public. Tandis que l'espace public peut se définir comme l'espace des circulations et de l'absence d'appartenance, l'espace culturel peut se définir comme l'espace dans lequel a lieu la structuration symbolique des formes de l'appartenance : l'espace culturel représente une forme de particularisation de l'espace public, il en constitue une secondarisation, l'inscription dans sa dimension langagière et symbolique. Dès lors que l'espace public s'inscrit dans les formes de l'espace culturel, les enjeux de la constitution de l'espace sont fixés : il ne s'agit plus seulement de structurer l'appartenance en donnant un cadre à l'exercice collectif de la vie sociale, il s'agit, en fait, de donner un cadre à un mode particulier de la vie sociale : la représentation esthétique et symbolique de ses formes, de ses acteurs et de ses logiques. La différence qu'il convient d'établir entre l'espace public et l'espace culturel est, ainsi, dans la spécification des enjeux de leur mise en oeuvre et des définitions de leur statut. Tandis que l'espace public est un espace fondateur de la sociabilité, qui représente une forme originaire de la spatialité dans sa dimension sociale d'appartenance, l'espace culturel n'est pas un espace originaire : il représente un espace second de la sociabilité, puisqu'il la représente, puisqu'il lui donne les formes et les structures de la signification. Tandis que l'espace public constitue l'espace de l'événement historique de l'émergence de la sociabilité et de la constitution de la cité, l'espace culturel constitue l'espace de la représentation symbolique de cette sociabilité et de la construction de ses formes. L'espace culturel va rendre possible la mise en oeuvre effective de la représentation symbolique de l'appartenance, puisque les acteurs sociaux qui s'y trouvent ne sont pas en situation d'agir, mais en situation d'entendre de la parole et de la représentation. Les acteurs de la sociabilité n'attendent, en définitive, pas la même chose de l'espace public et de sa particularisation en espace culturel : tandis qu'ils attendent de l'espace public la possibilité de la rencontre et de la constitution du fait social dans son évidence historique, ils attendent de l'espace culturel la représentation de cette rencontre et la possibilité, pour eux, de lui donner un sens au-delà de l'évidence de sa nécessité historique. L'espace culturel est l'espace où se donnent à voir les formes par lesquelles l'appartenance va représenter, pour ceux qui en sont porteurs, plus qu'une nécessité : une signification. Lorsque les citoyens athéniens se rendent au théâtre, ils n'en attendent pas seulement un moment de loisir ni la représentation d'une histoire à laquelle ils peuvent croire ou ne pas croire, mais qu'ils ont plutôt tendance à ne pas croire, puisque, précisément, elle ne se déroule pas au moment politique ou religieux où l'espace public est le siège de la vérité : ils attendent de cette représentation qu'elle leur permette de prendre conscience des formes esthétiques et symboliques par lesquelles s'exprime (c'est en ce sens qu'il s'agit d'un espace second) la sociabilité dont ils sont porteurs et à qui le théâtre donne une forme, au lieu qu'elle ait la simple évidence d'un fait de l'histoire.

L'espace de la distanciation

Dans une telle problématique, l'espace culturel représente un lieu distancié dans lequel sont mises en oeuvre les représentations qui donnent du sens à l'espace public et à l'appartenance mêmes. L'espace culturel est structuré selon une logique de la distanciation, dans la mesure où les acteurs qui y interviennent ne le font qu'avec la distance qui empêche que leur rôle symbolique soit confondu avec une mission réelle : les formes et les procédures de la sociabilité ne sont inscrites dans l'espace culturel qu'avec la distance qu'instaurent la représentation, c'est-à-dire l'inscription dans un langage et de signification, et la médiation, c'est-à-dire la distance qu'implique la dialectique entre la mise en oeuvre singulière des formes de la culture et leur signification collective, pour l'ensemble du public pour qui elles sont représentées. Le concept de distanciation est fait, ici, de cette condensation qui produit la distance entre la représentation culturelle et la réalité dont se soutient sa signification : cette distance entre la représentation et réalité rend illusoire toute impression de reproduction de la réalité ou toute tentative de réalisme dans la représentation. Si l'illusion réaliste a pu, en particulier au XIXème siècle, constituer un idéal de la représentation, c'est dans un horizon idéologique dominé, au temps de la révolution industrielle, par les exigences et les ambitions de la scientificité, au temps du développement de la colonisation, par l'urgence des voyages et des explorations, et, au temps des commencements de la critique sociale, par l'exigence de la représentation réaliste des différences entre classes sociales et de l'engagement politique et social de l'art et de la représentation. L'illusion réaliste, dans un tel horizon historique et culturel, représente l'illusion d'un engagement esthétique et culturel qui repose sur l'absence de distance entre le discours ou la représentation et le réel dont il se soutient : l'illusion réaliste, finalement, fonde une culture immédiatement articulée au réel et à la situation sociale dans laquelle elle s'inscrit et dont elle s'assume comme une forme d'écho. En ce sens, la logique de la distanciation s'instaure, lors de la crise profonde des années trente, en rupture avec l'illusion réaliste d'un monde sans distance et sans contradictions, et dans la recherche de la fondation d'une culture critique se soutenant d'un engagement à la fois esthétique et politique plutôt que d'un engagement réaliste, censé être esthétiquement neutre. L'exigence brechtienne de la distanciation[23] s'inscrit dans la logique esthétique du rejet de l'illusion réaliste, c'est-à-dire sur le rejet de la culture et de l'esthétique dominantes au dix-neuvième siècle et fondées, elles, sur l'exigence de la double illusion du réalisme et de l'objectivité. La logique de la distanciation fonde une culture dont l'espace est un espace symbolique dans lequel les acteurs sont mis à distance du réel qu'ils représentent et dont ils ne constituent pas une *mimésis*, mais, au contraire, une médiation : les acteurs de la représentation ne produisent pas l'illusion du réel qu'ils représentent, mais ils structurent la signification d'une esthétique qui, plutôt que l'image de leur référence, renvoie à ses spectateurs l'image de leur propre structuration et de leur propre existence sociales et politiques. L'enjeu du thème de la distanciation est bien là : il s'agit, désormais de faire en sorte que l'art ne reproduise plus le réel dont il est l'image, mais représente les acteurs réels à qui il s'adresse. C'est pourquoi l'esthétique de la distanciation est une esthétique de la signification, au lieu d'être une esthétique de la reproduction.

L'information et la représentation

L'information et la représentation sont les deux processus selon lesquels ont lieu l'articulation et la rencontre entre l'espace public et l'espace culturel. Ce qui distingue l'espace culturel comme l'une des formes de l'espace public est que l'information qui s'y déroule ne constitue pas un événement, mais une représentation : l'espace culturel est un espace second, car l'on ne peut y entendre ce qui s'y déroule que quand on a accès à sa signification et au langage dans lequel s'inscrit l'événement représenté. L'information et la représentation constituent, ainsi, les deux logiques dans lesquelles il importe de penser l'espace culturel. D'une part, il s'agit d'une logique d'information, qui, en ce sens, n'est avérée, authentifiée qu'à partir du moment où elle fait l'objet d'une interprétation de la part de celui à qui elle est destinée, et, d'autre part, il s'agit d'une logique de représentation, qui, en ce sens, n'a de signification que dans le dédoublement symbolique par rapport à la référence que, justement, elle représente. Comme espace d'information l'espace public est le lieu dans lequel se construit, par la médiation du langage, l'identité symbolique dont sont porteurs les acteurs qui appartiennent à la sociabilité. En effet, ce sont les informations qui sont diffusées dans l'espace public et qui y circulent qui représentent la

---

[23] BRECHT (1970), p. 53.

médiation symbolique constitutive de la sociabilité. Si le public se constitue bien comme tel, si le *populus* accède bien à l'existence par la médiation de la conscience de l'appartenance dont sont porteurs les acteurs singuliers qui la forment, c'est que l'information lui a donné une consistance symbolique en l'inscrivant dans des discours et dans des récits. L'espace culturel est, ainsi, l'espace dans lequel l'information donne au peuple assemblé la consistance symbolique qui le fonde. Comme espace de représentation, l'espace culturel est le lieu dans lequel se construisent les instances qui donnent au *populus* des médiations esthétiques et symboliques de nature à en représenter la sociabilité ellemême. L'espace culturel est un espace de représentation parce qu'il rend visibles, apparentes, les formes et les structures de l'existence même du *populus*. C'est, en particulier, le sens de la littérature. Le roman met en scène les destins de personnes singulières et leurs désirs pour mieux faire apparaître la signification que peuvent avoir ces destins et ces désirs pour les acteurs singuliers de l'espace indistinct de la sociabilité qui vont le lire. L'information et la représentation vont ainsi constituer les deux consistances symboliques majeures de la médiation esthétique de la sociabilité. Par l'information, elle va porter les références et les savoirs qui rendent consistante sa signification et qui lui permettent de faire l'objet d'une adhésion de la part du public à qui elle s'adresse ; c'est pourquoi l'information est bien affaire de crédibilité et c'est pourquoi sa valeur dépend de la façon dont l'opinion publique la considère comme objectivement vérifiable. Par la représentation, elle va faire apparaître les formes symboliques et esthétiques qui la donnent à voir dans l'espace public et qui lui permettent d'avoir une signification ; c'est pourquoi la représentation est affaire de mise en scène et c'est pourquoi c'est à l'ala façon dont le reçoit le public que peut se mesurer et s'évaluer un événement culturel.

Les espaces de la médiation

L'espace public est le lieu dans lequel s'inscrivent dans des formes de communication et de représentation toutes les médiations symboliques de l'appartenance sociale, tandis que l'espace culturel, espace du miroir social, est le lieu dans lequel s'inscrivent les médiations esthétiques de l'appartenance et de la sociabilité. Les espaces de la médiation sont les espaces dans lesquels sont mises en oeuvre les médiations constitutives de la sociabilité - et, en ce sens, l'espace public est le lieu caractéristique de la sociabilité, puisqu'il se définit comme le champ des médiations, par opposition à l'espace privé, qui représente les lieux du désir et de l'intimité, c'est-à-dire les lieux de notre expérience singulière. Les espaces de la médiation se caractérisent, dans ces conditions, par deux propriétés qui les définissent. La première est que les espaces de la médiation sont des espaces de la circulation, et ne sauraient constituer des espaces de séjour. On ne reste pas, on n'habite pas, dans un espace de médiation. Dans le champ des pratiques culturelles, cela implique que les espaces de la médiation sont des espaces d'activités temporaires ou, s'il s'agit d'espaces d'activité permanentes, la présence du public ne saurait, elle, y être permanente. Les spectateurs d'une représentation ou d'un film, les visiteurs d'une exposition, savent que cette manifestation n'est présente dans l'espace public que pendant une période de temps limitée, et les visiteurs d'un musée ou ceux qui admirent un aménagement dans l'espace public savent qu'ils ne peuvent demeurer dans cet espace ou dans ce musée. L'espace public ne saurait faire l'objet d'un usage dans la durée, car cela équivaudrait à une appropriation - par définition impossible, s'agissant d'un espace public. Les espaces culturels appartiennent, ainsi, à ce type d'espace qui ne saurait faire l'objet d'une appropriation, puisque leur fonction sociale est de faire apparaître les formes collectives de la médiation et de la sociabilité, et, en aucun cas, de faire apparaître des activités privées ou des représentations singulières - étrangères, par définition, aux formes de la sociabilité. La deuxième caractéristique des espaces de la médiation est qu'il s'agit d'espaces dans lesquels la sociabilité s'inscrit dans des logiques de sens : des espaces dans lesquels l'appropriation du lien social prend la forme d'une interprétation par ceux mêmes qui en sont porteurs. L'usage de l'espace de la médiation n'est pas seulement un usage fonctionnel ou organique : il implique toujours l'expression d'une signification. Si l'on choisit, pour illustrer ce fait, des exemples appartenant aux usages sociaux les plus ordinaires de l'existence, on observera que le choix d'un magasin pour s'approvisionner est porteur de sens, en vertu, précisément, des lois de la concurrence. Si, maintenant, on se penche sur le cas de la médiation culturelle, on observera que le simple fait de fréquenter un lieu de diffusion culturelle implique une signification, et inscrit, par conséquent, cet usage dans la logique d'une médiation : le choix d'un spectacle, ou le choix d'une exposition, ou le choix d'une activité culturelle, implique, de la part du sujet qui s'y livre, le choix d'une stratégie personnelle de pratique collective, c'est-à-dire l'inscription de cette pratique dans une logique de la médiation. Il est significatif de choisir d'aller voir un film en version doublée ou de le voir en version originale ; il est significatif d'assister à un concert de musique classique ou d'assister à un concert de jazz ; en effet, ces types d'activité ne sont pas des activités fonctionnelles, mais sont des activités fondant une dimension proprement sémiotique de la médiation culturelle. La médiation culturelle n'est pas fonctionnelle : elle donne à notre appartenance une signification dont se soutient notre sociabilité.

La clôture muséale

Le musée comme espace de clôture

Dans l'espace culturel, qui se définit comme l'espace au sein duquel les médiations s'exercent dans des lieux ouverts et des lieux de circulation, il existe un certain nombre de pratiques culturelles qui font l'objet d'une clôture, parce qu'elles font l'objet d'une accumulation : d'une collection, dont la globalité les fonde comme objets culturels. Le musée est l'espace de clôture des formes culturelles : il s'agit de l'espace dans lequel les formes culturelles font l'objet d'une accumulation raisonnée dont se soutiennent leur statut et leur valeur d'objets de collection. À un certain moment, dans l'histoire d'une culture ou dans l'histoire d'une forme de sociabilité, se mettent en oeuvre des stratégies de collection, des stratégies d'accumulation, dont le but est de constituer des formes anticipées de la mémoire de cette sociabilité : ils constituent la mémoire de cette sociabilité pour ses successeurs, pour les formes de sociabilité qui prendront sa place dans le futur de l'histoire. En un sens, la première logique constitutive de l'initiative de la collection muséale est la logique de l'éternité : il s'agit, par cette collection, d'assurer l'immortalité à une forme de sociabilité à laquelle on appartient (musées patrimoniaux) ou à laquelle on est extérieur, mais qui constitue pour nous un objet de savoir (musées ethnologiques). C'est pourquoi la médiation muséale, la collection qui s'inscrit dans un musée, suppose une stratégie de la clôture, dont on peut interpréter la signification de deux manières. D'une part, il s'agit de donner à une culture la consistance d'un ensemble d'objets qui peuvent être perçus, regardés, évalués, étudiés, comme des formes de symptômes de cette culture. Il s'agit de symptômes, dans la mesure où il ne s'agit pas de signifiants, de signes conventionnels, mais bien d'objets dont la présence est attestée - par l'entreprise même de la collection muséale. Le musée a, ainsi, pour première logique, d'assurer la visibilité objective d'une culture, d'une forme de sociabilité ou d'une forme esthétique, en vue d'assurer sa pérennité, en quelque sorte au-delà de son histoire. D'autre part, et c'est la seconde signification, semble-t-il, de la clôture muséale, il s'agit de donner sens aux objets recueillis par leur collection même : c'est le regroupement des objets dans un lieu culturel particulier, que l'on appelle un musée, qui les fait échapper à leur logique fonctionnelle ou organique et qui, au contraire, les inscrit dans une logique de signification. Dès lors que l'objet entre dans le musée, il perd sa fonctionnalité pour acquérir une signification : dès lors qu'un tableau ou une oeuvre d'art, issu de pratiques symboliques et culturelles, entre dans la collection d'un musée, il perd sa signification propre pour acquérir la signification dont se soutient la collection même dont il fait partie. C'est la clôture muséale elle-même qui produit le sens des objets qui sont conservés dans l'espace de la présentation.

L'enregistrement et la mémoire

La première fonction du musée, dans ces conditions, est d'assurer l'enregistrement des formes de la culture et leur inscription dans la mémoire collective. Le musée entend conserver les formes symboliques de la sociabilité, pour qu'elles puissent produire du sens en la représentant à l'intention d'autres cultures (musées anthropologiques ou ethnologiques, comme le Musée de l'Homme ou le Musée des Arts Premiers, à Paris) ou à l'intention d'autres époques : c'est ainsi que Napoléon organise, en particulier au Louvre, la muséographie qui va permettre la diffusion en France des cultures du passé égyptien ou italien. En ce sens, le musée est un lieu d'enregistrement : il a pour fonction de transformer des objets en formes signifiantes, dont la signification, selon les cas, en fonction de l'orientation du musée, sera liée à la représentation du passé et de ce qui est censé représenter l'origine, ou à la représentation d'autres cultures. L'enregistrement muséal consiste dans la transformation d'objets - oeuvres d'art ou objets liés à une pratique particulière de la sociabilité - en formes signifiantes, du fait même de leur exposition dans le musée : en un sens, l'enregistrement muséal agit, du fait qu'il s'agit d'une pratique institutionnelle, comme une forme de performativité. En effet, c'est le simple fait de la présentation dans le musée qui inscrit les objets dans une logique de signification, et qui, par conséquent, les extrait de leur logique antérieure d'usage, pour en faire des signes culturels. Un outil préhistorique, du fait d'être enregistré dans un musée, n'est pas seulement décontextualisé : il n'est pas seulement extrait de sa situation sociale originaire d'usage, mais il est inscrit dans un lieu dans lequel il n'a de statut que symbolique. Cet objet n'est plus fonctionnellement lié à son usage originaire, il s'inscrit dans une logique qui lui donne une signification en le renvoyant à un réel désormais disparu, et qui, par conséquent, l'inscrit dans une logique de forme. C'est pourquoi il y a une performativité du musée, puisque c'est du simple fait de paraître dans la situation muséale que l'objet acquiert le statut de forme signifiante. De la même manière, le portrait de Louis XIV par Rigaud a une fonction éminemment politique, celle de représenter les insignes du pouvoir revêtus par celui qui en est légitimement porteur, et qui représente, par conséquent, à lui seul, la monarchie. Mais, quand ce portrait est extrait de son contexte social et politique d'origine pour être exposé dans un musée, il se voit désormais reconnaître une dimension et un statut esthétiques et historiques qui constituent, pour lui, une forme de signification, appelée à remplacer sa fonction d'usage. L'enregistrement muséal consiste, ainsi, à créer, pour les objets qu'il conserve, une nouvelle situation institutionnelle et sociale dont ils se soutiennent pour exercer la fonction symbolique qui est désormais la leur dans l'espace culturel de la sociabilité. En fait, c'est la médiation dont ces objets sont porteurs qui change de statut et qui, par conséquent, leur fait perdre leur statut d'objets : en substituant la médiation symbolique de la culture et de la signification à la médiation politique, institutionnelle ou simplement d'usage social qui était la leur, le musée transforme les objets en formes signifiantes. Comme la mémoire inscrit dans le symbolique dont nous sommes porteurs les expériences et les objets que nous connaissons dans le réel, c'est la mémoire culturelle, exercée par le musée, qui inscrit les objets dans une logique de signification.

L'accumulation et la richesse

Mais la constitution de la médiation muséale, par laquelle les objets perdent leur statut d'objets de réalité pour s'inscrire dans une logique de signification, met aussi en oeuvre une logique qui n'est pas une logique symbolique, mais qui est une logique d'accumulation. Le musée est aussi un «trésor». Dans cette logique du trésor, le musée constitue ainsi le lieu dans lequel sont accumulées des richesses de nature à constituer un fonds de valeur symbolique représentant la richesse de l'État. C'est le sens des pillages qui ont eu lieu dans l'histoire des conquêtes et qui ont donné lieu, dans de nombreuses cultures, à la constitution des premiers musées de l'époque moderne. Après tout, le British Museum et le Louvre sont aussi les témoins des guerres et des impérialismes dont a résulté l'accumulation des objets qu'ils renferment. Le musée, pour parler court, est, pour la culture qui l'organise, un signe extérieur, voire ostentatoire, de richesse. En effet, le musée doit aussi se comprendre dans une autre logique que la logique proprement symbolique qui est, sans doute, sa logique originaire. Le musée est aussi là pour donner à ses visiteurs l'impression de richesse dont peut se prévaloir le pays qui l'organise. Le musée est un trésor qui constitue, à la limite comme n'importe quel trésor, une forme de garantie de la richesse du pays ou de la sociabilité qui en est dépositaire, que cette garantie soit destinée à l'extérieur du pays en question (le musée est, alors, une forme d'outil de prestige international), ou qu'elle soit destinée aux citoyens mêmes de ce pays (le musée est, alors, pour eux, un témoignage de leur propre grandeur et entend constituer, par là, un signifiant à portée civique et politique). Le musée constitue la dimension tangible et matérielle de la richesse symbolique d'une société, à côté des autres formes de pratique culturelle qui en constituent la dimension symbolique et proprement linguistique. C'est pourquoi les musées ont évolué, dans l'histoire, avec l'évolution même des formes de la valeur et des références qui la fixent. On peut considérer les musées comme des représentations institutionnelles et sociales de l'évolution de ce que l'on peut appeler l'économie politique des biens culturels, dans la mesure où ils en sont, en quelque sorte, les banques. C'est ainsi qu'aux musées archéologiques du XIXème siècle, comme le Louvre ou le British Museum, dont il était question à l'instant, ont succédé, au XXème siècle, des musées ethnologiques et anthropologiques, car la valeur politique majeure devenait alors l'extension de la culture et l'image de cette extension que renvoyaient les objets issus de cultures éloignées, et des musées d'art contemporain ouverts, comme le centre Pompidou à Paris, à des formes innovantes d'art et d'esthétique, car la valeur politique de la sociabilité s'inscrit désormais, aussi, dans l'aptitude à l'ouverture et au renouvellement en matière de formes artistiques. On peut, de la même manière, observer l'évolution du courant des musées ethnologiques issus des Arts et Traditions Populaires, au sein desquels l'évolution de la valeur symbolique s'est faite vers une dimension de plus en plus scientifique et didactique du musée, la valeur symbolique majeure de l'objet conservé n'étant, désormais, plus sa distance ou sa particularité, mais sa valeur d'information ou d'enseignement sur la culture dont cet objet est issu. La richesse du musée ne dépend, ainsi, pas seulement de sa capacité à accumuler les objets, mais aussi de sa capacité à suivre les évolutions des critères et des références du concept culturel de valeur.

La clôture didactique

C'est ainsi que le musée a une fonction didactique, qui est de faire apprendre les formes de l'appartenance et de la représentation aux générations qui se succèdent. Cette fonction didactique du musée s'inscrit dans la forme même de la culture qu'il représente et qui caractérise à la fois son architecture et son organisation. Le musée est didactique parce qu'il est clos. D'une part, cette clôture stabilise l'état des savoirs qui font l'objet d'une communication didactique. Si le musée est clos, c'est qu'il représente l'état des savoirs et des informations dont on dispose à un moment donné, qui est celui de la collection et de l'inventaire du musée. En effet, même si de nouvelles acquisitions entrent ans le musée, et même si la clôture muséale ne concerne pas la quantité des objets exposés, elle concerne l'organisation même du musée et ce que l'on peut appeler la géographie intérieure de l'exposition des objets. La clôture didactique consiste, ainsi, à structurer les informations en fonction d'une hiérarchisation et d'une organisation finies des savoirs, ainsi *claquemurés*, pour reprendre l'expression de Jean Davallon[24]. La médiation muséale se soutient, par ailleurs, du tri et du choix auxquels l'amène la nécessité de la clôture. Dès lors que l'exposition fait l'objet du choix préalable des objets qui en font partie et, par conséquent, des objets qui en sont exclus, dès lors que l'organisation de toute collection repose sur un principe de choix, le musée représente une forme de discours, d'opinion. La clôture muséale se soutient d'une forme de *doxa*, qui est celle du musée, et qui fait l'objet, précisément par la mise en oeuvre même des expositions du musée, d'une transmission didactique. Ce que le musée enseigne, par cette fonction didactique qui lui est socialement et culturellement reconnue, c'est la *doxa* dont se soutient le choix dont il est porteur. Enfin, la médiation muséale produit une représentation achevée de l'image symbolique de l'idéal esthétique qui fait l'objet de la transmission didactique. Si le musée peut transmettre l'idéal social ou l'idéal culturel dont il est porteur, selon la médiation didactique qu'il met en oeuvre, c'est que la clôture muséale permet de constituer une représentation achevée de cet idéal : la clôture muséale donne lieu à la décision de l'achèvement de la représentation de l'idéal politique et culturel dont se soutient le projet didactique du musée. Aux termes de ce que l'on peut appeler le contrat didactique qui réunit les deux parties de l'échange de communication auquel elle dont lieu, la

---

[24] DAVALLON : « *Claquemurer, pour ainsi dire, tout l'univers* ».

médiation didactique repose sur l'acceptation de la clôture de l'information qui fait l'objet de la transmission, car c'est cette clôture qui fait de cette information un savoir - dont peuvent se soutenir et se prévaloir les acteurs légitimes de la sociabilité. C'est pourquoi le musée peut être considéré, de façon privilégiée parmi les formes de la médiation culturelle, comme un média, c'est-à-dire comme une institution chargée de produire l'information et, en même temps, de la transmettre et de la diffuser : de la faire exister comme information dans l'espace public. La médiation muséale a pour vocation sociale et politique fondamentale la constitution de la culture dont elle se soutient en un savoir accumulable et transmissible : en ce sens, elle représente le lieu même de l'inscription de la culture dans des formes et dans des stratégies d'information, de communication et de représentation.

Information et représentation

Le concept d'information et le concept de représentation

La réflexion sur le concept de culture implique une clarification épistémologique et méthodologique sur les concepts d'information et de représentation, qui sont porteurs de la dimension proprement sociale, institutionnelle et culturelle de la signification de la culture. Il importe, en effet, de bien comprendre que la mise en oeuvre singulière des pratiques culturelles par les sujets de la sociabilité constitue, pour eux, une forme de reconnaissance des formes sociales de la signification : elle constitue, pour eux, une pratique comparable à celle des médias et de l'information, puisqu'il s'agit, dans le domaine des pratiques culturelles comme dans celui des médias de communication, de produire et de diffuser des formes symboliques comportant des informations et des représentations, explicitement engagées ou non, de la sociabilité. La mise en oeuvre des formes culturelles de la signification sociale permet, d'ailleurs, de mieux faire apparaître la différence entre information et représentation. En effet, c'est la mise en oeuvre des formes sociales et institutionnalisées de la médiation culturelle qui fait apparaître, dans les pratiques sociales dont nous sommes porteurs, la différence entre différentes logiques de représentation de la médiation. Tandis que le concept d'information désigne le savoir sur une référence qui lui est extérieure, le concept de représentation désigne une référence produite par la mise en oeuvre même de la médiation. Entre information et représentation, entre la production d'un savoir sur un objet extérieur, distancié par la mise en oeuvre même des médias qui le constituent et le diffusent, et la production, par la représentation, d'une référence structurée par la médiation même de l'institution, la différence définit, finalement, la place même occupée par le sujet singulier de la communication dans le champ social de la médiation et de la culture. L'information structure la culture du sujet de façon distanciée, et c'est l'interprétation qu'en donne le sujet qui constitue la signification de cette information, et, en même temps, la position du sujet par rapport à elle. Il s'agit de la situation à laquelle nous sommes confrontés lors de la lecture des journaux, quand nous regardons les informations à la télévision, ou encore devant n'importe quel documentaire ou n'importe quelle production d'information par les médias. La représentation peut être distinguée par le fait qu'il ne s'agit plus d'un regard éloigné, mais, au contraire, de ce que l'on pourrait appeler un regard participatif, un regard de médiation : quand nous assistons à la représentation d'un spectacle, quand nous visitons une exposition ou un musée, quand nous nous trouvons en situation de public d'une représentation, notre assistance même constitue une reconnaissance de la sociabilité de ce spectacle et une reconnaissance de la place qu'il nous assigne, puisque nous participons au public de cette représentation, dont nous faisons partie intégrante. La différence entre l'information et la représentation est constitutive, finalement, de la médiation culturelle, d'où son importance ici, car elle marque la différence entre deux places distinctes du public au cours de l'événement culturel : ou le public occupe une place distanciée par la distance même du regard qu'il porte, et nous sommes dans la situation de l'information - c'est, d'ailleurs, la raison pour laquelle le concept d'objectivité est valorisé dans le champ de l'information, comme idéal à atteindre par les acteurs de la communication ; ou le public fait, par son assistance même, partie intégrante d'un événement qu'il fonde par sa seule présence, et nous sommes dans la situation de représentation - c'est, d'ailleurs, la raison pour laquelle, d'une part, il n'y a pas d'événement culturel sans public, et, d'autre part, la signification qui rend interprétables les événements culturels et les différentes formes de la représentation se pense dans une logique de médiation et non dans une logique d'apport accumulatif d'information et de témoignages. Tandis que l'information ne s'inscrit pas dans un rapport à la vérité, mais bien dans un rapport à la description du réel dont elle se soutient, la représentation s'inscrit dans un rapport à la une vérité dont elle est porteuse : celle du rapport de chacun des sujets singuliers de l'assistance à la dimension collective que constitue le public lors de la représentation.

C'est pourquoi la logique de la représentation s'inscrit dans un espace de la distanciation, seule garantie pour la constitution du public en acteur autonome et spécifique par rapport aux acteurs qui mettent en oeuvre le spectacle ou la représentation. La signification finale de l'information s'inscrit dans le politique (c'est le rôle des médias et des autres acteurs de l'information), tandis que la signification finale de la représentation s'inscrit dans la dimension esthétique qui donne au lien social sa consistance réelle pour ceux qui en sont porteurs (c'est le rôle des activités culturelles et de la représentation esthétique de la sociabilité, par exemple au spectacle ou au musée).

Décision et miroir

Du point de vue de leur fonction et de leur statut, l'information constitue une forme d'aide à la décision, et la représentation constitue le miroir social dans lequel peuvent se représenter les formes collectives de l'appartenance et de la sociabilité. Le concept de culture désigne, en fait, l'ensemble des représentations ainsi constitutives du miroir de la sociabilité, et, en ce sens, se pose le problème de la dimension politique de ce miroir social : à quel moment la culture devient-elle une affaire politique ? La première réponse est, justement, donnée dans le temps de la décision. C'est au moment où une décision doit être prise que la sociabilité, confrontée à un choix (toute décision signifie un choix : il faut aller dans cette direction, ou dans cette autre, car on ne peut aller dans les deux), acquiert une consistance politique, parce qu'il faut que le peuple adhère à ce choix, qui engage désormais la cité toute entière. Cette remarque, très générale, sur le concept de décision porte en particulier sur le concept de décision en matière culturelle, car il y a des décisions dans le domaine de la culture : il existe, en ce sens, un concept spécifique de la décision culturelle, qui se caractérise par le fait qu'une telle décision ne porte pas sur des actions ou sur des conduites, mais sur des représentations. La décision culturelle porte sur les représentations constitutives de la dimension symbolique de la sociabilité, et, en ce sens, elle articule le concept de décision et le concept de miroir social. Le choix d'une politique culturelle, la prise de décision des acteurs de la culture, concernent la mise en oeuvre de telle ou telle prestation culturelle ou de telle ou telle représentation, de préférence à telle ou telle autre. De telles décisions articulent, dans leur conception et dans leur mise en oeuvre, le pouvoir de décider, qui relève d'un acteur institutionnel particulier, et le miroir social, la représentation symbolique de la sociabilité, qui va résulter de la décision qui sera prise. La décision de fonder un festival de cinéma articule le pouvoir politique qui l'assume, et qui se voit, de cette façon, restructurer son image d'élu ou de responsable local, et la représentation symbolique qui va être donnée par ce festival au lieu même où il a lieu. Toute la complexité de la décision en matière culturelle est, ainsi, qu'elle engage à la fois l'acteur politique au nom de qui elle est prise et la représentation symbolique de cet acteur dans le champ des pratiques culturelles et des pratiques de représentation. C'est, en particulier, la difficulté d'un tel engagement qui explique la difficulté tragique des choix culturels qui concernent des dictatures ou des pays non démocratiques. Jusqu'à quel point l'activité culturelle démocratique dans de tels pays ou sous de tels régimes est-elle légitime ?

Sujet de l'information et sujet de la représentation

La difficulté de telles décisions tient, fondamentalement, au statut des acteurs censés les prendre et les mettre en oeuvre dans des pratiques culturelles : tandis que le sujet de l'information est un sujet politique et institutionnel, le sujet de la représentation est un sujet proprement symbolique. Ou les logiques de l'un et celle de l'autre ne sont pas antagonistes, et il n'y a pas de crise politique de la culture, ou leurs logiques sont en situation conflictuelle et antinomique, et nous sommes dans une situation caractérisée de crise de la culture. La crise de la culture résulte du conflit entre la logique du sujet politique de l'information et celle du sujet culturel de la représentation. Une telle crise de la culture peut, d'ailleurs, être considérée comme une caractéristique de ce que l'on est convenu d'appeler un régime totalitaire. Les régimes totalitaires sont les régimes dans lesquelles la logique de la représentation et celle de l'information sont en contradiction l'une avec l'autre, et dans lesquels, par conséquent, les acteurs de la culture sont sommés de choisir entre ces deux logiques. Or, dès qu'il y a, entre sujet de l'information et sujet de la représentation, un clivage qui oblige les acteurs concernés à faire un choix entre ces deux pratiques, on assiste à l'émergence d'une forme de silence politique et culturel, puisque l'information politique ne se soutient plus d'une identité culturelle et que les pratiques culturelles de la représentation ne se soutiennent plus d'un engagement politique. C'est tout le problème de la responsabilité politique, qui s'est trouvé ainsi posé par Hannah Arendt, dans *Les origines du totalitarisme* : les régimes totalitaires sont des régimes sans culture, des régimes muets, précisément en raison de l'antagonisme irréductible qu'ils soulèvent entre information et représentation. Les pratiques culturelles consistent, au contraire, à donner aux sujets de la sociabilité la possibilité d'articuler, grâce à l'image d'eux-mêmes qu'elles leur renvoient, leur activité politique d'information et leur activité culturelle de représentation, en donnant à cette articulation le sens que constitue, précisément, leur engagement. L'engagement culturel désigne, pour le sujet, l'adhésion à une telle articulation entre le politique et la culture : si les représentations théâtrales de l'Antiquité avaient un tel statut politique, c'est que les citoyens y trouvaient, précisément, un sens à la rencontre entre information et représentation, et que ce sens légitimait symboliquement leur engagement politique et leur citoyenneté. *Les Perses* d'Eschyle ne constituent pas seulement un moment esthétique aigu de la représentation : ils constituent aussi une interrogation politique fondamentale à un moment tendu de la politique athénienne. La médiation théâtrale consiste, pour une tragédie comme celle-là, pour les spectateurs à reconnaître symboliquement la dimension politique de l'engagement dramaturgique et à s'approprier le caractère tragique de cet engagement.

Scène réelle et scène symbolique

La possibilité d'une telle distanciation entre information et représentation fait apparaître la différence, importante tant sur le plan esthétique que sur le plan historique et politique, entre ce que l'on peut appeler la scène réelle et ce que l'on peut appeler la scène symbolique, sachant que, s'il est ici question de scène, il ne saurait s'agir seulement de théâtre et de dramaturgie, mais de l'ensemble des domaines de la représentation et de la médiation culturelles. Les pratiques culturelles font, en effet, apparaître la différence entre deux scènes, ou, si l'on préfère, entre deux lieux, qui sont le lieu où se trouvent mises en oeuvre (proprement : *mises en scène*) les représentations esthétiques qui constituent le symbolique, et le lieu où se trouvent mises en oeuvre les pratiques réelles de sociabilité qui constituent la dimension réelle du public et de la sociabilité. L'information s'inscrit sur la scène symbolique des stratégies, des opinions et des idées, tandis que la représentation s'inscrit sur une scène réelle, matérielle devant laquelle se trouve un public rassemblé dans un lieu réel de médiation. Entre la scène réelle et la scène symbolique, il y a trois différences, qui fondent la spécificité des pratiques culturelles de la représentation. La première est que les rapports sociaux et institutionnels qui structurent le public mettent en jeu des relations et des dynamiques réelles de pouvoir et de sociabilité, alors que les rapports sociaux et institutionnels qui structurent les acteurs de la mise en scène sont des représentations symboliques de tels rapports. La seconde différence, qui tient à la première, est que les logiques sociales et institutionnelles sont de l'ordre de l'événement et de l'histoire, et, par conséquent, ne sauraient faire l'objet d'une répétition, puisque les situations historiques ne se répètent pas, tandis que la représentation symbolique sur la scène du théâtre ou dans d'autres formes d'exposition ou de récit a lieu plusieurs fois de suite, fait l'objet d'une diffusion dans l'espace public, et, par conséquent, s'inscrit, au contraire, dans une logique de la répétition. Enfin, la troisième différence entre les logiques sociales et institutionnelles et les logiques symboliques de la représentation est que les enjeux n'en sont pas les mêmes : tandis que les logiques sociales et institutionnelles structurent les rapports entre les citoyens dans la durée et la pérennité du lien social, les logiques esthétiques est symboliques ne sont mises en oeuvre que pendant la durée de la représentation, qui constitue, ainsi, en tant que telle, un événement particulier de l'histoire. Tandis que la scène réelle de la sociabilité met en jeu des logiques de causalité qui rendent explicable et rationnelle l'organisation sociale et politique de la citoyenneté, la scène symbolique de la représentation met en jeu des logiques arbitraires de signification qui rendent sémiotiquement interprétable et esthétiquement évaluable la représentation dramatique, poétique ou plastique de la citoyenneté et de l'histoire. Dans ces conditions, l'émergence d'une politique culturelle et la mise en oeuvre de représentations culturelles de la sociabilité ont pour logique de donner une signification à l'organisation politique et au contrat social : c'est par l'interprétation et l'appropriation de cette signification que les acteurs singuliers de la sociabilité pourront, effectivement, s'approprier leur appartenance et l'assumer dans les pratiques sociales et institutionnelles qui donnent sa consistance à la médiation politique.

Les formes médiatées de la représentation culturelle

Les formes institutionnelles originaires

Les formes institutionnelles originaires sont les formes de la représentation culturelle qui inscrivent la sociabilité dans une structure institutionnelle qui la représente : qui lui donne la consistance, à la fois politique et culturelle, d'une forme symbolique qui s'inscrira dans la conscience des sujets singuliers qui appartiennent à la cité, et qui en constituera la conscience d'appartenance et de sociabilité. Ces formes institutionnelles originaires définissent un statut fondateur de la culture : la culture ne saurait se réduire à un ensemble de pratiques esthétiques ou ludiques de représentation, mais, en donnant des formes au lien social et à l'urbanité dont sont porteurs ceux qui la mettent en oeuvre, elle leur donne un langage, un mode de signification et de communication, grâce auquel leur appartenance même acquiert une signification. Il s'agit du théâtre, des jeux publics, des mises en scène de performances sportives, qui s'inscrivent dans l'espace public de la sociabilité (et de leurs prolongements modernes comme le cinéma). Ces formes culturelles qui représentent le lien social dans sa consistance la plus évidente, puisqu'il s'agit de mises en scène collectives de la culture et de la sociabilité, constituent, pour ceux qui en sont porteurs, des médiations symboliquement constitutives de leur appartenance même. Elles donnent du sens à l'appartenance, en la justifiant dans l'histoire, pour les acteurs qui en sont porteurs et qui mettent en oeuvre ces pratiques culturelles, comme pour les acteurs qui sont témoins de cet engagement, et qui assistent à la mise en oeuvre des formes de représentation symbolique de la culture et de la sociabilité. Les formes institutionnelles premières de la culture se caractérisent par le fait qu'elles constituent la consistance symbolique des acteurs collectifs : il ne s'agit pas de pratiques singulières, car, précisément, leur logique fait apparaître la dimension collective de l'appartenance et du lien social. Ces formes institutionnelles premières de la culture permettent de donner du sens à la sociabilité dans sa forme collective : elles constituent une forme de miroir collectif fondateur du lien social auquel elles donnent du sens pour ceux qui en sont porteurs, et qui lui donnent, le temps d'une représentation, la consistance d'un événement ou d'un fait historique. Les acteurs d'*Oedipe Roi* rejouent, le temps de la représentation, le moment originaire de la malédiction qui fonde le lien social et qui donne sa consistance au manque symbolique et institutionnel qui caractérise la cité. Les acteurs d'un film comme *Les Virtuoses*, de Mark Herman (1997), jouent, dans la médiation de la représentation cinématographique, l'histoire de la reconstitution d'une sociabilité dans un milieu industriel frappé par la crise industrielle et la perte des appartenances sociales des habitants aux entreprises qui donnaient du sens à leur activité et à leur sociabilité elle-même. Les mises en scène du spectacle et du cinéma, les défilés et les autres manifestations culturelles collectives de la sociabilité dans l'espace public représentent des formes institutionnelles premières de la culture, car les pratiques culturelles sont représentées dans leur dimension sociale et dans leur mise en oeuvre institutionnelle, au lieu de l'être, comme dans les formes institutionnelles secondes, après une individualisation qui leur donne le lieu, la forme et le rythme de pratiques singulières.

Les formes institutionnelles secondes

Les formes institutionnelles secondes de la culture reposent sur l'appropriation préalable d'un savoir sur l'appartenance : elles mettent en oeuvre une conscience, constituée préalablement à leur usage, de l'appartenance sociale de celui qui les pratique et qui met en oeuvre, dans leur usage, le savoir dont il se soutient. C'est pourquoi ces formes culturelles sont mises en oeuvre singulièrement, dans des pratiques individuelles de la culture et de la sociabilité, puisque le sujet qui les met en oeuvre est déjà porteur des représentations de son appartenance sociale qui n'a, ainsi, plus à être mise en scène dans un espace public. Il s'agit du livre, et des formes singulières de pratiques de la représentation, qui se fondent sur l'éclatement de l'espace public en des lieux singuliers de leur mise en oeuvre individualisée (y compris les prolongements modernes comme la vidéo ou la navigation sur Internet). Ce qui caractérise ces formes secondes de pratiques culturelles, c'est, d'abord, l'effacement de la présence des autres. Le sujet qui met en oeuvre de telles pratiques culturelles le fait seul, ou dans l'espace privé, et, par conséquent, en l'absence de toute présence effective de la collectivité à laquelle il appartient, et dont se soutient, précisément, la culture dont il est porteur. Quand je lis, quand j'écris, dans toutes ces pratiques singulières de l'activité culturelle, je suspends, en quelque sorte, les formes de mon appartenance, pour me retrouver, seul, dans un espace privé où je mets en œuvre mes propres usages de la culture. Dans cette suspension de l'espace public, le sujet, seul, se représente à lui-même l'espace de son appartenance grâce à la mise en scène de la sociabilité que constituent les formes individuelles de la culture et du savoir qu'il met en oeuvre. Par ailleurs, l'émergence, dans l'histoire, de ces formes singulières de la représentation culturelle, dont la première, dans l'histoire, est, sans doute, le livre, s'inscrit, dans une logique de dialectisation de l'espace public : pour qu'apparaissent de telles formes d'appropriation individuelle des pratiques culturelles, encore faut-il que l'espace public puisse ainsi faire l'objet d'un éclatement, d'une individualisation, qui ne fasse pas obstacle à la conscience dont en sont porteurs les sujets singuliers. Le livre ne peut s'inventer et sa pratique se répandre qu'à partir du moment où la conscience sociale et culturelle de l'appartenance peut faire l'objet d'une appropriation singulière, hors de l'espace public et d'une diffusion institutionnelle. Ce sera le cas en Europe à partir du Moyen-Âge, et, plus encore, de la Renaissance, ce qui rendra possible l'invention, en Europe, de l'imprimerie. À l'autre extrémité de l'histoire des formes occidentales modernes de la culture, le développement de l'usage privé de la vidéo s'inscrit dans un éclatement et une individualisation comparables des formes et des pratiques culturelles de l'espace public, dont les médias font ainsi, désormais, l'objet d'une appropriation singulière. En effet, les producteurs et les distributeurs de lecteurs et de cassettes vidéo entreprennent, à partir de 1975, une stratégie de diffusion systématique de films à l'intention d'un usage privé : l'existence et la reconnaissance du cinéma comme espace public sont ainsi menacées par le développement de ces usages proprement singuliers et privés de formes de représentation *a priori* destinées à des usages collectifs publics de représentation. Ces formes institutionnelles secondes de représentation culturelle sont, en fait, à terme, le signe de l'émergence d'une nouvelle configuration de l'espace culturel : comme l'extension progressive de la diffusion du livre a entraîné une reconfiguration progressive de l'espace culturel, structuré par cet usage singulier, l'extension progressive de l'usage de la vidéo est de nature à reconfigurer une seconde fois l'espace culturel en un ensemble de lieux singuliers privés de la diffusion culturelle, cette reconfiguration succédant à la reconfiguration de l'espace public de la communication médiatée par le développement de l'usage de la télévision. La médiation culturelle devient, de ce fait, une pratique sociale et institutionnelle complexe.

La nouure entre culture et savoir : la médiation didactique

La médiation didactique inscrit le lien social dans l'énonciation de savoirs diffusés à ceux qui appartiennent à la sociabilité : il ne s'agit plus, ici, de pratiques culturelles de représentation esthétique, comme la lecture ou la vidéo, destinées à l'appropriation singulière privée des formes de la représentation culturelle, mais de la diffusion et de l'appropriation individuelles des formes constitutives de la médiation didactique : des formes du savoir. La médiation didactique représente une instance particulière de la diffusion de la culture, qui consiste dans la diffusion d'informations dont la possession définit ce que l'on peut appeler un savoir social. Comme toute médiation, la diffusion du savoir social constitue une dialectique entre les expressions collectives et institutionnelles du savoir considéré comme représentatif de la culture dont il se soutient et les pratiques singulières d'appropriation de ce savoir, par les sujets individuels de la sociabilité, dans le cadre de procédures et de lieux institutionnalisés et structurés pour cela. La transmission des formes de la sociabilité est une condition nécessaire à la pérennité de l'organisation et des structures de cette sociabilité, c'est pourquoi elle fait l'objet d'une préoccupation constante des acteurs politiques et institutionnels. La médiation didactique consiste dans la mise en oeuvre de formes et d'institutions de médiation culturelle de nature à assurer la diffusion et l'appropriation individuelle des savoirs ainsi considérés par l'institution comme constitutifs de la sociabilité et de l'appartenance. C'est ainsi que les écoles ont toujours été initiées par la puissance publique dans le but de garantir la transmission des formes de l'appartenance, des lois qui la structurent et des pratiques culturelles qui la représentent en lui donnant sa dimension symbolique. L'exemple de la création des écoles par Charlemagne, lors de la transition entre l'Empire romain et ce qui deviendra le Saint Empire, fait bien apparaître la nécessité pour la puissance publique de s'appuyer sur les institutions de la médiation didactique pour assurer, sur le plan symbolique, la pérennité de l'existence de l'État et des formes institutionnelles qui le structurent. À notre époque, on peut citer l'exemple de la politique de Jules Ferry, en France, sous la Troisième République, qui fait bien apparaître la dimension politique, pleinement consciente et assumée, de cette diffusion didactique : il s'agit, à ce moment, d'une part, d'assurer la reconnaissance de la légitimité de l'État républicain, encore incertain, en particulier vis-à-vis des courants monarchistes, actifs après la chute du Second Empire, et, d'autre part, d'assurer, par le développement de l'école publique, l'expression de l'identité culturelle et de l'intégrité politique d'un pays menacé, par ailleurs, par la puissance de l'Allemagne, après la guerre de 1870. On mesure bien, par cet exemple, que la médiation didactique de la culture a un enjeu qui va au-delà de l'appropriation des formes de la culture par des médiations institutionnelles, pour porter, en fait, sur l'appropriation et la pérennité d'une conscience politique de l'appartenance et de la citoyenneté. La nouure entre culture et savoir constitue, en fait, une forme capitale de la dimension politique de la médiation culturelle.

La nouure entre culture et politique : la médiation de l'engagement

Mais la relation entre politique et médiation culturelle ne s'inscrit pas seulement dans les formes de la médiation didactique : elle a aussi une expression et une représentation dans les pratiques de la médiation esthétique. Il s'agit de ce que l'on peut appeler, de manière générale, l'engagement, dans le domaine des pratiques culturelles et dans le domaine des pratiques artistiques. La littérature engagée, ou l'art engagé, consiste à inscrire les formes de la représentation dans des stratégies de signification politique. Il s'agit de formes particulières de la médiation esthétique qui consistent dans la mise en oeuvre singulière des formes significatives sur le plan politique par les artistes ou par les créateurs, dans leurs pratiques singulières de l'expression et de la représentation. La nouure entre culture et politique ne se situe plus, dans ce cas, dans les formes institutionnelles de la diffusion, mais elle se situe dans la conception que se font, à titre singulier, les acteurs de la création et de la culture de leur fonction et de leur place dans l'espace public. L'engagement, en ce sens, est une médiation, et il constitue peut-être la forme spécifique à l'activité culturelle de l'articulation entre les formes collectives et les pratiques singulières du politique et de la sociabilité. L'engagement est la médiation qui donne aux pratiques culturelles leur signification non seulement symbolique et esthétique, mais aussi politique : la médiation qui rend possible l'appropriation des formes et des significations de la représentation politique par les acteurs singuliers des usages culturels. C'est pourquoi, d'ailleurs, l'engagement est toujours problématique dans le champ culturel : ou les acteurs du politique se défient des initiatives des acteurs culturels en raison de leur trop grande indépendance et de la spécificité, parfois incontrôlable, de l'activité culturelle, ou les acteurs culturels se défient des risques de contrôle, c'est-à-dire de censure, que font peser sur eux les acteurs politiques en situation de pouvoir, ou encore les enjeux esthétiques de l'activité culturelle apparaissent-ils comme trop distincts des enjeux proprement politiques, économiques ou historiques de l'exercice du pouvoir et de l'activité des institutions. Dans ces conditions, le dialogue est difficile entre les acteurs et les pratiques de la médiation politique et ceux de la médiation culturelle. L'engagement est sans doute la forme la plus explicite de ce dialogue, car il s'agit de l'articulation, dans les pratiques individuelles d'un acteur de la médiation culturelle, de la dimension singulière de l'esthétique et de la dimension collective du politique : l'engagement peut se définir comme l'inscription des formes politiques de l'argumentation et de l'opinion dans les pratiques esthétiques d'un acteur social, qui constitue ainsi sa citoyenneté et sa pratique politique de la sociabilité par son activité culturelle même. C'est le sens de la littérature et du cinéma qui, dans l'après-guerre, témoignent, dans leur activité esthétique et symbolique, des risques que peut faire courir le totalitarisme, après l'expérience historique qu'en a représentée le nazisme : un tel engagement consiste, grâce à des oeuvres singulières diffusées au grand public, à donner aux sujets individuels des médiations leur permettant d'exprimer, par des pratiques culturelles collectives ou singulières, leur opposition et leur engagement politiques.

Chapitre 4

LES FORMES ET LES TEMPS DE LA REPRESENTATION

Après avoir analysé les différentes formes que peuvent revêtir les pratiques de la médiation culturelle dans l'espace public et dans l'espace privé, il convient d'analyser les logiques esthétiques selon lesquelles se met en oeuvre la représentation esthétique de la médiation culturelle.

Les types de représentation dans les logiques culturelles

Le comique

Le comique est une représentation distanciée de la société d'appartenance. Il s'agit d'une forme culturelle de représentation qui n'est pas destinée à recueillir l'adhésion de ses spectateurs ou de ses lecteurs à l'objet de la représentation, mais à recueillir leur adhésion à l'énonciation même de la représentation : devant la représentation d'Harpagon, le public n'a pas à adhérer aux opinions ou aux conduites du personnage, mais plutôt au point de vue exprimé sur lui par l'énonciation du discours comique. Le comique constitue, ainsi, un mode de représentation qui se fonde sur une distanciation critique de la société dans laquelle il s'inscrit : le comique est un mode de représentation de la société, qu'il s'agisse d'un mode littéraire, d'un mode dramatique ou d'un mode pictural de représentation, selon lequel la signification du pacte social fait l'objet d'une critique et d'une appréciation d'autant plus mises à distance qu'elles sont exprimées sur un mode propre à susciter le sourire ou le rire du public, et, de cette manière, à inscrire le public aussi dans une distance forte par rapport à l'objet de la représentation. La logique de la représentation comique est de faire adhérer le public à une position distanciée par rapport à ce qui fait l'objet du spectacle, que cette position distanciée soit franchement hostile (comme c'est le cas vis-à-vis de l'Harpagon de *L'Avare* ou vis-à-vis des personnages de caricatures) ou qu'elle soit seulement de nature à empêcher, par son caractère comique, une pleine distanciation au personnage, comme c'est le cas des personnages de bandes dessinées comme le personnage d'Obélix ou celui de Lucky Luke (pour choisir des exemples récents) ou des personnages de romans ou de films comiques, comme les personnages de Laurel et Hardy ou les personnages de comédies comme *Beaucoup de bruit pour rien*, de Shakespeare : dans cette dernière pièce, la dimension comique du théâtre consiste dans la mise en scène de situations qui apparaissent comiques au public par leur singularité même, ce qui est la situation du personnage de Benedik et de ses stratégies amoureuses vis-à-vis de la jeune Béatrice. Le comique se définit, ainsi, par la distance qui s'instaure entre le public et la situation qui fait l'objet de la représentation, et qui a deux implications, dont la mise en oeuvre caractérise, précisément, les formes comiques de la médiation culturelle : d'une part, c'est la distanciation opérée entre le public et les personnages qui constitue la médiation symbolique par laquelle la représentation contribue à constituer le public comme un acteur effectif de la sociabilité ; d'autre part, c'est cette distanciation qui empêche une identification totale du public aux personnages qui font l'objet de la représentation, dans la mesure où les personnages comiques apparaissent comme porteurs d'assez de limites et de manque pour ne pas constituer des idéaux d'identification.

Le tragique

Le tragique ne constitue pas le même type de médiation symbolique entre le public et la représentation. Il s'agit d'une représentation des modalités singulières de l'appartenance collective, et, en ce sens, le tragique ne met pas en oeuvre une distance du public vis-à-vis de la représentation à laquelle il assiste ; au contraire, le tragique constitue, en général, un mode de représentation qui favorise l'adhésion du public au discours ou à l'opinion présupposée par le spectacle qui lui est présenté. Quand j'assiste aux événements qui surviennent à Phèdre, dans la tragédie de Racine, je ne puis me distancier par le rire vis-à-vis de ce personnage ; au contraire, la tragédie met en oeuvre une identification suffisante des spectateurs vis-à-vis du personnage pour qu'ils reconnaissent, comme les concernant, les interdits qui font l'objet de la représentation. Il faut que le public éprouve comme s'il s'agissait des siens les sentiments de Phèdre et la situation même dans laquelle elle se trouve, pour que la tragédie puisse en effet jouer pleinement le rôle qui est le sien dans la mise en oeuvre de la médiation culturelle de la sociabilité. Le tragique constitue une forme de médiation culturelle qui n'est pas destinée à susciter le rejet ou la distanciation critique de la part du public à qui elle est présentée, mais, au contraire, à rendre possible son adhésion aux choix culturels, idéologiques et politiques que la représentation fait apparaître : c'est, d'ailleurs, pourquoi, dans l'histoire des formes culturelles de la représentation, on peut observer que des tragédies comme celles de Racine, justement, ont été conçues pour constituer une assise culturelle et idéologique à la légitimité du pouvoir royal en France, de la même manière que le personnage d'Auguste, dans le *Cinna* de Corneille, est là pour que le pouvoir monarchique fasse l'objet d'une représentation de nature à renforcer et à soutenir son pouvoir et sa dimension politique *: Je suis maître de moi, comme de l'univers*, dit-il, soulignant de cette manière l'ampleur du pouvoir dont il se soutient et qu'il entend se faire reconnaître par les sujets sur qui il s'exerce. La différence entre le comique et le tragique est là : la signification du tragique est, fondamentalement, l'affirmation de l'existence de choix politiques, sociaux et culturels de nature à fonder le lien social sur l'adhésion et sur la reconnaissance dont ils font l'objet de la part du public qui assiste à la représentation. C'est justement pourquoi la représentation de la tragédie fait l'objet d'une temporalité particulière : le temps tragique est le temps au cours duquel le public et les acteurs de la représentation se retrouvent dans la commune reconnaissance des impératifs fondateurs de la sociabilité. C'est pourquoi le temps tragique s'impose de façon irréductible à ceux qui lui sont soumis : en effet, il est l'une des instances constitutives de la sociabilité même à laquelle ils appartiennent, et l'une des instances constitutives de l'identité dont ils se soutiennent. La tragédie montre, en fin de compte, dans l'espace public de la représentation, les structures et les logiques qui gouvernent la mise en oeuvre des acteurs sociaux et la nécessité de leur adhésion à ces logiques. Phèdre ne peut échapper au destin qui lui est assigné par la tragédie, parce que ce destin même fait partie des représentations de la sociabilité et du politique à laquelle le public est conduit à adhérer.

La médiation muséale

La médiation muséale est une autre forme de médiation culturelle : il s'agit d'une représentation de la sociabilité inscrite dans la médiation de la présentation d'objets, au lieu de l'être dans celle de la représentation de situations ou de personnages. La médiation muséale inscrit la représentation de la sociabilité et de sa signification dans les formes esthétiques des objets présentés ou dans la présentation des usages sociaux qui les mettent en pratique dans la société. C'est ainsi qu'un musée d'oeuvres d'art représente la sociabilité par la médiation des objets qui sont reconnus représenter l'idéal esthétique caractéristique de cette société : la création, à Paris, d'un musée comme le musée du Louvre est destinée à montrer les objets considérés comme esthétiquement représentatifs des formes d'appartenance et de sociabilité caractéristiques des sociétés extérieures à la nôtre, ou des états antérieurs au nôtre de la société dans laquelle nous vivons. Les objets et les oeuvres d'art présentés dans un musée sont destinés à la fois à faire apparaître une consistance matérielle perceptible d'objets à ces formes sociales évoquées par sa mise en oeuvre et à constituer les contenus dont se soutient le savoir et la culture constitutifs de la sociabilité. Le projet muséographique d'un musée comme le Louvre ne saurait se dissocier du vaste projet culturel qui était celui des concepteurs politiques et institutionnels du musée : représenter les formes et les cultures qui ont précédé la nôtre, dans le but d'en permettre l'appropriation par les visiteurs du musée. De la même manière, le projet muséographique du musée d'Orsay consiste, sans doute, à faire apparaître l'identité culturelle du XIXème siècle, de façon à mieux structurer les formes d'identité culturelle qui en sont issues et dont nous nous soutenons dans nos appartenances et dans nos pratiques culturelles et esthétiques. La médiation muséale consiste à fonder sur une stratégie symbolique de présentation d'objets la constitution, la transmission et l'appropriation d'une forme d'identité culturelle dont ces objets font partie et dont ils constituent une forme de témoignage. La médiation muséale n'est pas de l'ordre d'une représentation, en ce qu'il ne s'agit ni d'identification ni de distanciation par rapport à des personnages ou par rapport à des acteurs qui les représentent : elle est de l'ordre de la présentation de l'idéal caractéristique d'un savoir et d'une culture, qui est exprimé par la médiation d'objets ou d'oeuvres d'art. C'est cette expression par la médiation d'objets qui fait l'objet d'une mise en scène dans l'espace muséal, ainsi chargé de constituer à la fois le lieu qui renferme la collection de ces objets, l'institution qui leur donne une signification, et la présentation qui fait de ces objets les porteurs d'une médiation, en en assurant la diffusion et l'appropriation auprès des acteurs singuliers de la sociabilité. À cet égard, il ne faut pas s'y tromper : la médiation muséale a au moins autant pour but de constituer l'identité des visiteurs à qui elle est adressée que de mettre en scène celle dont se soutiennent les objets et des oeuvres d'art qu'elle renferme. La médiation muséale est, ainsi, une médiation culturelle de ses destinataires et de ses visiteurs autant qu'une médiation institutionnelle de ses initiateurs.

La médiation didactique

La médiation didactique inscrit la représentation de la sociabilité dans les formes du savoir et dans les bibliothèques. Au lieu de faire l'objet d'une appropriation par la médiation de formes esthétiques dotées de signification, la sociabilité inscrit sa continuité dans les logiques de la transmission et de l'apprentissage : la médiation didactique s'inscrit dans les formes, les objets et les lieux qui fondent l'unité et l'intégration culturelle de la sociabilité sur la reconnaissance et l'acquisition de savoirs communs. La médiation didactique ne se fonde pas sur la reconnaissance commune des mêmes formes esthétiques, mais sur l'apprentissage de savoirs communs, qui constituent, par les conditions mêmes dans lesquelles a lieu cet apprentissage, la garantie de la pérennité d'une sociabilité commune. Le projet de l'école, dans toutes les formes politiques de sociabilité, est de garantir la continuité de la sociabilité par la transmission institutionnelle de savoirs reconnus comme légitimes par des acteurs dont le statut et la compétence sont reconnus pour cela à des sujets de communication qui, grâce à cette acquisition même, deviennent les sujets de la sociabilité. La médiation didactique fonde ainsi la pérennité des formes de la sociabilité sur la reconnaissance et la transmission du savoir. Les modalités de cette transmission du savoir constitutive de la sociabilité sont de deux formes : d'une part, il s'agit de transmission directe, dans un lieu ou par des médias prévus pour cela, il s'agit de la médiation didactique de l'apprentissage ; d'autre part, il s'agit de transmission médiatée, grâce à l'usage singulier de médias diffusés pour cela, il s'agit de la médiation de l'apprentissage par les médias d'information et par les bibliothèques. Dans le premier cas, la médiation didactique se fonde sur la reconnaissance institutionnelle de lieux et d'organismes en mesure d'assurer la médiation didactique, et, dans le second cas, la reconnaissance institutionnelle porte sur les systèmes d'information en mesure d'assurer la diffusion des informations porteuses de la médiation didactique. La différence fondamentale entre, d'une part, l'école et les institutions de la médiation didactique et, d'autre part, les bibliothèques et les institutions de diffusion documentaire, est que la médiation didactique proprement dite est destinée à des publics collectifs, dont la sociabilité même se fonde sur leur usage des institutions de constitution et de transmission de savoir, tandis que la médiation documentaire est destinée aux usages singuliers d'acteurs dont la sociabilité se fonde sur l'identité des compétences et des savoirs dont ils disposent. L'enjeu de la médiation didactique est double : d'une part, il s'agit de la pérennité et de la durée même des formes de la sociabilité (ce qu'ont bien compris les fondateurs des systèmes d'éducation et les créateurs de bibliothèques - en particulier François Ier fondant l'institution du dépôt légal en même temps que le Collège des lecteurs royaux, pour assurer la pérennité et la continuité symboliques d'une nation alors en plein devenir) ; d'autre part, il s'agit, grâce à la médiation didactique, d'assurer l'existence d'une communauté de savoirs et de représentations de nature à fonder sur le plan symbolique l'identité politique par ailleurs garante de l'existence même du lien social.

Le temps et les durées de la représentation

Il importe de comprendre comment les différents types de représentation de la médiation culturelle que nous venons d'énumérer peuvent s'inscrire dans la temporalité, et, en particulier, comment leur inscription dans le temps et la durée est de nature à garantir la continuité même de leur présence dans les formes de la sociabilité et de l'appartenance, qui est, par ailleurs, la condition pour que s'exerce pleinement leur fonction de pérennisation du lien social. Si la représentation de la médiation culturelle s'inscrit dans le temps de la représentation, c'est que la sociabilité même dont elle se soutient s'inscrit elle-même dans le temps de l'histoire. Le temps et les durées de la représentation se conçoivent, ici, comme l'inscription du temps et des durées de l'histoire et de la sociabilité dans les formes symboliques de la culture et de la représentation. La citoyenneté et l'appartenance ne sauraient se fonder autrement que sur la mémoire : toutes les cultures et toutes les formes de la sociabilité se soutiennent des mythes et de l'histoire qui les constituent dans le temps.

Le temps esthétique de la représentation

Le temps qui fonde l'esthétique de la représentation est le temps de la distanciation qui sépare le réel et le symbolique : le temps esthétique de la représentation est, précisément, le temps qui me permet de comprendre la différence entre la représentation mythique et la représentation esthétique. Le temps esthétique de la représentation désigne la différence entre le temps réel et le temps symbolique : entre le temps réel, dans lequel se déroulent les événements de l'histoire, et le temps symbolique, dans lequel ils font l'objet d'un récit ou d'une mémoire, il y a une différence qui s'inscrit dans le temps esthétique de la représentation. C'est cette différence, proprement constitutive de la représentation, qui inscrit dans la temporalité la représentation esthétique qui fait passer l'histoire du plan de l'expérience au plan du récit et du discours. Entre l'expérience des guerres contre les Sarrasins et la continuité de la mémoire symbolique de la culture française, il y a la médiation esthétique que constitue l'épopée de la Chanson de Roland. Entre le moment particulier, peut-être archéologiquement et historiquement datable, de la bataille de Roncevaux, et le temps symbolique où le situe le récit qui en est fait dans la Chanson de Roland, il y a la particularité de ce temps esthétique qui se fonde sur la mémoire et sur la répétition. Le temps esthétique de la représentation inscrit l'expérience réelle d'un événement historique dans la mémoire qui fonde la dimension symbolique de la temporalité en l'inscrivant dans cette forme particulière de médiation selon laquelle nous sommes tous, singulièrement, porteurs de la représentation symbolique collective d'une temporalité qui a, elle-même, transformé un événement singulier en expérience collective constitutive de la mémoire culturelle. Grâce aux formes de la culture, la temporalité fait, ainsi, l'objet d'une médiation : au lieu d'être structurée par une division entre le temps réel de l'expérience et le temps symbolique du récit qui en est fait, la médiation temporelle de l'histoire, qui se fonde sur le temps esthétique de la représentation, fait apparaître une médiation entre la représentation singulière que nous pouvons, individuellement, nous faire des événements et la représentation collective qui nous en est donnée par l'histoire.

Le temps pratique de la représentation

Le temps pratique de la représentation est l'instauration d'une médiation temporelle, lors de la mise en oeuvre même de la représentation : il s'agit de l'imposition de la médiation d'un temps semblable pour tous ceux qui assistent à la représentation (en particulier au théâtre ou au cinéma). Ce temps de la représentation n'est pas un temps symbolique, car il s'agit bien du temps et de la durée réels du déroulement effectif de la représentation. En fait, il s'agit de l'inscription de la médiation culturelle du temps symbolique de la représentation dans la réalité du temps de l'expérience. Le temps effectif de la représentation est le temps qu'il faut au *cantor* pour dire effectivement la Chanson de Roland à ceux qui l'écoutent : il s'agit, ainsi, du temps qui donne sa consistance réelle (et non plus sa consistance symbolique et sa vérité) à l'exercice de la médiation culturelle. Dans ces conditions, d'ailleurs, tandis que le temps esthétique de la représentation constitue un temps fixe (l'écart est invariant entre la réalité de l'événement survenu, sans doute, à Roncevaux et le récit symbolique qui en est fait dans la Chanson de Roland), le temps effectif de la représentation constitue un temps variable (la durée de la prestation effective de la Chanson de Roland dépend de la façon dont elle est interprétée par les artistes qui la mettent en scène). Le temps pratique de la représentation, qui se fonde, ainsi, sur ce que l'on pourrait appeler l'événementialisation de la représentation, détermine l'inscription de la médiation esthétique dans le réel de la sociabilité : tant que la médiation esthétique ne s'est pas inscrite, de cette manière, dans le réel de l'événement, elle n'existe, pour ainsi dire, pas pour ceux à qui elle s'adresse. Le temps de la représentation est, ainsi, un temps proprement initiateur, constitutif, pour la mise en oeuvre de la médiation culturelle : c'est parce qu'elle est dans le temps que la médiation culturelle acquiert, pleinement, la consistance effective d'un moment réel de l'histoire. En effet, le temps de la représentation est le temps de l'expérience de la médiation culturelle, mise à l'épreuve d'une prestation réelle devant un public ou d'une confrontation réelle à des lecteurs ou à des pratiques singulières. Le temps de la représentation est le temps au cours duquel la médiation culturelle va acquérir la consistance et la visibilité effectives d'un événement engageant les acteurs de la sociabilité dans des pratiques culturelles effectives et dans la réalité d'une confrontation à la matérialité de la représentation. Le temps de la représentation est le temps où, finalement, le théâtre ne se distingue plus de l'agora, puisque le peuple y est effectivement assemblé : dans le temps de la représentation, les formes esthétiques de la représentation culturelle sont soumises à l'expérience d'un usage effectif par les acteurs de la sociabilité. Dans le temps pratique de la représentation, *Le Mariage de Figaro* cesse de n'être qu'un texte qui circule, de façon plus ou moins ouverte, dans les milieux de la diffusion culturelle restreinte : Beaumarchais prend le risque réel de s'affronter à la puissance réelle de la censure officielle. Dans le temps pratique de la représentation, la médiation esthétique s'inscrit dans le réel de la sociabilité et de ses enjeux, et devient, par conséquent, le lieu de stratégies de pouvoirs et de stratégies institutionnelles qui lui donnent, en plus de sa dimension symbolique, sa consistance historique.

Les deux logiques culturelles du temps et de la durée

Tandis que l'histoire et la médiation didactique s'inscrivent dans la médiation temporelle de la datation, la représentation spectaculaire s'inscrit dans la médiation temporelle de la durée : ce sont ainsi deux logiques différentes qui structurent le rapport de la médiation culturelle à la temporalité. L'histoire de la culture met en oeuvre une datation de la médiation culturelle, sous la forme d'événements culturels, de repères culturels qui permettent de préciser et de fixer des dates, sous la forme, enfin, de la médiation didactique qui, faisant de la culture l'objet transmissible d'un savoir, donne une consistance et une signification aux dates et aux moments qui, en la scandant, constituent la durée d'un fait social comme un objet de savoir. C'est ainsi que l'histoire d'un pays ou d'une organisation sociale et politique est scandée par les événements culturels qui constituent les repères de sa chronologie symbolique : l'architecture constitue, par exemple, un système symbolique et culturel de datation qui permet de situer les événements culturels dans l'histoire d'un pays et d'un système social. On peut faire l'histoire chrétienne de l'Occident médiéval à partir de l'analyse de l'architecture monastique et religieuse du Moyen-Âge, en comparant, par exemple, les ordres et les systèmes d'architecture et en donnant une signification interprétable à la succession de ces différents ordres d'architecture et des représentations culturelles dont ils portent témoignage. La représentation constitue, elle, une autre logique historique de la médiation culturelle : les modes de représentation comme le théâtre, le cinéma, les autres arts du spectacle ou les arts de l'image, inscrivent la médiation culturelle dans la durée, parce que la durée constitue une modalité particulière d'inscription de la médiation culturelle dans le temps. Le rôle de la représentation culturelle est justement d'inscrire l'appartenance et le lien social dans des formes esthétiques et culturelles constituant une médiation symbolique pour ceux qui sont porteurs de la sociabilité représentée. Dans ces conditions, l'histoire des formes du théâtre ou de la médiation spectaculaire à une certaine époque contribue à l'histoire de la médiation culturelle à cette époque, et permet, par conséquent, de penser l'histoire : *La Flûte enchantée* permet de penser l'histoire de la maçonnerie à la fin du XVIIIème siècle, mais, en même temps, elle permet de penser le rapport du pouvoir aux sujets singuliers de la sociabilité et de diffuser une représentation esthétique des formes politiques de l'appartenance, en mettant en scène une représentation de la tolérance et de la légitimité d'un pouvoir exercé en toute raison, et en représentant l'opposition entre la légitimité et l'arbitraire d'un pouvoir. Une telle interprétation politique de la médiation culturelle se soutient, précisément, de ce qu'elle fait l'objet d'une représentation dans l'espace public et que, par conséquent, le public indistinct de la sociabilité peut y assister et lui donner du sens. Les deux logiques du temps et de la durée permettent, ainsi, de faire apparaître la distinction entre deux formes de la médiation culturelle : celle qui constitue un système de formes signifiantes de la culture inscrites dans des formes architecturales et dans des formes d'aménagement de l'espace public, et celle qui constitue la dimension sociale et institutionnelle de la médiation culturelle par la mise en oeuvre de représentations ou de présentations collectives.

L'individualisation du temps de la représentation

Les pratiques culturelles individuelles (lecture, pratique instrumentale, etc.) inscrivent le temps de la représentation dans une individualisation qui prend la forme de logiques singulières - et, en particulier, inconscientes - de la structuration du temps. La lecture inscrit ainsi la médiation culturelle dans une double temporalité : d'une part, la temporalité sociale et institutionnelle de la production du livre dans l'espace public, que l'on peut désigner par le concept général de l'édition ; d'autre part, la temporalité singulière de la pratique individuelle du livre au cours de la lecture mise en oeuvre par les sujets singuliers de la lecture. L'individualisation du temps de la représentation consiste dans l'émergence d'une temporalité singulière des pratiques symboliques et esthétiques de la culture et de l'information qui, en quelque sorte, achève le processus de constitution de la médiation culturelle. Cette individualisation est mise en scène de façon particulièrement tragique par le personnage d'Emma, dans *Madame Bovary*, de G. Flaubert. Ce personnage, en effet, se structure, à partir de ses lectures, un monde clos dans lequel elle s'enfermera peu à peu pour finir dans une forme de forclusion hors du réel, qui constitue pleinement la dimension tragique du roman. La tragédie consiste, dans ce cas, dans la disparition de la médiation, liée à la différence radicale entre le temps du sujet singulier et celui de la société. En effet, une telle individualisation des pratiques culturelles revient, pour le sujet, à mettre en oeuvre des pratiques esthétiques lui permettant de donner une consistance effective à son usage esthétique de la médiation culturelle, et, de cette manière, à le rendre interprétable et signifiant pour lui. La reconnaissance, par le sujet, de la médiation culturelle de la représentation consiste, dans ces conditions, à donner du sens aux formes esthétiques qu'il met en oeuvre : elle constitue une forme d'interprétation des pratiques culturelles par le sujet même qui les met en oeuvre. L'individualisation du temps de la représentation revient, pour le sujet, à une articulation entre la dimension temporelle de la représentation - ce que l'on peut appeler son caractère événementiel - et la dimension proprement interprétable de sa dimension de médiation - ce qui constitue les pratiques culturelles, finalement, comme des pratiques symboliques. La sortie au théâtre est à la fois un rituel événementiel et la découverte du temps de la représentation à laquelle on assiste. L'individualisation du temps de la représentation fait apparaître la double dimension du temps de la médiation culturelle, à la fois singulier par la pratique et collectif par la représentation. C'est de cette manière que la médiation culturelle peut pleinement s'inscrire dans le temps des sujets qui la mettent en oeuvre : ce temps est, lui-même, aussi bien singulier, parce qu'il s'agit d'une temporalité de la pratique et de l'expérience effective de la culture et des représentations de l'appartenance, que collectif, parce qu'il s'agit dans le même temps, d'une temporalité de la représentation et de la mise en scène des codes et des formes esthétiques constitutifs de la sociabilité. La médiation culturelle donne ainsi une consistance effective à l'articulation de ces deux temporalités, en nous permettant de la comprendre et de la penser : peut-être est-ce là l'une des significations que peuvent revêtir pour nous la mise en oeuvre des pratiques culturelles. C'est de cette manière que peut se comprendre l'importance à la fois historique et politique des pratiques culturelles, en ce qu'elles constituent, par leur importance historique même, des formes esthétiques de l'engagement social qui fait de nous des citoyens autant que des acteurs de la culture et de la médiation.

Temps social, temps symbolique, temps réel

L'expérience du sujet, ainsi, par conséquent, que la constitution des formes esthétiques et symboliques qu'il met en oeuvre pour énoncer les idéaux et les représentations dont il est porteur, s'inscrivent dans une temporalité complexe qu'il importe de comprendre et de mesurer pour comprendre les conditions dans lesquelles sont mises en oeuvre les formes esthétiques de la sociabilité. Les trois temporalités qui structurent l'expérience du sujet sont d'une part le temps réel de son expérience singulière et des perceptions qu'il peut éprouver, d'autre part le temps symbolique, qui est le temps de la mise en oeuvre des formes de médiation par lesquelles il inscrit son expérience dans les formes du langage, pour la communiquer aux autres, et pour s'en approprier la représentation, et, enfin, le temps social, qui est le temps de la médiation, puisqu'il s'agit de la temporalité qui résulte, pour le sujet, de la confrontation entre les temporalités dont il est singulièrement porteur et le temps de l'histoire et des pratiques sociales qui lui sont assignées par les lois et les usages de la sociabilité à laquelle il appartient. La temporalité du sujet consiste donc dans une expérience qui articule l'une à l'autre ces trois temporalités distinctes, dans la constitution même du sujet symbolique de la représentation.

La culture comme articulation entre les trois temporalités

Dès lors que le sujet se trouve, ainsi, constitué dans sa dimension symbolique et dans la logique de ses représentations, à l'articulation de ces trois temporalités, la médiation culturelle va donner une consistance symbolique à cette articulation, de manière à ce que la temporalité complexe qui en résulte puisse faire l'objet d'un échange de communication entre le sujet et les autres sujets de la sociabilité, et à ce que le sujet acquière, de cette manière, la conscience de la complexité de cette structure de la temporalité, et, en en prenant conscience, soit en mesure de lui reconnaître une signification. C'est la médiation culturelle qui constitue l'articulation logique et historique de ces trois modes de perception de la temporalité par les sujets de l'appartenance. Le temps de la lecture est le temps, par excellence, de cette articulation entre trois temporalités. Les sujets de la sociabilité mettent en oeuvre leurs pratiques symboliques et leur activité de communication à partir du moment où ils prennent conscience de la spécificité de ces trois instances de la temporalités, et, en particulier, à partir du moment où ils sont en mesure de représenter, pour eux-mêmes et pour les autres, cette complexité de la temporalité, en en faisant l'objet des formes esthétiques de la médiation culturelle. La médiation culturelle articule, de cette manière, le temps de l'expérience du sujet, qui est le temps réel, le temps de sa mémoire et de sa subjectivité, qui est le temps symbolique, et le temps de sa culture et des formes esthétiques de la sociabilité dont il est porteur, qui est le temps social : la médiation culturelle s'inscrit dans la temporalité à partir du moment où le sujet est en mesure, dans l'exercice des fonctions symboliques de sa singularité, de s'approprier, en l'interprétant et en lui donnant un sens, la complexité de ces différentes temporalités, qui lui permet de situer dans ce complexe la temporalité même de sa propre pratique culturelle. On peut montrer cela par un exemple. L'acquisition des formes esthétiques et culturelles de la sociabilité peut se faire par le sujet à partir du moment où il a acquis la différenciation entre le temps de son expérience singulière propre et le temps symbolique de la médiation qui lui permet d'échanger les représentations de son expérience avec celles des expériences dont sont porteurs les autres sujets de la sociabilité. Je ne peux comprendre le sens d'un film qu'à partir du moment où j'ai acquis la différence entre la temporalité de mon expérience propre et la temporalité qui me permet de comprendre les échanges symboliques avec les autres, et, par conséquent, de comprendre la temporalité propre dont est porteur le film en question en lui donnant une signification : je ne peux comprendre le sens d'un film comme *Amadeus* de M. Forman (1984), qu'à partir du moment où je suis en mesure de penser la différence entre ma temporalité propre de mon expérience et la temporalité symbolique de la société à laquelle j'appartiens, car, seule, cette différence me permet, elle-même, de comprendre l'articulation représentée par le film entre la temporalité propre de l'expérience de Mozart et la temporalité de sa rencontre sociale, institutionnelle et symbolique avec l'espace public, qui fonde sa propre expérience culturelle.

Le lieu théorique de l'histoire

L'histoire peut se définir comme l'articulation de ces trois temporalités en un discours et un savoir. C'est dire son importance dans la constitution des formes de la médiation culturelle. En effet, l'histoire consiste à produire une représentation, fondée sur une recherche et la représentation d'une scientificité, de l'articulation du temps social et des événements qui concernent une organisation sociale, du temps réel des personnes et des acteurs qui donnent à cette organisation la consistance réelle d'une expérience, et, enfin, du temps symbolique qui donne à ce complexe une signification lui permettant de donner lieu à une interprétation qui, précisément, constitue l'engagement philosophique, politique et idéologique que représente toute entreprise historique. Le lieu théorique de l'histoire est, très précisément, le lieu de l'énonciation de ce complexe de trois temporalités articulées l'une à l'autre dans la formation d'une représentation culturelle de la sociabilité. En ce sens, l'histoire appartient pleinement aux formes de la médiation culturelle, puisqu'elle constitue une représentation de la sociabilité permettant de donner une signification à la citoyenneté et à l'appartenance : toute histoire répond au projet de donner un sens à la représentation qu'elle donne de l'évolution dans le temps d'une forme de sociabilité et de lien social. C'est ce qui, à la fois, rend l'histoire interprétable et lui donne une consistance idéologique et politique selon laquelle elle représente un discours didactique engagé. Il n'y a pas d'histoire neutre, justement en raison de la nécessaire articulation de la représentation du temps de la sociabilité et de celle du temps du sujet singulier qui la met en oeuvre ; il n'y a pas d'histoire neutre, parce que tout projet d'histoire constitue, dans le même temps, un projet de médiation culturelle de la sociabilité, et même de la citoyenneté. Cette dimension de l'histoire comme médiation explique l'importance particulière de l'histoire dans le champ des formes et des pratiques de la médiation culturelle. L'histoire y occupe une place prépondérante, précisément parce que son propos est de rendre raison des conditions et de la signification de l'émergence du lien social dans une organisation donnée de la sociabilité et du politique. L'histoire, en ce sens, constitue une médiation culturelle particulièrement importante parce que c'est de notre savoir sur elle que se soutient notre conscience de notre appartenance et des responsabilités qu'elle implique pour nous et pour les pratiques sociales que nous mettons en oeuvre dans nos relations avec les autres sujets de la sociabilité. L'histoire est une médiation culturelle fondamentale parce qu'en la rendant intelligible, elle rend raison de la continuité du lien social constitutif de notre appartenance et de notre sociabilité. C'est pourquoi l'histoire a toujours constitué une forme importante de culture : c'est le savoir dont nous sommes porteurs sur notre propre histoire et sur l'histoire de notre sociabilité qui nous permet d'assumer les responsabilités et les devoirs qui nous incombent et qui constituent notre citoyenneté. Nous ne pouvons nous faire pleinement les porteurs des médiations constitutives de notre appartenance sociale qu'à partir du moment où nous sommes porteurs d'un savoir sur l'histoire qui fonde, pour nous, la signification même de cette appartenance. C'est ce qui explique que nombre de productions esthétiques, dans l'histoire des formes de la médiation culturelle, se fondent, de fait, sur la représentation d'événements historiques dans le but de leur donner du sens, et, par conséquent, de fonder sur eux la représentation de notre propre appartenance : c'est, en particulier, par exemple, le sens du projet dramaturgique de Shakespeare ou de celui de Racine de fonder sur la représentation d'événements historiques la représentation des formes politiques et sociales dont ils se soutiennent : l'histoire de Britannicus et de la cour de Néron, l'histoire d'Esther et du peuple juif, l'histoire d'Hamlet, enfin, ne sont là que pour représenter les formes mêmes de la sociabilité et du politique dont nous sommes porteurs par la médiation culturelle d'acteurs de l'histoire connus de tous, qui fonde dans le temps la distanciation même qui en permet la représentation et qui les rend interprétables.

Histoire et conscience sociale

En effet, l'articulation entre le temps social, le temps symbolique et le temps réel constitue le moment même où le sujet prend conscience de la réalité et du sens du fait social que constitue son appartenance et se met à l'assumer dans ses pratiques culturelles. Le rôle de l'histoire, et, en particulier, dans le champ des médiations culturelles, est de faire apparaître la pérennité des médiations constitutives de la sociabilité, en en montrant la continuité dans le déroulement même de l'histoire, et de donner à ces médiations de la sociabilité une signification grâce à laquelle elles puissent s'inscrire dans la conscience sociale des spectateurs de ces représentations. L'histoire, en ce sens, fonde la conscience sociale sur la représentation d'événements qui sont présentés sous forme de médiations, c'est-à-dire d'événements qui ne sont pas survenus à d'autres, mais qui, au contraire, sont aussi constitutifs de notre identité. La prise de la Bastille n'est pas seulement un événement dans le Paris de 1789 : elle a une signification pour la constitution de l'identité politique et historique dont nous sommes porteurs, en France, aujourd'hui. Si les formes de la culture ont besoin de faire apparaître l'histoire dans les représentations et dans les stratégies de communication qu'elles mettent en oeuvre, c'est que la conscience sociale des acteurs porteurs de l'appartenance et du lien social ne saurait se fonder que sur la conscience de leur appartenance à une forme de sociabilité continue dans le flux de l'histoire. Ce qui donne à la sociabilité une consistance telle que je puis avoir la conscience d'y appartenir, c'est qu'elle est, justement, inscrite dans la durée de l'histoire dont je me sens porteur. L'histoire et ses représentations montrent, sur la scène d'un théâtre, dans la projection d'un film ou dans la textualité d'un livre, comment le public ou les lecteurs peuvent donner du sens à l'articulation entre le temps social dont cette médiation leur raconte l'histoire, le temps collectif dans lequel ils sont inscrits par la mise en oeuvre même de leur médiation culturelle, et le temps singulier dont ils sont individuellement porteurs. La représentation de *Hamlet* fait apparaître une médiation entre trois temporalités : la première est la médiation entre la vie singulière d'un personnage nommé Hamlet, prince de Danemark, qui s'inscrit dans une forme de distanciation par rapport aux personnes qu'l'entourent et la forme collective donnée de sociabilité, qui représente la cour de Danemark à une certaine époque, qui met en scène les stratégies personnelles de personnages, leurs désirs et leurs angoisses. La deuxième temporalité est celle de la représentation même, qui constitue un événement culturel collectif appelé à avoir du sens à la fois pour les acteurs et le théâtre qui en assurent la représentation et pour le public qui y assiste. la temporalité de la représentation est celle qui fonde l'événement culturel même en lui donnant une consistance, en l'inscrivant dans un lieu, en l'inscrivant, enfin, dans une pratique culturelle particulière ; on ne joue pas Hamlet de la même manière au théâtre à l'époque de Shakespeare, à l'époque de Vilar, et au cinéma, dans la mise en scène de K. Branagh. La troisième temporalité, enfin, est celle qui achève la constitution de la médiation culturelle par l'appropriation singulière que se fait chaque spectateur de cette représentation en l'inscrivant dans sa propre expérience, au milieu des autres événements, privés ou publics, qui constituent la temporalité de sa propre existence, et qui fait l'objet d'une représentation par sa propre mémoire ou par sa propre conscience des activités culturelles qu'il met en oeuvre. La condensation de ces trois temporalités fonde ce que l'on peut nommer l'identité culturelle dont se soutient le sujet de la communication et des pratiques symboliques. La conscience sociale produite par l'articulation de ces trois temporalités représente l'appropriation, par le sujet de la médiation culturelle, de ce que l'on peut appeler ce complexe temporel de la représentation dans une forme de condensation entre deux mémoires : la mémoire collective, elle-même faite du savoir sur le réel des événements, fondé sur l'histoire, et du savoir sur les représentations qui en sont données, fondé sur la mythologie et sur les représentations de la culture ; la mémoire singulière, dont est porteur chacun d'entre nous, et qui représente notre appartenance à une continuité inscrite, elle-même, dans une histoire sociale. Le rôle de la médiation culturelle est de donner une représentation esthétique et symbolique à l'articulation entre ces deux mémoires, de manière à ce que les sujets de la sociabilité s'ancrent dans une continuité symbolique de leur appartenance et puissent se soutenir d'elle pour légitimer leurs pratiques de la sociabilité et pour leur donner du sens à leurs propres yeux, ce qui est bien le rôle de ce que l'on peut appeler la médiation historique. Le rôle de la culture est, finalement, ici, de faire de l'histoire une véritable médiation, en rendant possibles, grâce à la représentation esthétique qu'elle en donne, la dialectisation et l'articulation entre les différents temps qui la constituent en un complexe significatif. C'est de cette manière que les formes de la médiation culturelle nous permettent de fonder notre conscience sociale sur l'histoire qui lui donne du sens.

Signification des temps de la représentation

Le temps de la représentation

Le temps de la représentation signifie un mode d'appropriation de la culture par le sujet de la sociabilité. Il s'agit du temps durant lequel la représentation des formes qui sont porteuses de signification fait l'objet, successivement, d'une mise en oeuvre par les acteurs de la représentation, d'une perception et d'une reconnaissance par les sujets de la sociabilité (ce que, dans certains discours, on appelle la réception), puis d'une interprétation qui rend possible leur appropriation et leur inscription dans la mémoire et dans la culture. Le temps de la représentation est donc, en fait, le moment au cours duquel les formes esthétiques font à la fois l'objet d'une représentation, d'une diffusion et d'une appropriation sémiotique, c'est-à-dire d'une interprétation qui rend possible leur acquisition par les sujets de la sociabilité. Le temps de la représentation n'est, en ce sens, pas le même selon les différentes formes que peut revêtir la médiation culturelle. On peut distinguer trois types de représentation, selon le type de temporalité dans lequel ils s'inscrivent. D'une part, il y a la représentation événementielle, qui s'inscrit dans le temps d'une prestation collective, qui peut être le temps de la représentation théâtrale, le temps du concert, le temps de la projection cinématographique ou le temps de l'événement culturel comme la représentation du cirque ou le déroulement du spectacle «son et lumière». D'autre part, il y a la représentation individualisée, qui s'inscrit dans le temps de pratiques singulières de la médiation culturelle, qui peuvent prendre la forme de la lecture, de la consultation ou de l'usage d'un service de communication médiatée, de l'audition d'un disque ou de la lecture d'une cassette vidéo. Enfin, il y a la représentation qui s'inscrit dans le temps d'une visite ou d'une présentation, qui peut consister dans la visite d'un lieu culturel, dans la participation à un voyage de découverte culturelle, ou dans la mise en oeuvre, par le sujet, de prestations culturelles comme la découverte de métiers ou de pratiques sociales étrangères : on peut donner le nom de présentation anthropologique à ce type de pratiques culturelles qui constituent, pour le sujet qui les met en oeuvre, des médiations pratiques de la représentation culturelle, dont la signification et la dimension de médiation s'inscrivent dans la pratique même qui est mise en oeuvre par le sujet et dans le type de lieu dans lequel elle se déroule. Ces différentes formes de pratique culturelle font apparaître différentes temporalités de la découverte culturelle qui permettent de penser la médiation culturelle comme une activité, c'est-à-dire comme un ensemble de pratiques nécessairement inscrites dans une logique de temporalité qu les représente et qui leur donne leur consistance sociale. C'est, en effet, le temps de la représentation qui permet de comprendre comment se constitue la médiation culturelle dans sa réalité et dans son effectivité. C'est, en particulier, la diversité de ces différentes temporalités de la représentation qui permet de faire apparaître la diversité des différentes logiques institutionnelles qui rendent compte de la relation entre les sujets singuliers de la sociabilité et les formes esthétiques collectives de représentation qui donnent sa consistance à la médiation culturelle dont ils reconnaissent la validité et la signification. Le temps de la représentation, finalement, est le temps qui permet de faire apparaître au sujet les différentes formes de médiation culturelle auxquelles il est appelé à donner du sens.

La fiction narrative

Le temps de la narrativité est le temps de la distanciation entre le temps de la narration et celui de la représentation. Le temps qui fait l'objet de la narration est distinct du temps de l'énonciation qui en constitue la représentation, et c'est cette distinction entre deux temporalités qui forme la consistance propre de la fiction narrative : c'est parce que ces deux temporalités ne se confondent pas qu'il y a fiction, et le narrateur inscrit la distanciation propre à la narration dans la distance même entre ces deux temporalités. La communication narrative consiste, dans ces conditions, dans la relation entre deux logiques symboliques distinctes : d'une part, celle du narrateur qui se trouve porteur de la distanciation entre les deux temps, distanciation à qui il donne la consistance même du discours narratif, du récit, et, d'autre part, celle de son interlocuteur, qui adhère à la fiction, croit au récit, s'il méconnaît, au contraire, cette distinction entre deux temporalités, ou s'inscrit dans une distance critique vis-à-vis du récit si, au contraire, il en est conscient. La fiction narrative, comme toutes les fictions, peut, en effet, ou faire l'objet d'une adhésion de la part de celui qui y assiste, ou, au contraire, faire l'objet d'un doute, d'une réserve, d'une absence d'adhésion. C'est cette différence entre les deux rôles du narrateur et de l'auditeur qui constitue le lieu particulier où s'inscrit la médiation esthétique de la fiction narrative. Il existe plusieurs types de fiction narrative, selon, justement, la nature de la relation de communication qui s'instaure entre les deux partenaires du récit, le scripteur et l'auditeur ; en particulier, on peut en retenir trois, le conte, le roman et le mythe. Le conte est une fiction qui tire sa consistance de fiction de ce que le scripteur n'y croit pas, mais que l'auditeur y croit ; c'est, en particulier, ce qui caractérise les contes pour enfants, auxquels les adultes qui les racontent n'ajoutent aucun crédit, mais qui fondent leur succès auprès des enfants sur le fait qu'au contraire, ces derniers y croient, en adhérant totalement à la peur ou au rire des personnages de la fiction. Le roman, qui se fonde, à la différence du conte, sur une esthétique de l'écriture, et, par conséquent, sur la nécessité de la distance vis-à-vis d'un signifiant qui fait l'objet d'une communication distanciée par sa forme même, fonde sa consistance fictionnelle sur le fait que ni le scripteur ni le lecteur n'y croient, mais, au contraire, fondent la forme du roman sur sa dimension esthétique ; c'est pourquoi le roman apparaît dans des cultures dans lesquelles la sociabilité esthétique est stabilisée. Le mythe, enfin, est un récit dont personne ne croit la narrativité, mais auquel on adhère en tant que forme esthétique représentative de la sociabilité à laquelle on appartient : ce qui fonde la consistance du mythe, en tant que forme esthétique, c'est la reconnaissance universelle dans une société donnée de ses personnages, de ses enjeux, et de ce qu'il représente pour ceux qui appartiennent à la même société ou à la même culture. Ces trois formes de narrativité inscrivent dans les formes de la culture trois formes de temporalité : le conte s'inscrit dans une temporalité qui ne saurait faire l'objet d'un constat ni d'une vérification, car il s'agit d'une temporalité imaginaire ; le roman s'inscrit dans une temporalité distanciée, qui représente dans l'univers de la fiction la temporalité même dans laquelle il est édité et diffusé ; le mythe, enfin, s'inscrit dans une temporalité fictive qui fait l'objet de la reconnaissance de tous, c'est-à-dire dans une temporalité reconnue comme originaire.

Le temps tragique

Le temps tragique est le temps de la distanciation entre le temps de la narration et celui de l'appartenance : ce qui fonde la tragédie, c'est la conscience, représentée par les acteurs qui la représentent, et, pensée par les spectateurs ou les lecteurs du texte, d'une différence et d'une distance absolument irréductible entre le temps du récit et de la parole et le temps de la sociabilité à laquelle appartiennent les spectateurs et que représentent les acteurs. C'est cela, le temps tragique : le temps du dénouement s'avance, sans que l'on puisse l'arrêter, précisément parce que ce temps tragique représente le temps même de la distance entre le temps du désir et les exigences de la sociabilité. Prenons l'exemple de *Phèdre* : le temps tragique nous mène inéluctablement à la mort de

Phèdre, parce que ce qui s'y joue contrevient trop fondamentalement aux exigences de la loi sociale dont la tragédie est le récit, et, par conséquent, ce que le temps tragique fait apparaître, c'est une distance irréductible entre le temps du désir de Phèdre pour Hippolyte et le temps de la loi et de la sociabilité, représenté, précisément, par le retour de Thésée ; mais, de la même manière, et c'est là que repose la dimension esthétique et fictionnelle du spectacle, le spectateur lui-même se trouve pris entre ces deux temporalités, qui sont celle de la fin inéluctable du dénouement de la tragédie, dont il sait qu'elle ne peut pas ne pas finir autrement qu'elle ne finit, et la suspension d'une fiction narrative, à laquelle il adhère, comme spectateur, le temps même de son énonciation, et qui fonde une autre temporalité distincte de la première et située à distance d'elle. Le temps de la représentation de *Phèdre*, en introduisant dans la logique de la tragédie le temps du spectateur, qui ne saurait se confondre avec le temps des personnages ni avec le temps du récit, fonde la médiation esthétique de la culture sur la distanciation tragique et sur une identification narrative aux personnages qui fonde sa consistance sur l'attente : c'est l'attente du dénouement tragique qui constitue, sans doute, la forme partagée par tous, public, spectateurs, lecteurs, dramaturge, et qui, ainsi, donne une consistance effective à la mise en oeuvre de la médiation tragique. L'attente fait du temps tragique une médiation, précisément parce qu'elle rend possibles un partage et une appropriation de ce temps commune à tous les partenaires de la communication esthétique mise en oeuvre par la représentation de la tragédie. L'attente fonde la médiation tragique, par conséquent, sur une certaine représentation de l'appropriation de la temporalité par les partenaires de la communication : tandis que, dans le cas du récit, c'est l'enjeu de la narrativité qui fonde la médiation esthétique, c'est-à-dire, par exemple, le fait que le chat botté triomphe des obstacles mis au succès du fils du meunier, dans le cas de la tragédie, c'est l'attente de la résolution et du dénouement, c'est l'attente de la mort de Phèdre.

Le temps de la distanciation

Le temps de la distanciation, fondé et structuré dans le théâtre de Brecht, est le temps de la distanciation entre le temps de la représentation et celui de l'appartenance. Le théâtre de Brecht fonde le concept de distanciation, précisément parce qu'il s'inscrit dans une époque historique de tension et de crise forte des formes de la sociabilité et des représentations esthétiques du politique. D'une certaine manière, si Brecht invente, au théâtre, le concept de distanciation, c'est parce qu'en son temps, le public ne peut plus croire à rien, et, par conséquent, ne peut plus s'identifier à personne. Le temps de la distanciation est le temps d'une différence irréductible entre le temps de la narrativité fictionnelle de la représentation et le temps de l'appartenance et de l'historicité sociale et politique dans laquelle s'inscrit la représentation. Si l'on prend l'exemple de *Grandeur et décadence de la ville de Mahagonny*, on peut mesurer toute la distance entre la représentation esthétique d'une ville comme forme ultime de sociabilité et la représentation idéologique et culturelle de l'effondrement des valeurs qui peuvent fonder l'urbanité à l'époque de la représentation. Mahagonny, dans la pièce de Brecht, représente à la fois l'aboutissement de la logique culturelle à laquelle peuvent conduire les formes de sociabilité dont Brecht est contemporain et qu'il peut inscrire dans son théâtre, et, en même temps, une image amplifiée de la décomposition d'une telle sociabilité, c'est-à-dire, finalement, de la disparition de cette forme possible de sociabilité. Le choix esthétique d'une forme d'oratorio, alternant les parties chantées et les récitatifs, constitue, lui aussi, pour cette représentation, une forme de distanciation, puisqu'il met en scène une forme non reproductible de communication et de représentation de la sociabilité. Nous nous trouvons, devant *Mahagonny*, comme devant un opéra, c'est-à-dire devant une forme esthétique dans laquelle l'alternance des parties chantées et des récitatifs rend impossible toute illusion de reproduction du réel : il s'agit, comme dans le cas d'un opéra, d'une forme esthétiquement autonome de médiation théâtrale. La distanciation se trouve donc, ainsi, portée par le projet esthétique même de Brecht, qui met en scène, véritablement, une distanciation, en faisant apparaître une double impossibilité d'illusion et d'identification : on ne saurait s'identifier, en tant que public socialement et politiquement constitué, à la représentation d'une société en crise, et on ne saurait s'identifier, en temps que spectateur singulier, à la représentation d'une mise en scène esthétiquement et formellement impossible, celle au cours de laquelle alterneraient des discours chantés et des discours parlés. La distanciation brechtienne se fonde, ainsi, sur la représentation d'une narrativité impossible, et, par conséquent, sur la nécessité de fonder sur le politique et sur l'esthétique l'adhésion du public constitutive de la médiation théâtrale. C'est bien cela, le sens de la distanciation théâtrale instaurée par Brecht : il s'agit d'un déplacement de la référence dont se soutient le théâtre de la narrativité vers la consistance de la représentation. Le temps de la distanciation s'inscrit, dès lors, dans la consistance d'un projet esthétique. Le temps de la distanciation est celui de la médiation esthétique constitutive du spectacle même, sans que cette médiation esthétique fasse l'objet, comme c'est le cas à l'époque classique, d'une neutralisation dans la fiction.

Les différents espaces publics et les formes de la représentation

Ce qui fonde la consistance même de la représentation, et ce qui, par conséquent, donne sa forme effective à a médiation esthétique, c'est l'espace public dans lequel elle s'inscrit : c'est en fonction de la nature de l'espace public qui va lui servir de cadre que va se fonder, dans les structures et dans les formes de la sociabilité, la consistance institutionnelle de la médiation esthétique. Les différents espaces publics constitués en lieux de la médiation esthétique définissent, de cette manière, plusieurs *cogitos* différents de cette médiation, puisqu'ils organisent de façon différente à la fois la présentation des formes et l'inscription du public dans le champ de la médiation.

La rue

L'espace de la rue est celui de la représentation dans l'espace ouvert de l'urbanité. Il représente, d'une certaine manière, l'espace minimal de la représentation esthétique, en ce qu'il constitue l'espace de représentation structuré par les formes les moins spécifiques d'organisation et de mise en scène. La rue est le lieu du passage, et, en ce sens, elle constitue l'espace public minimal de l'urbanité, en même temps qu'elle constitue, sans doute, l'espace le plus caractéristique de l'urbanité, celui qui fonde l'espace de la ville dans sa spécificité : c'est une évidence ou un truisme d'observer qu'il n'y a de rues qu'en ville, mais, en même temps, c'est bien ce qui définit cette forme particulière d'organisation de l'espace qui se fonde sur deux caractéristiques : la circulation et l'indistinction. On ne s'arrête pas dans la rue, parce qu'on l'utilise pour aller d'un point à un autre, et, par conséquent, les activités et les représentations qui ont lieu dans la rue s'inscrivent dans des stratégies aléatoires de médiation et d'adhésion. Un spectacle de rue est un spectacle fondamentalement aléatoire, car il s'adresse à un public qui n'est pas constitué. C'est l'assistance même au spectacle, c'est-à-dire sa reconnaissance par les spectateurs de passage, qui fonde le public en lui donnant une existence de fait. Le spectacle de rue n'a pas de public : les passants qui s'arrêtent pour le regarder, parfois même un court moment en interrompant leur déplacement, ne constituent un public, avec les effets institutionnels que cela comporte, que dans la mesure où ils s'arrêtent un temps significatif (par exemple pour regarder la totalité de ce qui est présenté) ou dans la mesure où ils reconnaissent le spectacle en payant, c'est-à-dire en lui donnant la valeur d'une contribution. C'est ce caractère occasionnel qui constitue la spécificité institutionnelle du spectacle de rue : c'est bien le spectateur qui, en s'arrêtant devant lui, constitue lui-même le spectacle comme médiation esthétique. Le spectacle de rue n'est pas un spectacle qui relève d'une organisation particulière, car il se soutient seulement de la reconnaissance des usagers de l'espace public qui s'arrêtent devant lui.

La place publique

L'espace de la place publique n'a pas la même consistance. L'agora n'est pas un lieu seulement de circulation et de déplacement : il s'agit d'un espace public, et, en ce sens, il s'agit d'un lieu de parcours, mais, dans le même temps, il s'agit d'un lieu de rassemblement, et, par conséquent, il s'agit aussi d'un lieu de reconnaissance des activités qui s'y déroulent, que ces activités soient d'ordre commercial (la place est le lieu du marché) ou qu'elles soient d'ordre esthétique ou ludique (le cirque ou la fête foraine a lieu sur la place publique). Les formes de sociabilité esthétique de la place publique n'ont, en ce sens, pas le caractère aléatoire des formes esthétiques de la rue, car le public s'y constitue par le fait social même de s'y rassembler, de s'y réunir dans la reconnaissance commune du spectacle ou de l'activité qui s'y déroule. En ce sens, la place publique est un lieu de sociabilité constitutif d'un public dans une médiation effective de la singularité et du collectif, alors que la rue est un lieu de sociabilité constitutif seulement de spectateurs individuels dans leurs pratiques singulières. La place publique représente une forme aléatoire de spectacle parce qu'il y a circulation, mais elle fonde cependant une forme de médiation, et, en ce sens, elle est bien constitutive de l'espace urbain qu'elle fonde et qu'elle caractérise dans la forme géographique qu'elle représente dans l'espace. Les formes de la médiation culturelle mises en oeuvre dans l'espace public sont constitutives de la sociabilité, et la représentent sous une forme esthétique : c'est ainsi que les mystères du Moyen Âge, représentés en plein air, devant les églises, à l'intention des habitants de la cité toute entière, montraient, dans l'espace public, sous une forme théâtrale, l'adaptation que l'on pouvait faire des récits bibliques, essentiellement celui de la Passion, car ils constituaient, à cette époque, en Europe, des médiations fondamentales de la sociabilité.

Le spectacle

La spécificité du spectacle se définit sur le plan institutionnel par sa représentation dans un espace clos : tandis que le spectacle de rue consiste dans une représentation qui a lieu dans l'espace public, le spectacle se fonde comme activité reconnue à partir du moment où il est donné à voir dans un espace clos, consacré à cette activité, à un public qui se définit lui-même comme un acteur institutionnel dans la mesure où sa présence dans le lieu de la représentation est soumis au constat d'une qualité particulière (certaines manifestations culturelles sont destinées à des catégories sociales ou institutionnelles déterminées) ou au paiement d'un droit d'entrée. Le spectacle représente une médiation esthétique de la sociabilité en assignant dans le lieu de la représentation deux places distinctes au public, acteur collectif indistinct de la sociabilité et aux acteurs, acteurs singuliers représentant des rôles particuliers de la médiation esthétique. Le spectacle donne à voir au public indistinct des scènes et des situations susceptibles de le fonder comme acteur collectif de la sociabilité en lui faisant apparaître des scènes auxquelles les spectateurs qui le constituent donnent du sens en mettant en oeuvre une identification singulière à des acteurs qui représentent sur scène des images, esthétiquement distanciées, de l'identité qui les fonde. Le spectacle consiste à montrer au public le personnage d'Arlequin ou celui du Capitano, de façon à ce qu'il reconnaisse une signification au théâtre en s'identifiant à l'un ou l'autre de ces personnages et en instaurant, ainsi, la réalité de la médiation esthétique de la représentation théâtrale. Le propre de l'inscription de la représentation dans un lieu destiné à cet usage est de reconnaître ainsi une permanence institutionnelle à l'activité de la médiation théâtrale. C'est la construction des théâtres qui a fondé la permanence de la médiation esthétique de la représentation théâtrale et sa reconnaissance institutionnelle parmi les activités constitutives de la médiation politique de la cité. En passant de la rue à l'agora, puis de l'agora au théâtre, le spectacle s'est progressivement constitué comme la médiation institutionnelle de la représentation esthétique de la sociabilité, en fondant le sens de cette médiation dans la fixation et la reconnaissance d'un statut particulier aux acteurs de la représentation et à son public. C'est de cette manière que l'on peut situer historiquement le moment de l'émergence d'une médiation institutionnelle de la représentation esthétique.

Le musée

Le musée et les collections représentent l'espace de conservation et de présentation des objets porteurs de l'idéal social : la médiation muséale se fonde, comme la médiation spectaculaire, à partir du moment où la présentation des objets qui la constituent a lieu dans la clôture d'un espace assigné à cet effet. Comme le théâtre, le musée représente la fixation institutionnelle d'un lieu de la médiation esthétique : il se constitue en mettant en relation dans un lieu de la présentation les visiteurs et les objets représentatifs de la sociabilité. Le musée est une institution dès lors que les objets qui font l'objet de la médiation esthétique sont enregistrés et présentés dans un lieu permanent de présentation qui leur donne une signification quand ils font l'objet d'une présentation dans un espace structuré et aménagé dans une logique d'exposition et dans un processus didactique diffusant des représentations constitutives de la signification de la sociabilité et des représentations de la sociabilité inscrites dans les stratégies de présentation des objets et des formes de la médiation esthétique. C'est la fondation du musée du Louvre qui confère aux objets qui y seront exposés le statut de médiations esthétiques de la sociabilité et de la dimension politique de l'appartenance et de la citoyenneté, et c'est en ce sens que la médiation muséale, comme la médiation spectaculaire, bien qu'elle porte sur des objets et non sur des spectacles, met en oeuvre dans l'espace public les formes et les stratégies d'une représentation institutionnelle de l'appartenance et de la sociabilité. Le projet muséal représente, en ce sens, à la fois un projet didactique relevant d'une stratégie de communication et d'exposition et un projet de représentation relevant d'une mise en scène. Le projet muséal entend faire apparaître la médiation de la sociabilité dans les formes mêmes des objets et des lieux qu'il présente au public : il fonde la représentation de la sociabilité et du projet politique dont il se soutient sur le choix des objets qu'il fait apparaître, sur la nature des discours et des informations qu'il présente sur eux, et sur la façon dont ils font l'objet d'une mise en scène dans l'espace public des collections. La médiation muséale se fonde à partir du moment où le public indistinct, tout entier, s'approprie les objets en leur reconnaissant le caractère de représentants de la culture dans laquelle il s'inscrit : c'est le public qui, de la même manière qu'au spectacle, fonde la médiation muséale en reconnaissant, par sa présence et par sa participation aux visites du musée, la signification et la consistance symbolique et culturelle des objets et des oeuvres d'art présentés. Dès lors qu'ils font l'objet d'une présentation dans le musée, ceux-ci cessent d'être des objets pour acquérir la consistance de formes signifiantes interprétables et susceptibles de constituer pour les visiteurs la médiation d'identification à l'idéal de soi. Dans un musée de la mode ou du vêtement, un costume cesse d'habiller et devient une forme de vêtement correspondant à un idéal social ainsi représenté.

L'espace médiaté de la représentation

L'apparition des médias de communication et de représentation constitue une rupture profonde dans la structure et dans la mise en oeuvre des formes de la représentation, en donnant naissance à ce que l'on peut appeler un véritable espace médiaté de la représentation, fondamentalement distinct de la forme que pouvait revêtir, antérieurement, l'espace politique et culturel de la communication. Ce qui caractérise l'émergence des formes modernes de communication médiatée, c'est l'apparition d'une communication non inscrite dans l'espace : la communication médiatée emprunte désormais des formes qui ne s'inscrivent pas dans des lieux particuliers de l'espace public, et qui, par conséquent, donnent naissance à ce que l'on peut appeler un espace médiaté sans localisation de la représentation. Les formes contemporaines de la représentation culturelle ne s'inscrivent plus dans des territoires ni dans des formes matérialisées d'espaces de communication et de diffusion, mais, au contraire, instaurent ce que l'on peut appeler une géographie non spatialisée de l'information et de la communication, à partir de laquelle les usages culturels instaurent d'autres formes de pratiques de la communication et des médias et mettent en oeuvre des stratégies et des logiques de représentation qui donnent naissance à ce que l'on peut appeler un espace médiaté non localisé de représentation. Les logiques et les usages constitutifs des pratiques culturelles cessent d'être localisées dans des lieux géographiquement déterminés, comme les lieux de spectacle ou les musées, elles cessent même de faire l'objet de diffusion et de représentation dans des médias qui donnent à l'espace public une consistance perceptible dans l'espace et dans les lieux de la sociabilité : les médias peuvent désormais constituer une forme de lieu public sans spatialité, dont les usages peuvent s'inscrire dans des espaces singuliers individualisés et situés hors des espaces publics de la médiation culturelle (c'est le cas, depuis toujours, de la lecture, mais c'est désormais le cas dans les formes audiovisuelles de représentation grâce au développement de la vidéo) ou dans des espaces virtuels de représentation (CD Rom, interactivité, Internet), dans lesquels c'est la mise en oeuvre même de l'interactivité qui produit un espace de représentation, en construisant des stratégies individuelles d'usage et de consultation dont le déroulement même produit la constitution d'un espace comparable à l'espace de la bureautique : un espace d'usage individuel de pratiques et de médias d'information et de communication. L'espace médiaté de la représentation fait de la médiation culturelle une forme, comparable aux autres, d'information et de communication : dans la mesure où les médias de sa diffusion ne constituent plus des médias spécifiques, alors que le théâtre, le musée ou le cinéma constituaient des lieux spécifiques de diffusion des pratiques culturelles, la médiation culturelle s'inscrit de nouveau, désormais, dans des formes non spécifiques d'espace public, comme l'agora ou la rue, mais il s'agit de formes médiatées d'espace public : il s'agit de représentations médiatées de l'espace public que l'on peut, globalement, définir comme un espace public virtuel, comme celui que représentent les CD-Rom ou les écrans disponibles sur le réseau Internet. Le propre de l'espace médiaté de la représentation culturelle est, dans ces conditions, comme il le fait pour l'ensemble des formes de la médiation, de dématérialiser la médiation culturelle.

Chapitre 5

LES PRATIQUES DE LA REPRESENTATION CULTURELLE

Au-delà de la définition des institutions qui lui donnent ses logiques et ses stratégies, et au-delà des lieux particuliers dans lesquels elle s'inscrit, il convient d'analyser les pratiques mêmes qui font l'objet et la consistance mêmes de la représentation culturelle. Il convient de comprendre comment se mettent en oeuvre les pratiques constitutives de la représentation culturelle, en étudiant les acteurs singuliers collectifs qui la mettent en oeuvre et en rendant intelligibles les logiques et les structures constitutives des pratiques sociales identifiées, dans l'espace public ou dans les lieux de l'espace privé, comme des pratiques de représentation culturelle. La médiation culturelle, pour devenir pleinement un objet de pensée, doit encore faire l'objet d'une observation et d'une analyse.

La médiation esthétique

On connaît déjà le concept de médiation esthétique : rappelons-en, brièvement, la définition ici, pour mieux comprendre et pour mieux pouvoir penser le processus de sa constitution et de sa mise en oeuvre. La médiation esthétique est la forme particulière de médiation, c'est-à-dire de dialectique entre les usages singuliers et les formes collectives, qui porte sur la dimension esthétique de la communication et de la représentation, c'est-à-dire sur la dimension de la représentation qui se fonde sur l'usage des formes et des perceptions du sujet. Les arts plastiques sont une forme de médiation esthétique, parce que les signifiants qui sont porteurs de cette médiation s'inscrivent dans des images qui, projetées, font l'objet d'une perception visuelle de la part des sujets qui y assistent. La consistance et la mise en oeuvre de la médiation esthétique s'inscrivent dans des formes perceptibles par la mise en oeuvre de nos sens : c'est pourquoi l'esthétique et les arts de la représentation s'inscrivent dans des systèmes de formes, accessibles à nos systèmes de perception qui les rendent eux-mêmes intelligibles à nos logiques d'interprétation.

Le processus de constitution de la médiation esthétique

La médiation esthétique fait de la représentation et de sa perception une médiation, dans la mesure où elle les inscrit dans une dialectique entre des formes qui font l'objet d'une réception, puis d'une reconnaissance et d'une interprétation singulières, mises en oeuvre par des sujets singuliers de la communication et de la sociabilité, et des codes et des structures d'interprétation, qui sont communs à tous les sujets de la sociabilité, et qui, par conséquent, représentent des formes et des logiques collectives de la culture et de la représentation. La médiation esthétique constitue la dialectique entre cette dimension singulière et cette dimension collective de l'activité culturelle. Elle se constitue d'une part dans l'inconscient, où elle représente une instance majeure de notre système symbolique : en effet, c'est notre inconscient, siège des formes culturelles, qui donne lieu à la mise en oeuvre des processus de reconnaissance et de représentation constitutifs de la mise en oeuvre des formes et des pratiques culturelles. Elle se poursuit, d'autre part dans les processus de création, dans lesquels elle constitue le processus d'identification du sujet à l'idéal de soi. La création constitue, en propre, le processus même de la médiation culturelle, en l'inscrivant dans des pratiques artistiques et dans des pratiques culturelles de représentation. La médiation esthétique achève de se structurer, enfin, dans la mise en oeuvre des processus et des stratégies de l'interprétation qui achèvent la constitution de la médiation symbolique en rendant possibles l'interprétation et l'appropriation des formes par le sujet de la communication et de la sociabilité.

L'émotion esthétique

Le plaisir et l'émotion esthétique constituent des formes singulières de médiation qui donnent sa consistance réelle effective à la mise en oeuvre d'un langage esthétique. C'est l'émotion esthétique qui constitue le pôle singulier de la médiation culturelle, en mettant en oeuvre l'activité propre au sujet et l'appropriation singulière de l'activité culturelle par le sujet, qu'il en soit l'artiste, l'acteur ou l'usager. L'émotion esthétique représente ce que l'on peut appeler le moment réel de la médiation culturelle, le moment au cours duquel elle acquiert la consistance réelle d'un événement qui implique le sujet comme acteur singulier, dans la dimension réelle de sa subjectivité, c'est-à-dire dans son désir. L'émotion esthétique est l'implication du désir du sujet dans la création artistique ou culturelle ou dans la réception et les pratiques singulières de la médiation culturelle. L'émotion esthétique, finalement, est la façon dont les pratiques culturelles effectives du sujet lui constituent une image de soi en laquelle il puisse reconnaître la représentation de son idéal de soi dont il est porteur. C'est l'émotion esthétique qui représente la consistance effective du processus de l'identification à l'idéal de soi, par ailleurs constitutif de l'art. L'émotion esthétique se caractérise comme instance proprement singulière de la médiation culturelle car elle en représente le moment qui n'est susceptible d'aucune indistinction, d'aucune identification symbolique à l'autre. Tant que nous sommes dans le domaine de la signification, du code, de la représentation, tant que nous sommes dans le domaine de l'activité culturelle commune à tous les acteurs singuliers qui appartiennent au même espace de sociabilité, nous sommes dans le domaine de l'indistinction ; les oeuvres d'art exposées dans les musées, les films projetés dans les cinémas et les pièces représentées dans les théâtres sont destinés à un public indistinct. La mise en oeuvre de la médiation culturelle ne s'inscrit pas dans des formes singulières de représentation. En revanche, quand se met en oeuvre la consistance effective de la médiation culturelle, c'est-à-dire quand elle s'inscrit dans l'expérience singulière du sujet, nous sommes dans une logique artistique, c'est-à-dire dans une expérience de l'identification à l'idéal de soi, qui conditionne l'achèvement effectif du processus de la médiation culturelle par l'implication du sujet dans sa singularité, c'est-à-dire dans sa consistance propre et non dans son indistinction. C'est le sujet singulier qui voit la *Joconde* et qui, par conséquent, l'inscrit dans son expérience propre de la culture et de la représentation : ainsi s'achève la constitution de la médiation esthétique de la culture dans la mise en œuvre de son instance singulière. En effet, pour autant que je voie le tableau de Léonard de Vinci, c'est moi qui le vois et personne d'autre ne le voit à ma place de la même manière que moi. L'expérience singulière de la médiation culturelle est cette expérience de la perception que je ne peux faire à la place de personne et que personne ne peut faire à ma place. C'est la raison pour laquelle l'émotion esthétique s'inscrit dans la dimension proprement inconsciente de la subjectivité, puisque c'est mon désir qui est éveillé, en ce qu'il est constitutif de la dimension propre de ma subjectivité, et que ce désir est, lui-même, structuré par les structures mêmes de mon inconscient, siège, par ailleurs, de l'activité symbolique des formes singulières de la médiation symbolique et de la médiation culturelle.

La rationalité esthétique

Mais l'émotion esthétique n'est, en un sens, pas pensable : elle ne saurait, d'une certaine manière, faire l'objet d'une distanciation intellectuelle, ou, à tout le moins, rationnelle, par le sujet qui en est porteur, dans le moment même où il l'éprouve. C'est ce qui explique la difficulté que l'on peut éprouver à penser l'art et la culture, c'est ce qui peut expliquer la permanence de l'idée selon laquelle la création artistique est de l'ordre de l'irrationnel, pour ne pas dire de l'ineffable et du divin. Le mythe du caractère spontané et inspiré de la création artistique tient, sans doute, sa consistance de l'articulation de l'émotion esthétique avec ce qu'il en est du désir du sujet, tant il est vrai qu'il n'y a pas d'art sans désir d'idéal. Mais, à un certain moment de l'histoire de la médiation culturelle, les formes esthétiques s'inscrivent dans des formes de rationalité, qui permettent de les penser et d'en rendre raison comme de n'importe quel type de fait social et institutionnel de médiation. La rationalité esthétique permet de rendre raison des faits de création artistique et culturelle en rendant pensable la constitution de leur signification et la mise en oeuvre de l'interprétation qui permettent de les inscrire dans des logiques sociales et institutionnelles de médiation et de représentation. La rationalité esthétique, qui est le processus par lequel les processus de la création esthétique peuvent devenir intelligibles, se fonde sur trois instances de rationalité et d'intelligibilité des faits culturels. Il s'agit, d'abord, du *sujet de la création esthétique* : le sujet, c'est-à-dire l'instance singulière de la médiation culturelle, inscrit dans l'expérience esthétique le désir dont il est porteur et qui fera l'objet d'une sublimation esthétique par les pratiques artistiques et formelles mises en oeuvre par la médiation culturelle. Sans le désir du sujet, il ne saurait y avoir de création artistique ou culturelle, puisque c'est son désir qui constitue pleinement le moment de la mise en oeuvre des pratiques effectives du réel de la subjectivité : c'est le désir de culture qui rend possible l'appropriation par le sujet des formes de la médiation culturelle. C'est, d'ailleurs, pourquoi on ne saurait mettre en oeuvre de dynamiques de diffusion culturelle contre les sujets à qui elles sont destinées ou sans eux. Il s'agit, ensuite, du *savoir du sujet*, inscrit, au contraire dans la culture dont il est porteur, et qui, au contraire, constitue la dimension collective de la médiation culturelle, en représentant l'ensemble des informations et des savoirs dont peuvent être porteurs tous les sujets appartenant à la même sociabilité, et dont ils se reconnaissent les uns les autres porteurs au cours de leurs pratiques culturelles de la sociabilité. C'est le savoir du sujet de la médiation culturelle qui fait de lui, pleinement, un sujet de médiation, puisque c'est lui qui lui garantit le même langage que les autres, et qui, par conséquent, lui garantit la dimension culturelle de l'indistinction. Enfin, la rationalité esthétique se fonde sur *un langage et sur un système de représentation des formes de la médiation culturelle*, qui donnent proprement lieu à la médiation esthétique, et qui représentent l'ensemble des formes matérielles que peut prendre la réalisation de la médiation esthétique de la culture. Le langage et le système de représentation ainsi mis en oeuvre par le sujet au cours de la création et au cours de la réception des formes de la culture constituent un système d'interprétation du réel et du savoir dont se soutiennent les sujets dans les formes esthétiques de la création et de la représentation, au cours même de la mise en oeuvre de leurs pratiques culturelles de création et de représentation. C'est ce savoir qui constitue l'instance régulatrice par laquelle peut pleinement se mettre en oeuvre la médiation, en rendant possible l'acquisition d'un savoir et d'images qui soient communs à tous les sujets de la même culture et de la même sociabilité.

Le transfert esthétique

L'art peut se définir comme ce qui rend possible l'identification du sujet à l'idéal de soi : il suscite, dans ces conditions, une forme de transfert que l'on peut désigner par le concept d'émotion esthétique, ou d'admiration. Le transfert esthétique consiste, pour le sujet, lors de la réception des oeuvres et des formes artistiques, à éprouver devant l'oeuvre d'art une forme de désir de nature à susciter l'identification à l'idéal de soi, c'est-à-dire à reconnaître dans l'oeuvre d'art en question et dans l'émotion qu'elle suscite la consistance d'un désir, sublimé dans la reconnaissance d'une forme. Ce transfert esthétique n'est pas mis en oeuvre de la même manière dans les arts du spectacle ou dans les arts du récit, dont la médiation esthétique consiste dans un transfert sur les acteurs du spectacle ou sur les personnages du récit. Dans le cas de la musique et des arts plastiques, c'est-à-dire dans le cas des arts de la forme, le transfert esthétique s'inscrit dans la consistance d'un objet ou d'une forme qui appartient à l'espace de la perception visuelle ou sonore, qui constitue la référence même du désir d'idéal. Dans le cas des arts de la représentation, le transfert esthétique est mis en oeuvre par la médiation de la reconnaissance d'une signification : c'est en assistant à la représentation, mise en scène dans l'espace public, d'un chant, d'un récit ou d'un spectacle, que le spectateur éprouve une émotion esthétique, elle-même suscitée et mise en oeuvre par la relation qu'il établit entre la représentation à laquelle il assiste et la signification dont elle se soutient et qui la rend interprétable ; dans le champ des arts de la représentation, c'est moins la forme elle-même que la médiation de signification dans laquelle elle est inscrite qui est de nature à éveiller l'émotion esthétique qui porte sur la forme présentée au spectateur. Le moment de l'émotion esthétique, finalement, est celui de l'appropriation par le sujet spectateur de la forme sublimée d'identité que fonde de lui la représentation esthétique : l'émotion esthétique consiste, pour le sujet, à reconnaître cette forme sublimée d'identité et à inscrire sa propre identité et sa propre expérience dans la pratique culturelle et esthétique mise en oeuvre lors de l'expérience de la représentation. Quand je regarde un tableau, le transfert esthétique consiste à reconnaître à ce tableau la signification qui fonde l'expérience esthétique de la sublimation de ma propre identité et qui fonde, par conséquent, l'apparition d'une autre identité, celle de l'idéal de moi dont je vais me soutenir lors de la reconnaissance de l'expérience esthétique. C'est bien pourquoi le sujet engage quelque chose de son désir et de son identité dans l'expérience esthétique de la médiation culturelle. Mais c'est bien aussi pourquoi le transfert constitutif de l'émotion esthétique ne peut se faire que sur la consistance plastique d'une forme esthétique perçue dans la réalité de l'espace de la représentation, car c'est la consistance perceptible de la forme, de la scène ou de l'objet porteur de cette dimension esthétique qui fonde, pour le sujet, la réalité de l'émotion caractéristique de l'expérience esthétique. Il n'y a pas de désir d'idéal sans forme à percevoir, ce que signifie, précisément, le concept d'émotion esthétique.

Qu'est-ce qu'une pratique culturelle ?

L'expérience de la médiation culturelle

Les pratiques culturelles sont les pratiques par lesquelles nous faisons individuellement l'expérience de la médiation esthétique. Il s'agit de pratiques symboliques qui consistent dans la mise en oeuvre, par le langage ou par un autre système de signification, d'une expérience esthétique de la médiation culturelle (y compris la lecture), c'est-à-dire de pratiques symboliques qui supposent l'inscription de la signification dans un autre système de signification et de représentation que la langue, dont la consistance repose, précisément, sur la reconnaissance d'une forme autonome par rapport à la signification qu'elle engage. La médiation culturelle inscrit la dialectique entre l'expérience singulière du sujet et l'appartenance collective dont se soutient la signification dans un système symbolique de formes esthétiques extérieures à la dimension communicative de la langue, parce que c'est la spécificité de cette reconnaissance esthétique des formes qui fonde la médiation culturelle : la médiation culturelle se fonde sur la consistance d'une sculpture, d'un tableau, d'une oeuvre musicale ou d'une représentation théâtrale, parce que, dans ces différents modes d'expression et de signification, la médiation constitutive du fait culturel s'inscrit dans les formes qui font l'objet de la reconnaissance et non dans les formes linguistiques qui font l'objet de la communication et de l'identification spéculaire à l'autre : la mise en oeuvre d'une identification spéculaire à l'autre, d'une reconnaissance de l'autre, dans une forme de communication, comme représentation de l'image de soi empêcherait, en effet, la reconnaissance, dans cette forme, de la représentation de l'idéal de soi, et, par conséquent, empêcherait la mise en oeuvre de la sublimation, constitutive de la médiation culturelle. L'expérience de la médiation culturelle fait apparaître une sublimation de l'appartenance, et non une représentation institutionnelle de l'appartenance et de la sociabilité, sans cela elle ne se distinguerait pas des autres formes et des autres stratégies constitutives de la médiation symbolique. C'est la sublimation esthétique qui distingue la médiation culturelle des autres médiations de mise en oeuvre du langage et de la représentation : c'est elle qui fonde la spécificité caractéristique du langage des oeuvres d'art, des oeuvres musicales et des oeuvres esthétiques de la langue.

L'expérience esthétique

La médiation culturelle s'inscrit dans une expérience esthétique, au cours de laquelle le sujet prend conscience de la nature de l'idéal de soi auquel les formes esthétiques le convient à s'identifier. En ce sens, elle s'inscrit dans une logique de formes et de représentation que le sujet a à reconnaître pour se les approprier et pour faire pleinement, grâce à elles, l'expérience de la sublimation esthétique. L'expérience esthétique des pratiques culturelles consiste dans une expérience de l'articulation entre, d'une part, plaisir et émotion et, d'autre part, savoir et culture : le sujet de l'expérience esthétique s'inscrit, dès lors, dans une dialectique de sa subjectivité et de son appartenance. Le plaisir et l'émotion éprouvés par le sujet grâce à la découverte et à l'expérience des formes constituent l'instance singulière de la médiation culturelle : il s'agit de ce qui fonde la singularité de l'expérience propre au sujet que personne ne peut éprouver à sa place, et qui fonde la dimension réelle et matérielle de l'expérience esthétique. Le savoir et la culture mis en oeuvre par le sujet lui permettent d'assurer la reconnaissance des formes esthétiques et, par conséquent, de leur donner une signification : c'est ce qui fonde le sens de l'expérience esthétique ; sans lui, l'expérience des formes ne serait, pour le sujet, qu'une perception, et il s'agit, par conséquent, de ce qui fonde la médiation, puisque le savoir et la culture mis en oeuvre lors de la reconnaissance des formes sont, eux, communs à tous ceux qui appartiennent au même espace de sociabilité. Sans le savoir, la perception des sons ne conduirait jamais à la reconnaissance de formes musicales, qui se fonde, elle, sur le savoir de l'auditeur. L'expérience esthétique achève, ainsi, la mise en oeuvre de la médiation en s'inscrivant dans une logique collective et sociale. Tous les sujets appartenant à une même culture et à une même forme de sociabilité reconnaîtront la même signification à la forme esthétique qu'ils percevront et qui constituera, dès lors, une représentation reconnue de l'idéal culturel. Dans l'expérience esthétique de la médiation culturelle, l'identification du sujet à l'idéal de soi résulte, ainsi, d'une dialectique entre son désir et son savoir, cette dialectisation donnant naissance à ce que l'on peut appeler une forme pleine, permettant la reconnaissance, dans le même temps, de l'émotion singulière et de la signification collective et culturelle. L'émotion esthétique consiste, précisément, à reconnaître dans les formes constitutives du désir d'idéal des autres le même désir d'idéal que celui dont on est porteur, et à faire, ainsi, l'expérience effective de la médiation culturelle.

Les pratiques culturelles

On peut, dans ces conditions, définir les pratiques culturelles comme les pratiques de l'inscription de l'appartenance et du lien social dans des formes esthétiques structurées et stabilisées. Les pratiques culturelles ne peuvent donner lieu à l'expression et à la reconnaissance de formes collectives de l'idéal de soi que dans la mesure où elles s'inscrivent elles-mêmes dans des formes collectives, c'est-à-dire dans des formes culturellement et institutionnellement stabilisées de représentation de l'idéal esthétique de la subjectivité. Les pratiques culturelles se caractérisent par une médiation forte entre l'expression de la signification, c'est-à-dire l'existence d'un engagement de l'oeuvre ou de la représentation qui ne saurait être neutre, et qui ne saurait ne pas avoir de sens, et l'expression de la singularité du sujet, qui ne saurait s'exprimer en dehors de l'expression et de la représentation du désir dont il est singulièrement porteur et par lequel il n'y a pas d'identification possible à l'autre. Le propre des pratiques culturelles est qu'elles ne peuvent être mises en oeuvre que par le sujet qui en éprouve le désir, et qu'elles ne peuvent faire l'objet d'une médiation dans leur usage : les pratiques culturelles engagent le sujet même qui les met en oeuvre, dans son identité et dans son désir, et, par conséquent, elles ne peuvent être mises en oeuvre par un sujet qui n'en éprouverait pas de désir. C'est pourquoi les pratiques culturelles sont des pratiques engagées : il n'y a pas de pratique culturelle sans un engagement du sujet qui les met en oeuvre en reconnaissant et en assumant ce désir même qui le structure. Les pratiques culturelles, dans ces conditions, ne peuvent ni être neutres ni se réduire à des pratiques de consommation. l'erreur de certaines structures de diffusion culturelle a été, sans doute, dans une logique de marché et de consommation de produits, d'assigner à la diffusion des formes de la médiation culturelle les mêmes techniques et les mêmes stratégies qu'à la diffusion de n'importe quel bien de consommation. Or, on ne pratique pas la culture comme on utilise des voitures, car les pratiques culturelles supposent l'implication du sujet dans un désir d'idéal et de représentation propre à l'engager dans des logiques esthétiques. C'est pourquoi les pratiques culturelles supposent sans doute d'une part que les sujets qui les mettent en oeuvre aient été préparés à cette pratique par l'acquisition d'un savoir de nature à leur permettre la reconnaissance des formes, et, d'autre part, qu'ils soient prêts, par leur désir et par leur expérience propres, à mettre en oeuvre ce désir qui les engage dans les formes de la culture et de la médiation esthétique. On ne va pas au cinéma contre son gré, on n'y va pas sans désir, dans une forme d'indifférence, et c'est, sans doute, ce qui distingue la représentation cinématographique à laquelle on assiste dans un cinéma et le film que l'on regarde grâce à son récepteur de télévision (la langue française, d'ailleurs, n'emploie pas le même verbe : on ne *regarde* pas un film au cinéma). La différence entre ces deux modes de réception du film est précisément la différence entre une pratique de la médiation qui implique l'information et le savoir du sujet (c'est le cas de la télévision qui, par ailleurs, constitue la médiation de l'information grâce au journal) et une pratique de la médiation qui implique surtout le désir du sujet (c'est le cas du cinéma).

L'expérience singulière de la médiation esthétique

Par l'expérience singulière de la médiation esthétique, le sujet donne à l'exercice de sa sociabilité une forme par laquelle il puisse faire l'objet d'une reconnaissance, voire d'une identification symboliques. Cette forme matérielle, qui fait l'objet d'une perception et d'une reconnaissance constitue la matérialité même de l'expérience esthétique, et c'est en raison de cette matérialité, qui donne lieu à une situation réelle de perception et d'expérience, que le sujet met en oeuvre la dimension singulière de la médiation culturelle : l'expérience singulière de la médiation esthétique consiste, pour le sujet à mettre en oeuvre une expérience propre de la perception et de la reconnaissance des formes, et, par conséquent, à engager son propre désir dans cette expérience. S'il y a une singularité de l'expérience culturelle, c'est dans la mise en oeuvre de ce désir du sujet : c'est, d'ailleurs, en ce sens, l'expérience esthétique même de la médiation culturelle qui lui permet de reconnaître et d'assumer, au cours de cette expérience, la sublimation de sa propre subjectivité. La singularité de l'expérience esthétique de la médiation culturelle consiste, pour le sujet, en quelque sorte, à refonder, à structurer de nouveau, à chaque expérience nouvelle, la sublimation de l'identité même dont il est porteur - ce qui est désigné ici par le concept d'identification à l'idéal de soi. L'expérience singulière de la peinture consiste, pour le sujet, d'une part à faire lui-même l'épreuve et l'expérience de la peinture elle-même, à en sentir la matérialité dans les doigts et sur le papier, à en faire l'expérience matérielle dans le moment de la peinture elle-même comme activité plastique, et, d'autre part, à faire lui-même l'expérience de la reconnaissance des formes peintes, en fonction de son expérience et de sa mémoire propres et en fonction du désir qu'il éprouve au moment de regarder, et qui constitue le réel même de sa propre subjectivité. L'expérience singulière de la peinture consiste, pour le sujet, à fonder sa propre expérience de la peinture, en se sublimant, c'est-à-dire, en particulier, en s'extrayant, en quelque sorte du lieu de la médiation pour se constituer symboliquement un lieu propre de représentation, de perception et de reconnaissance de la forme peinte. Quand le sujet se trouve au musée, il suspend, par une sorte d'*Aufhebung*[25] qui lui est propre, la sociabilité dont il est porteur et que lui assigne le lieu même de la médiation muséale, pour ne se retrouver comme sujet et comme identité que face à l'œuvre, dans une forme de confrontation sublimée. Cette suspension de la sociabilité et de l'espace public dans lequel il se trouve permet au sujet de se constituer l'image même de l'idéal de soi dont il se soutient dans la constitution symbolique de sa propre identité et dans la structuration de l'idéal esthétique grâce auquel il va fonder son appréciation du tableau et son émotion esthétique.

Pratiques culturelles et idéal de soi

Les pratiques culturelles, dans la mesure où elles s'inscrivent dans différentes formes et dans différents types de pratiques et d'expériences, vont donner lieu à différentes logiques d'expression et de représentation de l'idéal de soi par le sujet qui les met en oeuvre. Ces différentes pratiques culturelles constituent, finalement, différentes stratégies et différentes structures au cours desquelles le sujet, de différents manières, va constituer la représentation de l'idéal de soi dont il va se soutenir dans la mis en oeuvre et la reconnaissance de son expérience esthétique de la médiation culturelle.

La narrativité

Les arts du récit consistent dans la mise en oeuvre du processus de l'identification du public au héros ou à un personnage particulière de la logique narrative : c'est un personnage du récit lui-même, qui peut être celui que l'on nomme le héros, mais qui peut en être un autre, selon l'expérience mise en oeuvre par le sujet de la médiation, qui constitue le point de formation de l'identification du sujet à l'idéal de soi. Le propre de la médiation narrative est d'inscrire la médiation culturelle dans la relation établie par le récit entre le sujet et un personnage du récit. C'est pour cela que le récit passe, en général, par le détour de la fiction, pour empêcher que cette identification du sujet ne se fasse à une situation réelle, et perde ainsi la spécificité esthétique de l'identification du sujet à l'idéal de soi. Quand le lecteur ou l'auditeur est confronté au récit des aventures d'Ulysse, la médiation culturelle mise en oeuvre par le récit se porte sur les aventures, sur le désir et sur les expériences d'un

---

[25] Ce concept hégélien, généralement traduit par *relève*, désigne le mouvement constitutif de la dialectique selon lequel les deux termes de la contradiction font l'objet d'une *relève* par le troisième terme, dialectique, qui les *subsume*.

personnage particulier, appelé Ulysse, pour éviter que le sujet ne prenne le récit pour le récit d'un événement réel et, par conséquent, pour éviter que cette identification, devenant une identification réelle, ne fasse obstacle à la sublimation de la médiation culturelle et du désir du sujet. Les arts du récit, en fondant la médiation culturelle sur la narrativité, ne sauraient faire des personnages du récit des personnages réels, car cette confusion empêcherait la sublimation et la constitution, grâce au récit lui-même, d'une représentation esthétique de l'idéal de soi, socialement diffusée, et, par conséquent, institutionnellement reconnue comme médiation. La narrativité est l'une des formes originaires de la médiation culturelle de la sociabilité, précisément parce qu'elle s'inscrit dans les formes les plus originaires de la communication, c'est-à-dire les formes de la langue, de la parole et du discours, mais aussi parce qu'elle met en scène le récit d'événements et d'expériences survenus à des personnages par la médiation de la parole d'un personnage lui-même réel (dans le récit parlé ou la tradition orale) ou donné pour tel (dans la communication écrite) et, à ce titre, représentant du désir sublimé du sujet de la communication. La narrativité représente une médiation culturelle forte car elle rend nécessaire la participation du sujet de la sociabilité et sa reconnaissance des formes collectives et institutionnelles de la représentation narrative des lois et des structures constitutives de la sociabilité : c'est ainsi que l'épopée et le récit épique, ou les récits bibliques, représentent, dans les cultures qui en reconnaissent la validité, une forme supérieure de légitimité qui fait l'objet d'une reconnaissance non seulement esthétique mais aussi politique et institutionnelle de la part de leurs auditeurs.

L'art

L'art est une autre forme de médiation culturelle, qui se fonde, elle, sur la représentation plastique, dans des formes de perception et d'appropriation dans l'expérience. Il peut consister dans la mise en oeuvre du processus de l'identification du public à l'idéal de soi, au cours même de la pratique artistique ou du regard porté sur une oeuvre d'art. L'expérience artistique de la médiation culturelle consiste dans la dialectique entre la perception et la reconnaissance : il s'agit de la mise en oeuvre, par le sujet, d'un expérience au cours de laquelle il soutient son identification de la médiation d'une forme esthétique. C'est par la médiation esthétique des formes qui font l'objet de sa reconnaissance que le sujet de la sociabilité s'approprie les formes de la médiation culturelle et reconnaît les formes qui les constituent comme système de langage et de représentation. L'art, en ce sens, est une forme particulière de la médiation esthétique qui, au lieu de s'inscrire dans la médiation d'une représentation par des acteurs ou des formes de langage susceptibles d'engager des identifications de la part du sujet, s'inscrit dans l'expérience des formes plastiques et musicales qui sont, elles, susceptibles de n'engager de la part du sujet que l'expérience d'une perception. L'expérience artistique ne s'inscrit pas dans une médiation portée par des relations à des acteurs, à des personnes, ou à des mots : elle s'inscrit dans une médiation portée par des relations à des objets et à des formes relevant de l'expérience réelle de la perception. En ce sens, l'art peut passer pour étranger au langage et à la signification, puisqu'il s'inscrit dans un système de formes matérielles, dont la matérialité, à la différence de l'expérience du langage et de la communication verbale, ne fait pas l'objet d'un refoulement par le sens. Le propre de l'expérience de l'art est que les formes dans lesquels il consiste ne font pas l'objet d'un refoulement de leur perception par le sujet : leur perception par le sujet est toujours le fondement même de leur reconnaissance, et, dans ces conditions, la communication artistique ne fait pas l'objet d'une médiation de même nature que la communication langagière ou verbale. Le propre de la communication langagière est que la médiation symbolique de la langue et du langage ne peut s'établir que sur la base d'un refoulement de la perception des formes, puisque cette perception empêcherait l'identification symbolique du sujet aux autres sujets dans l'échange constitutif de la communication. En revanche, la communication qui s'inscrit dans les formes plastiques de la création esthétique suppose bien la reconnaissance des formes par le sujet, et, par conséquent, la mise en oeuvre son expérience propre de la perception. En ce sens, la médiation esthétique des formes s'inscrit dans la perception de leur matérialité autant que dans la reconnaissance de leur signification. L'expérience de la peinture suppose la reconnaissance de la spécificité même de la matière dans la constitution des formes : c'est, en particulier, le sens de l'expérience d'un groupe artistique comme celui que l'on a appelé le groupe Support / Surface[26] de mettre en scène la matérialité des formes et de matières utilisées dans l'exposition même des peintures représentées. Les expériences nouvelles de la création plastique font apparaître une reconnaissance et une reformulation de cette importance du travail et de la reconnaissance de la matérialité des formes dans

---

[26] Mouvement artistique apparu à Paris à la fin des années soixante, qui fonde son esthétique sur une approche matérialiste de l'art.

l'expérience artistique, par une stratégie assumée de l'exposition de la matière de la peinture et des supports utilisés et par ce que l'on peut appeler un transfert sémiotique sur la matérialité.

Le savoir et la rationalité en matière artistique

Dans le champ des pratiques artistiques, la rationalité consiste à rendre compte des processus esthétiques et institutionnels suivant lesquels les formes esthétiques et les formes artistiques produisent des opinions et des représentations auxquelles on peut adhérer, dans le champ de la mise en oeuvre de nos médiations de l'appartenance et de la sociabilité : la rationalité en matière artistique rend raison de la place des oeuvres et de la création dans la reformulation de l'espace public. Si la création artistique a longtemps été considérée comme un champ relevant d'une forme d'irrationalité, et si on a longtemps supposé qu'il s'agissait d'un champ et de pratiques irréductibles à toute forme de rationalité et de savoir, c'est à la fois pour préserver l'importance et l'authenticité du thème de l'inspiration et d'une forme d'asocialité des créateurs artistiques et pour fonder une logique non communicable de la création : dès lors que la création artistique constituerait une dynamique irrationnelle de l'inspiration, elle ne pourrait plus faire l'objet d'une transmission, d'une communication, ni, par conséquent, d'une médiation. L'idée selon laquelle la création artistique échappe à la rationalité revient à extraire l'art et les pratiques artistiques des logiques et des stratégies de la communication et de la diffusion dans l'espace public de la sociabilité, pour lui assigner le statut d'une pratique singulière qui échappe aux formes et aux lois de l'appartenance : la thématique de l'inspiration, du «souffle divin» dont parle Platon, signifie, fondamentalement, que l'art échappe à la dimension institutionnelle et au statut de médiation qui devraient lui être reconnus dans l'espace public. Dans ces conditions, la constitution d'un savoir et d'une rationalité de nature à structurer le champ des activités esthétiques et de la création artistique représente une exigence fondamentale, sans doute préalable, à ce que puissent être pensées la diffusion de l'art et sa constitution en médiation symbolique de la sociabilité. Pour que puisse être reconnu à l'art le statut d'une médiation, sans qu'il soit, pour cela, réduit à la fonction d'art officiel, encore faut-il que les pratiques esthétiques soient constituées en un champ institutionnel de savoir et de sociabilité : c'est le rôle de la muséographie, des galeries, des collections et des expositions dans le domaine de l'art, c'est le rôle des distributeurs de films et c'est le rôle des festivals et des administrateurs de théâtre dans le domaine des arts du spectacle. Dans le domaine des pratiques artistiques et esthétiques, la médiation constitutive de l'art comme pratique sociale met en oeuvre à la fois les formes et les logiques de sa constitution en logique institutionnelle et les formes, les procédures et les structures de sa diffusion dans l'espace public de la sociabilité. En fait, l'activité du marché de l'art ou du marché des spectacles s'inscrit dans la même forme d'activité sociale que l'activité des producteurs et des organisateurs de spectacles : il s'agit toujours de structurer l'inscription des formes de la création esthétique dans l'espace public de la sociabilité qui leur assure leur audience et la pérennité de leur usage. Mais la mise en oeuvre d'une telle forme de médiation suppose la constitution préalable de l'activité artistique comme champ de rationalité et d'intelligibilité : ne peuvent se diffuser que les formes ayant fait l'objet d'une intelligibilité qui leur assure la consistance symbolique dont se soutient leur inscription dans les lieux de la sociabilité. Le savoir en matière artistique revient, finalement, à constituer la création en une institution de médiation dans l'espace public de la sociabilité, puisque, dès lors que la création s'inscrit dans une logique de savoir, elle peut faire l'objet d'une diffusion, et, par la suite, d'une appropriation par les sujets singuliers de la sociabilité : c'est au prix de cette diffusion que l'art s'inscrit, grâce à cette forme de savoir, dans le champ des médiations.

Pratiques esthétiques et quotidienneté

Mais il existe, aussi, des pratiques artistiques et culturelles qui relèvent de logiques singulières et non de stratégies institutionnelles : la médiation esthétique n'est, en ce sens, pleinement constituée qu'à partir du moment où s'instaure une esthétique quotidienne des formes symboliques. C'est au prix de la constitution d'une esthétique quotidienne que peut se réunir le champ de rationalité des pratiques quotidiennes de la critique de la culture, car c'est dans l'esthétique de nos pratiques sociales quotidiennes et de nos formes ordinaires de la sociabilité que peut s'inscrire une permanence de la culture et des pratiques de représentation que nous mettons en oeuvre pour donner une consistance symbolique à notre sociabilité et à notre appartenance. Cette esthétique quotidienne, dont se soutient l'activité culturelle, définit, en quelque sorte, une temporalité répétitive et régulière de la création esthétique. En s'inscrivant dans les usages quotidiens de la sociabilité, les pratiques esthétiques consistent dans des pratiques sociales qui inscrivent l'identification à l'idéal de soi dans les logiques et les stratégies d'usage de la quotidienneté : elles représentent l'inscription de ce que l'on peut appeler l'idéal esthétique de l'appartenance dans le temps de la sociabilité et des pratiques symboliques que nous mettons en oeuvre dans notre expérience de l'espace public. La dimension esthétique de nos pratiques quotidiennes de la sociabilité revêt quatre formes qui nous la rendent intelligibles et qui nous permettent de lui donner une signification. D'une part, il s'agit de l'image de nous-mêmes que nous pouvons donner aux autres au cours de nos expériences de la sociabilité dans la quotidienneté de l'espace public : au cours de notre expérience effective de l'espace public où nous rencontrons les autres et où nous leur donnons à voir une image de nous-mêmes et une représentation de notre propre conception de la sociabilité, nous mettons véritablement en scène l'image que nous entendons donner de la dimension symbolique de notre identité. D'autre part, il s'agit de la représentation que nous mettons en oeuvre, au cours de nos pratiques esthétiques et symboliques, des formes et des lois mêmes de la sociabilité : quand nous lisons, quand nous assistons à un spectacle, ou encore quand nous mettons en oeuvre une activité de création artistique ou esthétique, nous donnons à voir la représentation dont nous sommes porteurs de la sociabilité à laquelle nous appartenons. C'est, d'ailleurs, pourquoi aucune création artistique ni esthétique ne saurait être neutre : le sens que peut avoir cette création s'inscrit toujours dans une certaine représentation de la sociabilité et de l'appartenance. Par ailleurs, nos pratiques quotidiennes de l'espace public s'inscrivent dans une logique de la représentation qui suppose l'adhésion à une certaine représentation de la sociabilité et des formes politiques de l'appartenance : en mettant en scène une représentation de nos pratiques de la sociabilité, nous mettons en même temps en scène la représentation dont elles se soutiennent de l'idéal politique ou de l'idéal de la sociabilité. C'est pourquoi les représentations esthétiques et culturelles de l'appartenance, de la sociabilité et de la citoyenneté sont toujours engagées. Elles représentent aussi, toujours, une forme d'idéal politique à laquelle adhérer : dans *Don Giovanni*, il est dit aussi : *Viva la libertà*. Enfin, si nos pratiques artistiques et esthétiques s'inscrivent dans la quotidienneté, c'est pour lui donner une signification qui se soutienne, justement, des formes d'idéal social et politique qui fondent notre rationalité. C'est la mise en scène de situations aussi quotidiennes que celles de *L'Avare* ou celles de *Beaucoup de bruit pour rien*, qui permet à Molière et à Shakespeare de faire apparaître sur la scène le sens de leur engagement en faisant apparaître, dans les formes esthétiques du décor, des dialogues et de la mise en scène, la conception dont ils se soutiennent de la sociabilité et du politique. la quotidienneté même des sourires de

Beaucoup de bruit pour rien permet à Shakespeare d'inscrire dans l'espace public un discours sur la sociabilité de l'amour et un discours sur les logiques du pouvoir fondé précisément non sur la représentation de leurs formes institutionnelles, mais sur celle de leurs implications dans nos pratiques ordinaires de la quotidienneté.

La création artistique

Mais il nous faut ici parler des formes mêmes de la création artistique, qui ne relève pas des mêmes logiques ni des mêmes processus. La création artistique constitue, en quelque sorte, le moment originaire de la médiation esthétique et culturelle, puisque c'est elle qui donne lieu à l'objet qui constitue le lieu même de la médiation. La création artistique représente un temps originaire de la médiation, car elle donne sa consistance institutionnelle à un objet à qui va être reconnu un statut institutionnel de médiation, en même temps qu'elle lui donne la consistance esthétique qui va faire de lui un objet de perception et de reconnaissance des formes.

Le mythe de la création

C'est cette double dimension de la création artistique qui l'inscrit dans une logique mythologique : la création artistique fait l'objet d'un véritable mythe, qui répond à deux logiques institutionnelles, et c'est ce mythe qu'il nous faut interroger ici, pour lui reconnaître toute sa dimension culturelle et institutionnelle. D'une part, il s'agit d'isoler les acteurs de la création artistique en leur reconnaissant un statut particulier dans l'espace de la sociabilité, parce qu'il n'y aurait pas de création sans les acteurs qui la mettent effectivement en oeuvre : pas d'art et pas de création sans artistes. C'est la naissance du statut des artistes en Italie au seizième siècle qui consacre la naissance institutionnelle de l'activité esthétique de création et qui la fonde comme activité publique en donnant naissance au marché de l'art. De la même manière, la structuration progressive du marché de l'art va accompagner la naissance de l'estampe et de la constitution de la gravure comme activité sociale et institutionnelle dans l'espace public. D'autre part, il s'agit de constituer, dans l'espace public, un lieu particulier de la création, chargé de donner une structure aux thèmes majeurs de la sociabilité politique. En effet, les formes de l'appartenance et de la citoyenneté n'acquièrent une consistance qui les fasse reconnaître dans l'espace public qu'à partir du moment où elles acquièrent la consistance et la forme d'une logique esthétique. La citoyenneté ne peut existe que dès lors qu'elle se voit dans l'espace public, or elle ne se voit dans l'espace public que dès lors qu'elle y acquiert une visibilité esthétique la création artistique : c'est le rôle de la création et c'est pourquoi elle se voit reconnaître un statut et une importance spécifiques dans l'espace de la citoyenneté, à partir du moment où l'appartenance cesse d'être immédiate et évidente. Le mythe de la création, dans ces deux situations, fait apparaître sa double fonction : d'une part, il s'agit de refouler, en les rendant invisibles, les étapes de la procédure au cours de laquelle a lieu la production des formes esthétiques de la sociabilité ; d'autre part, il s'agit de reconnaître à l'artiste le statut et l'importance d'un acteur spécifique de la sociabilité dans l'organisation institutionnelle des médiations culturelles de l'identité et de l'appartenance.

Le temps de la création

C'est, sans doute, le temps qui permet de penser la spécificité de la création dans sa dimension institutionnelle, sociale et politique, car la création artistique représente le temps d'une suspension de l'appartenance et des formes ordinaires de la sociabilité. La création artistique, en ce qu'elle se soutient d'une identification du sujet à l'idéal de soi, s'inscrit dans une logique différente des logiques institutionnelles et politiques de la sociabilité. Ce n'est pas en termes d'appartenance ni en termes de pouvoir que se pense le temps de la création, et ce n'est pas davantage en termes techniques : si la création apparaît comme une logique particulière, propre à l'activité constitutive des médiations esthétiques de la sociabilité, c'est qu'elle constitue un refoulement de la temporalité qui la précède, en quelque sorte suspendue dans la présentation même de l'oeuvre dans l'espace public. La création n'a, en un sens, pas de temps, elle se donne, en tous les cas, pour ne pas en avoir, car le processus qui la constitue fait l'objet d'un véritable refoulement au moment même où l'objet de la création apparaît dans l'espace public : tout se passe comme si la pièce de théâtre, le tableau ou le livre apparaissaient dans l'espace public sans qu'aucune activité n'ait eu lieu préalablement à l'émergence de la médiation qu'ils représentent dans l'espace de la sociabilité. Le temps de la création fait l'objet d'un refoulement, mis en oeuvre par le mythe du génie du créateur ou de l'artiste qui lui donne sa consistance symbolique, précisément parce que la sociabilité refoule les logiques et les processus qui feraient apparaître la spécificité esthétique de ce qui la représente : si la sociabilité refoule le temps de la production des formes grâce au mythe de la création, c'est que les formes mêmes sont données pour échapper à une logique de production qui leur assurerait une dimension stratégique et institutionnelle par laquelle elles s'inscriraient, comme n'importe quelle pratique sociale, dans les formes de l'espace public. Le refoulement du temps réduit la création artistique à l'immédiateté d'une pratique sans épaisseur et sans consistance, ce qui sépare définitivement l'activité de création artistique des autres activités qui constituent l'appartenance et la sociabilité comme un champ de pratiques sociales et institutionnelles. Le refoulement du temps dans le mythe d'une création immédiate permet de faire l'économie de la pensée et de la rationalité mêmes de la création et de l'acteur qui la met en oeuvre. C'est sans doute là le sens et l'enjeu du mythe de l'immédiateté de la création : il s'agit, par là, de rendre proprement impensables le temps et les pratiques au cours desquels les formes esthétiques de la sociabilité acquièrent la consistance et la visibilité qui les fondent dans l'espace public. Le temps de la création, en revanche, devient pensable dès lors que l'activité donnant lieu à la naissance des formes esthétiques de l'appartenance se voit reconnaître une place et un statut spécifiques dans l'organisation institutionnelle des médiations de la sociabilité : c'est ce qui se produit, par exemple, au XIXème siècle, avec la naissance de la modernité des structures du marché de l'art. Alors, les artistes comme les peintres ou les graveurs se voient reconnaître un statut dans l'espace public, qui va constituer la consistance institutionnelle et historique du mythe de la création, et qui va fonder tout un système de représentations, voire toute une mythologie de l'art, encore persistants dans notre système social et politique.

Création et sujet

Le sujet se constitue, au cours de la création artistique, dans la mise en oeuvre d'un miroir idéal de la subjectivité. Il s'agit là, sans doute, de ce qui caractérise l'expérience esthétique de la création artistique : elle engage la subjectivité même de celui qui la met en oeuvre - de celui que l'on peut encore appeler l'artiste, en référence à une logique ancienne de la culture et de la création. Le processus de la création, qui définit l'expérience artistique, se définit comme un processus selon lequel, grâce à la mise en oeuvre de formes, de savoirs et de moyens esthétiques, le sujet engage, comme c'est le cas de tout processus de représentation et de production de sens, une identification symbolique, donc le processus par lequel il se structure comme sujet. Ce qui spécifie la création artistique, c'est que cette identification ne se fait pas à l'autre dans une relation intersubjective d'échange, comme dans les pratiques de la communication et du langage, mais à une représentation de l'idéal de soi, dont le sujet est porteur, et qui constitue, pour lui, une forme d'horizon. Le sujet s'inscrit dans la création par référence à un idéal, c'est-à-dire à un horizon fondamentalement inatteignable, à la différence des autres situations symboliques de communication, dans lesquelles l'horizon de la formation du symbolique est présent dans l'espace de l'échange. Au cours de l'expérience de la création, le sujet s'inscrit dans une situation où la référence par rapport à laquelle il se situe est de l'ordre de l'idéal, c'est-à-dire de l'ordre d'un horizon qu'il ne saurait atteindre, et qui constitue, pour lui, seulement la représentation esthétique d'un manque, puisqu'on ne saurait atteindre un horizon : l'identification symbolique à l'idéal de soi définit, finalement, la création artistique comme la mise en oeuvre d'un *désir de manque*. Le sujet de la création, en ce sens, n'entreprend pas une telle expérience pour se raconter soi-même ou dans une quête de vérité, comme on a pu le croire, en particulier après l'expérience romantique : le sujet de la création entreprend le projet de la création artistique dans le but, fondamentalement, au contraire, de faire apparaître l'impossibilité d'achever ce processus d'identification dans les formes mêmes et dans les matières mêmes qui constituent le support et la médiation de sa création. L'identification du sujet à l'idéal de soi inscrit la création esthétique, et, finalement, inscrit l'art dans sa totalité, dans la logique d'un processus qui ne saurait avoir de limite. La création artistique, en ce sens, ne se termine pas : elle constitue la mise en oeuvre d'un processus au cours duquel le sujet se trouve lui-même dépassé dans une logique qui le dépasse, car elle n'a pas de borne ; en effet, nous dit Baudelaire, dans *Les Phares*,

... *c'est, vraiment, Seigneur, le meilleur témoignage*
Que nous puissions donner de notre dignité
Que cet ardent sanglot qui roule d'âge en âge
Et vient mourir au bord de votre éternité.

Si la création constitue pour le sujet l'expérience d'une identification, c'est dans la mesure où elle lui donne la possibilité de penser ainsi, l'infini d'une limite qu'il ne saurait atteindre, mais dont il peut, cependant, représenter la métonymie d'un désir.

Les spectateurs et le public de la création

C'est pourquoi la création artistique ne s'inscrit dans l'espace de la sociabilité que sous la forme d'une limite : la création est fondamentalement irréductible à la sociabilité et aux structures que celle-ci instaure, parce que, justement, elle s'inscrit dans une logique de symbolisation d'un idéal. Dans ces conditions, elle s'inscrit dans une logique de représentation qui ne saurait se soutenir d'un consensus ou d'une reconnaissance publique de sa validité, de sa légitimité ou même de sa pertinence. Le public ne saurait reconnaître, dans les formes de la création artistique, la reproduction ou même la représentation d'un réel qu'il y reconnaîtrait, puisque, justement, ce qui sépare la création du réel, c'est l'infinité du manque qui caractérise l'identification à l'idéal de soi. Le public ne saurait reconnaître l'oeuvre d'art qu'à condition de s'inscrire lui-même dans l'expérience de l'identification à l'idéal de soi : le public ne saurait reconnaître l'oeuvre d'art et même la penser ou la comprendre qu'en faisant lui-même l'expérience du désir de manque. En ce sens, l'appropriation de l'art par le public constitue, en elle-même, une forme critique de médiation. C'est cette critique que le public met en oeuvre au cours même de l'appropriation de l'oeuvre d'art, qui constitue ce que l'on peut appeler la signification politique de la création artistique. En effet, il convient d'interroger ici la dimension sociale et publique de l'art, il convient de ne pas seulement penser l'art du point de vue de l'artiste qui le crée, mais de le penser aussi du point de vue du *populus*, du public, indistinct, qui le reconnaît, socialement et institutionnellement, comme expérience artistique. Cela pose le problème de la diffusion et d'une manière plus générale, le problème de la présence de l'art dans l'espace public de la sociabilité. La création artistique n'a d'existence sociale pleine qu'à partir du moment où elle fait l'objet d'une diffusion, puis d'une appropriation indistincte par les acteurs de la sociabilité, ainsi constitués collectivement en un acteur que l'on nomme le public. La diffusion de l'art, qui lui donne sa dimension sociale et institutionnelle en lui donnant la consistance symbolique d'un discours social, constitue l'espace public en un espace de présentation des oeuvres d'art : dès lors que les oeuvres d'art sont diffusées dans l'espace public, celui-ci acquiert, pour tous, le statut d'un espace qui va donner toute leur consistance sociale et symbolique de communication et de représentation aux oeuvres qui y sont montrées et diffusées. C'est le public de la création artistique, c'est-à-dire l'ensemble indistinct de ceux qui vont y assister ou en percevoir les formes et les objets, qui va définir la création comme une activité institutionnelle, en lui donnant le statut d'une médiation esthétique de sociabilité. En effet, le public inscrit l'art dans une logique de médiation, puisqu'il rend effective, dans l'espace et dans le temps de la présentation, la mise en oeuvre de la dialectique constitutive de la médiation entre le singulier de l'expérience même de la création et le collectif du public qui y assiste. C'est dire l'importance sociale, culturelle, politique, de la diffusion de l'art dans la constitution des médiations de l'appartenance et de la sociabilité. C'est dire aussi l'importance de l'enjeu que représentent, pour l'art et pour son statut, les conditions de sa diffusion et de son appropriation par le public. L'histoire de l'art nous montre comment ont évolué les lieux et les modalités de la présentation et de la diffusion des activités culturelles et artistiques : c'est pourquoi l'histoire de l'art est une histoire, fondamentalement politique, des usages et des représentations de l'idéal de soi dans les formes de l'appartenance et de la sociabilité.

Idéal de soi et idéal politique

C'est que, dès lors qu'il fait l'objet d'une diffusion et, par conséquent, d'une présence dans l'espace public, l'art représente une forme politique de la sociabilité. Pas d'idéal de soi qui ne renvoie, fondamentalement, à la représentation de l'idéal politique dont se soutient l'organisation de la sociabilité dans laquelle il s'inscrit. L'identification du sujet à l'idéal de soi s'inscrit dans l'histoire, qui donne sa consistance, sociale, politique, culturelle, à l'idéal de soi dont se soutient l'expérience artistique.

Idéal de soi et appartenance

L'idéal politique inscrit les formes de l'idéal de soi dans une logique de l'appartenance : il s'agit, ainsi, de la constitution d'un idéal qui vaut aussi bien, indistinctement, pour l'autre que pour soi. Il ne faut pas, ici, justement, se laisser prendre au piège d'une forme de romantisme de la création qui méconnaîtrait la dimension sociale et politique de cette limite que constitue, pour le sujet de la création artistique, la représentation de l'idéal de soi. Cette limite à laquelle tend l'identité du sujet en lui donnant une consistance symbolique se fonde elle-même dans une certaine représentation de l'appartenance et de la sociabilité. L'idéal de soi n'est pas seulement la limite esthétique vers laquelle tend le sujet, au cours de l'expérience de la création : il est aussi porteur de la représentation d'un idéal politique qui rend légitime l'expérience esthétique de la création en l'inscrivant dans un projet politique de la sociabilité. Il n'y a pas d'art neutre, car les valeurs auxquelles se réfère l'expérience artistique et qui la fondent sont elles-mêmes des valeurs inscrites et mises en oeuvre, dans la sociabilité, par les logiques culturelles de la représentation de l'idéal politique. L'idéal de soi auquel s'identifie le sujet de l'expérience artistique est lui-même issu de la représentation dont il est porteur de l'appartenance et de la sociabilité. Celle-ci donne, elle-même, à la création artistique la consistance d'une représentation politique et institutionnelle - ne serait-ce, d'ailleurs, que pour qu'elle puisse avoir une signification pour le public indistinct qui, en la visitant ou en y assistant, la fonde dans son statut social. La création artistique est porteuse de sens et de représentation pour le public qui la reconnaît comme telle, précisément parce qu'elle se fonde elle-même sur l'idéal politique dont ses formes portent la représentation - au moins métonymique. C'est que le tableau, la pièce de théâtre, le film, la construction, en s'inscrivant dans l'espace public, lui confère, à lui-même, une dimension symbolique : une manifestation culturelle donne aussi du sens au lieu social même dans lequel elle est présentée. C'est, d'ailleurs, pourquoi on peut définir ici un concept spécifique de la présentation artistique, en matière de médiation esthétique et culturelle. La présentation artistique peut, ici, se définir comme la mise en oeuvre, dans l'espace public, d'une médiation esthétique, à la fois porteuse, pour celui qui la met en oeuvre et pour le public qui y assiste, de la représentation d'un idéal politique de la sociabilité et d'un idéal esthétique de soi. Le concept de *présentation artistique* représente, en fait, la double dialectique même entre singulier et collectif que représente l'expérience artistique, entre l'artiste et le public, et entre le spectateur et l'oeuvre.

Une sublimation politique du sujet

L'expression de l'idéal politique dans les formes de la culture représente une forme de sublimation politique du sujet dans la mise en oeuvre d'une logique de l'engagement : une telle sublimation peut se définir comme la perte de l'identité singulière dont est porteur le sujet, sublimée dans sa conscience de l'appartenance sociale et culturelle. C'est bien pourquoi l'expérience artistique et la mise en oeuvre de la création des formes culturelles de la représentation s'inscrivent nécessairement dans la mise en oeuvre d'un projet politique de sociabilité. De la même manière qu'il constitue une sublimation esthétique du sujet singulier dans son identification à l'idéal de soi, l'art constitue, également, une sublimation politique de la dimension collective du sujet dans la représentation esthétique de l'idéal politique. L'art est aussi une sublimation politique du sujet, car, en y assistant ou en l'appréciant, le sujet fait aussi l'expérience d'une représentation sublimée de son appartenance et de sa sociabilité mêmes. C'est, en particulier, sans doute, le sens de la construction des cathédrales du Moyen Âge : en construisant, dans tout l'espace social et culturel de la chrétienté, des cathédrales qui représentaient, plus que des lieux de culte, des représentations de l'idéal de leur croyance, les hommes de cette époque ont donné naissance à une forme de sublimation politique de leur appartenance. En effet, l'architecture religieuse de ce temps n'avait pas pour seule logique de donner des lieux au culte et des représentations à la croyance : c'est la sociabilité même, telle qu'elle est pensée à cette époque, qui fait l'objet d'une sublimation, c'est-à-dire d'une inscription dans le discours d'un idéal. Il s'agit en l'occurrence, d'un idéal politique, sans doute à rapprocher de l'idéal prêché lors des croisades. L'idéal esthétique de la construction des cathédrales du Moyen-Âge n'aurait pas de sens si on ne l'inscrivait pas dans une logique politique et institutionnelle : celle de la constitution, grâce aux croisades et à la diffusion des églises et des lieux de pèlerinage, d'un véritable espace public, qui n'est plus seulement l'espace d'une forme politique de l'appartenance et de la sociabilité, mais qui est aussi, désormais, l'espace de la représentation d'un certain idéal politique. La représentation esthétique de l'appartenance religieuse ne saurait se distinguer de celle de l'appartenance politique, qui donne toute sa consistance à l'entreprise, elle proprement artistique, de la création d'un idéal esthétique de soi auquel s'identifier. Une telle sublimation politique du sujet de la création lui donne toute sa dimension historique : la création, parce qu'elle s'inscrit dans une identification à l'idéal de soi, ne saurait être légitime pour le seul temps de la pratique de l'art ou de la pratique de la diffusion culturelle. Pas plus qu'on ne crée, on ne visite l'art pour l'instant présent. En ce sens, la sublimation esthétique s'inscrit dans une représentation sublimée de la temporalité que l'on appelle, justement, l'histoire. En créant pour représenter l'idéal de soi ou en assistant à l'oeuvre d'art pour s'identifier à lui, le sujet s'inscrit, dès lors, dans une dimension du temps qui n'est pas celle de son expérience propre, mais qui représente la sublimation du temps dans l'appréhension d'un infini. L'histoire en effet, ne saurait avoir de fin, justement parce qu'elle est une représentation, dans le temps, de l'infini constitutif de la sublimation esthétique et de la sublimation politique. L'art est, en ce sens, au-delà de l'histoire, dont il constitue aussi, pour le sujet, une sublimation.

L'expérience de l'engagement culturel

L'engagement culturel est une pratique de la médiation politique qui se déroule au cours de l'exercice même de la médiation esthétique : le théâtre, le cinéma, la littérature engagés sont des pratiques culturelles qui représentent la médiation politique de l'appartenance au cours même de la mise en oeuvre des formes et des stratégies esthétiques. L'activité culturelle devient un engagement quand celui qui la met en oeuvre en fait une part de ce qui représente son identité et sa place dans l'espace de la sociabilité, quand se produit, autour de son activité culturelle, une pratique de la sociabilité qui, par ailleurs, est porteuse de signification, pour lui-même et pour les autres. L'engagement culturel consiste, en fin de compte, pour le sujet, à fonder sur sa pratique des activités culturelles la formulation des références qui font de lui un acteur de la sociabilité. En ce sens, l'engagement culturel est une expérience qui situe le sujet aussi bien sur le plan esthétique que sur le plan institutionnel et politique : cette expérience constitue une forme de sujet clivé, de sujet double, porteur d'une identité et d'une représentation sociale fondées à la fois dans un langage esthétique de la représentation et dans un langage politique de l'exercice des pouvoirs et des logiques institutionnelles. C'est pourquoi l'engagement culturel n'est pas toujours bien compris ni toujours apprécié des autres acteurs de la sociabilité : cette dualité de signification contribue, parfois, à en brouiller la lisibilité. C'est ainsi que le théâtre ou le roman engagés, considérés à certaines époques, comme, par exemple, lors de l'après-guerre des années cinquante, comme des valeurs importantes et positives de la médiation culturelle, n'ont pas toujours fait l'objet d'une recherche esthétique particulièrement innovante. C'est ainsi, pour choisir un autre exemple, que l'esthétique du roman populaire du XIXème siècle, pour engagée et souvent progressiste qu'elle ait été dans sa représentation de la vie populaire et dans sa représentation de la société, n'a pas constitué non plus une entreprise de renouvellement esthétique de la littérature dans l'espace public. Cette dualité de l'engagement culturel, entre esthétique et politique, pose, par conséquent, le problème de la compatibilité entre l'engagement politique et la lisibilité esthétique : on peut répondre à une telle question de deux façons. D'une part, la distance entre l'engagement esthétique et l'engagement politique dépend, finalement, de la possibilité que l'on peut mettre en oeuvre de représenter esthétiquement les formes sociales et institutionnelles dont se soutient, par ailleurs, son engagement politique. Tout le problème posé ici est celui d'une esthétique de la représentation politique, qui revient, en fin de compte, au problème de la consistance symbolique de l'engagement, condition de sa lisibilité. D'autre part, le concept d'engagement culturel peut représenter une dialectique entre les deux instances du sujet de la création : son instance politique et son instance esthétique, dans la formulation de ce que l'on pourrait appeler sa vérité culturelle. La vérité culturelle désignerait l'articulation entre la consistance politique et la consistance esthétique d'une représentation. La vérité culturelle et l'esthétique de la représentation politique constitue, en particulier devant le développement des formes nouvelles de la communication médiatée et la restructuration de l'espace public, des enjeux particulièrement importants de la communication et de l'esthétique. C'est le sens de la recherche que l'on peut mener dans la dimension politique de la communication et des médias.

Le temps de la représentation

Mais c'est aussi le problème de la représentation qui est posé ici. Le temps de la représentation est le temps où l'articulation entre l'engagement social et institutionnel et l'engagement esthétique acquiert une consistance réelle dans le présent. Le temps de la représentation est le temps où se met en oeuvre la dialectique de l'esthétique et du politique, constitutive de l'engagement culturel. En effet, la représentation met en scène l'articulation entre l'idéal de soi et l'idéal politique à un moment réel, effectif, de la vie sociale qui constitue le temps de la représentation. Cette articulation entre les idéaux qui constituent l'engagement de l'acteur culturel donne à la représentation une signification et une consistance qui n'est reconnaissable et interprétable que dans le temps de la représentation. C'est qu'il y a un temps de la représentation, qui n'est ni celui de la lecture, ni celui de la reproduction, ni celui de la répétition. Si les formes de la communication médiatée, et, en particulier la diffusion des médias, contribuent à occulter ou à rendre moins visible la consistance particulière du temps de la représentation, il importe de se donner les moyens théoriques de le repenser, pour refonder les formes et les logiques de l'esthétique dans le champ social et dans l'espace public. En effet, le propre du temps de la représentation est la rencontre, dans un moment particulier, des exigences politiques et historiques de la sociabilité et les contraintes formelles et esthétiques de la conception et de la création culturelles. Cette rencontre, qui, par ailleurs, a lieu dans l'espace public de la représentation qu'elle contribue à mettre en oeuvre, aboutit à la formulation d'un temps de la représentation, distinct du temps de l'histoire ou de la sociabilité. Le temps de la représentation est une suspension du temps de la sociabilité : dans le temps de la représentation, nos appartenances, nos contraintes sociales, nos engagements politiques, sont suspendus, dans l'attente que se formule ce que l'on pourrait appeler une vérité de l'engagement culturel. Cette vérité de l'engagement culturel donne sa signification et sa consistance à notre engagement, en rendant élucidables nos choix esthétiques, et en rendant possible leur interprétation à la lumière des représentations dont nous sommes porteurs de la sociabilité. Je ne peux, pleinement, comprendre une représentation de *Phèdre* que dans le temps de la représentation, c'est-à-dire dans une temporalité qui, suspendant mon engagement réel dans la temporalité qui est la mienne, rend possibles la représentation que je peux me faire de la temporalité culturelle de la tragédie de Racine et de l'engagement culturel dont est porteuse une telle pièce, et la confrontation entre ces références et la temporalité dans laquelle je me trouve, spectateur d'aujourd'hui. Le temps de la représentation est la nouure entre le temps de l'activité culturelle et le temps qui fait l'objet d'une représentation esthétique. Dans ces conditions, le temps de la représentation, qui est le temps de mon engagement culturel en tant qu'acteur de la sociabilité, est aussi le temps au cours duquel je parviens à élucider, pour les autres, mais aussi pour moi-même, le sens de mon engagement esthétique. Le temps de la représentation, finalement, constitue une sorte de retour sur soi des acteurs de la culture dans l'élucidation de la signification de leur engagement et de sa consistance. Le temps de la représentation est le temps où le sujet de la médiation culturelle fonde la consistance esthétique dont se soutient son identité.

Chapitre 6

LA CULTURE ET SES SIGNIFICATIONS

Langage culturel et code culturel

Langage culturel et code culturel

Tandis que le langage culturel peut se définir comme un mode de représentation symbolique, le code culturel se définit comme un mode de signification des formes et des représentations. Il convient, en effet, de distinguer ces deux logiques l'une de l'autre : la logique du langage culturel est une logique de représentation, qui consiste à donner à la représentation les moyens et les formes esthétiques de sa mise en oeuvre, tandis que le code culturel est une logique d'interprétation, qui consiste à fonder les conditions dans lesquelles peut avoir lieu une élucidation rationnelle de la signification de la représentation. D'une part, il existe une logique formelle et institutionnelle de la mise en oeuvre, d'autre part, il existe une logique sémiotique et symbolique de l'interprétation. C'est l'articulation entre ces deux logiques qui rend possible la formulation d'une interprétation de nature à fonder l'engagement culturel mise en oeuvre au cours de l'activité culturelle de représentation. Le langage culturel est un ensemble de formes et de conventions de représentations, dont la totalisation constitue, finalement, pour le sujet qui en est porteur, une sorte de savoir-faire : le langage culturel représente ce que l'on peut appeler la compétence culturelle de l'acteur en charge de sa mise en oeuvre. Le code culturel est un ensemble d'équivalences rendant possible l'interprétation de la représentation mise en oeuvre au cours des pratiques de la culture, et qui se fonde non sur une compétence culturelle, mais sur une compétence symbolique. Le code culturel est le code qui rend possible l'équivalence entre les formes de la représentation et la signification de leur consistance symbolique. On peut, dans ces conditions, faire apparaître deux contraintes de l'articulation entre ces deux instances : d'une part, pour que la culture puisse constituer une médiation effective de la sociabilité, il importe que ces deux logiques de signification et de représentation soient conformes aux mêmes logiques de compréhension et d'interprétation ; d'autre part, la mise en oeuvre de la compétence culturelle par les acteurs de la médiation culturelle suppose, de leur part, la reconnaissance des conventions de signification attendues lors de la représentation. C'est la distance entre ces deux logiques qui est à l'origine des conflits et des rejets que l'on peut observer tout au long de l'histoire des médiations culturelles. Si *Les Fleurs du Mal*, ou *Madame Bovary* ont fait l'objet de procès lors de leur publication, c'est que les codes culturels sociaux en vigueur ne correspondaient pas à la compétence culturelle de leurs auteurs : le langage culturel de leurs auteurs ne s'inscrivait dans les formes et les structures des codes culturels en vigueur. Dans ces conditions, la création culturelle met en oeuvre une autonomie de l'esthétique par rapport à la sociabilité qui, en faisant apparaître une telle distance, se rend elle-même inacceptable aux conventions culturelles de la diffusion. C'est, ainsi, tout le problème de la diffusion et tout le problème du marché de l'art et de la représentation qui se trouvent posés par l'autonomie de ces deux concepts l'un par rapport à l'autre. C'est en situation de consensus que le langage culturel et le code culturel se trouvent en adéquation : quand la dimension esthétique de la création culturelle ne se trouve pas en conflit avec la dimension politique et institutionnelle du consensus social.

Les codes culturels

Les codes culturels sont les médiations qui permettent de reconnaître et d'interpréter les langages culturels, c'est-à-dire de leur donner du sens en identifiant leur système social d'appartenance. Le propre des codes culturels est d'articuler dans la même signification une dimension politique et institutionnelle qui fait d'eux des logiques d'appartenance et une dimension esthétique et sémiotique qui en fait d'eux des logiques et des modes d'interprétation du monde. Les codes culturels, en ce sens, s'interprètent de deux manières, qui font appel à deux types de logique et à deux types de systèmes symboliques. D'une part, les codes culturels sont des codes d'exclusion : en ce qu'ils représentent une logique d'appartenance et de sociabilité, les codes culturels constituent des systèmes de signification et de représentation dont la maîtrise est une condition sine qua non d'appartenance et d'intégration sociale. Cette dimension tout à fait exclusive des codes culturels explique que leur maîtrise soit une des instances de la citoyenneté et de l'appartenance. C'est le rôle, en particulier, de l'école et des institutions chargées de diffuser les formes sociales du savoir, de constituer des médiations qui rendent possible l'acquisition de ces codes culturels, cette acquisition conditionnant, par ailleurs, l'accès à la citoyenneté. D'autre part, les codes culturels sont des codes d'interprétation et des systèmes de représentation : en ce qu'ils représentent une logique de représentation du monde, et en ce qu'ils rendent compte, dans leur culture, de la signification que l'on peut donner des formes de la sociabilité, les codes culturels constituent des codes esthétiques et sémiotiques qui homogénéisent la mise en oeuvre des pratiques culturelles de la sociabilité dans l'espace public dans lequel elles se déroulent. Les codes culturels ont, ainsi, une double dimension : ils sont à la fois des normes préalables à l'acquisition d'une forme d'appartenance et de sociabilité, et des systèmes symboliques permettant de faire du monde un système sémiotique interprétable et de rendre raison de sa signification. Les codes culturels, par conséquent, fondent la double dimension de la culture, qui est à la fois un système de représentation du monde dont la maîtrise conditionne l'accès à l'appartenance et un système d'interprétation du monde, dont la maîtrise conditionne la mise en oeuvre de pratiques symboliques et de productions signifiantes. Par conséquent, à la différence des autres codes et des autres systèmes de signification que nous connaissons, les codes culturels s'inscrivent dans une double rationalité : ils relèvent à la fois d'une analyse de type politique et institutionnel, rendant raison de leur dimension d'appartenance et d'exclusion, et d'une analyse de type esthétique et sémiotique, rendant raison de leur dimension de représentation et d'interprétation du monde. Cette double logique des codes culturels expliquent qu'ils fassent l'objet de deux types d'apprentissage et d'acquisition. Tandis que l'acquisition de leur dimension politique et institutionnelle relève d'un apprentissage de type civique assuré dans des institutions publiques de socialisation, leur dimension esthétique et sémiotique relève d'un apprentissage de type formel assuré dans des institutions chargées de la médiation culturelle des formes de la représentation. Les codes culturels constituent, ensemble, les deux instances de la compétence symbolique qui caractérise les sujets de la sociabilité.

Autonomie sociale et politique du langage culturel

Comme les codes culturels constituent les logiques symboliques par lesquelles nous articulons la dimension sémiotique et la dimension politique de notre appartenance, le langage culturel de la représentation, que ces codes mettent en oeuvre dans notre activité symbolique et esthétique, va se trouver, de la même manière, à l'articulation d'une logique esthétique et d'une logique institutionnelle, et, par conséquent, va se distinguer de nos autres codes de langage et de représentation. Le langage culturel présente une certaine autonomie par rapport au langage de la sociabilité, caractérisé par l'expression d'une sublimation symbolique de l'appartenance sociale : le langage culturel, qui est le système symbolique dans lequel nous exprimons et représentons les formes esthétiques de notre culture, va constituer une médiation spécifique, constitutive de ce que l'on peut appeler l'appartenance culturelle. De la même manière que les codes de la sociabilité et de la représentation politique constituent une médiation symbolique de notre appartenance sociale et de notre citoyenneté, les codes culturels constituent une médiation symbolique de cette seconde forme d'appartenance, qui nous met en mesure de comprendre, de penser et de percevoir les formes esthétiques de la médiation culturelle et de la représentation. L'autonomie sociale et politique du langage culturel fait de lui une médiation indépendante des formes de la sociabilité et instaure par rapport à elles une distance qui le met en mesure d'en mettre en oeuvre une représentation critique. Cette autonomie du langage culturel par rapport aux structures politiques de la sociabilité a été, en particulier, analysée par Gramsci : l'un des problèmes majeurs de la philosophie politique de la modernité est, en particulier compte tenu du développement de l'usage des médias et des formes institutionnelles de communication, la mise en oeuvre d'une rationalité spécifique de l'esthétique et de la médiation culturelle, telle que le langage culturel arrive à la constituer de façon autonome. Dans le cadre de sa réflexion globale sur les formes de la société politique, Gramsci définit le moment de l'hégémonie comme le *moment du consensus, de la direction culturelle, pour le distinguer du moment de la force, de la contrainte, de l'intervention législative et étatique ou policière*[27]. La reconnaissance de la fonction spécifique des intellectuels dans l'espace politique de la sociabilité représente, dans les philosophies politiques qui l'assument,

---

[27] GRAMSCI (1971), p. 422.

une reconnaissance de leurs modalités particulières d'intervention dans l'espace public : en particulier, il s'agit d'une reconnaissance de la spécificité des logiques esthétiques qu'ils mettent en oeuvre dans leurs pratiques de la sociabilité. C'est ainsi que le rôle des intellectuels dans l'espace public, par la mise en oeuvre des langages culturels, constitue une forme d'engagement politique porteur, à terme, d'une reformulation et d'un renouvellement des formes esthétiques et symboliques de représentation de la sociabilité. C'est ce qui peut expliquer à la fois la distance qu'ils observent devant les systèmes politiques auxquels ils appartiennent et la distance qu'observent à leur égard les acteurs politiques dans la mise en oeuvre de leurs stratégies et de leurs pouvoirs.

Langage culturel et faits culturels

Le langage et les codes de la culture consistent à donner leur consistance symbolique aux faits culturels, et à en permettre, par conséquent, la diffusion et l'appropriation. Les faits culturels sont les faits survenus dans l'espace public qui font l'objet d'une interprétation et d'une reformulation dans une logique esthétique. Il s'agit de faits sociaux à qui sont reconnues une signification et une dimension esthétique par les acteurs mêmes de la sociabilité. C'est ainsi que l'on peut parler de fait culturel dès lors que sont réunies trois exigences. La première est l'existence d'une relation entre des acteurs de la médiation culturelle mise en oeuvre et un public auquel ils s'adressent. Il n'y a de faits culturels que devant un public : c'est ainsi que des spectacles sont des faits culturels et que des manifestations de type social ou politique peuvent être considérées comme des faits culturels dans la mesure où elles font l'objet d'une réception et d'une interprétation par un public. C'est ainsi que des pèlerinages ou des pardons deviennent des faits culturels quand ils sont ouverts à un public qui n'y assiste qu'en qualité d'observateur, sans participer à leur dimension institutionnelle, sociale ou politique. La deuxième condition qui permet de parler de fait culturel est la mise en oeuvre d'un code et d'un système symbolique interprétables, qui rendent possibles la conception et la présentation d'une forme esthétique. Pas de faits culturels sans un langage qui leur donne, à la fois, leur consistance esthétique et leur signification culturelle. Les faits culturels font l'objet d'une interprétation qui constitue la reconnaissance de leur caractère de médiation par celui qui assiste à leur déroulement : c'est ainsi que la reconnaissance d'une identité culturelle ou la reconnaissance de la spécificité d'une ethnie, d'une langue ou d'une nationalité passe par la reconnaissance de leurs pratiques sociales en tant que faits culturels. C'est la raison de l'importance que représente, en particulier pour des minorités ou des nationalités mal reconnues, la diffusion de leurs pratiques culturelles dans l'espace public. La troisième caractéristique des faits culturels est la reconnaissance de ces faits sociaux par un acteur institutionnel investi d'une autorité, d'une responsabilité ou d'une notoriété en tant qu'acteur de la culture. À un certain degré de développement des activités de la médiation culturelle, elles deviennent, comme les activités mises en oeuvre dans l'espace public de la sociabilité, des activités de nature institutionnelle, à ce titre structurées et organisées comme des mises en scène et des représentations de dynamiques de pouvoir. La reconnaissance des faits culturels fait l'objet d'une décision et d'un choix d'acteurs institutionnels investis d'un pouvoir : c'est ainsi, en particulier, que les acteurs politiques sont en mesure d'exercer des pouvoirs de contrainte et de censure sur des faits culturels organisés dans les espaces de sociabilité dont ils ont la charge. On a pu voir des élus locaux interdire la tenue de manifestations culturelles, de la même manière que les manifestations comme des festivals finissent par constituer des enjeux politiques forts à partir du moment où les acteurs qui les organisent sont reconnus en tant qu'acteurs politiques. La visibilité institutionnelle du festival d'Avignon tient à l'engagement politique de son fondateur, Jean Vilar, et aux circonstances politiques et institutionnelles de sa mise en oeuvre dans la période de l'immédiat après-guerre, en 1947. Cette dimension institutionnelle de l'acteur qui le met en oeuvre tient une place particulière dans l'interprétation et l'élucidation que l'on peut avoir d'une activité de médiation culturelle de l'importance du festival d'Avignon.

La culture comme médiation symbolique du lien social

Culture et appartenance

Dans sa dimension symbolique, la culture représente une forme de sublimation du lien social dont sont porteurs les acteurs qui la mettent en oeuvre. C'est dire la forte implication de la création esthétique et des pratiques culturelles dans la formulation symbolique des médiations représentatives des appartenances et des liens de sociabilité. C'est ainsi que la représentation culturelle constitue l'une des formes les plus importantes d'expression et de manifestation des formes de l'appartenance et de la citoyenneté - en particulier, aujourd'hui, compte tenu de l'évolution des médias et des formes de la diffusion culturelle, sous sa forme musicale. À cet égard, il est tout à fait éclairant d'observer la façon dont les fonds culturels anciens de représentation symbolique font l'objet d'une réappropriation dans des formes et des rythmes nouveaux d'instrumentation et de représentation. Le *raï* a permis une telle réappropriation des formes musicales anciennes de la culture arabo-musulmane, tandis que le rock celtique représente, depuis les premières créations d'un Alan Stivell, une forme remarquée d'expression et de représentation identitaire de l'appartenance à une forme culturelle spécifique. Le rôle des médiations culturelles est, fondamentalement, en constituant une médiation symbolique représentative de l'appartenance sociale, de donner une consistance esthétique à la sociabilité : de faire en sorte que les formes de la sociabilité ne s'inscrivent pas seulement dans les usages quotidiens des modes de vie et dans une forme de contemporanéité sans continuité et sans mémoire, mais s'inscrivent aussi dans des formes esthétiques et culturelles constitutives d'une sublimation de la médiation. C'est que l'appartenance sociale ne peut s'inscrire dans la durée et, de cette manière, exercer pleinement son rôle d'institution de médiation que dans la mesure où elle fait l'objet d'une sublimation esthétique portée, précisément, par la mise en oeuvre des pratiques esthétiques et culturelles que constituent, par exemple, la création artistique ou la création musicale. L'identité culturelle se trouve, aussi, portée par la littérature, qui de façon sans doute aussi ancienne que la musique, apporte à la médiation culturelle de la sociabilité les formes esthétiques de la langue et de la représentation poétique. L'identité culturelle se constitue comme médiation de l'appartenance à partir du moment où elle fait l'objet d'une sublimation esthétique telle que peut la concevoir la musique ou la littérature : le renouveau de l'expression identitaire de la Bretagne s'est, à cet égard, inscrit en France dans des formes esthétiques très fortes, qui vont de la littérature bretonne (Queffélec en est une illustration contemporaine connue, mais la littérature en langue bretonne même connaît, grâce au développement de l'édition locale, une tendance au renouvellement) à la musique qui a donné des formes nouvelles à l'esthétique traditionnelle des bardes et des instruments celtiques anciens en les articulant aux modes modernes de la création musicale, dans une médiation, pensée cette fois dans l'histoire, entre formes traditionnelles et formes nouvelles de création musicale.

Culture et institutions

Mais la médiation symbolique des appartenances sociales ne s'inscrit pas seulement dans les formes esthétiques de la création et de la diffusion des formes culturelles : elle acquiert aussi une consistance politique quand les pratiques culturelles s'inscrivent dans une logique institutionnelle. La médiation culturelle constitue aussi une forme de remise en cause et de reformulation des logiques institutionnelles de l'organisation de la sociabilité et de l'expression politique du lien social : de la même manière qu'elle constitue une forme de sublimation esthétique des représentations du lien social, la médiation culturelle représente aussi une forme de sublimation politique des médiations institutionnelles de la sociabilité. Le concept de sublimation politique représente ici l'idée selon laquelle les pratiques culturelles peuvent constituer aussi des formes de représentation et de diffusion des logiques institutionnelles et de l'organisation de la sociabilité, dans le but d'en assurer la diffusion, l'apprentissage auprès de ceux qui en sont porteurs, mais aussi dans le but de les inscrire dans la continuité symbolique sublimée qu'en constitue l'histoire. La médiation culturelle, dans sa dimension politique et institutionnelle, met en oeuvre d'une part une critique des institutions, d'autre part leur inscription dans la perspective de l'histoire. Il s'agit de la dimension distanciée de la spécularité sociale que constitue la médiation culturelle pour les formes de la sociabilité. D'une part, la médiation culturelle organise une représentation critique des institutions et des formes de la sociabilité : le rôle des intellectuels et des créateurs, littéraires, artistiques ou musicaux, est ici immédiatement interrogé, puisque les institutions s'inscrivent, grâce à leur entreprise, dans une dimension esthétique sublimée de représentation. La médiation culturelle fait ici apparaître une instance de distance critique, qui, dans sa dimension la plus radicalement distanciée, s'inscrit dans les formes de la caricature (qu'elle soit dessinée, musicale ou écrite, en particulier dans la presse et les éditoriaux), et qui, dans sa dimension de représentation et d'intellectualisation de l'exercice de la sociabilité, s'inscrit dans les formes de la représentation des institutions et des pouvoirs et dans une sublimation esthétique de la sociabilité comme celle que peut proposer Eisenstein dans *Alexandre Newski*, ou Chostakovitch dans sa musique symphonique. D'autre part, la médiation culturelle inscrit les institutions et les formes politiques de la sociabilité dans la durée et dans la dimension de la mémoire et de l'histoire : c'est, en particulier, le rôle de l'image ou celui de l'architecture de pérenniser, ainsi, grâce à la médiation culturelle, la mémoire des logiques institutionnelles et de acteurs politiques de la sociabilité. Le souci esthétique des acteurs politiques au pouvoir est, à cet égard, de laisser d'eux, dans la mémoire sociale, une trace durable et positive, telle que celle que peut en formuler les médiations culturelles. C'est pourquoi les grands chefs d'État ont toujours le souci d'aménager leur capitale et de laisser des traces de leur règne dans les formes esthétiques de la sociabilité. En fait, de cette manière - et c'est le propre du concept de sublimation - la création esthétique inscrit le politique et les institutions dans une autre temporalité que celle des pratiques politiques de la citoyenneté : celle de la durée et celle de la mémoire, qui représentent, ainsi, une pérennisation de l'implication des acteurs institutionnels dans l'histoire.

Lien social et langage

La culture inscrit le lien social dont nous sommes porteurs dans les formes et dans les structures d'un langage, à la fois doté d'une signification et d'une diffusion dans l'espace public. La signification du lien social représente l'appropriation symbolique et sémiotique de la sociabilité par les acteurs qui en sont porteurs, et qui la mettront en oeuvre dans leurs pratiques de communication, tandis que la diffusion des formes de médiation culturelle dans l'espace public assure au lien social une reconnaissance aussi large que possible de l'ensemble des acteurs de la sociabilité et des sujets de communication et de médiation qui appartiennent à l'espace social. La médiation culturelle représente donc, d'abord, une sémiotique du lien social : elle lui confère la possibilité d'une représentation, c'est-à-dire de la formulation d'un système de signification. Dès lors qu'il s'inscrit dans les formes de la médiation culturelle, le lien social ne fait plus seulement l'objet d'une appropriation par ceux qui en sont porteurs : ils lui donnent une signification et le reconnaissent comme porteurs des représentations dont ils forment, eux-mêmes, la consistance symbolique de leur appartenance et de leur identité. C'est ainsi que l'art, en proposant des représentations esthétiques de la sociabilité, en constitue, en même temps, des modes d'interprétation : la peinture du port de Marseille par Vernet, au XVIIIème siècle, constitue, par les personnages qu'elle met en scène et par les activités qu'elle montre dans l'espace social que constitue Marseille, une interprétation et une reformulation esthétique de la logique sociale et économique de l'activité d'un port maritime à cette époque. C'est cette sémiotique du lien social qui, en le rendant interprétable et en lui donnant une signification, en permet une appropriation constante et engagée par les acteurs de la sociabilité. Mais la médiation culturelle permet aussi la diffusion des formes esthétiques de la sociabilité. Ce n'est pas seulement la signification du lien social qui se trouve ainsi représentée par les formes de la culture : il fait aussi l'objet d'une diffusion dans un espace social qui peut, devenant ainsi un espace de communication, aller au-delà de l'espace restreint constitutif de dimension originaire de la sociabilité. Les formes de la culture sont diffusables, elles sont présentables, elles sont reproductibles, et, par conséquent, elles permettent au lien social de s'inscrire dans toute l'étendue de l'espace public de la sociabilité, et même de s'inscrire dans des espaces publics relevant d'autres cultures et d'autres systèmes d'appartenance. La stabilisation des formes de l'architecture chrétienne au Moyen Âge et la constitution d'un art roman, puis d'un art gothique, répandus dans toute l'Europe ont ainsi constitué un mode puissant à la fois d'unification de la culture chrétienne et de diffusion de ses formes, dans des pays et dans des espaces publics parfois éloignés de son espace d'origine. Le langage et les formes esthétiques, dans ces conditions, en constituent pas seulement des modes d'unification politique et culturelle d'une identité : ils en constituent, dans le même temps, des modes de représentation et de sublimation, qui vont, de ce fait, s'inscrire aussi dans la durée et dans l'histoire.

La mémoire du lien social

La médiation culturelle a, par rapport aux médiations constitutives de la sociabilité, le rôle fondamental de la mémoire et de la durée de la représentation. Les pratiques culturelles inscrivent le lien social dans la médiation d'une double mémoire : d'une part la mémoire singulière des acteurs de la culture, d'autre part, la mémoire collective des institutions et des acteurs sociaux de l'appartenance sociale. Ces deux mémoires constituent, en fait, deux logiques distinctes d'interprétation et de mise en oeuvre des représentations du politique et du lien social, dont la médiation culturelle assure, précisément l'articulation et l'intégration dans la conscience culturelle des acteurs de la sociabilité. La mémoire du lien social est une mémoire à la fois collective et singulière, puisqu'elle constitue la mémoire de la médiation constitutive de l'appartenance. La mémoire collective du lien social est une mémoire de formes culturelles répandues et diffusées dans l'espace public et dont la durée va au-delà de la temporalité de l'expérience singulière : la mémoire collective et institutionnelle du lien social n'est pas de notre histoire, elle n'est pas de la dimension de notre expérience propre, elle nous dépasse, en s'inscrivant dans une temporalité qui va au-delà de nous. Le propre des oeuvres d'art et des productions de la médiation culturelle est de constituer un enregistrement des formes de la représentation dans une mémoire culturelle qui, au-delà de notre expérience singulière, est destinée à l'information et à la mémoire d'autres temps que le nôtre. Ceux qui ont construit les pyramides et ceux qui ont construit les cathédrales du Moyen Âge ne l'ont pas fait pour leur temps : ils l'ont fait dans une représentation symbolique d'un temps qu'ils ne connaîtraient pas dans leur expérience, mais qu'ils savaient devoir venir. La mémoire collective du lien social construit des formes pérennes de la représentation culturelle, appelées à durer plus longtemps que ceux qui les ont construites, ce qui revient à une inscription de l'idéal de soi dans la temporalité. Mais, comme il s'agit de médiation, les formes de la médiation culturelle inscrivent aussi la sociabilité et la conscience de l'appartenance dans la mémoire singulière des acteurs de la sociabilité : la connaissance des mythes est, ainsi, une activité culturelle forte, garante de la pérennité des formes de la culture, et, en même temps, portée seulement par les individualités de ceux qui se les approprient, et qui, ainsi, se font les acteurs de la pérennisation de la culture et des formes de l'appartenance. La forme orale des mythes, et l'absence de forme écrite de leur stabilisation représentent, en fait, l'affirmation sociale et anthropologique de cette nécessité d'une appropriation personnelle, pour une forme symbolique de médiation culturelle qui s'inscrit dans la durée. Seule la mémoire individuelle des sujets de la sociabilité constitue une garantie de la pérennité de l'aventure survenue à Oedipe. C'est aussi, sans doute, pourquoi, dans la tradition grecque, l'*Iliade* et l'*Odyssée* n'ont pas d'auteur individuellement désigné : les sujets grecs de la culture et de la sociabilité étaient tous porteurs de l'épopée homérique, qu'ils s'appropriaient, d'ailleurs, par tradition orale, grâce à l'individualisation qu'en permet l'expression rythmique et musicale du vers, de l'*epos*, inscrit dans le souffle même de celui qui l'énonce, et non dans la distanciation de l'écrit. On peut citer, à cet égard, le roman de Bradbury, *Fahrenheit 451*, de 1953, qui a fait l'objet, en 1966, d'un film de François Truffaut. Ce récit, mis en scène dans la littérature de science-fiction et au cinéma, montre comment l'identité culturelle, en fin de compte, ne peut survivre que si elle fait l'objet d'une appropriation individuelle par ceux qui survivront au régime politique et aux formes institutionnelles de la sociabilité qui ont inscrit cette culture dans l'histoire. La médiation culturelle ne peut durer que dans notre mémoire : dans notre activité symbolique singulière de sujets individuels de la sociabilité. Ce sont les sujets singuliers de la sociabilité qui, en dernière instance assurent la pérennité des formes de médiation culturelle qui donnent du sens à leur appartenance et à leur sociabilité. C'est dire que la médiation culturelle se pense aussi en termes de responsabilité et d'impératifs sociaux et institutionnels.

L'idéal culturel comme idéal esthétique

L'idéal culturel dans l'espace public

L'idéal culturel de l'appartenance et de la sociabilité s'inscrit dans des formes et dans des langages qui constituent sa médiation esthétique de diffusion et de socialisation : il s'inscrit dans l'espace public auquel il apporte la structuration esthétique de ses formes et de ses modes de représentation. L'idéal culturel représente, dans un système social d'appartenance, une expression de ses logiques de représentation et de langage. C'est ainsi qu'à l'époque classique du dix-septième siècle, l'idéal de la représentation nette structure le discours philosophique (avec, en particulier, les énoncés du *Discours de la Méthode* sur l'expression «claire et distincte»), la rhétorique et la poétique, telles que la pensent Boileau ou La Fontaine, mais aussi la peinture, telle que la pense un La Tour, qui construit l'espace de la représentation autour d'une partition particulièrement binaire et, par conséquent, discriminante, entre l'ombre et la lumière. On peut parler, dans ces conditions, d'une forme d'idéal culturel, de la même manière que, dans une toute autre logique, le surréalisme constituera, au vingtième siècle, une autre forme d'idéal culturel, fondé sur la reconnaissance de l'inconscient comme mode de structuration de la représentation et du langage. L'idéal culturel fonde un système de représentation de la sociabilité et de l'appartenance pour un système politique de l'organisation sociale, en concevant, pour lui, une esthétique, mais aussi une sémiotique, c'est-à-dire un mode de reconnaissance et d'interprétation des formes symboliques. La sublimation esthétique d'un idéal culturel en représente la réalisation dans des formes qui lui assurent une visibilité et une présence manifeste dans l'espace de la sociabilité. La sublimation esthétique de l'idéal culturel est donnée à voir au public : les pratiques esthétiques consistent à inscrire l'idéal culturel dans des formes et dans des pratiques que le public puisse s'approprier au cours de leur mise en oeuvre dans l'espace public. De cette manière, la sublimation esthétique de l'idéal culturel acquiert une consistance effective. Le propre du concept de sublimation, dans le domaine des formes de la culture et de l'esthétique, est de désigner un processus de mise en scène, un processus au terme duquel existe une représentation et une consistance esthétiques perceptibles par le public, qui, dès lors, peut se l'approprier et la reconnaître comme une forme symbolique de la sociabilité. C'est pourquoi la sublimation esthétique s'inscrit toujours dans des modes publics de présentation et d'exposition, qui lui donnent une consistance esthétique effective : sans les tableaux de La Tour qui participent à sa sublimation esthétique, les logiques de représentation claire et distincte du XVIIème siècle resteraient sans existence matérielle ; sans *La Flûte enchantée*, l'idéal culturel maçonnique resterait sans mode esthétique réel de représentation dans l'espace public de la sociabilité et du langage. C'est l'espace public qui, ainsi, reconnaît la sublimation esthétique de l'idéal culturel et lui donne la consistance historique et politique par laquelle il peut constituer une forme esthétique constitutive, pour le sujet de la création et pour le public de l'usage, de la sociabilité et de l'appartenance.

Le rôle du public dans la médiation culturelle

Car le public constitue bien, dans la mise en oeuvre de la diffusion et de l'appropriation des formes de la représentation culturelle, l'acteur indistinct de l'usage social qui inscrit l'esthétique dans les formes réelles de la sociabilité. Sans l'usage qu'en fait le public, et qui les constituent comme formes de la sociabilité, le public, les formes de l'esthétique et de la médiation culturelle ne seraient que des objets de perception sans signification ni consistance symbolique. Dans la médiation culturelle, c'est le public qui, dans la mise en oeuvre de ses pratiques collectives et indistinctes de la sociabilité, donne sa dimension idéale à une pratique culturelle ainsi sublimée en pratique artistique. Si la médiation culturelle est toujours inscrite dans l'espace public et donne lieu, toujours à des manifestations collectives ou à une diffusion singulière dans l'espace public, c'est que, comme toute médiation, elle suppose une reconnaissance collective. Le rôle du public ne saurait, dans le champ de la médiation culturelle, être réduit à celui d'un récepteur ou d'un consommateur : le public est l'acteur collectif constitutif de la médiation, et sans laquelle elle n'est rien, puisque, sans lui, le miroir esthétique de la sociabilité n'existerait pas, faute d'acteur social pour renvoyer aux acteurs de la création l'image de leur spécularité. Si la création esthétique est une activité institutionnellement et socialement reconnue dans l'espace public de la sociabilité, c'est qu'il y a un public pour la valider et pour en authentifier l'existence. On peut comparer, ici, la spécularité sociale propre à la médiation culturelle à la spécularité constitutive de notre identité de sujet. Si c'est la présence de l'autre qui fonde notre existence en tant que sujet en nous renvoyant notre image de nous-mêmes dans l'espace du miroir symbolique, la présence du public fonde l'existence de l'artiste en tant qu'acteur de la médiation culturelle en lui renvoyant la signification qu'il construit de la représentation mise en scène. Mais il ne s'agit pas d'une image de soi, comme c'est le cas dans l'expérience du miroir, il s'agit d'une représentation du public sublimée par la signification même dont elle est porteuse et qui lui donne la consistance culturelle d'une médiation esthétique. La représentation esthétique se constitue en médiation culturelle dans la mesure où elle fait apparaître de la sociabilité une représentation sublimée par la dimension sémiotique qu'elle lui donne et qui rend possible son appropriation, puis sa représentation ultérieure par d'autres artistes ou d'autres interprètes de la forme esthétique de la sociabilité. C'est le processus de la sublimation esthétique qui fonde la médiation culturelle en donnant aux pratiques de la représentation la dimension collective de leur usage dans l'espace public. La différence entre la scène réelle d'un séducteur aux prises avec ses conquêtes, scène d'une désespérante banalité dans l'expérience de la sociabilité, et la scène de *Don Giovanni* (I, 22) au cours de laquelle le séducteur est confronté à donna Anna, à donna Elvira et à don Ottavio, est bien dans la sublimation esthétique qui fait que le public tout entier, l'interprétant collectivement par sa présence, lui confère la dimension d'une dialectique culturelle entre le singulier et le collectif. Le rôle du public est de valider la médiation culturelle en lui reconnaissant une dimension collective et, par conséquent, politique, par sa présence dans l'espace public de la sociabilité et par la signification culturelle qu'il lui donne.

La sublimation esthétique

La sublimation esthétique consiste dans une représentation sublimée des formes sociales et institutionnelles de l'appartenance (un peu sur le même plan que les *Mythologies* d'un Roland Barthes, qui donnent à des usages et à de pratiques souvent individuelles, comme la lecture d'un guide touristique, la consistance d'une forme collective de sociabilité). Par cette représentation sublimée, les formes de l'appartenance et de la sociabilité acquièrent la dimension collective dont se soutient leur constitution en médiation culturelle. La sublimation esthétique change la scène de dimension, puisqu'elle devient collective : à la mise en oeuvre singulière d'une présentation, elle substitue la représentation, qui a lieu devant un public collectif. En ce sens, le concept de sublimation n'a pas, dans le champ des médiations culturelles, le même sens que celui qu'il a dans le champ de la psychanalyse. En effet, dans le champ de la psychanalyse, on peut définir, globalement, la sublimation comme le processus selon lequel le réel s'exprime en forme symbolique : le réel de la subjectivité, c'est-à-dire le désir, s'inscrit, par exemple, dans des formes socialisées de représentation, comme les pratiques culturelles ou les pratiques institutionnelles, qui lui donnent la consistance, socialement intelligible, de formes symboliques pouvant, dès lors, faire l'objet d'une reconnaissance, d'une appropriation par les autres, et d'une interprétation qui les fondent comme pratiques symboliques. Dans le champ de la médiation culturelle, la sublimation n'a pas la même consistance, puisqu'il ne saurait s'agir d'une simple dialectique entre le réel et le symbolique, mais qu'il s'ajoute à cette dimension celle d'une dialectique entre le singulier et le collectif : la mise en oeuvre de la sublimation esthétique, constitutive de la médiation culturelle, s'inscrit dans des pratiques qui ne sauraient être que collectives et qui, par conséquent, instaurent une dimension nouvelle à la représentation du désir du sujet. Le public, par sa présence et sa reconnaissance, donne sa dimension collective à l'exercice des pratiques culturelles qui, de la sorte, deviennent des médiations. C'est ce qui explique la transformation du sens de la scène de *Don Giovanni* : le public, en donnant à cette scène la consistance collective de sa présence dans l'espace de la représentation, transforme la signification même de cette scène et rend possible sa reconnaissance par un acteur collectif. C'est de cette manière que se construit l'expérience réelle de la médiation culturelle et que la sublimation esthétique donne aux spectateurs et aux usagers qui lui reconnaissent sa consistance réelle, des modèles d'identification qui reviennent, par leur dimension collective, à des modèles d'appartenance. La sublimation esthétique instaure la dimension collective des pratiques culturelles, et, de cette manière, les inscrit dans un espace institutionnel de sociabilité qui donne, de ce fait, aux pratiques esthétiques et culturelles ainsi mises en oeuvre dans l'espace public, un caractère fondamentalement politique. C'est l'autre différence entre les représentations de la médiation culturelle et les scènes réelles de la sociabilité. Au-delà de cette scène des masques de *Don Giovanni*, entre don Giovanni, don Ottavio, donna Elvira et donna Anna, il y a, dans l'opéra de Mozart, une signification politique forte : la dialectique mozartienne de la dénonciation et de l'admiration pour le personnage du séducteur donne une consistance esthétique à la dialectique de la reconnaissance de l'identité et de la dénonciation de l'arbitraire des formes de la sociabilité. C'est, en propre, le processus de la sublimation esthétique.

La médiation de l'idéal culturel

L'idéal culturel se définit par le type de perception et d'appropriation que les sujets de la sociabilité ont de l'idéal esthétique. Ce que l'on est convenu d'appeler la réception constitue, en fait, un mouvement double : d'une part, il s'agit de l'usage collectif des pratiques esthétiques qui donne leur consistance aux représentations dans les pratiques culturelles ; d'autre part, il s'agit, ainsi, de la reconnaissance publique des formes de la médiation, qui leur donne leur dimension collective. L'idéal culturel se trouve ainsi défini par les modalités selon lesquelles ont lieu cette appropriation et cette reconnaissance : les pratiques collectives de la médiation culturelle et les logiques symboliques de son interprétation. L'usage collectif des pratiques esthétiques définit, en fait, le public comme acteur de la sociabilité : les usagers singuliers des pratiques culturelles s'instituent en public dès lors qu'ils se constituent en acteur collectif. C'est, d'ailleurs, ce qui a transformé les pratiques culturelles avec l'instauration des médias audiovisuels et, en particulier, avec la généralisation de l'usage du magnétoscope et de la vidéo : la dimension collective du spectacle comme pratique culturelle a disparu, et, comme c'était le cas auparavant pour le livre, elle a donné lieu à une forme d'invisibilisation par la substitution de la logique de la diffusion à la logique de la représentation. C'est la dimension collective du public qui inscrit les pratiques culturelles dans une logique de médiation et qui, par conséquent, donne lieu à la représentation effective d'un idéal culturel de la sociabilité, qui fait l'objet d'une suspension dans le cas des pratiques culturelles individuelles. On pourrait, dans ces conditions, parler de deux dimensions de l'idéal culturel, qui correspondent à deux modalités de sa mise en oeuvre. D'une part, il existe ce que l'on peut appeler un *idéal culturel pratique*, qui est l'idéal culturel tel qu'il s'inscrit dans les pratiques culturelles individuelles des acteurs de la sociabilité : la lecture, les pratiques culturelles individuelles comme la photo ou l'usage individuel des médias (vidéo, télévision, musique enregistrée, etc.). L'idéal culturel pratique peut se définir par son appropriation singulière dans les pratiques individuelles. au cours desquelles le sujet l'articule à sa représentation symbolique de l'idéal de soi. D'autre part, il existe ce que l'on peut appeler un *idéal culturel institutionnel*, mis en oeuvre dans les pratiques culturelles collectives comme les spectacles, ou les formes collectives de représentation comme les musées ou les expositions, au cours desquelles il fait l'objet d'une articulation aux représentations institutionnelles de l'idéal politique[28]. Cette dialectique de l'idéal culturel pratique et de l'idéal culturel institutionnel explique que le concept de réception, dans le champ des pratiques culturelles, ne constitue pas un concept homogène, mais, au contraire, une dialectique entre deux instances : l'instance singulière de l'interprétation de l'idéal de soi et l'instance collective de celle de l'idéal politique. Cette dialectique rend raison des logiques de la mise en oeuvre de l'idéal culturel dans les lieux des pratiques culturelles : elle fonde la critique que l'on peut faire du concept de réception, qui ne rend pas compte de l'hétérogénéité esthétique et symbolique des pratiques culturelles qu'il recouvre et des représentations du sujet sur lesquelles il se fonde, et qui relèvent d'une analyse de type politique de nature à inscrire l'idéal culturel dans les logiques de l'histoire et de la sociabilité.

Idéal culturel et idéal politique

La consistance symbolique du politique

La culture est l'ensemble des formes, des représentations et des pratiques qui donnent une consistance symbolique au politique. Par la mise en oeuvre de la médiation culturelle, le politique passe du plan du réel de l'exercice du pouvoir au plan symbolique des formes de la représentation des appartenances et du contrat social. L'exercice du pouvoir et la gestion de l'organisation de l'État et de la collectivité constituent le réel de l'exercice du politique : il s'agit des stratégies et des décisions qui engagent les acteurs institutionnels dans les choix et dans les modes d'organisation par lesquels la collectivité acquiert le statut et la visibilité historiques et sociales d'un fait politique susceptible de constituer pour les acteurs de la sociabilité un lieu réel de socialisation et d'inscription dans des logiques et dans des pratiques collectives. Les formes de la culture et la mise en oeuvre de la politique culturelle inscrivent la sociabilité et l'organisation de la vie collective dans une autre logique, qui consiste dans une logique de représentation esthétique : en donnant au politique la consistance symbolique d'une représentation, la médiation culturelle l'inscrit dans les formes d'un langage. L'importance de la médiation culturelle dans l'organisation de

---

[28] *Cf.*, dans la même collection, LAMIZET (1998), pp. 405-407.

la sociabilité tient à ce qu'elle donne au politique la consistance symbolique d'une représentation de nature à faire l'objet d'une appropriation et d'une intériorisation par les sujets de la collectivité, en leur donnant les moyens et les formes qui leur permettent de se représenter leur citoyenneté à eux-mêmes et, par conséquent, d'en avoir une perception et une intelligibilité distanciée par la médiation même des formes de la culture et de la représentation. Par la médiation culturelle, notre appartenance sociale acquiert une dimension symbolique et une signification grâce auxquelles nous pouvons apprécier notre appartenance et mesurer notre engagement : en donnant une consistance symbolique au politique et à l'appartenance, dont il est un système de représentation, la médiation culturelle soumet notre dimension collective à une forme de critique politique de nature à refonder le lien social. En ce sens, les formes esthétiques de la médiation culturelle ont une signification, qui relève d'une interprétation et d'une logique sémiotique : c'est par son inscription dans les formes de la médiation culturelle que le politique peut faire l'objet d'une interprétation et, par conséquent, d'une réappropriation par les sujets du langage et de la sociabilité. C'est pourquoi les systèmes politiques s'inscrivent dans des médiations culturelles qui n'en sont pas seulement des représentations esthétiques, mais leur donnent une consistance symbolique et, par conséquent, une signification. En donnant une interprétation aux formes de la médiation culturelle, nous reconnaissons, de ce fait même, une signification aux formes de la médiation politique, et nous sommes, par conséquent, en mesure de nous réapproprier notre engagement et de lui donne une signification nouvelle. La représentation d'une comédie comme *Le Bourgeois Gentilhomme* n'est pas seulement un événement culturel : elle diffuse une représentation esthétique de l'idéal social et politique de Molière et, sans doute, de l'idéal politique dominant en ce temps, qui se trouve médiatée par les institutions théâtrales. L'idéal est ainsi doté d'une représentation culturelle.

Idéal culturel et idéal politique

C'est le concept d'idéal culturel qui va inscrire l'idéal politique dans une logique de médiation et qui va lui donner les formes, diffusables et représentables, d'une médiation culturelle : l'idéal culturel est une sublimation symbolique de l'idéal politique, qui rend possible la représentation de l'appartenance et du lien social. Le concept d'idéal culturel s'inscrit dans une logique historique de la médiation culturelle, car on ne saurait penser un tel concept indépendamment d'une philosophie politique de la médiation culturelle : il s'agit, en effet, d'un concept permettant de rendre raison de la reconnaissance de l'idéal culturel par les acteurs qui expriment et revendiquent, par cette reconnaissance même, leur appartenance à la société politique. L'idéal culturel inscrit l'idéal politique dont je suis porteur dans les formes esthétiques d'une représentation qui lui confère le caractère d'une médiation, puisqu'elle permet sa diffusion dans l'espace public. L'idéal culturel rend ainsi possible la représentation d'un idéal politique qui, sans elle, serait limité à une abstraction : l'idéal culturel rend l'idéal politique de la sociabilité véritablement consistant et significatif pour ceux qui, en lui reconnaissant un sens, s'en reconnaissent eux-mêmes porteurs. On peut, ainsi, considérer que la raison politique s'inscrit dans une forme de modernité depuis qu'existent des médias et des stratégies de symbolisation pour en diffuser les représentations dans un espace public, désormais constitué en espace symbolique par la mise en oeuvre même des stratégies de représentation, de communication et d'information des médias. C'est depuis qu'existent des médias symboliquement structurés que l'appartenance et la sociabilité politiques s'inscrivent nécessairement dans des formes et dans des pratiques culturelles pour pouvoir faire l'objet d'une adhésion et d'une reconnaissance : la dimension politique du concept d'idéal culturel est contemporaine de l'émergence des formes symboliques de l'exercice du politique. Mais, dans le même temps, c'est par la mise en oeuvre des médias et des stratégies de communication que la consistance symbolique de l'appartenance et de la sociabilité politique acquiert une consistance esthétique : le concept de médiation culturelle devient fondamental dans la rationalité politique à partir du moment où l'appartenance politique et la sociabilité s'inscrivent dans des formes esthétiques dont il convient de rendre raison. Peut-être, d'une certaine manière, est-ce l'art politique et la représentation esthétique des institutions et des acteurs importants de la sociabilité, qui fondent la médiation culturelle en rendant la consistance symbolique de sa représentation nécessaire à l'appropriation de la médiation politique par les sujets de la sociabilité. Les premiers artistes qui ont donné une représentation symbolique à leur société d'appartenance fondent ainsi la nécessité politique et institutionnelle d'une médiation esthétique, tant il est vrai que c'est dans la médiation culturelle de l'art que peuvent s'inventer les structures de la médiation politique : que les acteurs du politique peuvent acquérir une représentation, et que les sujets de la sociabilité peuvent se représenter eux-mêmes dans leur appartenance politique.

Le temps de la culture

L'idéal culturel inscrit le politique et les pratiques politiques dans une temporalité différente de celle qu'ils observent dans leur mise en oeuvre : celle de la durée. À la différence du temps politique de la sociabilité, qui est un temps du présent, de la décision et du choix qui s'opère dans le présent des circonstances et des situations auxquelles sont confrontés les acteurs politiques, le temps de la culture est un temps qui dure, qui s'inscrit dans une représentation de l'idéal culturel et, par conséquent, qui est destiné moins à ceux qui mettent en oeuvre, dans le présent de la sociabilité, les pratiques culturelles qui leur sont proposées, qu'à ceux dont on attend que, dans le futur, ils les mettent en oeuvre, dans des situations dans lesquelles elles auront du sens. L'idéal culturel, tel qu'il fait l'objet d'une représentation dans les pratiques culturelles, s'inscrit dans le temps de l'idéal, c'est-à-dire dans le futur, tel que les acteurs de la médiation culturelle peuvent se le représenter. Le temps de la culture n'est jamais le présent de la sociabilité : il s'agit d'un temps qui articule le présent de la représentation à la conscience de ce que pourrait être le futur de la sociabilité. Si les pratiques culturelles s'inscrivent dans des logiques de médiation, il s'agit aussi de médiations de la temporalité - entre le temps réel qui est celui des acteurs de la sociabilité au cours de leurs pratiques effectives, et le temps symbolique de la représentation, qui est destiné à durer, et à s'inscrire dans la continuité institutionnelle et sociale supposée entre le présent de sa mise en oeuvre et le futur qu'attendent les acteurs des pratiques culturelles. Le temps de la culture n'est jamais le présent : on n'écrit pas, on ne peint pas et on ne tourne pas un film pour les seuls publics qui assisteront à ces représentations lors de la temporalité même de la création : les pratiques de la création culturelle sont toujours destinées à un public à venir (*le livre à venir*, disait M. Blanchot). De la même manière, quand j'assiste à une représentation ou quand, en qualité d'usager, je mets en oeuvre une pratique culturelle effective, ce ne saurait être dans la seule préoccupation du présent où je me trouve, mais cette pratique culturelle dans laquelle je m'engage me rappelle une temporalité qui n'est plus celle du présent, car j'interprète les formes de la culture en fonction du savoir que j'ai acquis antérieurement à elles, et elle m'engage dans l'attente d'un idéal qui ne saurait faire l'objet que d'une attente : les pratiques culturelles sont porteuses d'une signification à venir ; c'est même pour cette raison qu'il s'agit de pratiques symboliques d'identification du sujet à l'idéal de soi. Le temps de la culture est, ainsi, à la fois le temps du passé et de la mémoire du sujet qui la met en oeuvre et le temps à venir du futur dont il exprime l'attente par l'identification à l'idéal de soi. Le temps de la culture est, dans ces conditions, un temps qui fait échapper le sujet à l'historicité du temps de la sociabilité en l'inscrivant, pendant la mise en oeuvre des pratiques culturelles, dans une forme de suspension sublimée du temps, que l'on peut désigner comme le temps de la culture, ou le moment esthétique. L'inscription du sujet des pratiques culturelles dans le temps de la culture fait partie du processus même de la sublimation esthétique et culturelle : elle permet au sujet des pratiques culturelles de ne pas fonder son identité sur la seule expérience de la temporalité du réel, pour se projeter, en quelque sorte, dans une autre dimension de la temporalité.

L'idéal politique se transmet

La mise en oeuvre et la constitution symbolique de l'idéal culturel permettent la représentation, la transmission, la circulation et l'appropriation de l'idéal politique. L'idéal culturel est, ainsi, une forme de médiation esthétique et symbolique de l'idéal politique, par lequel ce dernier s'inscrit à la fois dans l'histoire et dans l'espace. Il y a deux modes de transmission de l'idéal politique par la médiation culturelle. Le premier est la transmission de l'idéal politique par la médiation du savoir et des expériences culturelles. On appelle logique patrimoniale cette dimension transmissible de la médiation culturelle, par laquelle la continuité historique d'une appartenance ou d'une culture s'inscrit dans les formes et les pratiques de la culture et de la représentation. Le patrimoine représente la dimension transmissible de la médiation culturelle, celle qui en constitue à la fois une condensation sur des objets et sur des modes de pratique particulièrement significatifs, et une pérennisation par son inscription dans des formes symboliques et des langages transmissibles, comme la langue ou les réalisations esthétiques de l'espace social : *Monument* vient du latin *monumentum*, qui vient d'un mot signifiant *avertir*. C'est, en fait, avec l'émergence de l'écriture dans les pratiques esthétiques et culturelles qu'est advenue à la conscience des hommes la nécessité d'une médiation historique de la transmission de l'idéal politique par les formes de la médiation culturelle. C'est le sens de l'archéologie culturelle de rendre raison de l'existence des médiations patrimoniales, de leur conservation et de leur pérennisation sous la forme de créations esthétiques, de constructions, d'images ou de textes faisant apparaître les formes de la médiation culturelle dans l'espace visible de la représentation. Le second mode de transmission de l'idéal politique est son appropriation par les acteurs de la sociabilité qui l'inscrivent dans leurs pratiques singulières de la communication et de la représentation. Il ne s'agit pas là d'une objectivation patrimoniale, comme c'est le cas de l'écriture ou de l'architecture, mais d'une appropriation personnelle des formes symboliques sous la forme d'un héritage dont les acteurs de la sociabilité sont singulièrement porteurs dans la mise en oeuvre de leurs pratiques singulières de la culture. C'est le propre de la transmission orale de la médiation culturelle de représenter une telle appropriation des formes de la culture, dans une forme d'immédiateté de l'appartenance et de la représentation : les formes orales de la culture (chanson, chansons de geste, contes et traditions populaires, etc.) consistent dans des médiations culturelles qui ne font pas l'objet d'une distanciation par rapport aux acteurs qui en sont porteurs, et qui, en étant eux-mêmes pour ainsi dire physiquement porteurs des formes de la représentation s'identifient à elles dans une conscience non distanciée de l'appartenance et de la sociabilité. L'invention de l'écriture, en quelque sorte, signifie l'émergence d'une distance et d'une médiation des sujets par rapport aux formes de médiation dont ils étaient porteurs au cours de leurs pratiques culturelles. La rupture que constitue l'émergence de l'écriture dans les dispositifs de la médiation culturelle consiste, en fait, dans l'apparition d'une logique de distanciation de la médiation culturelle. Mais, dès lors qu'il s'agit de formes de la médiation culturelle, il faut savoir qu'en même temps que l'idéal culturel de la sociabilité, c'est l'idéal politique qui se transmet par la médiation esthétique et symbolique de la représentation culturelle. En même temps que l'art égyptien, en regardant les pyramides et en donnant du sens à ce qu'elles enferment, nous découvrons les formes esthétiques et symboliques par lesquelles le pouvoir, les acteurs et les structures de la médiation politique étaient mis en scène dans l'espace public pour donner une forme tangible (et, par conséquent, transmissible) à l'idéal politique dont se soutenait la légitimité des institutions.

La culture donne du sens à l'histoire

Qu'est-ce que l'histoire ?

L'histoire est l'ensemble des faits constitutifs du lien social dans la durée de leur succession et de leur déroulement. Pour constituer une représentation de la sociabilité qui soit inscrite dans le temps et, en particulier, dans la durée, s'instaure une mémoire collective de l'appartenance et du lien social, que l'on appelle l'histoire. Celle-ci s'articule, par conséquent, à la mise en oeuvre de la médiation culturelle qui donne une consistance à leur représentation. par rapport à la constitution et à la mise en oeuvre de la culture et de l'appartenance dont nous sommes porteurs. L'histoire est, d'abord, une représentation de la continuité du lien social : c'est la connaissance de l'histoire, telle, précisément, que la structure la médiation culturelle et telle qu'elle nous la transmet, qui donne au lien social la signification et les implications qui sont formées par la continuité même qu'en représente l'histoire. La connaissance de l'histoire d'un pays d'un peuple, d'une société, nous permet de penser cette forme sociale et institutionnelle dans la continuité d'une mémoire et dans la consistance réelle d'un fait, d'un événement. C'est que l'histoire est d'abord l'inscription de cette continuité de l'appartenance et de la sociabilité dans le langage, dans le discours et dans le savoir qui leur confèrent une dimension symbolique. Affaire de savoir, mais aussi affaire de représentation, l'histoire est la médiation qui inscrit le réel de la sociabilité dont nous sommes porteurs dans la continuité symbolique d'un récit et d'un savoir, dont se soutient la représentation que nous nous en faisons dans notre expérience du langage et de la communication. L'histoire fait passer l'expérience de notre appartenance sociale dans une représentation symbolique qui rend possibles notre identification symbolique à ceux qui nous ont précédés dans cette appartenance (c'est le sens du savoir qu'elle nous procure) et notre adhésion au projet social et culturel que représente cette appartenance (c'est le sens de la continuité qu'instaure l'histoire entre les acteurs du passé et notre propre expérience). En ce sens, elle constitue une médiation culturelle qui assure une double dialectique : celle du singulier dont est individuellement porteur chaque sujet qui la connaît et qui s'en soutient et du collectif que représentent tous les acteurs qui s'y inscrivent ; celle, par ailleurs, de la singularité de l'expérience de chaque sujet dont l'histoire conserve la mémoire et du collectif que représentent l'ensemble des sujets porteurs de la mémoire au cours de leurs pratiques symboliques. L'histoire est la médiation mise en oeuvre par les acteurs de la culture pour rendre représentable cette double dialectique et pour en faire un objet de savoir.

Histoire et culture

En effet, l'histoire, d'abord, est l'ensemble des savoirs sur le passé et la continuité de la sociabilité dans laquelle on s'inscrit, tels que ces savoirs constituent la culture comme identité dont on est porteur. L'histoire donne à la culture la continuité dans le temps qui lui donne la consistance d'une forme symbolique susceptible de fonder sur cette expérience la sociabilité dont se soutiennent les acteurs de l'appartenance et l'identité dont ils sont porteurs dans leurs échanges culturels et dans leurs relations symboliques avec les sujets appartenant à d'autres cultures. L'histoire, d'abord, donne à la culture la consistance particulière qui fonde sa spécificité par rapport à la culture d'autres sociétés auxquelles on peut être confronté ou auprès desquelles on est amené à entreprendre des relations de communication ou la diffusion d'informations. L'histoire, en ce sens, est une continuité qui nous permet de fonder sur du savoir la conscience identitaire dont nous sommes porteurs et qui nous distingue des autres. Mais l'histoire s'inscrit dans un autre type de relation avec la culture et les formes symboliques de la sociabilité : en effet, c'est par la médiation symbolique des récits qui la structurent et des significations qu'ils lui reconnaissent que les sujets de la sociabilité, au cours de leurs pratiques symboliques, trouvent dans l'histoire la signification qui leur permet de donner du sens à leur appartenance même et, par conséquent, de reconnaître une légitimité au lien social dont ils sont porteurs. En effet, la culture rend l'histoire interprétable et appropriable par les sujets qui la lisent, qui la regardent ou qui l'entendent, et, en ce sens, en lui donnant la consistance d'une continuité, elle fait de l'histoire un langage interprétable susceptible de constituer la consistance symbolique de l'appartenance et du lien social. En donnant un sens à l'histoire, et, par conséquent, en la rendant interprétable, la médiation culturelle fait de l'histoire une médiation symbolique de l'appartenance comparable aux autres formes de langage qui donnent du sens aux faits sociaux qui ponctuent notre expérience de l'appartenance. Les faits et les usages constitutifs de la médiation culturelle fondent leur signification et leur consistance sur l'identification que nous engageons par rapport aux acteurs de la sociabilité qui représentent, dans l'histoire, l'ancrage identitaire de notre appartenance. Le rôle de l'histoire par rapport à la constitution de la culture comme médiation symbolique de l'appartenance sociale est de lui donner la consistance d'un récit et d'une succession d'expériences engagées par des acteurs réels, de nature à servir de références à nos identifications et à nos adhésions : l'histoire, finalement, met en scène, dans le savoir que structure son discours, la succession des acteurs sociaux, politiques et institutionnels constitutifs de l'identité culturelle et collective dont nous nous soutenons dans l'expression de notre sociabilité. C'est pourquoi la médiation culturelle a toujours une histoire : elle s'inscrit dans la continuité symbolique qui donne sa visibilité à l'appartenance en faisant apparaître, comme objets de savoirs, les événements et les acteurs qui scandent, dans leur succession même, la continuité dont nous nous soutenons quand nous revendiquons une appartenance institutionnelle et une citoyenneté. C'est pourquoi, inversement, la dénégation de la médiation culturelle et des formes de l'appartenance et du lien social passe par la dénégation de l'histoire.

La culture et les formes de l'appartenance

La médiation culturelle donne leur forme symbolique et leur consistance à l'histoire et à l'appartenance, et les rend, de ce fait, interprétables pour ceux qui en sont porteurs. Tandis que l'histoire inscrit dans le symbolique la continuité des événements constitutifs de la mémoire de notre appartenance, la médiation culturelle nous donne les moyens symboliques d'exprimer cette appartenance, en mettant en oeuvre des pratiques symboliques et des discours propres à la représenter. La culture donne au lien social une consistance symbolique : les pratiques culturelles sont des manifestations de l'appartenance dans les situations réelles que connaissent les acteurs de la sociabilité. C'est, en effet, aux pratiques culturelles qu'ils mettent en oeuvre que l'on peut reconnaître l'appartenance sociale de ceux que l'on rencontre - qu'il s'agisse de leurs pratiques esthétiques ou de leurs pratiques culturelles de la sociabilité. C'est dans les pratiques culturelles que l'on peut distinguer les appartenances les unes des autres, et, par conséquent, se fonder pour reconnaître l'identité des sujets que l'on rencontre dans une spécularité d'abord indistincte : c'est ainsi que l'on peut reconnaître une appartenance professionnelle par les connaissances pratiques, les méthodes et les outils, qui constituent la culture professionnelle de ceux qui la pratiquent. Les pratiques culturelles donnent ainsi une visibilité à cette appartenance : une consistance symbolique d'un fait social justifiant une reconnaissance par les autres acteurs de la sociabilité. Sans pratiques culturelles constitutives de la visibilité de leur existence, les appartenances sont menacées de ne plus avoir d'existence dans l'histoire : c'est à la fois la signification et l'enjeu du combat mené, en Amérique du Nord, par certains peuples à l'identité menacée pour que, par la reconnaissance de la spécificité et de la signification de leurs pratiques culturelles, leur identité acquière une représentation et, par conséquent, une consistance politique[29]. C'est, inversement le sens des politiques d'assimilation menées par les puissances coloniales comme la France : en imposant à leurs colonies la langue française et les formes symboliques de la culture françaises, la France a mis en oeuvre une politique visant, fondamentalement, à éteindre la spécificité symbolique de leur identité culturelle, pour dénier leur existence politique. Les pratiques culturelles, enfin, donnent une signification à l'appartenance et au lien social : elles donnent du sens à l'appartenance dont nous sommes porteurs en lui donnant les formes et la consistance d'une représentation esthétique qui nous les rendent interprétables. En quelque sorte, devant des pratiques culturelles, nous sommes pratiquement contraints de donner une interprétation, car nous en reconnaissons, de cette manière, le statut esthétique et symbolique de médiations : devant la mise en oeuvre de pratiques culturelles, ce n'est pas la question du pouvoir qui se pose, ni la question de l'organisation ou des conditions sociales de l'appartenance, c'est bien la signification que peut revêtir le lien social pour ceux qui en sont porteurs. C'est toute la différence, bien mise en oeuvre par la logique de la médiation culturelle, entre le *cogito* de l'anthropologie culturelle et celui de l'économie ou de la sociologie.

Triple signification de l'histoire de la culture

Dans ces conditions, l'histoire de la culture a trois significations, qu'il nous faut interroger à la lumière de l'apport de la médiation culturelle : d'une part, elle est un récit qui objective la culture dans son histoire, d'autre part, elle est une interprétation qui lui donne du sens, et, enfin, l'histoire articule la culture au social et au politique, en lui donnant la consistance sociale réelle d'une médiation. L'histoire objective la culture dans la continuité de son devenir, en rendant visibles et significatives les représentations du lien social qu'elle est amenée à analyser et dont elle est amenée à rendre compte. L'histoire des faits culturels est, ainsi, d'abord, une forme d'objectivation de la culture par le savoir, puisque nous sommes distanciés, ne serait-ce que par le temps, par apport aux représentations qu'elle fait apparaître, et, par conséquent,

---

[29] « *Les Inuit ont répété qu'ils avaient une langue, une culture et un territoire, sans demander plus, offrant une image positive d'eux-mêmes, expliquant qu'il y a une marque identitaire forte dans leur façon de manger, de parler aux enfants, de rêver, d'avoir avec le gibier des rapports qui vont au-delà de la chasse à des fins d'autosubsistance* » (Michèle THERRIEN, interrogée par *Le Monde Diplomatique*, août 1997, p. 8, 3ème col.).

nous objectivons les formes de l'appartenance et de la sociabilité mises à distance par le savoir et les questionnements d'ordre anthropologique. L'histoire propose une interprétation des faits sociaux, puisqu'elle en inscrit le récit dans la dimension symbolique d'un discours ; en ce sens, elle donne aux faits sociaux dont elle a la mémoire la consistance symbolique de faits de sens interprétables par ceux qui, connaissant l'histoire et en mesure de les apprécier, sont, de ce fait même, en mesure de leur reconnaître une signification. Enfin, l'histoire articule la culture à la dimension sociale et politique de nos pratiques et de nos expériences, en particulier parce que les significations qu'elle en propose sont articulées aux significations politiques que l'on peut formuler à partir de la connaissance historique des acteurs qui les ont mises en oeuvre. Quand on lit, par exemple, l'histoire braudélienne des pratiques sociales et politiques, on observe l'importance des savoirs mobilisés par la connaissance historique pour asseoir la consistance de l'interprétation des formes de la sociabilité : c'est bien là l'importance du temps long. Le *temps long* dont parle Braudel[30] est la spécificité d'une temporalité qui ne se fonde pas sur des événements, mais sur la continuité proprement symbolique, et, par conséquent, culturelle, des acteurs et des événements constitutifs du continuum historique d'un pays ou d'une forme de sociabilité. La spécificité de ce que l'on peut appeler, après Braudel, *l'histoire du temps long* est de se fonder moins sur la connaissance, pour ainsi dire anecdotique, et, souvent, sans continuité, des expériences singulières des acteurs de la mémoire, que sur la consistance continue des formes pérennes de l'identité culturelle et de l'appartenance dont ils se soutiennent. Entre l'histoire et la culture, la différence réside, ainsi, dans un *cogito* : tandis que le *cogito* de l'historien fait apparaître les tendances qui rendent raison de la succession et du déroulement de la continuité des faits et des événements dans leur diversité, mais, surtout, dans les liens de causalité qui font d'eux des événements réels, l'anthropologie de la culture fait apparaître les formes de signification et d'interprétation dont ils font l'objet et qui, à la fois, forment la consistance de leur appropriation par les acteurs de la sociabilité et la dimension symbolique de la mémoire qu'ils fondent - précisément dans leur homogénéité ou dans leur continuité culturelles. C'est le sens de la dimension historique de la médiation culturelle, d'en ancrer la continuité

---

[30] BRAUDEL (1987), t. 1, p. 14 : « *Ainsi sommes-nous arrivé à une décomposition de l'histoire en plans étagés. Ou, si l'on veut, à la distinction, dans le temps de l'histoire, d'un temps géographique, d'un temps social, d'un temps individuel.* ».

dans la dialectique entre la singularité et la différence des acteurs qui l'ont mise en oeuvre et la dimension collective qui en fonde, au contraire, la continuité et le caractère interprétable : c'est cette dialectique qui fonde l'histoire en faisant de la culture un objet de savoir, dans sa dimension historique, politique et anthropologique.

Chapitre 7

SEMIOTIQUE DE LA CULTURE

La culture est un ensemble de formes et de représentations symboliques, et, à cet égard, elle relève de logiques d'interprétation et de stratégies d'engagement : l'émergence des faits culturels correspond même, sans doute, à l'émergence de l'interprétation des faits sociaux. La médiation culturelle est mise en oeuvre à partir du moment où nos pratiques et nos conduites sociales dans l'espace public commencent à faire l'objet d'interprétations qui en font des formes symboliques. La médiation culturelle, dans ces conditions, rend nécessaire la formulation d'une sémiotique, c'est-à-dire d'une rationalisation de ses codes et de ses logiques signifiantes. La sémiotique de la culture, qui nous permet de rendre compte de la signification des faits sociaux constitutifs de l'espace public, représente un ensemble de méthodes, de concepts, de mots aussi, tout simplement, par lesquels, en donnant du sens à nos objets, à nos gestes ou à nos pratiques, nous leur reconnaissons la dimension d'une médiation culturelle.

Signification des pratiques culturelles

Représentation de la sociabilité

Si la culture relève d'une sémiotique, c'est, fondamentalement, que les pratiques culturelles représentent la sociabilité de ceux qui les mettent en oeuvre au cours de leurs pratiques sociales : elles constituent, en ce sens, un langage et un ensemble de formes symbolique, puisqu'elles représentent une référence : la sociabilité elle-même. Comme tout signe, une pratique culturelle représente quelque chose, et cette représentation en constitue le sens. La particularité des pratiques culturelles est qu'elles sont toujours des représentations, et qu'ainsi, elles instaurent toujours une différence radicale, essentielle, entre signe et référence : entre les formes et le réel. Ce réel dont se soutiennent les formes symboliques qui constituent la médiation culturelle, c'est le seul réel que puissent avoir en commun tous ceux qui reconnaissent un sens aux signes et aux pratiques culturelles qu'ils mettent en oeuvre : le réel de la sociabilité elle-même. Le réel auquel renvoient les formes de la médiation culturelle est l'appartenance qui fait de nous des sujets sociaux et des sujets de langage en manifestant, dans nos pratiques collectives et dans nos usages sociaux, notre reconnaissance de la validité et de la légitimité du langage et de la médiation. Le seul réel que nous ayons en commun, et qui fonde, ainsi, le langage que nous reconnaissons en commun, est l'existence d'un lien de sociabilité qui nous est commun et qui fonde la référence de notre langage et de nos représentations. Finalement, ce qui institue, à l'origine, la consistance des médiations culturelles et qui nous les rend intelligibles, c'est l'idée selon laquelle l'horizon que cherchent à représenter les formes de la culture est la sociabilité elle-même dont elle est le langage. C'est le sens du concept de miroir social : dans les formes de la représentation, la société découvre la sociabilité même qui la constitue en lui donnant à la fois la consistance d'un fait historique et social et la signification et les formes d'un langage et d'une médiation. Le système des formes de la culture représente la sociabilité et le contrat social en leur donnant la visibilité d'une mise en scène et la signification d'un langage. Les pratiques culturelles nous font donner une consistance réelle et matérielle à cette représentation de la sociabilité à laquelle nous appartenons : c'est pourquoi la participation aux activités culturelles représente toujours, pour nous, la reconnaissance du sens de notre appartenance et du lien social.

L'identité d'appartenance

C'est bien pourquoi les pratiques culturelles ne sont jamais des pratiques neutres ni des gestes sans signification. En nous donnant l'occasion de représenter symboliquement notre appartenance et le lien social dont nous sommes porteurs, les pratiques culturelles nous donnent à voir à nous-mêmes l'identité qui donne un sens à notre appartenance et au lien qui fait de nous des sujets sociaux et les concitoyens des autres acteurs de la même médiation culturelle. Le mot latin, *ciuis*, qui est l'origine étymologique de *civique*, de *civisme*, est, à cet égard, tout à fait éclairant quant à la signification même de l'appartenance sociale. En effet, *ciuis* signifie, en latin, à la fois citoyen et concitoyen. En d'autres termes, c'est le même mot qui, en latin, signifie le sujet porteur de la citoyenneté, c'est-à-dire de l'appartenance et du lien social et son partenaire de sociabilité : l'autre sujet, porteur de la même citoyenneté que lui. C'est dire que le concept même de citoyenneté, fondé dans notre culture par son signifiant latin, renvoie, dans sa signification étymologique même, à la scène du miroir social. L'appartenance se conçoit, ainsi, dès l'origine, comme une forme sociale et institutionnelle de spécularité : c'est pourquoi la sociabilité peut se penser, du point de vue du sujet qui en est porteur, en termes d'identité, et c'est le rôle de la culture d'assurer la médiation symbolique constitutive de cette spécularité originaire du fait social. La dimension sociale de l'identité s'inscrit, elle-même, à la différence de l'expérience du miroir fondatrice de la spécularité singulière, dans une dimension historique : le miroir social ne me renvoie pas l'image de tel ou tel autre sujet de l'espace symbolique, mais il me renvoie l'image d'un acteur indistinct (et, par conséquent, pluriel) de la sociabilité qu'il constitue. Je ne reconnais pas un sujet particulier, mais un sujet indistinct. En ce sens, le miroir social ne saurait s'inscrire dans le présent, mais, au contraire, dans la durée de l'histoire qui nous fonde, justement, dans notre indistinction d'acteurs sociaux au lieu de nous fonder, comme l'expérience singulière du miroir, comme porteurs d'identité : l'histoire fait de nous des sujets porteurs d'une sociabilité indistincte. La différence radicale entre l'identité singulière et l'identité d'appartenance est que l'identité singulière fonde la singularité de mon identité, tandis que l'identité d'appartenance fonde l'indistinction de mon appartenance. Dès lors que l'appartenance s'inscrit dans la durée et la continuité de l'histoire, c'est cette permanence de l'histoire qui fait naître l'identité culturelle de ceux qui en sont porteurs, puisqu'une telle identité ne saurait naître que de la reconnaissance d'une indistinction, dont la représentation ne peut se trouver que dans l'histoire. En effet, seule l'histoire, grâce à la distanciation qu'elle engage, fonde nos rapports avec les autres acteurs sur une relation d'appartenance : je ne peux m'identifier, même symboliquement, aux acteurs de l'histoire que sur la base d'une appartenance commune, et, en aucun cas, sur la base d'une relation en miroir. par le savoir que nous construisons sur les acteurs des périodes antérieures de la sociabilité dont nous sommes porteurs, notre connaissance de l'histoire nous inscrit dans la continuité symbolique qui nous permet de les reconnaître comme des acteurs porteurs de la même sociabilité que nous. Seule l'histoire me permet de comprendre cette continuité historique qui fonde mon identité sur celle même des acteurs qui m'ont précédé et qui ont organisé la vie sociale dont je suis porteur. C'est l'histoire qui nous permet de comprendre que Napoléon, en instituant le droit civil qui est le nôtre, institue, ainsi, une part de notre identité.

La représentation du contrat social

Les formes et les pratiques culturelles inscrivent ainsi le politique et le contrat social dans un système et un langage de représentation, et, au-delà, dans une logique de signification : l'histoire nous fait comprendre dans quelle continuité symbolique et institutionnelle s'inscrit le contrat social, mais la médiation culturelle l'inscrit aussi dans une logique de représentation et de signification. La médiation culturelle est la représentation du contrat social, elle le met en scène dans l'espace public de la sociabilité en lui donnant les formes qui nous permettent de lui donner du sens : la représentation qu'en donne la médiation culturelle sépare le contrat social des logiques de causalité et de simple réalité dans lesquelles il est inscrit pour lui donner la consistance symbolique d'une représentation : en assistant, au théâtre, à la représentation, sur la scène, du lien social dont je suis porteur, j'assiste à ce que l'on pourrait appeler sa mise en sens. C'est que la médiation culturelle n'est pas seulement une situation dans laquelle j'exerce ma sociabilité, comme n'importe quelle situation sociale dans laquelle je suis contraint de conformer mes pratiques à la loi commune. La médiation culturelle consiste dans une situation au cours de laquelle j'exerce ma sociabilité *comme si c'était celle d'un autre* : c'est là le sens de la distanciation brechtienne. Entre le spectateur et le spectacle auquel il assiste, s'instaure la distance de la médiation culturelle, entre la singularité d'un sujet particulier et l'indistinction de l'appartenance à une culture. Le spectateur est porteur d'une identité et d'une expérience singulière, mais il les perd, le temps du spectacle, en se confondant dans l'indistinction du public assemblé. Entre l'acteur et le personnage qu'il représente, s'instaure une autre distance, entre l'indistinction d'un acteur, qui est un sujet parmi d'autres, et la singularité d'un personnage porteur d'histoire ou de sens. N'importe quel sujet indistinct peut représenter Hamlet pour n'importe quel public, alors que la réalité du personnage représenté fait de lui un sujet particulier, acteur d'un moment de l'histoire du Danemark. La représentation esthétique, dans la mise en oeuvre de la médiation culturelle, construit une représentation de la sociabilité elle-même par la médiation des personnages, des acteurs et des formes. Ce n'est pas tant Hamlet lui-même qui apparaît au spectateur, car Hamlet, au sens propre, ne leur dirait rien - n'aurait rien à leur dire. ce qui apparaît au spectateur lors de la représentation d'*Hamlet*, c'est la représentation de ce qu'il peut y inscrire de sa propre existence, c'est-à-dire son appartenance à la même culture que celle qui est signifiante pour les acteurs de la représentation. La simple interrogation, *To be or not to be : that is the question*, s'interprète de deux manières. Pour le réel de la personne d'Hamlet, dans la situation dans laquelle elle se trouve, c'est une question de stratégie personnelle à l'égard des autres personnes qui se trouvent dans le même espace social que lui - à commencer par Clodius et Gertrude. Mais, pour la dimension symbolique du personnage, c'est-à-dire à la fois pour l'acteur qui l'interprète et pour le public qui assiste à la représentation, cette question acquiert le sens ontologique d'une interrogation sur l'identité et sur ce qui la fonde. En effet, la dimension symbolique du personnage et de son questionnement ne met pas en scène la réalité de notre existence ni celle d'Hamlet, mais elle met en scène la réalité de la sociabilité et du contrat social dont nous sommes tous porteurs - et que nous mettons en scène, les uns et les autres, lors de la représentation, de part et d'autre de la scène et du rideau rouge. Finalement, la représentation consiste toujours à donner une dimension esthétique au lien social et à l'appartenance elle-même.

La consistance symbolique de l'appartenance

Dans ces conditions, c'est l'appartenance sociale elle-même qui acquiert, par les pratiques culturelles et leur signification, une consistance symbolique qui la rendent visible et interprétable. C'est dire, d'ailleurs, l'importance de l'enjeu que représentent les pratiques culturelles et les formes de la représentation et, par conséquent, l'importance sociale et institutionnelle des acteurs des pratiques culturelles et de la diffusion des représentations, qui, par leur présence, leur diffusion et l'inscription des formes de la culture dans l'espace public, assurent aux acteurs qui en font partie une représentation consistante de leur propre appartenance. La consistance symbolique de l'appartenance, c'est-à-dire les éléments qui permettent de l'apprécier, de l'identifier et de lui donner une signification, est constituée de deux instances qui, l'une et l'autre, relèvent des formes de la médiation culturelle et de la représentation.

La première fonde la singularité de l'appartenance du sujet : elle constitue l'identité qui permet de le reconnaître comme appartenant à un système particulier de sociabilité. Il s'agit de l'instance selon laquelle le sujet singulier, au cours de ses pratiques culturelles et symboliques, se donne une image de sa propre appartenance, de nature à constituer un modèle pour ses pratiques sociales et ses relations avec les autres sujets de la communication et de la sociabilité. Il s'agit, en fait, des formes singulières de la pratique culturelle, par lesquelles le sujet inscrit les formes de son appartenance dans des pratiques qui n'engagent que lui, dans son expérience propre et dans sa propre temporalité. On peut citer l'exemple des pratiques culturelles comme la lecture ou les autres pratiques culturelles mises en oeuvre par le sujet dans sa singularité, au cours desquelles son appartenance constitue, pour lui, en fin de compte, un objet de savoir, et non l'objet d'une expérience. On peut constater, d'ailleurs, et de façon plus générale, que l'éclatement de l'espace public en lieux isolés de pratiques culturelles singulières constitue, à terme, une menace pour l'exercice des formes collectives de la médiation culturelle et pour la bonne mise en oeuvre de la dialectique, constitutive de la culture, entre la singularité et l'appartenance sociale. L'individualisation des formes de diffusion de la médiation culturelle contribue, à terme, à faire disparaître l'espace public dans la dimension collective de ses usages, et, de cette manière, est de nature à menacer la diffusion dans l'espace de la sociabilité des formes symboliques qui donnent un sens à l'appartenance dont nous sommes porteurs. Une telle disparition, en faisant disparaître les formes médiatées de la culture, est de nature à menacer la conscience sociale même dont nous sommes porteurs.

La deuxième instance à donner une consistance symbolique aux pratiques culturelles et à l'esthétique de la représentation est leur instance collective : celle qui rend raison des modes collectifs de pratiques de la culture et de la représentation, en particulier des formes de médiation culturelle qui ont lieu dans l'espace public, comme les spectacles, les concerts ou les formes diverses de représentation destinées à une forme collective indistincte de public. Il ne s'agit pas, dans ce cas, d'une forme d'identification du sujet, qui ne saurait, à lui seul, se soutenir de l'identité d'une collectivité : la médiation culturelle résulte alors de la mise en oeuvre par le sujet des formes collectives de la représentation. C'est ainsi que les activités culturelles collectives comme les spectacles, les concerts, les fêtes et les manifestations culturelles et, d'une certaine manière, les expositions et la fréquentation des musées, constituent des formes esthétiques de représentation institutionnelles de la sociabilité dans sa dimension culturelle. On peut parler, dans ce cas, d'une consistance symbolique médiatée de l'appartenance et de la médiation culturelle. C'est la représentation de cette consistance dans l'espace public qui constitue le rôle institutionnel des formes collectives de médiation culturelle, parmi lesquelles les acteurs singuliers de la médiation se définissent comme des spectateurs ou des visiteurs.

Sémiotique de la culture

Signification de la culture

La sémiotique de la culture rend les pratiques culturelles interprétables, en élucidant leurs codes, leurs références et les significations qu'elles peuvent représenter pour les acteurs sociaux qui les mettent en oeuvre : il s'agit, dans ces conditions, de donner une signification aux formes esthétiques et symboliques de la culture et de la représentation, qui fasse apparaître la dualité entre le plan réel qu'elles constituent, par ces pratiques et la consistance matérielle des signifiants qui sont donnés au public, et le plan symbolique de la représentation des références et des situations réelles auxquelles se rapporte la médiation culturelle. Si la culture relève, fondamentalement, d'une sémiotique, et s'il convient de s'interroger sur les méthodes d'interprétation des significations dont elle est porteuse, c'est que le propre des pratiques culturelles est de s'inscrire toujours dans une logique de la représentation. La culture est toujours dans le champ de la signification, car elle ne saurait constituer une simple forme du réel. Si l'on examine, d'un point de vue social, politique, ou économique, une pratique culturelle comme la fréquentation cinématographique, on rend compte de cette pratique culturelle comme on le ferait de n'importe quelle pratique de la sociabilité : en termes statistiques de quantité de la fréquentation, ou en termes d'évaluation et d'appréciation sociale de la fréquentation. Pour rendre compte de la spécificité de la pratique du cinéma comme pratique culturelle de la médiation, et, en particulier pour rendre raison de l'articulation que font les usagers du cinéma entre leurs pratiques culturelles et leur implication dans la vie sociale, alors il convient d'articuler à cette analyse une analyse de la signification des films qui font l'objet de la pratique du cinéma. La sémiotique du cinéma permet de rendre compte des conditions dans lesquelles l'interprétation des films constitue, pour les sujets qui la mettent en oeuvre, une forme d'appropriation et d'inscription dans leurs pratiques culturelles[31] : non seulement la raison de la médiation culturelle consiste à rendre compte des pratiques culturelles mises en oeuvre, mais elle rend raison, aussi, de

---

[31] METZ (1977), p. 176.

la signification qu'elles représentent pour les sujets qui les mettent en oeuvre, et, par conséquent, de leur consistance symbolique. La signification de la culture, finalement, s'inscrit dans une triple logique interprétative, constitutive de la complexité sémiotique de la médiation culturelle : la première est l'interprétation mise en oeuvre par le sujet qui se soutient de sa singularité ; la seconde est l'interprétation mise en oeuvre au nom de la collectivité et qui se soutient de sa dimension politique ; la troisième, enfin, est l'interprétation esthétique, mise en oeuvre au cours de l'exercice de la critique de la médiation culturelle, qui fait apparaître le langage et la signification de l'engagement des pratiques culturelles. La critique de la médiation culturelle consiste ainsi à penser les pratiques culturelles dans la double dimension de leur esthétique et de leur signification, à la fois singulière et collective.

Sémiotique et adhésion aux pratiques culturelles

En élucidant leur signification, la sémiotique de la culture permet aux acteurs de la sociabilité d'y adhérer : de les reconnaître comme des formes sociales de nature à représenter l'appartenance dont ils sont porteurs. Il convient donc de penser la sémiotique des pratiques culturelles du point de vue du sujet même de la sociabilité, qui les met en œuvre au cours de ses pratiques sociales et au cours de ses représentations. Donner un sens aux pratiques culturelles auxquelles on assiste, ou encore, ce qui revient au même, donner un sens à des pratiques culturelles en les mettant en oeuvre, revient à s'approprier symboliquement ces pratiques culturelles : l'interprétation sémiotique des pratiques culturelles constitue, en fin de compte, une forme d'adhésion à ces pratiques. C'est même encore, sans doute, une spécificité des pratiques culturelles qui les distingue des autres pratiques sociales : elles constituent des pratiques dont la mise en oeuvre même s'inscrit dans une logique sémiotique. Aller au cinéma, et, ainsi, avoir une pratique culturelle grâce aux films que l'on va voir, c'est nécessairement donner un sens à ces films, qui constituent la matérialité même de nos pratiques culturelles. Je ne vois, à proprement parler, un film que si je suis en mesure de lui donner du sens, si je suis en mesure de le comprendre, au moins en partie ou au moins compte tenu de l'un des codes qu'il met en oeuvre. Se produit une condensation entre la mise en oeuvre même des pratiques culturelles par le sujet qui les engage et la signification qu'il convient de leur reconnaître au cours des pratiques sémiotiques que l'on met en oeuvre. Les pratiques culturelles, par l'adhésion même qu'elles suscitent de la part des sujets singuliers de la sociabilité, et, par conséquent, en raison même de leur caractère de médiation, constituent des formes symboliques relevant d'une signification, de règles d'interprétation et d'une rationalisation sémiotique de leur mise en oeuvre. C'est ainsi que, tandis que l'adhésion aux pratiques sociales relève d'un choix institutionnel singulier de la part du sujet qui fait ainsi apparaître son appartenance, ses choix sociaux ou les liens dont il se reconnaît porteur, l'adhésion aux pratiques culturelles relève, de la part du sujet, d'une pratique symbolique engageant son interprétation, ses pratiques esthétiques, et l'idéal de soi dont il est porteur. L'adhésion des sujets aux pratiques culturelles représente la mise en oeuvre d'un langage : interpréter les formes des pratiques culturelles, c'est leur reconnaître la dimension proprement sémiotique d'un langage et leur reconnaître, par conséquent, une signification. C'est, de cette manière, fonder le double caractère des activités et des pratiques sémiotiques dans l'espace public : elles constituent à la fois une activité du sujet propre à manifester son existence dans l'espace de la sociabilité et, dans le même temps, une distanciation du sujet par rapport à sa propre implication dans l'espace public. On peut prendre, sur ce plan, l'exemple tout à fait éclairant du personnage d'Harpagon, dans *L'Avare*, de Molière, ou celui de Volpone, dans la pièce de Ben Jonson : ces personnages se trouvent à la fois des personnages propres à susciter, de la part du spectateur, la médiation d'identification symbolique que constitue, de sa part, le rejet ou l'identification, et des personnages propres à représenter, dans l'espace de la scène, la mise en oeuvre des médiations constitutives de la sociabilité ; en effet, ils suscitent des pratiques extrêmes de la sociabilité qui rendent compte d'un engagement politique de la part de l'auteur ou de la part du spectateur. Les admirer ou les haïr représente, en effet, un choix moral, qui acquiert une dimension politique parce qu'il s'inscrit dans l'espace public de la médiation culturelle. L'esthétique s'articule, dans des cas comme ceux de Molière ou de Ben Jonson, aux formes politiques des pratiques symboliques de la représentation.

Sémiotique de la culture et continuité de la mémoire

La sémiotique fonde la culture en objet de savoir, et en inscrit les formes et les pratiques dans la mémoire. C'est de cette manière qu'elle représente, pour le sujet qui en est porteur, une forme esthétique et symbolique de représentation de l'appartenance dans sa continuité. La mémoire constitue la continuité de la représentation symbolique de l'appartenance culturelle, en représentant, pour le sujet qui en est porteur, une forme de continuité des appartenances dans le temps et dans l'espace. La continuité du langage dont nous sommes porteurs, dans la diversité temporelle et spatiale de nos expériences, constitue, pour nous une forme symbolique de notre identité et de notre subjectivité, telle qu'elles sont structurées par notre mémoire. La sémiotique de la culture permet au sujet d'assumer la continuité de sa mémoire, car c'est elle qui lui permet de comprendre et de penser la diversité des faits sociaux culturels et symboliques auxquels il est confronté, en articulant cette diversité à la continuité de sa propre identité au cours de l'exercice de ses pratiques symboliques. En la faisant apparaître au sujet, la sémiotique de la culture constitue la dimension continue de la mémoire dont se soutient son existence : si le sujet peut reconnaître sa propre identité dans la continuité même de la mémoire dont il est porteur, c'est que la sémiotique de la culture le met en mesure d'en assurer l'interprétation et, de ce fait, d'en penser l'appropriation. C'est ainsi que l'on peut donner l'exemple du spectateur d'un film, qui, par la mise en oeuvre même de sa reconnaissance et de son interprétation des formes symboliques de la représentation culturelle, reconnaît au film sa dimension de médiation. En assistant à la projection du *Troisième Homme*, d'Orson Welles, je n'assiste pas à la seule narrativité d'un film : j'assiste à la mise en oeuvre d'une forme de médiation à la fois esthétique et politique de la sociabilité, puisqu'en donnant à cette représentation cinématographique le sens d'une critique politique, l'auteur du film construit une médiation culturelle de nature à mettre en cause les formes de la sociabilité et du langage politique dominant à son époque par la représentation même des formes de l'esthétique. Dans un tel film, l'intensité dramatique qui produit la signification même de la mise en scène est fondée sur une double logique d'interprétation : l'interprétation singulière en termes de désir, puisqu'il se produit aussi une histoire de couple, et l'interprétation collective en termes politiques, puisque ce film constitue une critique forte des abus de certains personnages. C'est l'existence de cette double logique d'interprétation qui fonde la complexité des formes symboliques des médiations culturelles, en instaurant l'existence de ce que l'on peut appeler une double sémiotique : une sémiotique du sujet et une sémiotique de la sociabilité.

Élucidation politique des formes culturelles

La sémiotique de la culture rend possible l'élucidation politique des formes de la culture, et constitue, ainsi, la première instance d'une science politique de la culture. Une science politique de la culture rend raison, en fin de compte, de l'articulation entre les formes culturelles et esthétiques de l'appartenance et de la sociabilité et les formes institutionnelles et politiques dans lesquelles s'inscrit la mise en oeuvre de cette appartenance. En fait, on se rend compte que les formes culturelles peuvent se penser et s'élucider dans leur dimension proprement politique à partir du moment où les sujets qui les mettent en oeuvre et les sujets qui y assistent en leur assignant une signification sont, eux-mêmes, ensemble, inscrits dans des formes institutionnelles et politiques d'appartenance et sociabilité. L'élucidation politique des formes culturelles consiste, en fait, à leur donner une signification qui se soutienne de leur relation. Les formes culturelles mises en oeuvre dans l'espace public s'inscrivent dans une logique sémiotique double. D'une part, leur élucidation politique s'inscrit dans la logique de médiation constitutive du sujet singulier des pratiques culturelles. C'est par la mise en oeuvre des pratiques culturelles que nous devenons conscients des conditions de constitution de notre propre subjectivité. Finalement, nous devenons conscients de notre statut, de notre citoyenneté, des lois qui s'imposent à nous, à partir du moment où nous devenons conscients et porteurs des formes culturelles qui unifient les structures institutionnelles et sociales par rapport auxquelles nous nous inscrivons en rupture. Quelle autre façon de penser le statut même dont on est porteur que de constater l'exclusion dont nous faisons l'objet de la part des autres acteurs de la sociabilité ? C'est le rôle de la représentation symbolique et culturelle de l'exclusion d'en construire ainsi une représentation symbolique dont nous puissions être porteurs. D'autre part, l'élucidation politique s'inscrit dans une logique institutionnelle constitutive du sujet collectif des pratiques esthétiques et symboliques de la médiation. On peut rendre raison de la signification des pratiques culturelles en en rendant raison par l'analyse des pratiques symboliques et sociales constitutives du sujet dans son identité et dans sa dimension proprement symbolique. C'est, en particulier, le sens des visites d'expositions artistiques, de peinture ou de sculpture : visiter une exposition ou une galerie d'oeuvres d'art, c'est, finalement, inscrire, dans les formes et dans les oeuvres que l'on regarde, les savoirs et les représentations dont on peut être porteur et qui sont constitutifs de notre identité culturelle. Nos pratiques des formes culturelles de la médiation esthétique sont constitutives de la dimension proprement symbolique de notre subjectivité au cours des pratiques symboliques et esthétiques que nous mettons en oeuvre. L'élucidation politique des formes de la médiation culturelle consiste, finalement, à reconnaître à ces formes de médiation la dimension proprement politique de leur engagement : elle consiste à prendre la représentation de Guernica par Picasso moins comme une représentation historique ou esthétique que comme la représentation politique d'un engagement.

Interprétation sémiotique des faits culturels

Le travail de la culture consiste dans la transformation des faits sociaux et des pratiques constitutives de la sociabilité en un ensemble de faits comportant, pour les acteurs sociaux, une signification que la mise en oeuvre des pratiques culturelles consiste, précisément, à élucider. Qu'il s'agisse des pratiques culturelles mises en oeuvre au cours d'activités singulières ou des représentations qui se déroulent collectivement dans l'espace public, les faits culturels consistent toujours dans la mise en oeuvre de pratiques sociales dans lesquelles ceux qui agissent et ceux qui assistent à leur mise en oeuvre inscrivent des significations et des formes esthétiques et symboliques de représentation. C'est la raison pour laquelle les faits culturels, quelle qu'en soit la nature et quels que soient les pratiques et les types de représentation qu'ils mettent en oeuvre, constituent ce que l'on peut appeler des moments sémiotiques de la sociabilité : des moments au cours desquels ce qui en question est moins l'appartenance ou la relation aux autres que la signification même que peut revêtir pour nous notre appartenance ou notre sociabilité. C'est là l'enjeu de l'inscription des faits culturels dans une logique sémiotique de l'interprétation, dont le but est de faire apparaître, par la mise en oeuvre de formes intelligibles de rationalité, la signification que peuvent revêtir les pratiques esthétiques et culturelles qui représentent la sociabilité, pour ceux qui les mettent en oeuvre ou pour ceux qui assistent à leur mise en oeuvre.

Le travail sur la langue

La langue représente, sans doute, le premier langage, le premier système de signification que nous mettions en oeuvre dans nos pratiques explicites de communication. La langue est le premier système sémiotique, c'est-à-dire le premier système de signification, que nous mettions en oeuvre en toute conscience de notre activité sémiotique : mettre la langue en oeuvre, parce que l'on parle ou parce que l'on écoute, parce qu'on lit ou parce que l'on écrit, c'est mettre en oeuvre un système sémiotique, qui rend nécessaire l'interprétation ou la formulation du sens. Les pratiques culturelles constituent, cependant, dans l'espace public, une forme particulière de système sémiotique : elles représentent ce que l'on peut appeler une langue culturelle de l'appartenance et de la sociabilité. Le travail sur la langue mis en oeuvre par la médiation culturelle est, en ce sens, un travail de médiation qui présente une particularité : il s'agit, sans doute, du seul système sémiotique dont la signification soit produite en même temps que la forme et la dimension matérielle. Dans la mise en oeuvre de la langue et de la parole, on produit du sens en même temps que l'on produit, dans la mise en oeuvre de l'énonciation et de la communication, la forme et la matérialité du signifiant. Le travail sur la langue est un travail de médiation culturelle qui engage le sujet dans son appartenance et dans sa compétence symbolique : le sujet est engagé dans son appartenance, parce qu'il est sommé de choisir sa langue, puisqu'il ne peut parler dans plusieurs langues à la fois. C'est en ce point que la médiation culturelle comporte une dimension politique forte, puisque le choix de la langue représente un choix d'appartenance politique autant qu'une représentation de l'appartenance culturelle : l'usage militant des langues dites minoritaires, comme le breton, ou l'usage des langues nationales dans les pays occupés, constituent des revendications actives, et, par conséquent, engagées, voire militantes, de l'appartenance culturelle.

Le travail sur les lieux

Mais le travail de la médiation culturelle sur l'usage de la langue ne saurait, dans les formes constituées de la sociabilité, représenter la seule manifestation de l'appartenance culturelle. La représentation et l'interprétation des pratiques culturelles s'inscrivent aussi dans une logique de l'appropriation des lieux de la sociabilité et de leur constitution en lieux de culture et de représentation, puisque c'est dans les lieux de la représentation et de la communication que peuvent s'inscrire les formes symboliques de la médiation culturelle. En fait, l'interprétation sémiotique des faits culturels n'est pleine et effective qu'inscrite dans l'espace de la sociabilité qui constitue leurs acteurs en leur assignant leur place, et qui leur confère leur réalité au cours de la mise en scène qui les fait apparaître en leur donnant leur consistance. L'inscription des formes de la médiation culturelle dans les lieux de la sociabilité constitue, en fait, le moment fondateur de l'objectivation par laquelle nous percevons la réalité effective de la médiation culturelle. C'est dire l'importance du travail sur les lieux dans la mise en oeuvre des formes de la médiation culturelle. En effet, l'inscription de la culture dans des lieux est la seule manière qui permette aux sujets de l'appartenance et de la sociabilité de prendre conscience, en toute réalité et en toute matérialité, de l'importance de la médiation culturelle. Sans son inscription dans des lieux dans lesquels ils circulent ou dans des lieux dans lesquels ils ont à se rendre, la médiation culturelle n'acquiert aucune visibilité et aucune consistance pour les sujets à qui elle est, cependant, destinée. C'est dire l'importance des manifestations culturelles dans l'espace public - à commencer par les plus anciennes d'entre elles comme les représentations de théâtre de rue ou l'installation de constructions esthétiquement et culturellement significatives, comme des lieux de sociabilité ou des lieux de culte, tour porteurs de représentations significatives de l'appartenance culturelle. Mais le travail sur les lieux consiste aussi dans l'appropriation culturelle et symbolique de l'espace au moyen de son inscription dans des formes esthétiques de médiation culturelle : c'est le sens de l'aménagement des espaces publics, c'est le sens de la décoration de l'espace et de l'installation de plantes ou de décors d'ornementation. Il s'agit, finalement, de la constitution de l'espace en une forme de médiation culturelle de la sociabilité : en faisant de l'espace public une des médiations culturelles de l'appartenance, la mise en oeuvre d'une logique sociale de l'esthétique contribue à faire de l'espace même l'une des médiations par lesquelles nous faisons quotidiennement l'expérience symbolique de la sociabilité. C'est, par exemple, le sens de l'utilisation des espaces publics à des fins de manifestations culturelles, comme le théâtre de rue ou l'organisation de rituels collectifs comme les happenings, qui représentent, chacun à sa manière, des formes esthétiques d'usage collectif de la médiation spatiale de l'appartenance et de la sociabilité. Inscrire cette médiation dans l'espace comme le font le théâtre de rue, les saltimbanques ou les organisateurs de happenings, c'est revendiquer la dimension culturelle et même esthétique de l'usage de l'espace, et, par conséquent, en faire, en quelque sorte, un langage, chargé d'énoncer toutes les formes de la médiation symbolique de l'appartenance, y compris sa forme de refus ou de contestation, en même temps que c'est faire reconnaître au public qui y assiste la réalité perceptible et matérielle d'une revendication ou d'un discours politique de médiation de la sociabilité.

Le travail sur les rituels

L'interprétation des pratiques culturelles s'inscrit aussi dans le temps : ce travail sémiotique consiste à donner du sens aux pratiques sociales qui, par les rituels, inscrivent la culture dans une temporalité. En effet, le propre des rituels est d'inscrire l'usage esthétique et culturel de l'espace dans des pratiques répétitives ou récurrentes, dont la régularité même est constitutive de la signification et de la dimension de médiation. Le concept de rituel désigne, dans le champ des médiations culturelles, une manifestation ou une activité dont la signification même tient à sa répétition ou au retour régulier de sa pratique dans l'espace public. La ritualisation de l'espace public constitue, en fait, une forme d'appropriation institutionnelle de l'espace de la sociabilité, dès lors dévolu à la mise en oeuvre d'activités dont la signification ne saurait s'inscrire que dans la temporalité. Le propre des rituels est de fonder leur sens sur le temps et non sur l'espace : c'est ainsi que les fêtes rituelles, religieuses comme les pardons ou laïques comme les fête civiques, constituent des moments forts de la sociabilité qui se fondent sur l'usage esthétique de l'espace public à des fins de représentation de l'appartenance même. Les rituels ne représentent pas d'autre signification que l'appartenance et la sociabilité de ceux qui les mettent en oeuvre : c'est la différence entre les rituels et les représentations proprement esthétiques comme les représentations théâtrales ou les spectacles de rue, même si les rituels comportent une part importante de représentation esthétique. À cet égard, on observe une évolution intéressante dans l'évolution des formes esthétiques de la représentation, avec la laïcisation progressive de la représentation théâtrale. Si le théâtre antique faisait l'objet d'une séparation très nette entre la tragédie, fondamentalement religieuse, et la comédie, fondamentalement laïque et populaire, si le théâtre du Moyen Âge européen continue d'observer la différence entre les mystères, représentations religieuses sur le parvis des églises, et les comédies représentées dans la rue de façon totalement laïque, c'est que la représentation dans l'espace public pose systématiquement la question de la ritualité. Les représentations qui ont lieu dans l'espace public, ou dans l'espace religieux qui constitue une autre forme d'espace public, ne sont pas de simples événements esthétiques, mais elles interrogent fondamentalement les formes mêmes de notre appartenance, puisqu'elles ont lieu dans l'espace public, et que, par conséquent, elles nous interpellent dans notre sociabilité et notre appartenance mêmes. C'est en ce sens que le rituel ou le théâtre sacré mettent en cause, par leur représentation dans l'espace public, les formes religieuses de notre sociabilité : à cet égard, on peut observer que l'évolution des formes de la sociabilité, qui se caractérise par une atténuation de la dimension et de l'importance des médiations religieuses de l'appartenance, fait de la même manière apparaître une dimension de l'importance des formes religieuses de la représentation : même les grandes messes des compositeurs classiques finissent par constituer des spectacles. La représentation spectaculaire des oeuvres esthétiques d'inspiration religieuse s'accompagne, ainsi, en général, de leur laïcisation : on n'assiste pas à des interprétations publiques de la *Messe en si* de Bach ou du *Canon* de Pachelbel comme à des cérémonies religieuses dont on serait un fidèle : leur usage social s'inscrit désormais dans une logique esthétique de la médiation et de la représentation.

Le travail sur les images et sur les formes

L'interprétation des faits sociaux, qui les transforme en faits culturels, est aussi un travail qui fait des formes visuelles et des formes de la représentation un ensemble de formes non seulement perceptible, mais aussi interprétables. L'interprétation sémiotique des faits sociaux est le processus même qui constitue les faits culturels en leur donnant du sens. En fait, on peut, ainsi, mettre en oeuvre une analyse et une rationalité de type culturels à propos de manifestations et d'objets de la sociabilité qui ne s'inscrivent pas nécessairement, à l'origine, dans une logique culturelle, comme, ainsi qu'on vient de le voir, des représentations à caractère sacré ou religieux. En fait, la mise en oeuvre d'une sémiotique de la médiation culturelle consiste à faire apparaître les modes de rationalité et d'intelligibilité selon lesquels peuvent se penser les formes esthétiques et culturelles de la représentation. En effet, le travail sur les images et sur les formes consiste à élucider la signification des représentations publiques de la médiation culturelle, dans l'espace de la sociabilité. La sémiotique de l'image et des formes de la représentation consiste à faire apparaître les significations que la diffusion et la présentation des formes esthétiques de la sociabilité peuvent mettre en oeuvre à l'intention du public qui les regarde. Le travail sémiotique sur les images et sur les formes esthétiques présentées dans l'espace public consiste à faire apparaître les codes et les logiques esthétiques qui inscrivent ces formes dans une logique de la représentation et non dans une logique de la simple présentation. En effet, la présentation d'un objet dans l'espace public consiste à lui donner une place dans l'espace de la sociabilité, et à faire en sorte qu'il fasse l'objet, de cette manière, d'une perception par ceux qui passent et qui, de cette manière, l'inscrivent dans leur conception de l'espace public. En revanche, la représentation d'une forme dans l'espace public consiste à lui donner une signification : à faire en sorte qu'elle fasse l'objet d'une interprétation, puis d'une appropriation, par les acteurs de la sociabilité. Quand je vois une sculpture dans la rue, je commence par la regarder comme n'importe quel objet qui figure dans mon espace - ne serait-ce que pour ne pas me heurter à elle. En revanche, le moment esthétique consiste d'abord à reconnaître cette sculpture comme telle, et, par conséquent, à en faire l'objet d'une interprétation, puis même, le cas échéant, d'une évaluation. La prise de conscience de l'art, c'est-à-dire le moment esthétique proprement dit, consiste à reconnaître comme des formes les objets que l'on rencontre, et, par conséquent, en leur donnant du sens, à les inscrire dans une logique esthétique et symbolique de représentation. L'expérience esthétique commence, sans doute, dans le refoulement de la perception matérielle des objets et leur reconnaissance esthétique et symbolique comme des formes esthétiques relevant d'une reconnaissance et d'une interprétation. C'est de cette manière que la médiation esthétique est mise en oeuvre par les sujets singuliers de la sociabilité, au cours des usages de l'espace public par lesquels ils se l'approprient en lui reconnaissant une dimension symbolique. En fait, ce moment est celui où ont lieu, en même temps, la reconnaissance esthétique de l'espace public et de ses formes, et la reconnaissance institutionnelle et politique de l'appartenance qui fonde la citoyenneté. Le moment esthétique, dans l'espace public, est ainsi, toujours, un moment politique, et le travail du sujet sur les images et sur les formes est toujours, aussi, une revendication de son appartenance et de sa sociabilité.

La sémiotique de la culture et les autres pratiques sémiotiques

La sémiotique de la culture et la mise en oeuvre des usages sociaux

La sémiotique de la culture inscrit la sémiotique de l'image et des autres formes esthétiques de la représentation dans l'ensemble des pratiques collectives ou singulières constitutives de la sociabilité et de l'espace public. En fait, le propre de l'approche sémiotique des faits culturels est d'inscrire la représentation et les formes culturelles de la médiation dans l'ensemble des faits institutionnels constitutifs de l'appartenance : la sémiotique de la culture rend raison des faits culturels au même titre que de n'importe quel type de faits sociaux. En en inscrivant la rationalité dans le champ des formes de la signification et de la communication, la sémiotique des faits culturels en fait des faits sociaux, au même titre que d'autres : il s'agit d'une forme de banalisation de la médiation culturelle, inscrite, au même titre que nos autres usages collectifs, comme les pratiques politiques, les pratiques religieuses ou les pratiques ludiques, dans l'ensemble des faits constitutifs de la sociabilité. La médiation culturelle inscrit les formes de la culture dans le champ des formes interprétables de la sociabilité, qui rendent interprétables nos pratiques sociales et les inscrivent, de cette manière, dans une logique sémiotique. La sémiotique des faits culturels produit une critique de la médiation culturelle fondée sur deux faits majeurs : le premier est la nécessité de rendre compte de la signification des faits constitutifs de l'appartenance et de la sociabilité, pour rendre raison de leur appropriation et de leur mise en oeuvre par les sujets de l'appartenance ; le second est le constat selon lequel l'émergence d'une logique de la signification des faits sociaux est constitutive de leur modernité : la modernité des faits de sociabilité correspond au moment où ils sont interprétables et où ils peuvent produire une signification pour ceux qui les mettent en oeuvre et pour ceux qui, de cette manière, habitent l'espace de la médiation culturelle et rendent compte de l'appropriation qu'ils mettent en oeuvre de cet espace, qui le fonde comme espace de la sociabilité, représentatif de l'appartenance. C'est par la mise en oeuvre d'une sémiotique des faits culturels que les sujets singuliers de la sociabilité peuvent prendre conscience des formes symboliques constitutives de leur propre appartenance, et peuvent, dès lors, rendre raison de la signification que représente, pour eux, cette appartenance dans les pratiques symboliques que, par ailleurs, ils mettent en oeuvre dans l'exercice de leur sociabilité. Interpréter le sens d'un festival, c'est en mesurer à la fois la dimension esthétique et la dimension institutionnelle dans l'exercice de la sociabilité. La sémiotique de la culture, en ce sens, joue un rôle particulier par rapport aux autres pratiques constitutives de la sociabilité : elle les inscrit dans un langage et dans un mode de signification qui permet aux sujets de se les approprier et de leur donner une signification et une consistance. C'est la sémiotique des faits sociaux qui permet aux sujets de penser leur propre sociabilité, au fur et à mesure même qu'ils mettent en oeuvre les pratiques sociales qui font d'eux des acteurs reconnus et conscients de leur appartenance et de leur statut : en fait, la sémiotique des faits sociaux inscrit nos pratiques singulières et collectives de la sociabilité dans une dimension culturelle, puisqu'elle définit leur consistance et leur signification, et, ainsi, leur assigne un mode culturel de représentation et de médiation. Dès lors que nos pratiques sociales sont pourvues d'une signification, elles deviennent culturelles puisqu'elles acquièrent la consistance du langage : interpréter des pratiques alimentaires ou des pratiques d'habitation en leur assignant une signification, c'est leur reconnaître une dimension symbolique, et, par conséquent, reconnaître leur importance en matière de représentation de l'appartenance et de la sociabilité.

Continuité entre la sémiotique de la langue et la sémiotique des autres formes symboliques de la sociabilité

C'est la sémiotique de la culture qui fait apparaître la continuité, tant sociale que symbolique, entre la langue et les autres pratiques sociales qui produisent de la signification dans les lieux de la communication : parmi les pratiques qui définissent notre sociabilité et qui nous ancrent dans un espace culturel, la sémiotique crée une continuité entre les médiations symboliques de l'appartenance, en les rendant interprétables et en les renvoyant, par conséquent, toutes à une logique commune d'interprétation et de signification. Prenons l'exemple des pratiques alimentaires ou des pratiques vestimentaires. On peut les aborder d'un point de vue fonctionnel et organique : dans ce cas, on les analysera en fonction des conditions d'habitation, des structures de l'espace météorologique que l'on habite, de la nature des sols, mais on ne rendra pas compte, de cette manière, de ce que peuvent représenter ces pratiques pour ceux qui les mettent en oeuvre, ni de ce qu'elles peuvent, en outre, donner lieu à l'instauration de lois et de véritables systèmes d'organisation sociales. En fait, l'analyse fonctionnelle des pratiques sociales les inscrit dans une logique réelle de causalité, au lieu de leur reconnaître la dimension sémiotique de pratiques symboliques et signifiantes, à ce titre inscrites dans un langage et dans des formes de représentation. On peut, par ailleurs, les aborder d'un autre point de vue, qui est, justement, celui de la médiation culturelle, et qui ne saurait constituer un point de vue fonctionnel, mais qui représente, au contraire, un point de vue sémiotique. L'analyse sémiotique de cette nature fait apparaître la signification de ces pratiques sociales, elle permet de rendre compte de ce que ces pratiques peuvent représenter pour ceux mêmes qui les mettent en oeuvre : dans ce cas, on les analysera en faisant apparaître les significations que ces pratiques peuvent avoir dans l'espace social dans lequel elles sont mises en oeuvre, et en faisant apparaître les images et les représentations qui leur sont associées dans les discours et les paroles des acteurs de la sociabilité. L'analyse sémiotique des pratiques sociales ne les inscrit pas dans une logique de causalité, mais, au contraire, dans une logique de sens : le propos n'est pas de rendre compte des raisons pour lesquelles elles sont mises en oeuvre de la façon dont elles le sont, mais de la signification que revêtent ces pratiques sociales pour les acteurs qui les pratiquent. Peu importe, d'un point de vue sémiotique, qu'il existe ou non des raisons objectives pour lesquelles le porc est prohibé dans certaines cultures alimentaires : la dimension sémiotique d'un tel usage social rend compte des représentations symboliques mises en oeuvre par cet interdit, et, surtout, de la transformation des habitudes alimentaires en pratiques symboliques du seul fait de la mise en oeuvre, dans leur champ, de règles et de structurations comme des lois ou des interdits, qui sont de l'ordre du langage. C'est ainsi que s'instaure une continuité entre l'activité sociale de la langue, comme mode de représentation des formes de la sociabilité et des pratiques collectives, et l'activité institutionnelle des lois, des règles et des conventions, qui structurent nos pratiques, même quotidiennes, comme des pratiques sociales, relevant, à ce titre, d'une interprétation de type social, institutionnel et politique. En fait, le concept même d'institution relève d'une analyse de type sémiotique et culturel, puisqu'il s'agit des formes sociales que revêtent les activités de médiation.

Naissance d'un espace culturel

La reconnaissance de la dimension sémiotique de la culture par les sujets de la sociabilité articule la dimension sociale et politique de l'espace public et la dimension esthétique et symbolique de l'espace dans lequel les pratiques sociales deviennent significatives. C'est ainsi que naît un espace culturel. En fait, un espace culturel est un espace dans lequel s'inscrivent des pratiques sociales auxquelles est reconnue une signification par ceux qui les mettent en oeuvre et par ceux devant qui elles se déroulent. Un espace culturel n'est pas seulement un espace d'habitation : il s'agit, en fait, de l'espace dans lequel les formes de l'habitation et les pratiques de la sociabilité s'inscrivent dans des formes identifiables et interprétables de représentation. Un espace culturel, par conséquent, naît de la mise en oeuvre de pratiques sociales communes, dotées de logiques semblables d'interprétation et représentant pour tous des formes semblables de signification et de représentation. Commençons au ras des évidences : l'espace culturel naît de la rupture avec l'espace naturel. La sociabilité et la dimension culturelle de l'espace résultent du refoulement fondateur de la naturalité de cet espace. C'est qu'il y a toujours un refoulement à la fondation d'une logique sociale de l'appartenance : une organisation sociale ne peut naître que d'un refoulement originaire, car seul, un refoulement rend possible l'émergence de sujets et de consciences semblables. L'expérience de chacun d'entre nous est spécifique, elle lui est propre, elle dépend des conditions objectives dans lesquelles il est né et dans lesquelles il vit. Seule, l'imposition d'un refoulement commun à tous est de nature à fonder une identité culturelle commune de représentation pour tous ceux qui observent ce refoulement. Les obligations alimentaires dont il était question à l'instant n'ont pas d'autre sens que celui de fonder, ainsi, sur des pratiques alimentaires, et, par conséquent, sur les pratiques les plus originaires et les plus primitives qui soient, une communauté culturelle d'appartenance et de sociabilité. L'espace culturel naît du refoulement et de l'abandon des conditions vitales naturelles de l'existence et de leur remplacement par des lois symboliques rendant compte de l'organisation institutionnelle de la sociabilité. Finalement, l'espace culturel naît de la mise en oeuvre des institutions qui structurent symboliquement notre appartenance et notre sociabilité. La naissance d'un espace culturel consiste dans l'occupation de l'espace physique de l'habitation et du peuplement par des constructions, par des rites et des usages alimentaires, par des formes de culture des terres, par des habitudes religieuses et des pratiques symboliques, voire par des pratiques professionnelles, qui inscrivent dans l'espace la communauté culturelle que nous fondons sur notre identification symbolique les uns aux autres. Ce sont ces pratiques culturelles communes qui nous donnent une similitude symbolique, qui nous inscrivent dans une logique de miroir social, alors que nos pratiques réelles, hors de la sociabilité, ne feraient de nous que des individus sans conscience d'appartenance et sans même, sans doute, aucune conscience de l'autre, de sa présence et de sa signification. L'espace culturel naît de la mise en oeuvre, dans tout l'espace de la sociabilité, de pratiques culturelles qui nous font reconnaître en l'autre le même sujet que celui que nous sommes pour nous.

Sémiotique de la culture et sémiotique des médias

Mais, dans ces conditions, c'est la mise en oeuvre d'une sémiotique de la culture qui donne sa consistance sémiotique à notre appartenance commune et à notre existence en tant que peuple, en tant que collectivité d'appartenance et de sociabilité. La sémiotique de la culture rend raison de la signification des pratiques communes qui nous font nous reconnaître une commune appartenance et une commune sociabilité : en fait, la sémiotique de la culture nous permet de substituer à la nécessité réelle de telles pratiques l'obligation symbolique et culturelle de les observer pour, simplement nous rendre symboliquement semblables aux autres, et, ainsi, pour fonder une indistinction. Il convient, dans ces conditions, de donner toute sa place à la sémiotique des médias et de comprendre ce qui en fait une pratique sémiotique pleine, au sens de la *parole pleine* dont parlent Jacques Lacan et Jean-Claude Milner[32]. Une pratique sémiotique pleine est une pratique qui comporte à la fois, pour ceux qui la mettent en oeuvre, la dimension d'un impératif de la sociabilité et celle d'une signification dont ils se rendent compte à eux-mêmes dans l'exercice conscient de leur appartenance et de leur sociabilité. Une pratique sémiotique pleine est une pratique sémiotique dont le sujet qui la met en oeuvre assume la signification dans son expérience propre. C'est ainsi que les pratiques religieuses, qui sont souvent les pratiques sociales culturelles les plus élémentaires, les plus fondatrices, ne sont des pratiques pleines que dans la mesure où elles ont une signification pour ceux qui les mettent en oeuvre et qui, en mesure de les interpréter et de les reconnaître, sont en mesure de donner un sens à leur vérité. C'est le rôle de la sémiotique de la culture de rendre raison, ainsi, aux yeux mêmes de ceux qui les mettent en oeuvre, de la signification des pratiques sociales qui deviennent des pratiques culturelles du fait, justement, d'être pensées en termes de signification et non en termes de seule obligation ou en termes de nécessité. De la même manière que c'est son caractère arbitraire qui fonde le signe dans sa dimension proprement sémiotique, c'est l'absence de nécessité qui permet de penser nos pratiques sociales en termes de signification, et non en termes de simple obligation ou en termes strictement économiques : en termes d'organisation rationnelle de la vie sociale. Finalement, le propre des pratiques culturelles est d'inscrire les pratiques sociales dans une sémiotique au lieu de le faire dans une économie : il s'agit moins de rendre raison des impératifs économiques de la chasse ou des pratiques alimentaires que d'en rendre compte en fonction des logiques symboliques, fondamentalement arbitraires, qui leur sont associées et qui permettent de penser leur émergence dans l'espace de la sociabilité en lui donnant une signification. La sémiotique de la culture et la sémiotique des médias consistent à inscrire nos pratiques culturelles et les représentations médiatées dont nous sommes porteurs dans des logiques de signification qui font apparaître leur logique symbolique, en nous faisant, en quelque sorte, faire le deuil de leur dimension réelle ou de la connaissance de leur causalité : la dimension symbolique de nos pratiques sociales consiste dans le refoulement de leur causalité. Il s'agit

---

[32] LACAN (1975) ; MILNER (1978).

de les inscrire dans un code d'interprétation qui, en fin de compte, nous assure notre liberté, au lieu d'en faire apparaître la causalité, et, par conséquent, la nécessité.

La limite de la sémiotique de la culture

Mais il existe une limite de la sémiotique de la culture : on ne peut rendre compte de la signification de la totalité des faits culturels, car, comme tout système symbolique, la médiation culturelle ne saurait tout représenter, et, par ailleurs, aucun système d'interprétation ne saurait en rendre raison en entier. Dans ces conditions, il convient de penser les limites de la sémiotique de la culture, pour comprendre quelles sont les limites du langage qu'elle représente. Cette limite de la sémiotique de la culture est, d'abord, l'existence de pratiques culturelles qui ne sauraient relever d'aucune forme d'interprétation.

Que serait une pratique culturelle non interprétable ?

Une pratique culturelle cesse d'être interprétable quand elle s'inscrit dans la temporalité de la seule répétition, sans que soit interprétable cette répétition même, seulement inscrite dans une logique institutionnelle, et non dans une logique politique. Une pratique culturelle cesse d'être interprétable quand le retour régulier de sa mise en oeuvre ne fait pas l'objet d'une analyse ni d'une rationalisation, mais quand ce retour et cette régularité ne constituent que de simples contraintes pour ceux qui les mettent en oeuvre. Une pratique culturelle non interprétable, finalement, est une pratique culturelle qui ne fait pas l'objet d'une appropriation par ceux qui la mettent en oeuvre, dans la mesure où ils cessent, de ce fait même, de se reconnaître leur propre appartenance à la simple observation de la mise en oeuvre de cette pratique cultuelle. Une pratique culturelle non interprétable est une pratique qui n'est pas associée symboliquement à un mode particulier de sociabilité et d'appartenance : en quelque sorte, une pratique aléatoire de formes non reconnues de l'appartenance et de la sociabilité. On peut donner pour exemples de pratiques culturelles non interprétables les pratiques alimentaires ou les pratiques langagières qui ne sont pas renvoyées à une signification. Ainsi, les formules de politesse sont souvent des impensés de la représentation sociale : nul ne saurait rendre compte de la signification des formules de politesse qu'il met cependant en oeuvre dans ses relations sociales. C'est de cette manière que la signification originaire des formes culturelles finit par faire l'objet d'un refoulement fondateur de la part des acteurs sociaux qui les mettent en oeuvre et qui en font des composantes de la répétition inconsciente des formes de leur sociabilité. On peut donner un autre exemple de pratique culturelle non interprétable quand on observe les conditions et les normes de la construction et de l'architecture qui, souvent, ne correspondent pas à des impératifs climatiques oubliés ou refoulés, mais correspondent à des normes et à des lois symboliques de la sociabilité, constitutives de normes arbitraires de construction et d'usage de l'espace. Ces pratiques sociales dont la cause ou la motivation sont refoulées par ceux qui les mettent en oeuvre finissent, par conséquent, par avoir le statut proprement arbitraire des formes de la signification et de la représentation : elles s'inscrivent, de ce fait, dans une logique qui n'est plus une logique de pratiques réelles, mais une logique institutionnelle de médiation, symboliquement constitutive de la sociabilité. Les pratiques culturelles relèvent ainsi d'expériences dont le sens a été perdu et qui fondent, par conséquent, leur dimension institutionnelle sur la seule reconnaissance de leur répétition par ceux qui les mettent en oeuvre. Compte tenu de l'arbitraire constitutif de toute sémiotique, le retour régulier des pratiques sociales suffit à fonder leur dimension symbolique.

Le moment constitutif de la culture comme limite originaire

Mais ces formes symboliques constitutives de la dimension culturelle de la sociabilité représentent, par conséquent, une limite originaire de la sociabilité. La sémiotique de la culture ne rend pas compte de l'émergence de la culture, mais elle rend compte des significations que constituent les pratiques symboliques qui la représentent pour ceux qui les mettent en oeuvre. On peut, à cet égard, choisir l'exemple des cultes et des religions. Si la dimension religieuse a constitué, depuis toujours, une des formes primitives les plus fortes de la formes symbolique de la sociabilité, c'est que, justement, elle constitue une affaire de sens et non une affaire de causalité ou de nécessité. Les pratiques religieuses constituent des formes élémentaires de la représentation symbolique de l'appartenance parce qu'elles rendent compte, par du discours, par des images, et par des mythes, de ce dont nul ne saurait rendre raison, c'est-à-dire de la question de sa propre origine. C'est pourquoi les formes symboliques de la religion sont censées donner un sens interprétable à notre origine et à la création du monde, la culture constituant, dans ces conditions, le moment originaire de toute sociabilité. En revanche, dans ces conditions, la sémiotique de la culture ne saurait rendre raison du moment de sa constitution, qui, par définition, ne peut faire l'objet que d'un refoulement : il n'y a pas de point zéro du symbolique, car ce serait pouvoir penser le non symbolique, qui, par définition, représente un impensable. Le moment constitutif de la culture est proprement impensable, comme tout moment originaire : c'est pourquoi l'origine du monde ou l'origine des hommes ne peut faire l'objet que d'un mythe, puisqu'elle est impensable rationnellement. Les formes symboliques de la culture et de la représentation, en revanche, reconnaissent, dans leurs formes religieuses, une nécessité de représenter l'origine, à défaut d'en rendre raison. Le sens des mythes d'origine ou des récits originaires, à commencer par la Genèse, dans l'Ancien Testament, consiste à représenter par du discours le temps qui, fondamentalement, n'est pas représentable, et à fonder sur cette représentation impossible la logique de la croyance et de la religion. Les mythes d'origine constituent, en quelque sorte le point aveugle d'irrationalité dont se soutient toute construction institutionnelle voulant rendre raison de la signification du monde. Le moment constitutif de la culture est, à ce titre, nécessairement, à la fois un moment originaire pour les formes et les structures de la sociabilité et un moment dont nul ne saurait, précisément, rendre compte : c'est ce qui explique la dimension mythique de la question de l'origine. Seul, en effet, le mythe permet de donner à l'origine une dimension symbolique propre à l'inscrire dans les formes culturelles de la sociabilité, sans, pour cela, l'inscrire dans des logiques de causalité auxquelles elle est, fondamentalement, irréductible. La dimension mythique de la question de l'origine, finalement, permet d'inscrire la causalité dans le symbolique et dans la représentation en faisant le deuil de sa dimension réelle ou matérielle. Le moment constitutif de la culture est, en définitive, fondamentalement impensable, car il faudrait, pour le penser, que nous nous situions en extériorité par rapport à nous-mêmes. C'est pourquoi il ne peut faire l'objet que d'une représentation mythique, ne relevant, à ce titre pas d'une logique de causalité, mais, au contraire, d'une sémiotique de la culture et de la sociabilité.

La dialectique de l'appropriation des formes de la culture

La médiation culturelle se constitue dans un moment historique, qui est celui au cours duquel s'engage une dialectique entre deux logiques : la première est celle de l'appropriation des formes et des pratiques de la culture, qui constitue le moment d'individualisation de la médiation culturelle, inscrite dans des pratiques et dans des logiques individuelles, et la seconde est celle de la signification des représentations dont est faite la médiation culturelle, puisque cette signification implique la mise en oeuvre de codes et de conventions sociales qui relèvent de logiques collectives et institutionnelles. D'un côté, il y a la lecture d'un livre, qui est une pratique singulière, car on lit seul, de ses yeux, un livre que l'on tient entre ses mains ; de l'autre, des représentations collectives nous permettent de comprendre ce livre et de lui donner du sens : nous les avons acquises au cours de nos pratiques de l'espace public, à l'école et au contact des lieux publics de la constitution des représentations, des significations, de l'idéologie : bref, de la culture. La sémiotique de la culture s'inscrit donc dans une dialectique de l'appropriation et de la signification[33], puisqu'elle n'est constituée qu'après l'appropriation des formes de la culture par les sujets de la sociabilité, mais que ces derniers ne peuvent s'approprier ces formes qu'après leur avoir reconnu une signification. La dialectique ainsi mise en oeuvre entre appropriation et signification est une dialectique qui caractérise les formes de la culture, car il s'agit d'une dialectique entre des logiques institutionnelles et des logiques symboliques. En effet, l'appropriation des formes de la culture se fait selon des processus et dans des lieux qui sont institutionnellement définis : c'est ainsi que la lecture d'un livre suppose l'existence d'un espace institutionnel de diffusion du livre, qu'il s'agisse d'un marché ou d'un espace de diffusion non marchande, elle suppose l'acquisition antérieure d'un certain nombre de règles, de protocoles, selon lesquels a lieu la perception des formes du livre et leur appropriation sous la forme d'une pratique individuelle, mais balisée et structurée par des formes collectives (sens de lecture, ordre dans lequel s'inscrit la progression du livre, la linéarité du livre et de l'écriture constituant, elle-même, déjà, une forme d'institutionnalisaton des formes symboliques, puisqu'elle impose aux pratiques singulières des lecteurs des logiques semblables). Mais ces formes institutionnelles de la lecture s'inscrivent dans une dialectique avec des logiques symboliques, qui sont là pour structurer la présentation et la signification exercées par les pratiques culturelles, en l'occurrence par le livre : en effet, les logiques symboliques, selon lesquelles le livre produit une signification qui relève d'une interprétation de notre part, sans laquelle il ne saurait y avoir appropriation effective des formes de la culture, sont structurées par une dialectique entre les savoirs singuliers en fonction desquels nous allons donner une consistance pleine à notre lecture, qui suscite de notre part des émotions, des désirs, des identifications qui nous engagent, et les

---

[33] CAUNE (1999), p. 217.

codes culturels de la représentation, la langue, les mots, les styles, qui constituent la dimension collective, voire institutionnelle, des formes de la représentation. C'est ainsi la dialectique des formes de la culture entre ce logiques singulières et ces logiques culturelles qui constitue la médiation culturelle dans la plénitude de sa dimension, et qui rend possible la constitution de logiques sociales de l'interprétation des formes et des pratiques de la culture.

La reconnaissance et la distanciation des formes de la culture

En effet, la mise en oeuvre des formes et des logiques de la médiation culturelle engage la culture et la représentation dans une logique dialectique qui van elle-même, constituer les pratiques culturelles de façon dialectique, et qui va faire apparaître la complexité sémiotique de la médiation culturelle. En effet, la sémiotique de la culture fait apparaître un processus distancié, constitutif de ce que l'on peut ainsi appeler une sémiotique dialectique des formes de la médiation culturelle : interpréter une pratique culturelle et lui donner une signification, ce n'est pas se l'approprier, au sens où cela la confondrait avec les autres pratiques singulières dont nous sommes porteurs, c'est, au contraire, mettre en oeuvre une pratique distanciée, pensée et critique. L'appropriation des formes de la culture et de la représentation nous engage dans des processus complexes de remise en cause de notre relation même à la collectivité à laquelle nous appartenons ; c'est, sans doute, cette complexité dialectique de notre appartenance culturelle qui est désignée par le concept brechtien de la distanciation. Les formes de la culture s'inscrivent dans une dialectique de la reconnaissance et de l'appropriation, que l'on peut définir comme la dialectique entre les deux logiques antinomiques de la mise en oeuvre des codes collectifs et institutionnels de la reconnaissance et de celle des logiques singulières du désir et de l'engagement. La force de l'implication des sujets singuliers dans les pratiques culturelles, et la raison, finalement, pour laquelle ils s'inscrivent dans des pratiques esthétiques et artistiques de représentation, résident dans la logique selon laquelle s'engage le processus de l'identification du sujet à l'idéal de soi, qui constitue, lui-même, la représentation d'un processus dialectique. En effet, ce processus permet de comprendre comment des pratiques individuelles peuvent être porteuses de significations et de logiques de représentations collectives, puisqu'à la différence d'autres formes de relations de communication intersubjectives, l'identification ne se fait pas à une représentation de l'autre, puisqu'il est absent. L'autre n'est pas là, quand je mets en oeuvre des pratiques culturelles, puisqu'ou bien je suis seul, quand j'écris ou quand je lis, quand j'écoute un disque ou quand je joue d'un instrument, ou bien je suis au milieu d'un ensemble indistinct, quand j'assiste à un concert ou à une représentation, quand je joue dans une formation musicale ou quand je vais au cinéma. Dans ces conditions, la mise en oeuvre des pratiques culturelles, à la différence d'autres pratiques de communication, ne consiste pas dans un échange symbolique avec l'autre : les pratiques culturelles ne s'inscrivent pas dans un espace d'intersubjectivité, et c'est, d'ailleurs, la raison pour laquelle, à l'identification à l'autre se substitue une autre forme d'identification. C'est ce déplacement des relations d'identification qui est désigné par le concept de distanciation, lui-même constitutif de la dialectique esthétique et culturelle de la représentation et de la signification. Entre la reconnaissance et la distanciation, la mise en oeuvre des formes de la médiation culturelle fonde une nouvelle logique de la médiation qui inscrit dans l'espace de la communication de nouvelles logiques sémiotiques et qui instaure une nouvelle problématique de la signification. Je reconnais un tableau de Velazquez parce que je l'ai déjà vu ou parce que j'en ai déjà vu de semblables, mais je ne suis en mesure de lui donner du sens qu'en me situant à une certaine distance de lui. L'importance de la médiation culturelle est à la mesure de l'importance de cette logique spécifique de la signification dans le champ des pratiques constitutives des codes symboliques de la sociabilité et dans le champ des codes institutionnels qui en structurent la représentation.

Les pratiques culturelles comme pratiques sémiotiques

Les pratiques culturelles sont des pratiques sémiotiques puisqu'elles impliquent, de la part du sujet qui les engage, la mise en oeuvre de processus d'interprétation. Une pratique sémiotique est une pratique qui repose sur la reconnaissance d'une distance entre deux réalités : celle d'une forme inscrite dans un code et dans un système institutionnel de communication et d'échange, et celle du monde dans lequel nous vivons, fait de perceptions, de réalités qui nous sont extérieures, et que nous nous approprions, précisément, en en rendant compte dans notre langage. La sémiotique est l'ensemble des méthodes par lesquelles nous pouvons nous approprier le monde en lui donnant un sens, autrement dit : en lui assignant une place, qui dépend de nous, puisqu'elle est arbitraire, dans les faits sociaux et les faits de réalité qui nous entourent. La sémiotique, finalement, est la médiation qui, entre le monde et nous, constitue une continuité symbolique que l'on appelle le langage. Les pratiques culturelles vont, dans ces conditions, s'inscrire dans le langage, puisqu'elles constituent des médiations entre nos logiques singulières et nos logiques collectives, et que le principe même de telles médiations est de reposer sur des logiques de sens. Les pratiques culturelles sont des pratiques sémiotiques, essentiellement parce qu'en les mettant en oeuvre, nous engageons notre compétence sémiotique, c'est-à-dire notre aptitude à interpréter le monde et à lui reconnaître un sens. Les pratiques culturelles constituent des pratiques sémiotiques duelles. En effet, elles impliquent un double processus d'interprétation : d'une part, il existe un processus de représentation du monde par des formes esthétiques et culturelles, qui constitue le premier processus de l'interprétation ; d'autre part, il existe un processus de signification de ces formes, et de reconnaissance du sens par le sujet de la communication, qui constitue le second processus de l'interprétation. Ces deux instances, ou ces deux moments, du processus de l'interprétation des formes de la culture représentent ce que l'on appelle couramment, pour le premier, le processus de la création, et pour le second, le processus de la réception, mais, précisément, la logique sémiotique dans laquelle nous inscrivons ici ces processus est de nature à remettre en cause cette distinction classiquement établie. En effet, il s'agit de deux processus dialectiques, c'est-à-dire de deux processus qui impliquent, l'un et l'autre, et chacun à son tour, une création et une réception. Prenons l'exemple de la musique. J'écoute de la musique et je joue d'un instrument. L'écoute de la musique constitue une dialectique entre la perception singulière, individuelle, des sons constitutifs de la musique, qui dépend, en particulier, de mes capacités proprement physiques de perception, et la reconnaissance symbolique, esthétique, d'une signification à ces sons, constitutive de leur dimension sémiotique, qui dépend, en particulier, de ma culture et de mes capacités, qui sont, elles, collectivement acquises, à les entendre et à les comprendre. La pratique d'un instrument, qu'il s'agisse d'instruments traditionnels ou d'instruments technologiquement plus complexes, constitue une dialectique entre la façon singulière dont je joue de cet instrument, le moment de ma vie où a lieu cette pratique, les conditions proprement physiques et personnelles dans lesquelles se déroule ma pratique, et l'apprentissage que j'ai reçu (ou que je reçois encore), qui me donne une façon de jouer située en fonction d'une tradition (que j'observe ou, au contraire, que je rejette), et que l'on peut appeler un style, qui constitue la dimension collective de ma pratique de cet instrument, et qui, d'ailleurs, me permet, justement, d'en jouer de façon singulière ou collective, en soliste ou en groupe. C'est la dimension sémiotique de la culture, c'est-à-dire le sens qui est donné aux formes de la culture, qui constitue la dimension dialectique des pratiques culturelles : c'est le sens que je donne à mon apprentissage de la musique qui me permet de m'approprier une façon de jouer ou une façon d'écouter la musique, et c'est le sens que les codes collectifs constituent pour la médiation culturelle musicale qui rend possible l'écoute collective et la reconnaissance collective de la signification des formes musicales. La dialectique constitutive des processus culturels est donc, fondamentalement, une dialectique sémiotique.

Signification politique de la sémiotique de la culture

La mise en oeuvre de la sémiotique dialectique de la culture s'inscrit dans des formes, dans des pratiques et dans des lieux qui sont institutionnellement identifiables comme des médiations de la sociabilité. Si les formes de la culture constituent bien des formes dialectiques de représentation et de signification, c'est qu'elles ne s'inscrivent pas dans les lieux seulement privés d'une pratique singulière, mais qu'au contraire, leur inscription dans l'espace public de la sociabilité leur confère à la fois leur visibilité publique et la dimension institutionnelle et politique de leur mise en oeuvre. Si la sémiotique de la culture est une sémiotique singulière, c'est que, comme elle produit la signification sublimée de notre appartenance même, elle inscrit les formes de la signification et de la représentation dans des logiques fondamentalement politiques, qui, précisément, vont lui donner toute l'importance d'un enjeu politique et d'un enjeu de pouvoir. La sémiotique de la culture est un processus politique de mise en oeuvre d'institutions et de représentations de l'appartenance et de la sociabilité qui lui donne toute sa consistance. La signification politique de la sémiotique de la culture est double. D'une part, la médiation culturelle donne une consistance interprétable aux formes de la sociabilité et de l'appartenance : en particulier, elle inscrit les formes de l'appartenance dans des logiques qui rendent possibles leur reconnaissance, leur interprétation, et, par conséquent, leur appropriation ; c'est ainsi que, par la médiation culturelle, les formes proprement politiques de l'appartenance et de l'identité culturelle ou les formes politiques de l'exercice du pouvoir ou de la mise en oeuvre des institutions deviennent, elles-mêmes, interprétables. D'autre part, la médiation culturelle donne aux formes de l'appartenance et aux formes institutionnelles une consistance esthétique qui donne aux pratiques de la sociabilité la dimension d'objets et de formes donnés à voir et, par conséquent, à interpréter. C'est ainsi que des discours politiques, des formes musicales conçues à l'occasion d'événements politiques (*Messe du couronnement*, de Mozart) ou des représentations spectaculaires, comme des pièces de théâtre, des défilés ou représentations symboliques fortes de la sociabilité, donnent au politique une consistance esthétique qui lui permet de faire l'objet d'une reconnaissance par ceux à qui il est destiné. La signification politique de la sémiotique de la culture résulte, en fait, d'une forme de transfert sémiotique : au lieu de donner aux formes esthétiques et sémiotiques que nous percevons le sens qui serait fondé sur notre expérience singulière propre, nous leur donnons le sens qui résulte de notre engagement dans la sociabilité en tant que citoyens ou en tant qu'acteurs assumant notre dimension collective. C'est de cette manière que la sémiotique de la culture se trouve porteuse de thèmes et de logiques proprement politiques : c'est de cette manière que l'idéal de soi dont se soutient notre pratique esthétique se trouve porteur de la consistance d'un idéal politique.

Chapitre 8

LA CULTURE ET SES PUBLICS

Pas de médiation culturelle, pas d'activité de création, de reproduction ou de diffusion dans le domaine de la culture, qui ne s'adresse à un public, auquel elle peut être destinée, mais qui peut, tout aussi bien, être confronté à elle, en quelque sorte par hasard. C'est précisément cette place du public qui explique que se pose, de façon spécifique, dans le champ de la médiation culturelle, le problème de la réception. Mais il convient de discuter cette façon de poser le problème de la médiation culturelle. Le problème ne se pose pas en termes de réception, ce qui supposerait l'existence distincte d'un acteur passif et d'un acteur créatif : il se pose bien en termes de médiation entre des formes culturelles et un public qui, au-delà de leur consistance symbolique, leur donne leur consistance sociale, en témoignant de leur existence effective dans l'espace public.

Les lieux du public dans la médiation culturelle

En se caractérisant par la distinction entre des acteurs et un public, entre une scène et des spectateurs ou des usagers, la médiation culturelle définit l'existence d'un espace du public dans le champ de la médiation culturelle. Cet espace se définit, lui-même, par des lieux particuliers, qui caractérisent sa mise en oeuvre et lui donne la consistance effective d'une présentation réelle dans l'espace public. Les lieux du public représentent, dans l'espace de la médiation culturelle, les lieux dans lesquels le peuple assemblé, le peuple de l'indistinction, exerce sa dimension culturelle en assistant à la représentation des formes de la médiation. Dès lors que la médiation culturelle s'inscrit dans une logique de la représentation, il devient nécessaire que soient distingués, dans l'espace de sa mise en oeuvre, le lieu qui est celui du réel - et le seul réel, dans les moments de présentation de la médiation culturelle, est le public assemblé, et le lieu qui est celui du symbolique - celui des acteurs, celui des artistes, qui mettent en oeuvre, par leur activité de création, la médiation culturelle dans sa consistance effective. Les lieux du public, finalement, en étant constitués par les lieux mêmes de l'indistinction, peuvent se définir comme les lieux des acteurs anonymes, par opposition aux lieux de la représentation, qui sont les lieux des vedettes, des personnages et des rôles, des images et des mises en scène : les lieux dans lesquels les acteurs, au contraire, sont nommés.

Les lieux de la médiation culturelle

La médiation culturelle s'exerce dans les lieux que la société a décidé d'assigner à cet effet, dans une forme de spécialisation. On peut définir les lieux de la médiation culturelle comme les lieux de l'espace public dans lesquels, précisément, s'instaure une différence entre les acteurs de la représentation et les acteurs de l'indistinction. D'un côté, le public indistinct, qui est une part de la société constituée par la médiation culturelle, et, de l'autre, les acteurs et les formes de la médiation culturelle, qui mettent en oeuvre la représentation et la médiation. Dans les lieux de la médiation culturelle, nous prenons conscience de notre appartenance sociale et de l'indistinction que nous constituons, précisément en opposition avec ce qui se passe sur la scène, c'est-à-dire avec le monde de la représentation et des formes symboliques de l'esthétique et de la signification. Tandis que c'est le peuple assemblé qui donne sa consistance au lieu du public, ce sont les signes, les acteurs et les formes qui donnent sa consistance au lieu de la représentation et de la mise en scène effective de la médiation culturelle, dans l'espace public de l'esthétique. Les lieux de la médiation culturelle se caractérisent, dans l'espace public, par le fait qu'ils sont les lieux mêmes dans lesquels aussi bien le public que les acteurs peuvent, les uns et les autres, prendre conscience de la dimension symbolique et institutionnelle de leur existence, et assumer cette existence dans la mise en oeuvre des pratiques esthétiques dont ils sont les acteurs. Dans un musée, par exemple, le public prend conscience de la sociabilité de son existence en l'assumant par la reconnaissance des oeuvres ou des objets qu'il y voit, et les acteurs mêmes de cette présentation qu'il s'agisse des décideurs ou des organisateurs du musée, ou des créateurs de ces oeuvres, artistes par exemple, prennent conscience, de la même manière, de leur appartenance et du statut institutionnel qu'ils assument, par l'organisation même du musée, dans l'espace et dans les structures de la sociabilité. Le musée organise dans l'espace social la différenciation entre les acteurs de la création et les publics, les visiteurs, qui donnent du sens aux créations qu'ils regardent dans l'espace de la présentation. Le rôle du théâtre est de représenter au public les formes et les langages dont la médiation symbolique lui permet d'assumer le sens de son appartenance, en les faisant incarner, ou assumer, par des acteurs qui se distinguent du public des spectateurs par le fait qu'ils ne sont dans l'espace de la représentation que pour y jouer le rôle de personnages absents, tandis que le public est fait d'acteurs de la sociabilité assumant leur statut sans la distanciation identitaire d'un jeu. Les lieux de la médiation culturelle constituent, ainsi, des lieux sociaux dans lesquels s'instaure et se reconnaît une différenciation entre les acteurs de la représentation, c'est-à-dire les acteurs des pratiques esthétiques, et les acteurs qui en constituent le public, c'est-à-dire les acteurs de l'indistinction. En fait, la médiation culturelle constitue la différence fondatrice entre ces deux acteurs institutionnels. Les lieux de la médiation culturelle, finalement sont les lieux dans lesquels l'appartenance et la sociabilité se trouvent représentées, de façon différentielle, par les deux acteurs de la sociabilité indistincte et de la création esthétique. La question des publics fait, ainsi, apparaître la médiation esthétique du *cogito* constitutif des acteurs de la sociabilité. C'est la question des publics de la culture qui constitue la médiation culturelle comme un problème politique d'appartenance et de représentation de la sociabilité : les publics sont, finalement, la représentation institutionnelle de l'indistinction et de la sociabilité dans le lieu de la médiation culturelle.

Le lieu de l'indistinction et le lieu de la représentation

Entre le lieu dans lequel s'exerce la médiation et le lieu dans lequel se trouve le public qui y assiste, il y a toute la différence entre le lieu de l'indistinction et celui de la représentation. Tandis que le concept d'indistinction est constitutif de la sociabilité et de l'espace public, le concept de représentation est constitutif des pratiques de la médiation culturelle. Il convient, par conséquent, de penser cette géographie distinctive de deux lieux, fondatrice de la médiation culturelle. Le lieu de l'indistinction est le lieu qui manifeste la présence de la sociabilité dans l'espace public : c'est dans le lieu de l'indistinction que le public se retrouve, comme une part de l'indistinction constitutive de la sociabilité. En ce sens, le lieu de l'indistinction, ce que nous appelons la salle, ou l'orchestre dans certaines salles de spectacle, est le lieu dans lequel la sociabilité se constitue comme un groupe d'appartenance ; il s'agit du lieu de la médiation culturelle dans lequel le peuple assemblé prend conscience de sa propre appartenance et de sa constitution comme ensemble social. Dans la mise en oeuvre de la médiation culturelle, le lieu de l'indistinction est le lieu du collectif. De l'autre côté de la limite tracée par le bord de la scène, ou par les bords de l'écran ou du cadre, se trouve le lieu de la représentation, c'est-à-dire le lieu qui n'a de consistance effective que symbolique, puisqu'il s'agit d'un lieu dont l'existence est soumise au sens qu'il peut avoir pour le public qui le regarde ou qui l'entend. Le lieu de la représentation n'est pas un lieu d'existence, comme le lieu de l'indistinction, mais un lieu de la reproduction et de la signification. En ce sens, il s'agit d'un lieu défini par sa limitation même : tandis que le lieu de l'indistinction et de la sociabilité se fonde sur l'absence de limite - n'importe qui pouvant, par définition, manifester son appartenance au public indistinct, le lieu de la représentation se fonde sur les limitations mêmes qui lui sont assignées par la structuration de l'espace social, qu'il s'agisse des limites de la scène, des limites de l'écran de la projection, ou des limites du lieu de l'exposition. Tandis que le lieu de l'indistinction, enfin, est un lieu réel de la sociabilité, le lieu de la représentation en constitue le lieu symbolique de la médiation et de la signification : la différence fondatrice entre le lieu de l'indistinction et le lieu de la représentation se situe dans la différence entre le réel et le symbolique. En effet, ce qui structure le lieu de l'indistinction et le lieu du public, c'est la réalité de son existence et de son inscription dans l'espace de la sociabilité, tandis que ce qui structure le lieu de la représentation, c'est le caractère symbolique de ce qu'il nous présente et la signification des acteurs, des formes et des objets qu'il nous donne à voir ou à entendre. La différence entre le lieu de l'indistinction et le lieu de la représentation inscrit dans l'espace la différence entre le réel et le symbolique, qui fonde le concept même de médiation, à l'oeuvre dans le champ des pratiques de la culture. La différence entre le lieu de l'indistinction et le lieu de la représentation donne une consistance spatiale au concept de code et à l'esthétique de la représentation et de la signification : elle nous permet de comprendre, dans la perception que nous avons de l'espace, la consistance de cette opposition fondatrice des formes du langage et des pratiques de la médiation culturelle. Pas de culture, pas de logique esthétique de la médiation culturelle, qui ne repose, d'abord, sur la partition de l'espace social entre deux lieux, entre lesquels aucune spécularité n'est possible : il n'est pas possible de confondre le lieu réel de l'indistinction et le lieu symbolique de la représentation, car l'un ne saurait se réduire à la reproduction ni à la duplication de l'autre. Le lieu de l'indistinction est un lieu réel structuré par des pratiques réelles, tandis que le lieu de la représentation est un lieu symbolique structuré par des codes et par des pratiques symboliques.

Le rouge et la scène

Le théâtre classique nous a habitués à la différenciation entre deux lieux : la scène, qui est le lieu de toutes les formes, de toutes les matières et de toutes les couleurs, et la salle, qui est le lieu du rouge et du velours. C'est l'esthétique de la construction et de l'aménagement des salles de spectacle du XIXème siècle qui nous a habitués à cette organisation de l'espace en deux couleurs caractéristiques. C'est à cette époque que le velours rouge va devenir emblématique des salles de spectacle de la bourgeoisie cultivée et éclairée qui fonde les publics de l'époque. La scène et le rouge représentent, de cette manière, une distinction marquée, affichée, entre deux lieux bien distincts et bien identifiables. On sait, en effet, que, jusqu'au XVIIème siècle, des personnages importants pouvaient s'installer sur la scène, comme pour mieux marquer leur distinction d'avec le public indistinct, cantonné, lui, dans la salle de velours rouge. La généralisation du velours rouge pour l'ensemble des publics est, en même temps, ce qui confère au public le statut d'un acteur particulier de la médiation culturelle ; en effet, c'est à partir du moment où la salle même va avoir son esthétique, va faire l'objet d'un aménagement, que le public se verra reconnaître un lieu, donc un statut dans l'événement de la représentation et de la médiation culturelle. En un sens, la commande, par André Malraux, du plafond de l'Opéra de Paris à Chagall, en 1964, et celle du théâtre de l'Odéon à André Masson, en 1965, reviennent à une reconnaissance de la dimension esthétique du lieu de l'indistinction : le lieu du rouge se trouve, de cette manière, lui aussi, pourvu d'une représentation de la médiation esthétique dont il est porteur. Le lieu de la représentation, la scène, n'est pas en rouge : elle n'est pas porteuse d'une couleur indistincte, elle n'est pas le lieu dans lequel peut s'afficher, pour s'exposer, une représentation plastique de l'indistinction, puisqu'elle est le lieu dans lequel s'affichent, au contraire, les formes d'un spectacle et les couleurs d'un décor. Le lieu de la représentation n'est pas le lieu d'un décor uniforme, puisqu'il s'agit, au contraire, d'y faire apparaître la signification et la dimension esthétique des personnages, des acteurs ou des interprètes. Tandis que le rouge représente l'indistinction de la sociabilité, les couleurs de la scène signifient la distinction des rôles, des significations et des représentations. La médiation culturelle inscrit dans l'espace public la différence constitutive du rouge et de la scène : la différence constitutive du réel de la sociabilité et du symbolique de la représentation. C'est dire l'importance de la médiation culturelle dans la constitution même des formes et des structures de la sociabilité, puisque c'est elle, en fin de compte, qui donne sa consistance réelle à cette différence sans laquelle il n'est pas possible de comprendre les codes de la représentation, ni même, sans doute, de les penser. La différence entre les deux lieux de l'espace esthétique de la médiation culturelle, en assignant son lieu à chacun des acteurs qui constituent cette médiation, fonde cette médiation dans la réalité de l'expérience de l'espace : elle fait percevoir aux sujets de l'indistinction leur appartenance, et, par conséquent, elle donne une consistance à la différence dont ils se fondent. C'est dans l'espace que les deux acteurs de la médiation culturelle acquièrent leur consistance et la réalité même de leur existence. En ce sens, c'est l'organisation de la médiation culturelle dans l'espace qui va donner aux acteurs qui le constituent leur consistance et leur visibilité. Comme les lieux de la médiation culturelle sont séparés en deux lieux par la différence même des couleurs et des formes, le fait de se trouver de l'un ou de l'autre côté de cette distinction devient, finalement, constitutif de l'appartenance même dont on est porteur. Dans le champ de la médiation culturelle, l'espace fonde notre statut d'acteur.

L'espace public dans le lieu de la représentation

Le lieu des spectateurs et de l'indistinction représente, dans le lieu de la représentation, la place de l'espace public. Comme le lieu de la représentation reproduit, de façon symbolique, le lieu de la sociabilité, il importe qu'y soit ménagé un lieu propre de l'indistinction. C'est le sens de l'aménagement de la salle de spectacle en vue d'y recevoir du public. L'espace des spectateurs est bien l'espace public dans le lieu de la représentation, puisqu'il s'agit du lieu dans lequel les distinctions ne se font pas en fonction de la signification des rôles de chacun ou de sa présence, mais en fonction des statuts sociaux dont sont porteurs ceux qui appartiennent à l'indistinction. En effet, l'indistinction ne signifie pas l'absence de distinction singulière entre les sujets de la sociabilité : elle signifie l'absence de différence entre eux en matière symbolique. Tandis que, d'un personnage ou d'une forme à l'autre, c'est le sens qui fonde la différence et la pertinence de reconnaissance, c'est le statut et la fonction sociale qui fonde la différence entre deux sujets de la sociabilité, en les inscrivant dans l'indistinction, puisque cette différence de fonction ou de statut n'est pas nécessairement, comme la différence entre personnages, inscrite dans des formes et dans une visibilité. Il s'agit là d'une différence entre le *cogito* de l'esthétique et celui des sciences sociales : tandis que l'esthétique fonde la consistance des différences pertinentes entre sujets ou entre signifiants sur des différences de codes et d'interprétation, les sciences sociales fondent la consistance de telles différences entre personnes ou entre acteurs sur des différences d'appartenance et sur des différences de pouvoir et de statut, non nécessairement inscrites dans des codes et dans des formes symboliques. C'est pourquoi le lieu du public demeure le lieu de l'indistinction : tandis qu'entre deux personnages d'une pièce de théâtre ou entre deux parties musicales d'un orchestre, la différence qui les constitue est une différence de signification ou une différence de mode d'interprétation, la différence entre deux acteurs de la sociabilité qui appartiennent au même espace de l'indistinction est une différence de statut ou une différence de fonction qui, inscrite dans le réel de leur expérience sociale, n'a pas, dès lors à s'inscrire dans les formes symboliques de la représentation. L'espace public, dans le lieu de la représentation, est un espace qui se manifeste par l'indistinction : les fauteuils d'orchestre sont tous semblables. C'est cette indistinction qui représente l'indistinction de la sociabilité et de l'appartenance dans les lieux de la médiation culturelle, en lui donnant, de cette manière, une consistance effective. En un sens, la médiation culturelle consiste, pour les acteurs, à représenter les personnages distincts d'un récit ou de la mise en oeuvre d'une médiation, et, pour les publics, à représenter l'indistinction de l'appartenance et de la sociabilité. La médiation culturelle donne ainsi au public une consistance particulière, qui rend nécessaire la délimitation d'un lieu particulier dans lequel cette consistance ait une visibilité. C'est dire l'importance de l'inscription de la représentation et de l'esthétique dans des lieux qui lui soient assignés dans l'espace public. En effet, sans lieux particuliers, les publics de la culture ne sauraient se reconnaître comme porteurs de leur appartenance propre, ils ne sauraient mettre en oeuvre l'activité de médiation qui leur assigne leur statut. Avant même de s'inscrire dans des pratiques qui soient caractéristiques de leur appartenance et de leur statut, les publics et les acteurs de la représentation s'inscrivent dans des lieux qui, au coeur de la médiation culturelle, fondent dans l'espace la spécificité et la singularité de leur statut et de leur appartenance.

Publics et pratiques de la culture

Le concept de pratique culturelle

Le concept de pratique culturelle désigne la mise en oeuvre d'activités de représentation par le public de l'indistinction. Les pratiques culturelles sont les pratiques au cours desquelles, collectivement ou singulièrement, les sujets qui appartiennent à la sociabilité indistincte mettent en oeuvre des langages et des systèmes de représentation constitutifs de la médiation culturelle qui représente leur appartenance en lui donnant une consistance symbolique. La pratique d'un instrument de musique est déjà une pratique culturelle, car elle constitue, pour le sujet singulier qui s'y consacre, un mode d'expression symbolique et de sublimation esthétique de son appartenance et de sa sociabilité : on ne joue pas des mêmes instruments partout dans le monde. Les pratiques culturelles sont toutes des pratiques de médiation, puisqu'il s'agit toujours de pratiques dont la mise en oeuvre est singulière, comme la mise en oeuvre de toute pratique sociale, mais dont la signification est collective, puisqu'elle renvoie à l'appartenance ou à la sociabilité de la personne qui s'y livre. Elles représentent, ainsi, l'appropriation singulière du processus constitutif de la médiation ; c'est pourquoi, historiquement, il s'agit d'un concept récent. Il faut remonter aux années 70 pour que soient mises en oeuvre les premières recherches sur les pratiques culturelles, et l'analyse de ces pratiques s'inscrit, au départ, dans le champ de la sociologie. En effet, pour penser le concept de pratique culturelle, encore faut-il dissocier la dimension de médiation, constitutive du concept de pratique culturelle, et la dimension de création, jusqu'alors constitutive du concept de culture et d'esthétique. L'émergence de la logique des pratiques culturelles représente, dans le champ des sciences sociales, un moment de laïcisation de la culture et de l'esthétique, ramenées à des pratiques sociales ordinaires, et, de cette manière, différenciées de la logique strictement esthétique dans laquelle elles étaient pensées auparavant. La logique des pratiques culturelles représente, épistémologiquement, l'émergence d'une approche de la culture en termes de médiation : d'une approche du fait culturel qui articule sa dimension de création et sa dimension d'indistinction collective. C'est tout le sens des entreprises de description et d'élucidation des pratiques culturelles, qui vont, d'ailleurs, pour cela, se fonder, au commencement, sur l'usage des procédures d'enquête par sondages propres à la sociologie politique (étude des comportements électoraux) et à la mercatique (étude des comportements d'achat et de consommation des biens matériels de la société marchande). Le concept de pratique culturelle concourt, comme l'ensemble de ces techniques et de ces problématiques de recherche, à faire apparaître la rationalité de l'espace indistinct de la sociabilité : il s'agit d'élucider les structures et les conduites de la société civile. Le concept de pratique culturelle va constituer, par ailleurs, en particulier en raison de la meilleure connaissance que nous avons, à partir des années soixante, des médias et de leurs usages, l'articulation entre la connaissance des modes d'appropriation de la médiation culturelle et la connaissance des logiques et des stratégies de conception et de diffusion de l'information dans l'espace public : la connaissance des pratiques culturelles est indissociable de la constitution des sciences de l'information et de la communication. Les pratiques culturelles sont, en effet, des pratiques d'usage symbolique, comme le sont les pratiques de communication et les usages des médias. Il s'agit, dans l'un et l'autre cas, des formes et des stratégies d'appropriation, par les sujets singuliers de la médiation, des discours, des images de l'information et de la signification, au cours de pratiques de communication c'est-à-dire au cours de pratiques symboliques dans l'espace public.

Les pratiques culturelles comme mode de constitution du public

Dans ces conditions, la connaissance et l'analyse des pratiques culturelles s'inscrivent dans la logique même selon laquelle se constitue le public comme acteur indistinct de la médiation culturelle et de la sociabilité. C'est par les pratiques culturelles qu'il met en oeuvre que le public se constitue, de façon symbolique, et dans des pratiques de langage et de représentation, comme acteur de la sociabilité : c'est le sens, précisément, de l'institution des pratiques culturelles de fournir une dimension esthétique et symbolique au concept même d'acteur social. En fait, tant que ne sont pas pensées de façon spécifique les pratiques culturelles auxquelles il se livre, le public n'est pas constitué de façon symbolique en acteur de l'indistinction : ce sont les pratiques culturelles que nous lui reconnaissons qui lui permettent de se structurer dans sa dimension proprement symbolique. C'est, ainsi, le rôle de l'institution sociale des fêtes et des spectacles publics à caractère commémoratif. C'est pourquoi les pratiques culturelles, de l'usage des médias à l'usage des formes esthétiques de représentation, s'inscrivent toujours dans des logiques de production de sens et dans des logiques de sublimation du réel. Elle ne constituent pas le public dans sa dimension politique et institutionnelle, comme le font les pratiques politiques de l'engagement et les pratiques électorales, mais elles le constituent dans la dimension symbolique de la représentation et de l'usage du langage. Il ne s'agit pas, en définitive, de faire apparaître la dimension politique de la sociabilité, mais bien, au contraire, d'en constituer la dimension esthétique et symbolique. Les pratiques culturelles constituent le public dans sa dimension symbolique d'abord en lui renvoyant à lui-même l'image de sa propre structure. En effet, elles mettent en oeuvre les usages sociaux en leur donnant des objets symboliques et une consistance esthétique : quand je fais de la photographie, ou quand je vais au cinéma, je donne une consistance esthétique et symbolique à ma propre appartenance en la rendant représentable dans l'espace public, puisque je mets en oeuvre une pratique esthétique de nature à avoir u sens pour les autres. D'autres que moi vont voir la photo que j'ai prise, d'autres que moi vont voir le film que je vais voir, et, à partir de ces photos et de ce film, vont pouvoir interpréter le sens de ma propre sociabilité. D'autre part en donnant à sa constitution et à sa composition la signification d'un choix esthétique, les pratiques culturelles ajoutent aux déterminations sociales et économiques de la constitution des acteurs sociaux la dimension symbolique et significative d'un engagement : elles ne sont pas seulement caractéristiques d'une appartenance, elles n'en sont pas seulement l'indice, comme les autres pratiques sociales d'achat et de consommation, elles lui donnent une signification en vertu de laquelle l'acteur qui les met en oeuvre les assume et leur donne une consistance symbolique, constitutive par ailleurs, de sa propre identité. Enfin, en lui donnant la visibilité symbolique d'une représentation, les pratiques culturelles donnent à mon appartenance sociale une consistance interprétable et diffusable dans l'espace public. Mon appartenance, désormais, n'est plus seulement constitutive, à mes propres yeux, de ma sociabilité, elle l'est aussi aux yeux des autres, à qui, par cet engagement symbolique et ce choix esthétique, je donne ainsi une représentation de ma propre sociabilité d'acteur. Les pratiques culturelles représentent, par conséquent, le processus même de constitution symbolique des publics indistincts, en leur donnant les moyens symboliques et les langages qui leur permettent de se reconnaître eux-mêmes et de devenir, ainsi, symboliquement porteurs d'une sociabilité et d'une appartenance, qu'ils assument en toute connaissance et en toute conscience sociale et politique.

La pluralité des publics

Si le public est politiquement indistinct, il n'en est pas moins divers dans sa composition sociale : c'est même, sans doute, dans les lieux de la médiation culturelle qu'apparaît le plus nettement cette différence entre la dimension politique et la dimension sociale des publics. Cette coupure entre le concept de public et celui de publics s'inscrit, dans l'histoire des sciences sociales, précisément, en même temps que l'émergence d'une approche sociologique et non politique de l'indistinction. Tant que les sciences sociales ont été des sciences politiques, et tant qu'elles ont eu pour raison essentielle de penser et de comprendre les pratiques politiques et institutionnelles, le public s'est trouvé pour elles structuré comme un acteur indistinct : le public, c'est, dans ces conditions, le *populus*, dont on cherche à comprendre, collectivement, les choix politiques et institutionnels. À partir du moment où l'indistinction commence à se penser comme un ensemble de sujets singuliers mettant en oeuvre des choix et des pratiques appartenant au domaine des usages sociaux ou au domaine des pratiques culturelles, le public apparaît dans sa pluralité, puisqu'il ne saurait être question de confondre des usages quotidiens de consommation et des pratiques de représentation esthétique dans l'indistinction de la sociabilité. En fait, la connaissance des pratiques culturelles des publics fait apparaître leur pluralité, car elle est contemporaine de la fin d'une logique de la culture exclusivement attachée au problème de la création et de la médiation esthétique. Les publics apparaissent dans leur pluralité quand les pratiques culturelles ne sont plus seulement renvoyées aux pratiques de création et aux pratiques esthétiques de l'art ou de la représentation, mais qu'elles commencent à être pensées en termes de médiation esthétique de la sociabilité. Alors, la sociabilité apparaît dans ce qui la caractérise : sa pluralité, et, dans ces conditions, les pratiques culturelles qui la structurent apparaissent, elles aussi, dans la pluralité des publics qui les mettent en oeuvre. Au lieu que le public se constitue dans la seule distinction qui le sépare de la scène par le rideau rouge, il devient un objet construit par les formes de rationalité et d'intelligibilité des sciences sociales et de la connaissance du politique. La pluralité des publics va, par ailleurs, s'inscrire dans la logique même de la découverte sémiotique de la pluralité des textes et des significations : à cet égard, l'émergence de la sémiotique textuelle et de la sémiotique de l'image[34] est contemporaine de l'émergence de la rationalité plurielle des publics et de la sociabilité. Le développement de la rationalité des sciences sociales, à cet égard, s'inscrit dans une logique de la différence et de l'éclatement : les objets des sciences sociales ne sont plus constitués comme des objets positifs, mais bien comme des structures, c'est-à-dire des complexes différentiels de polysémie et de diversification d'usages et de pratiques. On peut, d'ailleurs, penser cet éclatement du concept de public en trois instances distinctes. D'une part, il s'agit d'une pluralité de modes distincts de pratiques symboliques : à cet égard, la connaissance des publics va rendre possible l'élucidation de modes d'interprétation et de logiques sémiotiques différentes selon les appartenances des acteurs de la sociabilité qui les mettent en oeuvre. D'autre part, l'éclatement du concept de public va s'inscrire dans la même logique que le questionnement radical du concept de sujet et des pratiques esthétiques qui est fondé par l'investigation psychanalytique : à la pluralité interne du sujet, ne pouvait pas ne pas répondre une pluralité interne de l'indistinction des publics. Enfin, cet éclatement social et institutionnel du concept de public s'inscrit dans l'éclatement des logiques qui rendent intelligibles ses choix et ses engagements : la connaissance de l'inconscient ne rend pas seulement possible la critique radicale du concept d'identité, mais elles rend aussi possible l'interrogation symbolique sur la structure du processus de la création et du processus de la lecture et de l'interprétation.

Le public et l'interprétation des formes culturelles

L'interprétation des formes culturelles consiste, de la part du public, à leur donner du sens, et, ainsi, à en assumer la réception. En fait, on peut observer, sur ce plan, que le développement de la sémiotique et de la connaissance des structures et des logiques de l'interprétation va de pair avec le développement de la rationalité des publics et de la connaissance de leurs pratiques des formes culturelles et symboliques de la sociabilité. En fait, tandis que le public se constitue comme acteur social et politique à partir du moment où il met en oeuvre des pratiques collectives de choix politiques (électorat) et de pratiques sociales (consommation), il se constitue comme acteur symbolique de la médiation culturelle à partir du moment où il met en oeuvre les pratiques d'interprétation qui fondent le

---

[34] On pense en particulier, ici, à l'apparition des travaux sémiotiques de Roland Barthes (à partir de 1964) et de ceux de l'École de Paris (issus du séminaire d'A. J. Greimas, à partir des années 1966-1970).

caractère symbolique de la culture et de l'esthétique. C'est dans l'interprétation des formes esthétiques et des formes de la représentation que le public se constitue comme acteur de la médiation culturelle. Il convient, dans ces conditions, de penser l'interprétation même comme un processus de médiation : il convient de ne pas la penser seulement, comme en théorie du langage ou en théorie de la communication intersubjective, comme la mise en oeuvre d'un processus singulier par un sujet d'énonciation et de communication, mais de la penser aussi - et c'est le caractère spécifique des sciences de la médiation culturelle - comme la mise en oeuvre d'un processus collectif et institutionnel. D'une part, cette dimension collective de l'interprétation des faits de culture s'inscrit dans la problématique même de la médiation culturelle : ce concept suppose que la signification des faits culturels leur soit reconnue selon des processus collectifs et non selon des processus singuliers. C'est toute une salle qui, ensemble, reconnaît un sens au film qui vient d'être projeté, et, en applaudissant de façon indistincte, c'est toute une salle qui reconnaît son sens à la représentation théâtrale ou au concert qui vient d'avoir lieu. D'autre part, la dimension collective de l'interprétation suppose la mise en oeuvre de codes et de systèmes collectifs de la signification des formes culturelles : une certaine tendance romantique a longtemps occulté cette dimension collective - et même, sans doute, institutionnelle - de la signification et de l'interprétation. En fait, la signification des faits culturels se constitue en référence à des logiques collectives d'appartenance et ne saurait se réduire à des codes singuliers : c'est le sens du concept de sublimation et d'identification du sujet à l'idéal de soi de, précisément, inscrire la signification des formes culturelles dans une logique qui va au-delà de notre expérience singulière pour prendre la consistance d'une signification collective. Enfin, la sémiotique des formes culturelles est une médiation parce qu'elle repose sur des logiques d'interprétation qui s'inscrivent, elles-mêmes, dans des logiques politiques et historiques constitutives de la sociabilité. La médiation culturelle donne une consistance collective à la signification des pratiques symboliques mises en oeuvre dans l'espace public : si une représentation culturelle peut avoir une incidence politique et institutionnelle, c'est en raison, précisément, de cette signification collective qu'elle peut revêtir. Les modes culturelles et les pratiques dominantes sont, par exemple, une illustration de cette dimension collective de la signification de la culture : si tout un pays, à un certain moment, se reconnaît dans des «stars» de la culture, dans des personnages de la médiation culturelle, qui sont des images autant que des personnes, c'est qu'une signification collective se constitue, qui fait de ces «stars» les signifiants d'une consistance symbolique collectivement assumée par le public dont elle exprime, à un moment particulier, l'histoire et la sociabilité.

Constitution culturelle du public

Processus social de constitution du public

La médiation culturelle met en oeuvre un processus social de constitution du public auquel elle est destinée. C'est même, fondamentalement, le rôle social majeur de la médiation culturelle de faire exister le public, en donnant au *populus* la consistance esthétique et symbolique d'un acteur de la signification et de la représentation. La médiation culturelle constitue le public en tant qu'acteur en lui donnant la visibilité symbolique et institutionnelle qui le fait exister aux yeux des autres grâce aux pratiques de représentation dont ils sont les témoins et les spectateurs et qui le fait exister à ses propres yeux grâce aux pratiques symboliques qui sont, pour lui, une médiation de signification. La médiation culturelle est un ensemble de lieux et de pratiques par lesquels le sujet acquiert la consistance d'un acteur social en s'inscrivant dans le champ du public de la médiation et de la représentation : la médiation culturelle, en ce sens, constitue un processus social de constitution du public. Sans elle, sans les formes esthétiques et symboliques qu'elle met en scène et qu'elle met en oeuvre dans l'espace public, les sujets indistincts de la sociabilité n'auraient rien pour se reconnaître, de disposeraient d'aucune médiation leur permettant de prendre conscience de leur appartenance et de lui donner un sens. C'est devant un spectacle que les membres d'une communauté se rendent compte de leur existence collective en donnant tous ensemble le même sens au spectacle auquel ils assistent. Devant une représentation théâtrale, le public des spectateurs ne prend pas seulement conscience de la signification qu'en portent le texte et le jeu des acteurs : il prend aussi conscience, grâce à elle, des enjeux dont il est collectivement porteur et qui constituent la dimension symbolique de son appartenance et de son existence institutionnelle. Le théâtre, dans ces conditions, ne s'adresse pas seulement à des spectateurs singuliers, réunis le temps de la représentation : il s'adresse surtout au peuple assemblé en un public devant lequel il représente la médiation symbolique qui rend possible sa constitution en acteur collectif. L'enjeu de la représentation théâtrale, en ce sens, est à la fois esthétique et politique : aussi bien que de la mise en oeuvre d'une logique de représentation et de signification, il s'agit de la mise en oeuvre d'une médiation politique et institutionnelle. En assistant à la représentation théâtrale, le public mesure la dimension de son existence collective : il acquiert la consistance d'un acteur institutionnel constitutif de la sociabilité dont le spectacle fonde la dimension esthétique. Le processus social de constitution du public au cours de la médiation culturelle est un processus qui se déroule en quatre temps : le premier est le moment de la découverte immédiate de la représentation dans un moment de perception collective de ses formes et de son espace ; le second moment est celui de la constitution d'une signification interprétable qui puisse faire l'objet d'une reconnaissance et d'une appropriation collective ; le troisième moment est celui de la mise en oeuvre des logiques esthétiques par lesquelles le public reconnaît l'objet de la représentation et lui donne sa consistance institutionnelle ; enfin, le public constitue sa propre identité par la médiation du spectacle ou de la pratique culturelle à laquelle il assiste. Ce sont ces quatre moments qui, dans l'espace public de la représentation et de la médiation esthétique, rendent possible la constitution du public en acteur collectif porteur d'une signification et d'un engagement esthétique. La représentation des formes collectives et institutionnelles de la sociabilité n'a pas d'autre sens, dans les sociétés dans lesquelles elle s'inscrit, que la mise en oeuvre des logiques sociales et institutionnelles de constitution des acteurs collectifs de la médiation institutionnelle de l'esthétique. Le théâtre de Shakespeare fonde les deux types de représentation esthétique des formes de sociabilité des publics qui le fréquentent : il les fonde mythiquement dans les pièces historiques (*Henry V*, *Jules César*, etc.), qui sont des tragédies du pouvoir et de l'appartenance, et il les fonde spéculairement dans les autres pièces, en général les comédies (*Beaucoup de bruit pour rien*, *Comme il vous plaira*, *La Mégère Apprivoisée*, etc.).

Structuration sociale et institutionnelle des publics de la culture

Mais la constitution des acteurs de la culture s'inscrit dans deux types de processus : d'une part, des processus symboliques et esthétiques, dans la représentation d'une médiation esthétique, comme on vient de le voir ; d'autre part, des processus politiques, sociaux et institutionnels, qui font des publics de la culture des acteurs institutionnels de la société civile. La structuration sociale et institutionnelle des publics de la culture confère aux pratiques et aux médiations culturelles le statut fondamental de médiations par lesquelles

les acteurs de la sociabilité prennent conscience de leur propre existence et de leur propre statut. En fait, la structuration sociale et institutionnelle des publics de la culture constitue leur dimension historique. C'est le rôle de la médiation culturelle de constituer les publics en acteurs sociaux et institutionnels, porteurs de codes, de règles, de normes, qui rendent possible leur engagement dans l'histoire et dans l'espace public de la sociabilité. L'importance de la médiation culturelle devient ici une importance politique, puisqu'il s'agit de transformer le public en acteur collectif, porteur de logiques politiques et de représentations institutionnelles. C'est le sens du théâtre ou de la littérature dits engagés : en effet, quand les formes de la médiation et de la représentation mettent en oeuvre, au coeur même des langages et des processus de la création esthétique, des processus et des logiques constitutifs des acteurs sociaux et institutionnels, la médiation esthétique acquiert une importance politique et historique. C'est le sens des romans d'un Zola, à son époque, ou, plus près de nous, c'est tout le débat ouvert par Sartre sur l'engagement de l'écrivain dans le champ social et politique. La littérature engagée consiste, pour celui qui la met en oeuvre dans ses pratiques d'écriture, à revendiquer une place pour l'esthétique dans le champ de la communication et de la parole politique : il s'agit de revendiquer une consistance sociale et institutionnelle pour le fait d'écrire et de mettre en oeuvre les formes littéraires de la médiation esthétique. En ce sens, la littérature engagée va au-delà de la logique esthétique, pour déplacer le problème de l'écrivain et de l'écriture : le lieu de la signification et de la représentation n'est plus seulement la médiation esthétique, mais il s'agit aussi d'inscrire la pratique esthétique et symbolique de l'écrivain dans une logique sociale et institutionnelle qui lui donne une consistance politique. En fait, il s'agit, finalement, de dédoubler le lieu de signification et de communication de la médiation esthétique : au lieu d'exercer sa signification dans le seul champ des pratiques esthétiques de la littérature, l'écriture esthétique inscrit la signification dont elle est porteuse dans les lieux et dans les enjeux de la communication politique. L'écrivain s'inscrit dans l'agora. En ce sens, la médiation esthétique change de statut : elle n'est plus seulement là pour donner une consistance esthétique à l'engagement du sujet qui écrit ou qui produit une parole et une signification, mais elle est là, surtout, pour donner à l'engagement politique la dimension de l'écriture et du travail esthétique qui le rendent lisible par les autres, et qui, par conséquent, rend possible leur adhésion au discours qu'il leur propose. La médiation esthétique s'inscrit dans une dimension politique quand elle a pour logique de faire des acteurs qui en sont les spectateurs, les lecteurs ou les auditeurs des acteurs politiques conscients de leur appartenance et porteurs de représentations idéologiques et politiques de la sociabilité.

Structuration esthétique et sémiotique des publics de la culture

La structuration esthétique et sémiotique des publics de la culture leur donne leur dimension symbolique. Dans ces conditions, il s'agit de la dimension esthétique qui donne toute sa complexité au processus politique et institutionnel de constitution des sujets de la médiation esthétique en acteurs de la sociabilité. La leçon de l'histoire de la pensée politique est l'impossibilité de penser un projet politique ou une rationalité politique de l'organisation sociale et de l'État indépendamment d'une logique esthétique propre à mettre en forme cette rationalité. La coupure historique de la modernité est, sans doute, l'émergence d'une *poétique du politique*. Tandis que la philosophie politique de l'Antiquité ou de l'époque ancienne s'inscrit dans des discours et dans des représentations didactiques ou médiatiques (dans les formes anciennes de la communication politique), la philosophie politique de la modernité, que l'on peut, sans doute, dater de Machiavel et de l'émergence d'une philosophie politique fondée sur la rationalité au lieu de l'être sur la morale et sur la religion, s'inscrit, au contraire, dans l'émergence des formes nouvelles de la communication et de la diffusion de l'information, indépendamment de toute pensée religieuse. À cet égard, la constitution des espaces nationaux de la diffusion culturelle par la constitution des langues nationales et des formes laïques de représentation est, en Europe, le signe de l'émergence d'un espace politique nouveau, structuré, désormais, par des logiques de médiation et de communication au lieu de l'être par les seules logiques du pouvoir et de la domination. Le développement des formes modernes de la communication et de l'information représente, en ce sens, un moment fondateur de la modernité des sociétés politiques que nous connaissons. Il s'agit, en effet, d'un moment où les sociétés culturelles, structurées, grâce à la langue et aux formes esthétiques de la représentation, en sociétés politiques symboliques, s'inscrivent dans la modernité des formes médiatées du pouvoir et de la sociabilité[35]. C'est à ce moment que

---

[35] Dans le champ de la médiation culturelle, il n'est, à cet égard, que d'observer l'importance du rôle des médias dans la représentation des formes politiques et institutionnelles de la sociabilité, et, de manière générale, dans ce que l'on est convenu d'appeler la *communication politique*. Cette importance devient majeure, en particulier en France, à partir de la première élection française du président de la République au

l'émergence des formes modernes de communication et de représentation, en donnant, en particulier, à la diffusion de nouveaux espaces et de nouveaux lieux[36], achève de constituer et de structurer symboliquement la modernité des acteurs politiques de la sociabilité. En faisant des publics de la médiation des publics cultivés, porteurs de formes esthétiques de médiation et de représentation, disposant de langages et de codes de représentation par lesquels ils parviennent à se donner leur consistance symbolique d'acteurs institutionnels, la structuration esthétique et sémiotique des publics de la culture donne lieu à l'émergence de publics symboliques et esthétiques. À la dimension politique et institutionnelle d'un peuple de citoyens, la modernité des formes esthétiques de la médiation fait se succéder la dimension esthétique et culturelle d'un peuple d'acteurs et de sujets de la communication et de la signification. En ce sens, la question des publics de la culture naît dans le moment de la modernité. C'est, sans doute, au seizième siècle, avec le développement de l'imprimerie et des formes institutionnelles modernes de la médiation culturelle, que l'Europe, par exemple, découvre l'importance esthétique et culturelle des publics constitués en nouvelles formes de l'indistinction. Les publics de la culture, à partir du moment où la médiation culturelle s'inscrira dans des formes reproductibles et diffusables de communication et de représentation, deviendront des publics de médiateurs, c'est-à-dire des publics qui se constitueront en acteurs de la sociabilité dès lors que, justement, ils assureront eux-mêmes la diffusion et la reproduction des formes culturelles dont ils sont porteurs. Le public devient un acteur majeur de la médiation culturelle. L'émergence des nouveaux médias, et, en particulier, de toutes les formes d'interactivité dans la conception, la création et la mise en œuvre des nouveaux médias, représente l'émergence d'un nouveau champ de la médiation culturelle, qui instaure un rapport différent et renouvelé au public, appelé, dans les nouvelles formes de la présentation de la culture, à jouer, en fait, le rôle d'un acteur

---

suffrage universel en 1965 ; se structure désormais, dans notre pays, mais aussi dans d'autres, avec le développement de la communication politique audiovisuelle, un nouveau champ de la médiation culturelle.

[36] C'est le sens de la réutilisation par les activités de médiation culturelle, de lieux sociaux considérés comme hors d'usage, comme l'ancienne carrière Callet, à Boulbon dans le Vaucluse, par des troupes de théâtre, comme l'espace culturel ouvert à Avignon dans le site de la Manutention, ou comme le théâtre installé par Ariane Mnouchkine à Paris dans le site de la Cartoucherie, au bois de Vincennes.

et d'un partenaire de la médiation culturelle. C'est tout le sens de l'apport de la modernité.

La modernité culturelle et la naissance de la question des publics

C'est, sans doute, ainsi, un signe de la modernité de la médiation culturelle, si se pose, aujourd'hui, le problème des publics : c'est dans une dimension moderne de la médiation des formes de la culture que cette question est pensable. La naissance de la question des publics, dans le champ de la médiation culturelle, est significative de l'évolution d'une forme de rationalité. À la rationalité séparée de l'esthétique et de la sociabilité politique, succède une rationalité rapprochée de ces deux logiques de représentation de la sociabilité. La question des publics naît, en fait, au moment historique où commencent à se poser les problèmes de l'urbanisation (donc de la croissance des espaces publics), les problèmes de l'accès à la langue et à la culture du fait de l'accroissement des déplacements, désormais facilités (et, par conséquent, des rencontres entre plusieurs langues différentes), et, enfin, les problèmes de circulation et de diffusion de l'information (grâce au développement de l'imprimé, puis des nouveaux médias, en particulier interactifs). C'est cela, la modernité culturelle : le moment où la question des publics devient une question stratégique, c'est-à-dire, au-delà d'une question d'unification ou d'intégration, une question de mise en commun des références politiques et idéologiques constitutifs des états de la modernité. C'est à ce moment que la question des publics devient une question politiquement stratégique, et donc culturellement moderne : au moment où elle devient une question stratégique, une question de politique et de pouvoir. Une culture moderne est une culture dans laquelle nous pouvons comprendre les enjeux de la question des publics, ce que nous pouvons, justement, faire, à partir du moment où, comme c'est le cas à notre époque, ce sont les médias et les formes collectives et institutionnelles de la communication et de la représentation qui donnent leur consistance symbolique aux publics et aux acteurs de l'indistinction. Ce qui caractérise notre logique européenne de la modernité, à partir du seizième siècle, c'est l'importance stratégique de la question des processus et des parcours de la diffusion de la culture et de son appropriation. Notre modernité est une modernité de médiations : une modernité faite de parcours et d'outils de la diffusion en même temps que de la représentation, alors que les formes anciennes de la culture étaient des formes de représentation distinctes des logiques de diffusion - au contraire, structurées par des stratifications et par des segmentations des acteurs qui en étaient les usagers ou les destinataires. Notre modernité, sur le plan des formes et des lieux de la médiation culturelle, se caractérise par l'importance qu'elle accorde aux médias de la diffusion et de l'appropriation, et, par conséquent, à ce que l'on peut appeler la gestion de l'espace des publics, tandis que la médiation culturelle, dans l'Antiquité, confond l'espace de sa création avec l'espace de sa diffusion. C'est cette dimension problématique de l'espace de la sociabilité et de la représentation qui donne naissance, dans notre modernité, à la question des publics. La naissance de la question des publics, tant dans sa dimension politique (rapport à la citoyenneté et aux représentations du politique), dans sa dimension économique (rapport au développement et représentations de la modernité) et dans sa dimension culturelle (diffusion des représentations et de l'opinion), s'inscrit dans la naissance des formes modernes de la communication et de la culture, c'est-à-dire dans des formes de culture et de représentation distinctes des formes religieuses de médiation (disposant, par conséquent, d'une autonomie sur le plan philosophique et symbolique) et, surtout, dans des formes de médiation et de représentation de nature à s'adresser à une réelle indistinction, puisque les logiques de la diffusion vont, désormais, rendre possible la diffusion des formes de la culture et de la représentation à des publics et dans des lieux sociaux de plus en plus distants les uns des autres et de plus en plus dispersés dans les espaces de la communication et de la sociabilité. La médiation culturelle s'inscrit dans le temps de sa modernité dès lors que la question de ses publics devient problématique et qu'elle se donne les moyens théoriques de la penser. C'est le sens de l'émergence d'une véritable pensée du fait culturel au XVIIIème siècle, avec, en particulier, l'apport fondamental de Kant[37], à un moment où, la modernisation aidant, les médias et les activités culturelles s'inscrivent dans de véritables formes sociales d'usage et de diffusion.

Les modes de connaissance des publics de la culture

Qu'est-ce que connaître les publics de la culture ?

La connaissance des publics de la culture consiste à en penser la composition et l'évolution, tant sur le plan de la composition sociale que

---

[37] On pense ici, en particulier, à la *Critique de la Faculté de Juger*, et, dans ce grand texte, à tout ce qui concerne le *jugement esthétique*.

sur celui des choix esthétiques. À cet égard, la pensée du XVIIIème siècle, la pensée kantienne en particulier, est tout à fait éclairante. En effet, c'est sans doute Kant qui, avec la *Critique de la faculté de juger*, pose le problème de la médiation esthétique dans sa mise en oeuvre par les publics de la sociabilité. La connaissance des publics de la culture consiste à connaître les logiques et les modes de rationalité des sujets singuliers porteurs d'appartenance quand ils mettent en oeuvre des pratiques culturelles de nature à structurer la sociabilité dont ils sont porteurs. Si c'est au XVIIIème siècle qu'apparaît, sans doute pour la première fois de façon aussi claire, une réflexion sur la rationalité des logiques singulières en matière de médiation culturelle, désignées en français par le concept de *sensibilité*, c'est qu'à cette époque, pour la première fois sans doute de façon aussi nette dans l'histoire des médiations, les représentations symboliques et les pratiques esthétiques singulières sont de nature à donner une consistance aux représentations de l'appartenance sociale dont sont porteurs les sujets de la raison dans l'exercice de leurs pratiques esthétiques. La connaissance des publics de la culture devient une exigence au XVIIIème siècle car c'est à cette époque que se constitue la modernité de l'espace public de la communication et de la représentation, avec la naissance, à la fois, d'un véritable marché du livre, d'un marché de la presse (le premier quotidien français, le *Journal de Paris*, naît à Paris en 1777), d'un marché de l'art (avec l'ouverture des premières galeries modernes) et d'un marché du théâtre (avec la naissance d'une esthétique nouvelle du théâtre bourgeois). Dès lors que les pratiques culturelles se constituent ainsi en champ de communication médiatée et de pratiques sociales et institutionnelles, elles deviennent un objet de savoir, et s'inscrivent, ainsi, dans les pratiques théoriques et les modes de rationalité qui vont constituer le champ moderne des sciences sociales. Il en va ainsi des pratiques culturelles comme de l'ensemble des pratiques sociales constitutives de l'espace public. Il est, d'ailleurs, tout à fait révélateur que ce soit à l'époque où la médiation culturelle et les médias d'information accèdent à la taille et aux structures de leur modernité que soient mises en cause les références constitutives de l'ancien régime, en France. La généralisation des pratiques culturelles et l'émergence d'un véritable espace public de la modernité représentent, au dix-huitième siècle, le moment où devient pensable le concept même de médiation culturelle : en effet, c'est à ce moment que s'affirme la tendance à l'urbanisation, et qu'avec elle, se profilent les logiques qui vont conduire à l'émergence des formes modernes de l'espace public et des médiations culturelles qui lui donnent, pour ceux qui en font partie, sa consistance symbolique et qui constituent, pour eux, la signification de ses usages. La connaissance des publics de la culture s'élabore, dès lors que se structure l'espace moderne des formes et des pratiques de la communication médiatée, grâce à la connaissance des logiques et des usages inscrits dans l'espace public par les acteurs singuliers de la sociabilité dans le cours de leurs stratégies de représentation et d'acquisition de leur identité et du sentiment de leur appartenance et de leur sociabilité. La connaissance des publics de la culture consiste, dans ces conditions, à être en mesure de connaître les logiques et les stratégies institutionnelles et symboliques selon lesquelles les acteurs de la sociabilité représentent, par leurs pratiques de la culture et des formes de la médiation, l'appartenance dont ils sont porteurs et dont ils se soutiennent.

L'émergence des sciences sociales et la question des publics

C'est avec l'émergence des sciences sociales et de la spécificité de leur questionnement que la question des publics acquiert une véritable spécificité philosophique. En effet, les sciences sociales, essentiellement à partir du dix-neuvième siècle, vont rendre possible une connaissance fondée et argumentée des pratiques culturelles constitutives de la sociabilité. Se produit, avec leur apparition, une forme nouvelle de rationalité des faits esthétiques et culturels. La connaissance des faits de culture et de représentation est dominée, jusqu'à l'apparition des formes modernes des sciences sociales, par les logiques de la rhétorique, de l'art et de la poétique : les pratiques culturelles ne sont pas pensées en termes de médiation, mais en termes de représentation. En effet, l'esthétique des formes symboliques de la sociabilité s'inscrit dans la rationalité esthétique de la connaissance de l'art, dominée et, même, fondamentalement structurée, par les logiques de la représentation du réel. L'art et la médiation culturelle sont pensés, jusqu'à l'émergence des sciences sociales, comme des pratiques de représentation - voire comme des techniques, en tous les cas comme des systèmes formels de production de formes. D'où l'importance de la rhétorique à cette époque. Dès lors que l'art et les formes esthétiques de la représentation sont renvoyés à des logiques de faire et à une problématique de la création, la question des publics et des usages sociaux de l'art et de la représentation est proprement impensable : les publics, forme indistincte de la sociabilité, ne sont pas pensés dans le champ des pratiques culturelles - y compris dans le champ des formes didactiques de la médiation culturelle, puisqu'il faudra attendre le XIXème siècle pour que commence à être pensé le problème de la diffusion et de l'acquisition des savoirs comme constitutifs de la sociabilité. L'émergence des sciences sociales et la constitution théorique de la question des publics représentent, au XIXème siècle, une véritable coupure épistémologique dans la réflexion sur les formes et les logiques de la médiation culturelle - et cette coupure épistémologique a quelque chose de fondateur dans le champ des sciences de l'information et de la communication appliquées aux faits de culture et de représentation. En effet, dès lors que le problème de la communication et de la médiation devient pensable de façon autonome, c'est tout le problème de la médiation et de la représentation qui acquiert la dimension politique et institutionnelle qui lui manquait pour que fût pensable la question des publics. En effet, tant que le problème de la culture et de la représentation se pose en termes de création ou en termes de rapport à la réalité, la question dominante est celle de l'artiste et de son statut, ou elle est celle de la représentation et de son authenticité ou de son adéquation, mais, en aucun cas, n'est pensable le problème des conditions d'émergence des formes de la représentation et des stratégies selon lesquelles la représentation s'inscrit dans des logiques sociales et dans des pratiques symboliques institutionnelles. En rendant pensable la question des publics, l'émergence des sciences sociales aux XIXème et XXème siècles rend pensable la dimension de médiation des pratiques culturelles, désormais renvoyées autant aux acteurs qui les mettent en oeuvre qu'au réel dont elles sont censées constituer une représentation. C'est, finalement, le concept de représentation qui change de dimension : alors que la représentation se pense comme représentation différentielle de la réalité, elle devient, à partir de cette émergence de la modernité, pensable en termes de médiation et de représentation institutionnelle de l'appartenance et de la sociabilité.

Dimension économique de la connaissance des publics

Mais le problème des publics, à partir du moment où il devient pensable dans le champ de la rationalité des formes de la culture et de la représentation, s'inscrit aussi dans une dimension économique. La modernité des logiques économiques, avec l'émergence des modèles industriels de développement économique et social, rend nécessaire l'émergence d'une nouvelle forme de rationalité de la médiation, et, en particulier, de la médiation culturelle, désormais renvoyée à de nouvelles logiques de sociabilité et d'appartenance. Le développement des logiques modernes du capitalisme et de l'industrialisation des formes de la culture rend nécessaire une interrogation de type économique sur les publics et leur évolution. La médiation culturelle devient une activité de médiation qui, comme les autres activités de même nature comme la presse, s'inscrit, désormais, dans des logiques industrielles, soit qu'il s'agisse de l'industrialisation des pratiques culturelles (qui commencera avec l'industrialisation de l'édition du livre et des médias), ou de l'industrialisation des logiques économiques et financières qui les structurent comme des pratiques sociales dans la modernité (on peut faire référence, ici, à l'apparition des logiques industrielles de concentration dans le domaine des médias et à l'émergence de ce que l'on appellera les industries culturelles, en particulier à partir de la naissance du cinéma). La connaissance des publics va devenir un outil fondamental du développement des industries culturelles, et, avec cette évolution, va s'engager une évolution du statut même des publics : en effet, tandis que le public des formes de la culture est considéré, jusqu'à notre époque, dans sa dimension politique et institutionnelle, il va être structuré, à partir d'un certain moment, comme un acteur collectif du développement économique. La connaissance des publics, qui constitue, dans l'ancien régime, un problème culturel et un problème de diffusion, va devenir, avec le temps des révolutions, un problème politique, puisque la médiation culturelle va rendre possible l'émergence des classes politiques désormais dominantes comme la bourgeoisie industrielle, puis va devenir un problème économique, puisque, dès lors que se développeront les industries culturelles et les formes de grande diffusion des formes de la culture et de la médiation, c'est en termes de marché et d'usages singuliers que va, désormais, se penser le problème de la diffusion des formes de la culture et de la représentation. La question des publics, qui est un problème politique au XVIIIème siècle et au XIXème siècle, puisque le problème est encore la constitution d'une large diffusion des informations et des pratiques de la médiation, va devenir, avec le développement des industries culturelles, un problème économique, voire un problème financier, puisque, désormais, les publics ne constituent plus tellement des acteurs de la médiation, mais plutôt des agents de consommation des pratiques culturelles. La question des publics se pose, désormais, en termes économiques : la modernité des médiations culturelles consiste dans la reconnaissance de leur statut économique et de leur existence en tant qu'activité de production et de diffusion. En ce sens, on peut remarquer qu'apparaissent, avec l'industrialisation des formes de la communication médiatée, des logiques fortes de structuration économique et financière des activités culturelles. C'est dans ces conditions nouvelles que la connaissance des publics devient une exigence économique et financière, et ne saurait se limiter, comme auparavant, à la dimension politique et institutionnelle de la connaissance des acteurs de la médiation dans l'espace public de l'appartenance et de la sociabilité. La connaissance des publics s'inscrit, dans ces conditions, dans la logique économique et financière du développement des industries culturelles.

Les modes de connaissance des publics de la culture

Va, dès lors, s'instaurer une logique proprement scientifique de la connaissance des publics de l'activité culturelle, un peu dans les mêmes conditions qu'avec le développement des sciences et des techniques de la connaissance des marchés, l'opinion politique va devenir, elle aussi, un objet d'étude et de rationalité, à partir de la deuxième guerre mondiale. La connaissance des publics de la culture s'inscrit dans quatre grands modes de rationalité. Le questionnement sociologique consiste à poser le problème des activités et des pratiques culturelles en ce qu'elles sont considérées comme représentatives de l'appartenance des acteurs qui les mettent en oeuvre. Il consiste à renvoyer les pratiques culturelles aux logiques d'appartenance sociale et institutionnelle dont elles sont censées être représentatives. En quelque sorte, la médiation culturelle, dans une approche sociologique de la rationalité, est considérée comme un ensemble de signes distinctifs de l'appartenance et de la sociabilité. Le questionnement politique consiste à interroger les pratiques culturelles en ce qu'elles sont considérées comme représentatives, ou significatives, des choix politiques et des appartenances institutionnelles de ceux qui les mettent en oeuvre. Les pratiques culturelles sont, dans une telle logique, considérées comme des représentations esthétiques de l'appartenance politique, et elles sont, dès lors, considérées comme représentatives de l'appartenance et des choix institutionnels de ceux qui les mettent en ouvre. C'est, d'ailleurs, dans une telle approche que les cités de l'Antiquité, à commencer par Athènes, considéraient les pratiques culturelles comme des pratiques éminentes de l'exercice de la citoyenneté et de la sociabilité. Le questionnement mercatique inscrit les pratiques culturelles dans l'ensemble des pratiques et des usages de la consommation et de l'activité économique. Il faut attendre l'industrialisation des pratiques commerciales, au XIXème siècle, et surtout au XXème siècle, pour que se développe une telle logique de connaissance des acteurs de la sociabilité - ainsi réduits, en quelque sorte à leurs activité de consommation et à leurs pratiques économiques quotidiennes. Les pratiques culturelles font l'objet d'une interrogation de type mercatique à partir du moment où les entreprises qui proposent les activités culturelles relèvent d'activités de production et d'échange économique et financier, et à partir du moment, par conséquent, où les acteurs du développement culturel conçoivent leur intervention en termes d'activités d'entreprise. Enfin, le questionnement esthétique consiste à poser le problème de la médiation culturelle en termes de représentation : la médiation culturelle constitue, dans une telle logique, une activité de représentation qui, inscrite dans l'espace public, donne à voir et à percevoir les pratiques et les stratégies de type économique. En fait, le questionnement esthétique consiste à poser le problème de la médiation culturelle en termes de formes et en termes de représentation. La médiation esthétique de l'appartenance et de la sociabilité est l'ensemble des activités de médiation et de représentation grâce auxquelles la médiation culturelle acquiert la consistance d'une activité institutionnelle engagée dans l'espace public par des acteurs à qui est reconnu le statut d'acteurs culturels et à qui, par conséquent, est reconnue la spécificité d'un langage et d'une logique de représentation. La médiation esthétique de l'appartenance fait apparaître dans l'espace public les formes et les acteurs de la représentation symbolique de notre appartenance et elle donne une consistance symbolique au lien social dont nous sommes porteurs. La connaissance esthétique des activités de la médiation culturelle consiste à être en mesure d'en reconnaître les pratiques et les logiques de représentation, et à les élucider, pour pouvoir les mettre en oeuvre de nouveau ou pour pouvoir leur donner une signification.

L'expérience de la culture

L'expérience de la culture est l'ensemble des pratiques par lesquelles la médiation culturelle s'inscrit dans le réel de la sociabilité, dès lors qu'elle est engagée par des acteurs singuliers qui y reconnaissent l'idéal dont ils sont porteurs et y interprètent les significations mises en oeuvre par la médiation culturelle.

Cogito de la culture et expérience de la culture

Entre le *cogito* de la culture et l'expérience des pratiques culturelles, il y a toute la différence entre une expérience intellectuelle et sémiotique de la culture et une expérience pratique de l'observation et de l'usage. En ce sens, la réflexion sur les formes de la médiation culturelle nous amène à distinguer deux dimensions de la culture, qui représentent, finalement, les deux dimensions de la médiation, sa dimension singulière et sa dimension collective. Le *cogito* de la culture représente, pour le sujet, la conscience de la dimension collective des représentations et des savoirs dont il est porteur, et qui sont symboliquement constitutifs de son identité et des formes de ses appartenances, tandis que l'expérience de la culture représente la mise en oeuvre singulière des pratiques et des activités qui inscrivent la culture et l'esthétique dans son existence et dans ses relations particulières avec les autres. Tandis que le *cogito* de la culture fonde, pour le sujet, les appartenances multiples dont il est porteur en lui en faisant assumer les formes et les significations, l'expérience de la culture représente les pratiques dont il est l'acteur au cours des situations sociales qu'il est amené à connaître. La médiation culturelle consiste, pour le sujet, dans l'articulation consciente de ces deux instances de la culture. D'un côté, il y a l'ensemble des représentations symboliques qui donnent du sens à une société ou à un système d'appartenance : les formes esthétiques qui y sont produites, les représentations collectives qui s'y mettent en oeuvre, les savoirs qui y sont produits, et, de l'autre, il y a ce que fait chacun des sujets de cette société, dans son expérience propre, de ces manifestations et de ces représentations de l'appartenance qui en font un langage dont il comprend le sens en assumant son appartenance et sa citoyenneté. La crise de la culture dont il est question dans beaucoup de moments de notre histoire consiste dans une rupture entre ces deux instances. La crise de la culture peut se définir comme le moment de l'histoire où le sujet n'est plus en mesure d'assurer un lien, une médiation, ou, plus simplement, une signification, entre ces deux instances constitutives de la culture. Alors, la culture cesse d'être une médiation, et, par conséquent, elle cesse d'être significative pour ceux qui en sont porteurs et qui, de ce fait, n'y reconnaissent plus l'idéal qui devrait les structurer. C'est, en particulier, ce qui se produit lors de la fin de l'Empire romain qui, éclaté en une multitude de territoires appartenant à des langues et à des cultures désormais différentes, cesse, à un certain moment de constituer une référence d'appartenance et un lien symbolique assez forts pour assurer la représentation de leur appartenance à ceux qui en faisaient partie. La crise de la culture représente, en fin de compte, le moment où les représentations symboliques constitutives de notre savoir ne sont plus constitutives de notre appartenance et de la sociabilité dont nous sommes porteurs. Alors, la culture n'assure plus la médiation symbolique qui la fonde. La crise de la culture représente la rupture entre le *cogito* collectif de la culture et de l'appartenance et l'expérience singulière dont sont porteurs les sujets de la sociabilité. Faisant ainsi apparaître la distance qui les sépare, elle nous permet de comprendre comment se structurent les formes symboliques de l'appartenance et du lien social. C'est, sans doute, une crise de cette nature qui est dénoncée par H. Arendt, au moment de la rupture moderne des formes institutionnelles et symboliques de notre sociabilité, qui annonce, en quelque sorte, le temps des tensions et des recompositions de notre modernité.

Les modes de l'expérience de la médiation culturelle

Cette dimension historique de la médiation culturelle et des tensions dont elle peut être le siège nous amène à penser la spécificité de l'expérience de la culture et de la mise en oeuvre, dans l'histoire et dans l'espace de notre expérience, des médiations qui la constituent. L'expérience de la médiation culturelle se déroule selon cinq modes majeurs.

L'expérience sociale (ou la fréquentation) est l'expérience de l'usager. Il s'agit de l'ensemble des activités mises en oeuvre par les sujets singuliers de la médiation culturelle dans les lieux et dans les structures qui donnent une consistance sociale et institutionnelle à la culture et à la médiation. La fréquentation des lieux culturels désigne l'usage singulier de ces lieux par ceux qui viennent y apprendre des informations, ou y recueillir les formes de l'expérience de la culture et du symbolique. La fréquentation se mesure par le nombre de personnes qu'elle concerne, c'est-à-dire par le nombre d'usagers qui, dans leurs pratiques sociales et institutionnelles, sont amenés à rencontrer les lieux de la médiation culturelle. Elle peut, dans ces conditions faire l'objet d'une étude sociologique ou économique, de nature à évaluer et à mesurer l'audience et l'intensité des pratiques culturelles dans la mise en oeuvre effective des médiations.

L'expérience esthétique (ou le plaisir) est l'expérience du spectateur, faite d'usage et de désir. Elle représente la façon dont le sujet inscrit la médiation culturelle dans l'espace de son désir. Il s'agit de l'appropriation des formes et des pratiques de la médiation culturelle par des sujets singuliers qui l'inscrivent dans la représentation de leur propre désir, c'est-à-dire dans l'appropriation de l'idéal de soi dont ils peuvent être porteurs. Le plaisir esthétique représente, finalement, pour le sujet singulier, le fait de trouver, dans son expérience, un objet, un lieu ou des pratiques susceptibles de constituer, pour lui, la réalisation de cette limite symbolique que constitue l'idéal de soi auquel l'art le pousse à s'identifier. C'est pourquoi il n'y a sans doute pas de culture sans plaisir, et, au-delà, c'est pourquoi il n'y a pas de médiation culturelle sans désir du sujet, ce que l'on peut appeler le *désir de manque*, qui fonde, pour le sujet, la dimension proprement idéale de la représentation et de la signification.

L'expérience didactique (ou la connaissance) est l'expérience de l'acquisition du savoir, faite de reconnaissance et de légitimité. Elle représente, pour le sujet, la dimension de la médiation culturelle par laquelle elle lui apporte un savoir dont il sera porteur, et qui sera de nature à structurer son appartenance sociale. Le savoir structuré par la culture (et, en cela, il diffère des autres formes de savoir comme les savoir-faire ou les savoirs singuliers liés à notre expérience) nous assigne un lieu dans l'espace de la sociabilité, et constitue une médiation de notre appartenance : les savoirs culturels dont nous sommes porteurs sont, dans le même temps, les éléments constitutifs de l'appartenance sociale qui nous est reconnue par les autres acteurs de la sociabilité. Ces savoirs font de notre culture la représentation symbolique de notre appartenance et de notre statut dans l'espace de la sociabilité. Les cultures professionnelles ou encore les cultures constitutives d'élites sociales, sont des exemples de ce type de médiations culturelles constitutives de notre statut dans la société.

L'expérience symbolique (ou l'interprétation) est l'expérience du langage. Elle représente l'ensemble des codes et des pratiques de représentation par lesquelles nous manifestons, pour nous-mêmes et pour les autres, notre appartenance à une forme de culture. Interpréter un discours, un livre, une oeuvre plastique, c'est faire apparaître la culture dont on est porteur, et, surtout, c'est faire apparaître que cette culture nous met en mesure de comprendre le signifiant qui est devant nous. L'interprétation ne consiste pas seulement dans la mise en oeuvre d'une activité sémiotique, elle ne consiste pas seulement dans la mise en oeuvre de codes de nature à comprendre le sens d'un message ou d'un signifiant : elle constitue bien, de la part du sujet, une forme de reconnaissance symbolique de la culture qu'il assume dans cette pratique sémiotique de codes dont il est porteur. L'expérience symbolique s'inscrit dans des lectures (il s'agit de donner du sens) ou dans les pratiques (il s'agit de s'inscrire dans des formes).

L'expérience politique (ou l'adhésion), enfin, est l'expérience de la citoyenneté. Elle constitue l'ensemble des savoirs et des pratiques qui permettent de faire apparaître la citoyenneté ou l'engagement de celui qui les met en oeuvre, en particulier dans le champ des activités de reconnaissance et de critique. Il s'agit d'une forme de culture, puisque ce qui est en jeu dans la mise en oeuvre de ces formes et de ces représentations, c'est bien l'engagement en ce qu'il fait apparaître le choix assumé de notre appartenance et de notre mode d'inscription politique dans la sociabilité. En ce sens, l'engagement politique représente une forme de culture, inscrite dans les pratiques sociales et dans les stratégies institutionnelles qui font de nous des acteurs de la citoyenneté.

L'évaluation de l'expérience de la culture

On peut évaluer la pratique sociale de la médiation culturelle, pour mieux la connaître et pour mieux prendre en ce qui la concerne les décisions qui l'orientent. L'évaluation de l'expérience de la culture est devenue une pratique théoriquement fondée sous le nom d'évaluation des pratiques culturelles. Elle est devenue particulièrement importante, dans le domaine des institutions politiques de la médiation culturelles, dans la mesure où les décisions en matière de culture deviennent de plus en plus complexes, font apparaître de plus en plus d'acteurs différents et de pouvoirs distincts, et s'inscrivent dans des logiques institutionnelles de plus en plus articulées au politique et aux logiques et aux stratégies des acteurs en situation de pouvoir. L'évaluation de l'expérience et des pratiques de la culture est à la fois un problème scientifique et un problème politique. Sur le plan scientifique, il s'agit de faire apparaître les logiques qui permettent d'analyser en toute rigueur et en toute précision les pratiques de médiation qui structurent l'espace social. Les pratiques culturelles constituent, en ce sens, une forme d'engagement des sujets singuliers de la sociabilité qui représente, dans la mise en oeuvre de leurs activités symboliques, la représentation qu'ils se font de l'idéal politique. C'est pourquoi les publics se constituent bien dans leur dimension politique par la mise en oeuvre même de leurs pratiques culturelles, qui leur donnent le moyen d'exprimer symboliquement les choix qui les fondent. Sur le plan politique, par conséquent, il convient de donner du sens à ces pratiques culturelles qui font l'objet d'une observation et d'une description scientifique par les sciences sociales. La médiation culturelle devient politique à partir du moment où elle représente, pour le sujet qui la met en œuvre, un engagement dans le champ et dans les pratiques de la sociabilité. En ce sens, l'évaluation de l'expérience de la culture est un fait politique : il s'agit de faire apparaître, et, d'abord, pour ceux mêmes qui les mettent en oeuvre, la signification des pratiques culturelles qui font l'objet d'une observation et d'une analyse. En matière d'évaluation, il en va des faits culturels comme de l'ensemble des faits sociaux : il s'agit, dans toutes ces situations, de donner la scientificité d'une analyse et d'une observation rigoureuses à la représentation institutionnelle et esthétique d'un engagement politique et d'un choix de sociabilité. L'évaluation des pratiques culturelles ne consiste, finalement, pas dans autre chose que dans la mise en oeuvre de méthodes d'intelligibilité des formes esthétiques de l'engagement politique qui fait de nous les acteurs conscients du politique et des pratiques institutionnelles. À cet égard, l'évaluation de la fréquentation d'un musée, l'évaluation de la fréquentation d'un festival ou la critique esthétique de formes de médiation constituent des pratiques d'évaluation qui reviennent toutes à l'expression assumée d'une critique politique de la médiation culturelle. L'expérience de la culture dans l'espace public s'inscrit toujours dans une pratique politique, dont elle est la médiation symbolique et à qui elle donne le langage d'une représentation esthétique.

Chapitre 9

CULTURE ET LIEN SOCIAL

Les activités culturelles se trouvent, ainsi, porteuses d'une responsabilité historique et sociale : elles représentent, pour les acteurs de la sociabilité, les formes dans lesquelles la médiation de l'appartenance et du politique acquiert une consistance et une visibilité par lesquelles elle s'inscrit dans l'histoire. La culture est à la fois porteuse de la représentation du fait social et constitutive de l'appropriation même du lien social par ceux qui en sont porteurs et qui le mettent en oeuvre dans leurs pratiques et dans leurs conduites. Finalement, la culture inscrit les codes de l'appartenance dans les formes de l'espace social, comme les formes monumentales et architecturales, et elle en assure l'appropriation par les sujets singuliers, en donnant une consistance symbolique au lien social dont ils sont porteurs.

Culture et histoire

C'est dire que la culture s'inscrit dans l'histoire : on peut dire, même, qu'elle représente l'ensemble des formes et des médiations qui donnent à l'histoire la consistance symbolique par laquelle nous pouvons la reconnaître et nous l'approprier en lui donnant un sens. La culture est porteuse de l'histoire parce qu'elle lui donne les formes et le langage sans lesquels elle n'aurait pas même de consistance. Si l'histoire est une médiation symbolique, si elle constitue, fondamentalement, un savoir sur la sociabilité, c'est qu'elle a la consistance d'un ensemble de formes et de représentations - qu'il s'agisse, par exemple, des formes narratives dans lesquelles elle est inscrite ou des formes géographiques dans lesquelles on peut en trouver la trace dans l'évolution des frontières, des paysages ou des aménagements de l'espace.

Le refoulement de l'histoire

Mais il faut, pour comprendre l'historicité des formes de la culture, commencer de plus haut. Au moment où nous donnons un sens aux formes de la médiation culturelle, au moment où nous nous les approprions, nous les suspendons de leur consistance historique pour ne plus leur reconnaître qu'une consistance esthétique. Quand j'assiste à une représentation de *La Flûte enchantée*, je commence par suspendre l'historicité de l'opéra de Mozart, je commence par en suspendre la consistance événementielle, historique ou politique, car cette consistance m'est, proprement, inaccessible, incompréhensible, compte tenu de ma qualité de spectateur du vingtième siècle. Je ne peux comprendre l'opéra de Mozart, je ne peux lui donner un sens, qu'à condition de suspendre ma condition de spectateur de mon époque, qu'à condition de suspendre, ainsi, le réel de ma condition, et de suspendre la dimension réelle des circonstances dans lesquelles l'opéra a été composé, de façon à n'en retenir que le sens, c'est-à-dire la dimension symbolique. C'est, justement, cette suspension de la réalité et la mise en oeuvre de la distanciation signifiante entre le réel et le symbolique que l'on désigne par le concept de refoulement. Le refoulement consiste dans l'établissement d'une ligne de partage forte entre le réel et le symbolique, puisqu'il consiste dans la neutralisation de la dimension réelle de faits ou des désirs refoulés et de l'émergence d'un sens, constitutif de leur dimension symbolique. Or, le refoulement de l'historicité des pratiques culturelles est une condition de leur mise en oeuvre effective par les acteurs de la sociabilité : je ne peux pleinement mettre en oeuvre les formes esthétiques de la médiation culturelle qu'à condition de refouler leur ancrage dans le réel de l'histoire de la sociabilité. Je ne peux assister à *La Flûte enchantée* en lui reconnaissant la dimension idéale de la consistance de la sublimation de mon idéal qu'à condition d'en refouler l'historicité, c'est-à-dire d'en inscrire l'historicité dans une logique de savoir, donc dans une logique symbolique, en faisant, par exemple, de la référence aux symboles de la franc-maçonnerie un simple langage sans reconnaître la consistance réelle, effective aujourd'hui, d'une critique politique et institutionnelle qui fait partie de l'idéal politique qu'elle représente au dix-huitième siècle. L'historicité de *La flûte enchantée* ne peut être, pour le spectateur, que symbolique, elle ne peut donc être qu'un réel refoulé, pour que l'opéra puisse constituer la médiation symbolique de son identification à l'idéal de soi.

Le moment originaire de la culture

Le moment originaire de la médiation culturelle consiste dans le refoulement de l'historicité, moment constitutif de la dimension proprement esthétique de la culture, c'est-à-dire de la perception de la culture dans ses seules formes de la représentation. Le refoulement de ce moment originaire où la signification des formes esthétiques pourrait avoir, pour nous, une consistance réelle, celle d'une expérience, est ainsi une condition de l'émergence des faits culturels et de la constitution de la culture comme ensemble de pratiques symboliques de la sociabilité. C'est pourquoi l'émotion esthétique n'est pas de même nature que l'émotion réelle : si l'on va plus loin, c'est, sans doute, pourquoi l'émotion réelle, le fait d'éprouver des sentiments réels lors d'une représentation fait sans doute obstacle à la mise en oeuvre d'une médiation consistance. En effet, quand j'éprouve un sentiment ou un désir, dans le réel de mon expérience, lors d'une représentation de la médiation culturelle, je ne peux pas mesurer la dimension collective de la médiation, je ne peux pas m'identifier à l'idéal esthétique de l'appartenance et de la sociabilité, puisque mes sentiments et mes désirs propres rendent, en quelque sorte, opaque ma propre subjectivité, qui fait obstacle, écran à l'interprétation sémiotique des formes collectives de la représentation. La médiation culturelle ne peut, ainsi, s'instaurer que sur la base du refoulement de cette dimension propre, réelle, de l'émotion et de la sensibilité, qui en constitue le moment originaire. Le moment originaire de la médiation culturelle, le processus qui en constitue le moment fondateur, est donc bien le refoulement de la dimension réelle, singulière, de l'appropriation des formes de la culture ; de cette manière, la médiation culturelle, comme toutes les formes de médiation, repose sur un refoulement originaire, constitutif comme c'est le cas de la médiation du langage ou de la médiation du désir, de notre identité - en l'occurrence de la dimension culturelle de notre identité. Ce qui nous fonde pleinement comme sujets de la médiation culturelle, c'est le refoulement originaire de la consistance réelle de l'émotion esthétique, remplacée par une médiation symbolique, par laquelle nous allons recevoir la représentation en termes de signification, en termes d'interprétation : dans les termes d'une médiation esthétique du langage et de la représentation[38]. Le refoulement originaire de la consistance

---

[38] C'est là le sens de la scène des marionnettes dans *Hamlet* : l'histoire jouée sur la scène - ce que l'on appelle le théâtre dans le théâtre - consiste à faire apparaître sur la scène le réel refoulé. Voir aussi, sur ce point, le séminaire de Lacan sur *La lettre volée*, de Poe.

réelle du désir et de la subjectivité fonde ainsi la médiation culturelle et constitue le moment originaire de la médiation esthétique de la représentation.

L'histoire de la culture et l'histoire de l'appartenance et de la sociabilité

L'histoire des faits culturels constitue l'histoire des formes et des pratiques esthétiques qui représentent la dimension symbolique de l'appartenance et de la sociabilité : l'histoire de la culture donne, en ce sens, une consistance symbolique à l'histoire des faits sociaux et des faits politiques. L'histoire de la culture est une représentation de l'histoire de l'appartenance et de la sociabilité. C'est en dire, à la fois, l'importance et la complexité. L'histoire de la culture est, d'abord, l'histoire de nos représentations de la sociabilité : en faisant l'histoire des formes de la culture et de la représentation, on fait l'histoire des formes qu'a pu prendre l'expression de notre appartenance, histoire elle-même significative de l'évolution qu'a pu suivre la constitution institutionnelle de notre espace de sociabilité. Si l'on fait, par exemple, l'histoire des formes de la culture en France au dix-septième siècle, on observe une évolution caractérisée par trois points majeurs, tout à fait significatifs de la conception dominante du politique et de la sociabilité. Le premier est l'importance de la fonction de représentation des faits esthétiques et culturels : c'est ainsi que l'esthétique de la représentation s'inscrit dans la logique cartésienne de la transparence et dans le projet d'une représentation du monde conforme au savoir que l'on peut en avoir. Le deuxième est l'importance politique de la centralité du pouvoir et de l'autorité, représentée par l'esthétique du pouvoir analysée par Louis Marin dans *Le portrait du roi*, mais que l'on trouve aussi bien à l'oeuvre dans l'esthétique de la représentation théâtrale, par exemple dans les tragédies de Racine ou dans les comédies de Molière comme *Le Bourgeois Gentilhomme*. Le troisième point est la représentation esthétique de l'unité intégrative de l'appartenance nationale et l'importance de la revendication politique de l'existence d'un fait national, que l'on peut voir représentée dans l'importance du fait linguistique dans la politique culturelle de la France, illustrée en particulier par la création de l'Académie française, à l'instigation de Richelieu, soucieux de l'unité nationale (la crainte d'une sécession politique sera, sans doute, plus tard, une des raisons qui seront à l'origine de la politique religieuse de Louis XIV). Quand on inscrit, de cette manière, l'histoire des faits esthétiques et culturels dans une logique historique qui les met en perspective avec l'histoire des faits politiques et institutionnels, on prend conscience de l'importance de la dimension culturelle de l'émergence des faits de sociabilité : sans la politique culturelle pour lui donner une consistance symbolique, la politique nationale d'un pays n'aurait aucune visibilité et ne disposerait d'aucune forme de représentation de nature à en permettre l'appropriation par les sujets porteurs de l'appartenance et de la sociabilité dans leurs stratégies et dans leurs pratiques symboliques quotidiennes. C'est l'histoire des représentations culturelles de la sociabilité qui permet de comprendre comment, dans l'histoire, s'inscrivent et se diffusent les formes symboliques représentatives, pour ceux qui en sont porteurs, de l'appartenance et de la citoyenneté.

Pratiques culturelles et historicité politique du lien social ; la fête

Ce sont les pratiques culturelles qui font apparaître la légitimité du lien social en faisant apparaître les conditions de son appropriation par les acteurs de la sociabilité, et, par conséquent, de son inscription dans l'histoire. Les pratiques culturelles sont fondamentales dans l'émergence du lien social, car ce sont elles qui rendent perceptible et intelligible la reconnaissance même du lien social par ceux qui en sont porteurs : en ce sens, elles l'inscrivent dans l'histoire, puisqu'elles assurent à la fois sa visibilité, grâce aux manifestations culturelles qui le mettent en scène dans l'espace public, et sa légitimité, grâce à l'adhésion qu'expriment les acteurs de la sociabilité par la mise en oeuvre des pratiques culturelles qui le représentent en lui donnant un sens pour eux. Il y a, ainsi, une consistance politique de la représentation du lien social par les pratiques culturelles mises en oeuvre dans l'espace public par les acteurs de la sociabilité. C'est là, pour commencer l'importance de la fête dans la visibilité symbolique de l'appartenance politique. La fête collective est une constante de toutes les formes de sociabilité : des fêtes religieuses aux fêtes populaires, des fêtes proprement ludiques aux commémorations politiques, la fête donne une consistance esthétique, dans l'espace public, à l'expression collective de la sociabilité et de l'appartenance : à la représentation esthétique de l'indistinction. La fête constitue ainsi un paradigme significatif de la représentation du lien social dans l'espace public, mais ce qui la caractérise, par ailleurs, est sa dimension politique et institutionnelle : en effet, à partir du moment où la fête est une représentation collective dans l'espace public, elle est porteuse d'une signification, qui représente, justement, sa consistance politique. En effet, en interprétant la fête, en lui donnant un sens, je mets en oeuvre une double signification de ma participation : ma participation à la fête comme acteur me fait tenir un rôle dans la dimension esthétique de la représentation : costumé, doté d'un rôle que je dois mettre en scène, je suis un acteur de cette mise en scène dans sa dimension plastique et esthétique. Mais, dans le même temps, si cette participation à la fête a pour moi une signification, celle-ci ne peut être que mon adhésion à la sociabilité, elle-même constitutive du fait politique. La signification collective de ma participation à la fête, indépendamment de ce qu'elle peut représenter, en termes de désir, pour ma subjectivité, ne peut se comprendre que dans le sens d'une revendication de ma part du fait social auquel, de cette manière, je signifie mon adhésion. En ce sens, la fête, fait collectif par définition, ne peut se comprendre et avoir une signification qu'en termes d'adhésion du sujet au lien social : elle constitue la médiation esthétique et culturelle de l'appropriation du lien social par ceux qui y participent. C'est dire l'importance de la fête dans la représentation politique et institutionnelle de la sociabilité, et l'importance qui lui est reconnue, pour cette raison, par les acteurs du pouvoir et par les acteurs institutionnels de la sociabilité. Ce sont les pratiques culturelles qui inscrivent pleinement l'appartenance dans l'exercice des médiations par les acteurs singuliers de la sociabilité, puisque ce sont elles qui leur permettent de donner à leur appartenance une visibilité esthétique effective, dans l'espace public. Le lien social, ainsi, dispose d'une historicité inscrite dans la mémoire[39].

La culture comme mise en scène du lien social

La mise en scène du lien social dans l'espace public

Les pratiques culturelles mettent en scène le lien social dans l'espace public en lui donnant des formes et des langages qui rendent possibles l'identification, le transfert et l'adhésion du public. Les pratiques culturelles mettent en scène dans l'espace public les deux dimensions constitutives de la sociabilité : le lien social et l'indistinction. Le lien social est mis en scène par la représentation symbolique d'une dimension collective, et l'indistinction est mise en scène par la

---

[39] C'est par les pratiques de la médiation culturelle que l'on peut *dater* les événements liés à la constitution du lien social : représentations esthétiques d'événements historiques, oeuvres créées à l'occasion d'événements qui *scandent l'histoire* du lien social : monuments (Arc de Triomphe), spectacles (Entrées royales, tragédies comme *Esther*, etc.).

représentation symbolique de l'absence d'identité singulière. Les activités culturelles sont des représentations esthétiques et symboliques de la médiation : elles donnent à voir une image collective de l'appartenance, soit qu'il s'agisse de pratiques culturelles singulières, comme la lecture, dont chaque usager sait qu'il les pratique en même temps que d'autres qui ont, ainsi, la même langue que lui et qui appartiennent, ainsi, comme lui, au public des mêmes représentations écrites de la sociabilité, soit qu'il s'agisse de pratiques culturelles collectives comme le spectacle ou la fête, dont chaque participant peut apprécier la dimension collective en observant le public qui l'entoure et lui donne, ainsi, une manifestation tangible de ce que peut être l'indistinction (d'autant plus qu'au spectacle, par exemple, le public n'est pas visible puisqu'il n'est pas sur la scène). Enfin, les activités culturelles donnent à voir le lien social par la représentation esthétique, sur une scène ou dans d'autres types d'oeuvres symboliques, de situations collectives mettant en relation les uns avec les autres des acteurs et des personnages qui représentent des acteurs de la sociabilité dans des situations narratives qui constituent autant de représentations des parcours et des logiques de la sociabilité. Le théâtre classique met en scène les situations considérées comme représentatives des circonstances dans lesquelles s'exerce le lien social, par exemple par les personnages types de la Commedia dell'Arte, qui constituent autant de types de situations collectives connues, comme l'ancien combattant, déjà présent dans la culture latine, d'ailleurs, l'avare, le vaniteux, etc. Par ailleurs, les pratiques esthétiques et culturelles sont des représentations esthétiques et symboliques de l'indistinction : c'est le sens du costume et du masque dans la représentation théâtrale. Le masque n'a pas seulement pour fonction de représenter un personnage, et de constituer, ainsi, une forme de complément au costume : il a aussi pour fonction de dissimuler l'identité réelle de celui qui le porte, et, dans ces conditions, de rendre possible la représentation esthétique de l'indistinction sur la scène. Le costume et le masque permettent de représenter, sur la scène du théâtre ou dans l'espace public, la dimension proprement indistincte de la sociabilité, puisque les acteurs singuliers ne peuvent s'y faire reconnaître. La magnifique scène des masques dans le *Don Giovanni* de Mozart[40], au cours de laquelle le séducteur est confondu, tire son intensité dramatique à la fois de la musique qui souligne le mystère des

---

[40] Cette scène (*Don Giovanni*, I, 22) a déjà fait l'objet d'une analyse, ici même, au chapitre 6, dans le paragraphe *La sublimation esthétique*.

masques et du choc de la reconnaissance des personnages, qui, à la fin, rompt l'indistinction et constitue une représentation esthétique de la vérité singulière de la scène. Le théâtre représente l'indistinction par le costume, et constitue, ainsi, une représentation esthétique de l'indistinction, qui est l'autre instance fondatrice de la sociabilité dans l'espace public.

Les acteurs de la culture

Les acteurs de la culture lui donnent sa consistance, en la rendant présente dans l'espace public, sous la forme d'une présence réelle, par leurs prestations qu'ils mettent en oeuvre, ou sous la forme d'une présence institutionnelle, par la médiation de l'écriture, de l'édition, ou de la production d'autres formes médiatées de représentation culturelle. Les acteurs des pratiques culturelles rendent effective l'inscription des formes symboliques dans l'espace public, et, par conséquent, rendent effectivement possibles, de la part du public qui assiste aux représentations de la médiation culturelle, l'identification et le transfert qui entraînent l'émergence d'une signification des formes de la culture. Ce sont les acteurs de la médiation culturelle qui incarnent la culture, au sens étymologique du terme, dans l'espace public de la sociabilité, lui donnant, ainsi, la consistance et la visibilité qui, dans un second temps, lui donneront une signification. Sans les acteurs qui la font vivre, la médiation culturelle demeurerait, dans l'espace public, une forme désincarnée de représentation, sans signification et sans consistance. Il existe trois grands types d'acteurs de la médiation culturelle, qui se caractérisent par la mise en oeuvre de trois formes d'identification et de reconnaissance de la part du public. Si l'on commence par les acteurs porteurs de la forme la plus visible de la médiation culturelle, il s'agit, d'abord, des *acteurs de la représentation*. Acteurs de la représentation théâtrale, acteurs de cinéma, artistes de cirque, interprètes musicaux ou chanteurs, les acteurs de la représentation donnent à la médiation culturelle la consistance d'une pratique effective ou médiatée dans l'espace public. Il s'agit des acteurs qui, au sens propre du terme, incarnent la médiation culturelle, lui donnant la chair d'une personne réelle à qui le public peut s'identifier, et qui constitue une présence effective dans l'espace public de la sociabilité. Les acteurs de la représentation font de la médiation culturelle une activité réelle en rendant nécessaire la reconnaissance d'un lieu de l'espace public consacré aux activités de représentation des formes de la culture. Il s'agit, ensuite, des *acteurs de la création*. Les acteurs de la création donnent aux formes de la médiation culturelle une consistance esthétique diffusable et représentable dans l'espace public : ils constituent ce que l'on pourrait appeler les acteurs de l'esthétique, en ce qu'ils conçoivent les formes de la médiation. Sans intervenir nécessairement eux-mêmes dans l'espace de la représentation, ils conçoivent les objets qui, représentés, feront de l'espace public un espace de médiation culturelle : il s'agit des artistes, des peintres, des sculpteurs, qui produisent les objets devant faire l'objet d'une présence dans l'espace public, mais il s'agit aussi des écrivains, de ceux qui conçoivent, dans toutes leurs formes et dans tous leurs langages, les objets qui donneront sa consistance à la médiation culturelle. Il s'agit, enfin, des *acteurs de la diffusion*, qui sont, eux, des acteurs fondamentalement institutionnels : il s'agit des institutions de la médiation culturelle, c'est-à-dire des acteurs et des structures qui organisent, dans l'espace public, la présence institutionnelle de la culture et de la représentation. Il s'agit des destinateurs de la médiation culturelle : des acteurs qui donnent à la culture sa consistance institutionnelle, comme les institutions de la diffusion, publiques, privées ou associatives, les éditeurs, les galeries et les distributeurs d'oeuvres d'art, les producteurs de cinéma et les administrateurs de théâtre. Il s'agit, enfin, des administrateurs et des responsables politiques de la diffusion et de la médiation culturelle.

La culture donne une réalité perceptible au lien social et à l'appartenance

Les mises en scène des représentations de la culture donnent ainsi, dans la réalité de l'espace public, une réalité tangible et matérielle aux formes de la sociabilité. Ce sont les mises en scène de la médiation culturelle qui donnent au lien social les formes et les représentations par lesquelles il acquiert une consistance symbolique et une signification. Sans les formes de la médiation culturelle, le lien social et l'appartenance ne pourraient faire l'objet d'une appropriation par ceux qui en seront porteurs. L'importance de la médiation culturelle revêt, en ce sens, une dimension historique. En effet, sans les formes qu'elle propose, il ne serait pas possible aux acteurs de la sociabilité de seulement connaître les lois et les symboles qui constituent leur sociabilité même : sans les représentations qu'en constituent les monuments, les images, les discours, de la médiation culturelle, comment parviendrions-nous à reconnaître une consistance quelconque à l'appartenance et au lien social dont nous sommes porteurs, et qui, pour nous fonder comme des sujets de sociabilité et des sujets de langage, font de nous des citoyens ? Les formes de la médiation culturelle donnent à la sociabilité et à la solidarité constitutives de notre appartenance les formes et les symboles qui nous en rendent conscients et qui font, ainsi, de nous des sujets porteurs non seulement de notre identité, mais aussi de nos responsabilités à l'égard de l'existence et de la sociabilité des autres, de ceux qui appartiennent au même espace de sociabilité que nous. Les formes de la médiation culturelle rappellent à notre savoir et à notre conscience à la fois l'existence des autres et la nécessité de la solidarité avec eux qui fonde notre sociabilité. Le rôle de la culture est, ainsi, de nous rappeler l'existence des autres et, par conséquent, de rendre possible la représentation symbolique de la morale qui nous fonde. Sans l'écriture, sans la rhétorique, sans l'image, comment connaîtrions-nous la seule existence des peuples qui nous sont étrangers ou même des autres acteurs qui appartiennent, mais dans d'autres lieux, au même espace de sociabilité que celui auquel nous appartenons ? Sans ces formes de médiation de la culture et de la représentation, comment serait, pour nous, visible, intelligible et significative la morale dont nous sommes porteurs, et qui inscrit la spécularité sociale dans nos actes et dans nos conduites ? Par les représentations esthétiques du lien social et de la solidarité, la médiation culturelle rappelle à notre conscience l'exigence de réciprocité de la sociabilité[41]. En ce sens, la médiation culturelle est une nécessité fondamentale de la médiation politique et de la constitution de l'État. La consistance esthétique de la représentation culturelle donne, en fait, une double consistance à l'appartenance : en lui donnant les formes perceptibles de la représentation dans l'espace public, elle lui donne la consistance d'une présence que nous percevons dans notre usage de la sociabilité ; en lui donnant les formes intelligibles de la signification, elle lui donne la consistance d'une signification dont nous sommes porteurs dans notre culture et dans notre conscience.

L'esthétique du lien social

Il y a donc une esthétique institutionnelle qui, au-delà de la simple exigence de la conformité à des modèles dominants de valeur et de plaisir esthétiques, inscrit la sociabilité dans des formes et des logiques de représentation qui lui donnent une consistance pour ceux qui

---

[41] En effet, en organisant dans l'espace de la représentation la relation entre public et acteurs, la médiation culturelle met en scène, dans l'espace public, la représentation de la relation entre singulier et collectif : c'est le sens de la solennité de Bach, au cours de la représentation de créations à caractère religieux, comme les *Passions* ou la *Messe en si*.

appartiennent à la communauté qu'elle fonde. Dans ces conditions, le spectacle, l'épopée, les oeuvres d'art de toute nature, les œuvres de la littérature, inscrivent le lien social et la sociabilité dans les formes et dans les structures d'une esthétique. Il nous faut, ici, rendre intelligible ce que l'on peut appeler ainsi, l'esthétique du lien social. Il apparaît, ainsi, que le lien social s'inscrit dans trois types de logique : les logiques politiques, les logiques de savoir et les logiques esthétiques. Les logiques politiques rendent raison des formes d'organisation de la sociabilité et du lien, elles constituent les acteurs qui sont porteurs de cette organisation et qui la mettent en oeuvre dans les situations réelles de l'histoire, et elles donnent à la sociabilité la consistance d'un état et d'une loi. Les logiques de savoir constituent la consistance symbolique de la sociabilité, en inscrivant les formes, les structures et les lois de l'organisation collective dans la conscience des acteurs qui mettront en oeuvre la sociabilité dans la réalité de l'expérience : les logiques de savoir donnent aux acteurs de la sociabilité la conscience sociale, politique et morale de leur appartenance en rendant ainsi possible l'intériorisation et l'appropriation de la loi. Les logiques esthétiques, enfin, donnent à la loi et à l'organisation sociale leur consistance esthétique, c'est-à-dire les images, les sons et les formes de leur représentation dans l'espace public. L'esthétique du lien social inscrit l'appartenance dans un langage et dans un système de formes et de représentation grâce auxquels il soit possible de prendre conscience de l'existence même du lien social et des exigences qu'il suppose de la part des acteurs sociaux qui en sont porteurs. La place de la médiation esthétique est là : elle consiste à rendre visibles l'appartenance et la sociabilité et à en rendre porteurs les acteurs sociaux, grâce à des langages qu'ils puissent comprendre, et qu'ils puissent s'approprier symboliquement en leur donnant du sens. C'est, d'ailleurs, la raison pour laquelle les formes esthétiques de la sociabilité sont là aussi bien pour mettre en scène les rapports sociaux, effectivement conscients, qui sont constitutifs de la sociabilité et qui lui donnent sa consistance, que pour structurer les représentations inconscientes qui sont nécessaires aux lois et aux exigences de la sociabilité pour faire l'objet d'une appropriation effective par les acteurs de l'appartenance dans leurs conduites, dans leurs pratiques et dans leurs discours[42]. L'esthétique du lien social n'est pas seulement présente dans

---

[42] Il y a une double médiation esthétique de la représentation : dans l'espace (il s'agit des rituels ou des spectacles) et dans l'inconscient : il s'agit des représentations mises en oeuvre dans la peinture ou dans l'art, comme les démons et les monstres d'un Brueghel ou

les pratiques conscientes de la médiation cultuelle : elle s'inscrit aussi dans la mise en oeuvre inconsciente des représentations dont nous sommes porteurs dans nos conduites sociales, en leur donnant la consistance d'images et de représentations dont nous sommes, par exemple, porteurs dans nos rêves et dans nos activités symboliques. Les rêves sont, ainsi, un lieu particulièrement fécond de représentation de la médiation culturelle, puisqu'il donne une consistance visible aux exigences de notre appartenance en les représentant sous la forme d'images dont nous sommes porteurs, et qui appartiennent à notre logique de représentation et d'interprétation. Le rêve des sept vaches grasses et des sept vaches maigres, interprété par Joseph dans l'Ancien Testament, n'est qu'un exemple de cette présence de la représentation culturelle dans les médiations symboliques de l'inconscient.

La représentation symbolique du lien social

Le miroir du lien : la catharsis

Les pratiques culturelles renvoient l'image même du lien social dont ils sont porteurs aux acteurs qui le mettent en oeuvre dans leurs pratiques ordinaires de la sociabilité : la culture représente, ainsi, une forme de miroir social. Les acteurs de la sociabilité retrouvent d'eux-mêmes, dans leurs pratiques culturelles, une double image : d'une part, il s'agit de la représentation symbolique de leur propre existence, et, en ce sens, il s'agit d'une image d'eux-mêmes, porteurs de désir et d'idéal, qui leur est renvoyée, sous la forme d'une identité, par la représentation que constitue leur pratique de la culture ; d'autre part, il s'agit de la représentation symbolique de leur appartenance, et, en ce sens, il s'agit d'une image de leur sociabilité, comme forme collective, à ce titre médiation de leur appartenance politique, qui leur est renvoyée par la représentation que constituent les pratiques institutionnelles des activités culturelles. La médiation culturelle constitue un miroir social qui, plus encore qu'une représentation de notre appartenance et du lien social dont nous sommes porteurs, en constitue une représentation significative, porteuse de sens. Le miroir social de la médiation culturelle nous renvoie plus encore que l'image de notre appartenance : une représentation du lien social porteuse d'une signification et d'un idéal qui rendent

---

d'un Bosch, ou encore comme les figures de la peinture surréaliste, qui mettent en scène des formes esthétiques de critique sociale et politique.

possibles non seulement sa reconnaissance, mais aussi l'adhésion par laquelle nous nous l'approprions. Un tel miroir social ne nous renvoie pas seulement des images et des représentations de notre appartenance, mais produit aussi pour nous des raisons et des significations de cette appartenance : il ne s'agit pas seulement, pour le médiation culturelle, de constituer une représentation du lien, car le miroir social est aussi une médiation qui donne du sens au lien social dont nous sommes porteurs. La médiation culturelle n'est pas seulement une information qui nous permet d'être conscients de notre appartenance ; le miroir social qu'elle nous tend de notre propre appartenance est aussi une instance qui donne toute sa signification et toute sa consistance symbolique à une appartenance qui, dès lors qu'elle est dotée d'une signification, se trouve aussi pouvoir faire l'objet d'une appropriation par les sujets de la sociabilité qui en sont porteurs, grâce aux médiations et aux représentations de la culture. Quand Athènes va voir une représentation d'*Oedipe Roi,* il ne s'agit pas seulement d'une représentation du lien social qui en objective la consistance symbolique, mais il s'agit aussi d'une médiation qui donne une signification à l'interdit fondateur de la sociabilité et qui, en lui donnant cette signification et en le rendant, de ce fait, interprétable, rend possible son appropriation par les acteurs de la sociabilité. Comme le miroir symbolique de l'intersubjectivité donne à notre existence la consistance symbolique et, donc, pourvue de signification, d'une identité, le miroir social de la médiation culturelle donne à notre appartenance la consistance symbolique, et donc, pourvue de signification, d'une appartenance qui nous fonde comme sujets, en nous engageant dans une adhésion à la sociabilité. Le miroir social, en nous donnant l'appartenance à voir, l'inscrit, dans le même temps, dans une logique interprétable de signification : en assistant à la représentation d'*Oedipe Roi,* nous assistons à un spectacle qui objective, pour nous, le lien social en en faisant l'objet d'une représentation dans l'espace public, mais nous assistons aussi à la mise en oeuvre d'une médiation esthétique dont la signification est de faire apparaître la consistance symbolique de l'interdit de l'inceste. La signification de la médiation culturelle fait toujours l'objet, de la part des acteurs de la sociabilité, d'une reconnaissance, d'une interprétation et d'une appropriation dans leurs conduites et dans leurs pratiques sociales. C'est ce fait social majeur que les théoriciens anciens de la médiation désignaient par le concept de *catharsis.*

L'identité sociale

Cette représentation spéculaire du lien social est, dans le même temps, constitutive de l'identité sociale même dont sont porteurs les acteurs de la sociabilité. *Oedipe Roi,* pour prendre le même exemple, n'est pas seulement une représentation de l'identité sociale constitutive de l'appartenance et de la sociabilité : il s'agit aussi d'une représentation symbolique de l'identité même qui constitue, par leurs lois et par leurs mythes, les sujets et les citoyens qui assistent à la représentation de la tragédie. La médiation culturelle donne une consistance esthétique et symbolique à l'identité qui fonde l'appartenance sociale de ceux qui en sont porteurs. C'est même, sans doute, la mise en oeuvre de la médiation culturelle, qui rend possible l'émergence d'une logique sociale et politique de l'identité. En effet, dans la distinction fondatrice entre communication intersubjective et communication médiatée, l'identité assure la médiation entre ces deux logiques de communication, la communication médiatée étant plutôt le lieu de l'appartenance et de représentations collectives. La médiation culturelle fait apparaître dans le champ des pratiques symboliques qui structurent notre langage, une dimension proprement symbolique de l'appartenance et, avec elle, la possibilité d'une représentation de l'identité sociale. La médiation culturelle permet de parler d'identité sociale, car elle permet de reconnaître une forme signifiante interprétable à l'appartenance et à la mise en oeuvre de la sociabilité : en effet, la médiation culturelle inscrit l'appartenance dans des pratiques qui s'inscrivent, elles-mêmes, dans des logiques de sens et non dans des logiques fonctionnelles. Si la médiation culturelle donne une consistance symbolique à l'identité sociale, et si, par conséquent, elle permet aux sujets qui en sont porteurs de donner un sens à leur propre appartenance, c'est qu'au-delà des formes institutionnelles de l'appartenance et de la sociabilité, elle met en oeuvre, pour le sujet qui en est porteur, des formes symboliques qui donnent un sens à son appartenance : en assistant à *Oedipe Roi*, je suis en mesure de donner un sens, une consistance symbolique, à l'interdit de l'inceste, par ailleurs constitutif de la médiation politique de l'appartenance, puisqu'il est, dans la tragédie, renvoyé aux logiques de l'exercice du pouvoir et aux logiques originaires de la constitution même de l'État. La médiation culturelle donne ainsi un sens aux impératifs constitutifs de la sociabilité, et, par conséquent, elle permet l'adhésion des acteurs de la sociabilité à ces impératifs qu'ils sont, désormais, grâce à elle, en mesure d'interpréter pour mieux pouvoir en reconnaître la légitimité. En mettant en scène la tragédie personnelle d'Oedipe, *Oedipe Roi* met en scène les formes institutionnelles de la loi et de l'appartenance en leur donnant la consistance symbolique d'une représentation interprétable. En assistant à la tragédie, je suis en mesure de donner un sens à la loi et à l'appartenance, puisque je suis en mesure de comprendre et d'assumer le sens du destin des personnages qui, n'appliquant pas la loi, se mettent ainsi en dehors de la communauté, en se condamnant à errer sans lieu de sociabilité.

La culture rend la médiation présente

C'est par les pratiques culturelles qu'ils mettent en oeuvre dans leur expérience propre que les acteurs de la sociabilité donnent une consistance effective à la médiation sociale : à la dialectique entre le singulier et le collectif. La représentation de la tragédie d'Oedipe donne une consistance effective à l'application de la loi, car elle fait apparaître, dans l'espace public, le récit de ce qui se produit quand cette loi n'est pas appliquée, quand elle est enfreinte par les acteurs de la sociabilité. En constituant la matérialité représentable de la loi, la médiation culturelle rend effectives les médiations institutionnelles et symboliques de l'appartenance et de la sociabilité. Il s'agit donc d'aller encore au-delà de la notion de miroir social, puisque ce sont les médiations mêmes de la sociabilité qui acquièrent, grâce aux représentations de la médiation culturelle, une consistance et une matérialité qui les rendent perceptibles pour ceux qui ont à les mettre en oeuvre. Il ne s'agit pas, en ce sens, de faire seulement apparaître les manifestations et les représentations de la loi et de sa mise en oeuvre (ou, ce qui revient au même, les conséquences de sa transgression) : il s'agit de donner une consistance à la médiation, de faire en sorte que la dialectique entre le destin singulier et le destin collectif devienne compréhensible pour les acteurs de la sociabilité. En mettant en scène les formes de la médiation politique et sociale de l'appartenance, l'activité culturelle de la représentation rend effective la représentation symbolique de la médiation, donc, elle rend possibles pour les acteurs à la fois le fait de la comprendre et, par conséquent, le fait de la mettre en oeuvre dans des conduites sociales désormais légitimes. La culture rend la médiation effective en lui faisant occuper les lieux de l'espace public, et en lui donnant la consistance d'une représentation avec des costumes, des masques, des décors et un texte qui nous la rendent accessible et intelligible. La médiation politique et institutionnelle de l'appartenance et de la sociabilité devient effective dès lors que la médiation culturelle l'a inscrite dans un langage qui lui donne sa signification et qui la rend, par conséquent, interprétable par les sujets de la sociabilité. Dès lors, en effet, qu'elle a un sens, la médiation culturelle s'inscrit dans les pratiques symboliques effectives des sujets de l'appartenance et de la sociabilité. L'enjeu de la médiation culturelle n'est pas secondaire, il n'est pas négligeable : il s'agit, en fin de compte, de donner une consistance effectivement perceptible, mémorisable et significative, à une appartenance sociale qui, sans elle, se réduirait à une simple situation anecdotique sans lendemain et sans appropriation possible par les sujets censés en être porteurs. La représentation d'*Oedipe Roi* donne un sens à la prohibition de l'inceste en l'inscrivant dans une médiation qui nous rend cette loi accessible en en faisant supporter les conséquences à des sujets à qui nous pouvons nous identifier symboliquement : en donnant un sens à la tragédie, nous mettons en oeuvre les processus symboliques mêmes par lesquels nous pouvons nous en approprier la signification, et, de cette manière, la médiation culturelle rend pleinement opératoire et consistante la médiation mise en oeuvre par le mythe fondateur. La médiation culturelle, ainsi, rend consistantes les représentations qui forment notre culture et font, ainsi, de nous, des sujets porteurs de médiation et de sociabilité.

La sublimation du lien social

Spectacularisé par les formes de la culture, le lien social se trouve, dès lors, amplifié et sublimé, pour ceux qui en sont porteurs, par la mise en oeuvre des pratiques culturelles. C'est en ce sens que la médiation culturelle a une fonction politique éminente. Sans les formes de la culture et de la représentation, y compris dans leur dimension esthétique et dans leur logique sémiotique, l'appartenance et le lien social ne pourraient s'inscrire dans des formes qui en assurent la sublimation, autrement dit : dans des formes telles qu'elles puissent constituer, pour les sujets de la sociabilité, des médiations de l'identification à l'idéal de soi. La sublimation culturelle du lien social consiste, finalement, dans sa représentation grâce à des formes qui permettent l'expression esthétique de sa signification politique, et qui en assurent la diffusion. Dans le domaine des formes de l'espace public de la communication et de la représentation, le concept de sublimation désigne l'articulation entre le plan du politique et de l'exercice institutionnel du pouvoir et le plan de l'esthétique et de la représentation symbolique de l'appartenance et de la sociabilité. La sublimation du lien social est la production de formes de représentation qui assurent l'inscription du politique dans les formes de l'esthétique : il s'agit d'une sublimation, dans la mesure où la représentation mise en oeuvre au cours des pratiques esthétiques de la communication (lecture de livre, visite de musée, regard porté à un tableau, assistance à un spectacle) ne met pas en jeu la personne singulière du sujet, mais sa dimension sociale et institutionnelle en tant que citoyen porteur des formes et des logiques institutionnelles de la sociabilité. Le sujet de la communication esthétique est sublimé dans la mesure où il met en oeuvre la dimension politique de sa culture et des représentations dont il est porteur, et que, ce faisant, la logique d'identification mise en oeuvre ne se pense pas par rapport à un autre sujet, comme un lecteur ou un interlocuteur, mais par rapport à la représentation qu'il peut se faire de l'idéal de soi et de l'idéal politique porté par l'oeuvre ou par la médiation culturelle mise en oeuvre. Prenons l'exemple de l'art : quand je regarde la Joconde, je me trouve devant le portrait d'une femme, qui met en oeuvre des logiques et des stratégies de représentation, faites d'un travail sur la lumière, sur le regard, sur la posture du personnage qui fait l'objet du portrait. Le portrait, c'est sa différence avec un portrait de famille ou avec le portrait d'une personne que je connais, n'est pas là pour représenter l'identité d'un sujet, et, par conséquent, il n'est pas là pour instaurer une identification symbolique ou un transfert entre la personne représentée et moi. Il ne s'agit pas ici, comme dans le cas du portrait d'une personne que j'ai pu aimer, de mettre en oeuvre une identification symbolique à cette personne ou aux sentiments qu'elle peut susciter : il s'agit de penser la représentation hors de toute représentation du monde réel, pour fonder l'image comme celle d'une sublimation esthétique de sentiments, d'idées, de conceptions, dont le tableau est porteur et qu'il inscrit dans la communication - à commencer par la représentation, par ce tableau, du statut de la lumière dans la représentation dans la peinture italienne (le *sfumato*), et par la représentation qu'il nous fait, par le sourire de *la Joconde*, d'une représentation des sentiments et du désir de la personne qui soit propre à Léonard. La sublimation esthétique du lien social consiste, dans ces conditions, à déplacer l'interprétation que l'on peut faire d'une représentation, en l'inscrivant dans les formes sublimées de représentation du monde, au lieu de l'inscrire dans les formes symboliques de la représentation du sujet. Le lien social se trouve sublimé par l'art, car la relation établie par la médiation symbolique de la représentation entre le sujet et les autres acteurs de l'espace public de la sociabilité se trouve déplacée, dans les logiques esthétiques et artistiques de la médiation culturelle, pour prendre la forme d'une relation entre le sujet et la représentation idéalisée de sa sociabilité et de son appartenance.

La culture comme esthétique des représentations de la sociabilité

Le code des représentations de la sociabilité

La sémiotique de la culture organise le code des représentations symboliques de la sociabilité et de l'appartenance, qui devient, dès lors, interprétable et fait l'objet d'usages sémiotiques dans l'exercice effectif des pratiques de communication. La sémiotique des pratiques culturelles et de la création esthétique consiste, dans ces conditions, à faire apparaître des codes : à faire apparaître les relations de signification grâce auxquelles les formes de la médiation culturelle constituent des représentations du monde inscrites dans des logiques symboliques. La sémiotique de la culture déplace l'usage des formes de la représentation en les inscrivant dans des logiques de sens au lieu de les maintenir dans leurs fonctions premières de représentation du monde : c'est ainsi que *la Joconde*, pour reprendre l'exemple analysé à l'instant, n'est pas renvoyé à la représentation d'une personne, dont on pense, par ailleurs, qu'elle s'appelait Mona Lisa, mais à la signification des codes dont le tableau est porteur, et qui portent sur la représentation de l'espace et du paysage, sur la représentation des sentiments et sur le statut symbolique de l'identité tel qu'il avait cours dans l'idéologie et dans le langage de l'époque de Léonard de Vinci. Enfin, la sémiotique des représentations culturelles rend possibles l'élucidation et l'interprétation des signes porteurs de la médiation à une autre époque que celle à laquelle ils sont conçus et mis en oeuvre au cours des pratiques artistiques. À partir du moment où les représentations de la sociabilité s'inscrivent dans la sémiotique d'un code, comme c'est le cas dans la sémiotique de la culture, elles s'inscrivent dans une logique arbitraire de la signification, et, par conséquent, peuvent être porteuses de sens quels que soient le lieu, l'époque et les circonstances historiques ou politiques ou sociales dans lesquels elles font l'objet d'une pratique esthétique ou culturelle par les sujets de la sociabilité. C'est parce que nous sommes en présence de médiations symboliques de la culture et de la sociabilité que leur signification peut être produite dans n'importe quelles conditions historiques et politiques de sociabilité. Il appartient, dans ces conditions, à la sémiotique de la culture, de rendre raison de la différence, ainsi constitutive des pratiques et des formes de la représentation, entre la dimension réelle de leur présentation et la dimension symbolique de leur signification. Le code des représentations de la sociabilité, en inscrivant la représentation du monde dans une logique de sens, au lieu de l'inscrire dans une logique seulement politique et institutionnelle, déplace les logiques de l'interprétation, et les met en oeuvre dans une rationalité sémiotique. La médiation culturelle, dans ces conditions, fait l'objet d'une double rationalité et d'une double intelligibilité : d'une part la rationalité esthétique et sémiotique de la signification, et, d'autre part, la rationalité sociale et politique de la communication. La médiation culturelle rend intelligible l'articulation entre ces deux instances de la rationalité.

Évaluation et appropriation des pratiques sociales

Dès lors que la médiation culturelle articule des logiques esthétiques et des logiques politiques, elle rend possible et nécessaire la formulation de logiques selon lesquelles les pratiques culturelles de la sociabilité peuvent faire l'objet d'une évaluation et d'une appropriation par les acteurs de la sociabilité. L'évaluation des pratiques sociales rend possible leur élucidation et leur analyse dans le cadre de logiques politiques de rationalités, tandis que l'appropriation des pratiques culturelles, en les inscrivant dans les formes de médiation constituées par les pratiques et les usages individuels de la culture, les inscrit dans des logiques d'usage et de communication. La culture rend possible, dans ces conditions, la mise en oeuvre d'une appropriation des pratiques sociales par les acteurs et d'une évaluation de ces pratiques sociales, de nature à leur reconnaître une signification et une incidence effective sur le politique. L'appropriation des pratiques culturelles par les sujets de la sociabilité les fonde dans leur consistance de médiation : dès lors que les pratiques culturelles font l'objet d'une appropriation par les sujets de la sociabilité, elles s'inscrivent dans des logiques de médiation, puisqu'elles font l'objet d'une dialectique entre singulier et collectif. On peut prendre l'exemple tout à fait significatif de la photographie : elle a constitué une médiation culturelle et esthétique d'une importance politique et sociale considérable, dès lors que la généralisation et la popularisation des appareils de prise de vues a rendu possible l'appropriation de cette pratique artistique par les acteurs singuliers de la sociabilité, dans pratiquement tous les milieux et tous les lieux de l'espace public. L'évaluation des pratiques sociales de la médiation culturelle fait de cette dernière un objet de savoir : il s'agit de penser les conditions dans lesquelles a lieu la mise en oeuvre des pratiques culturelles et de rendre compte de leur dimension sociale, politique et institutionnelle[43]. L'évaluation, en ce sens, est une forme d'observation et de rationalité qui n'est pas seulement esthétique, car il ne s'agit pas seulement de rendre compte des formes de la représentation, mais elle se fonde sur une approche politique de la sociabilité, puisqu'il s'agit de rendre raison des flux et des stratégies de diffusion des pratiques culturelles dans l'espace public. Évaluer une pratique culturelle, c'est apprécier dans quelles conditions et dans quelles limites elle fait l'objet d'une diffusion dans l'espace public de la sociabilité. L'évaluation des pratiques culturelles, qui peut se faire, par exemple, à travers des enquêtes sociologiques ou à partir d'analyses sur la réception des formes de la représentation dans l'espace public, se pense dans les termes politiques de la rationalité et de l'intelligibilité de la sociabilité. C'est ainsi que l'on peut évaluer la pratique de la visite des musées en rendant raison du rôle de la pratique muséale dans les formes politiques et sociales de la médiation culturelle, et, en particulier, en appréciant les conditions dans lesquelles la pratique du musée est, ou non de nature à faire évoluer les représentations idéologiques et politiques des sujets de la sociabilité. On peut se rendre compte, de cette manière, de l'appropriation effective d'une forme de médiation culturelle en observant les pratiques par lesquelles les sujets singuliers représentent leur appartenance collective.

Esthétique des représentations de l'appartenance

Les codes culturels donnent aux représentations du lien social une homogénéité qui les rend reconnaissables et qui permet l'adhésion du public aux formes et aux stratégies auxquelles il assiste. Ce sont les codes culturels de la représentation et de l'esthétique qui constituent, pour les sujets de la sociabilité, une médiation par laquelle ils expriment

---

[43] On peut citer, à cet égard, deux types de travaux : d'une part le désormais classique ouvrage de R. HOGGART (1970), et, d'autre part, les enquêtes menées régulièrement en France par le Ministère de la Culture, et publiées sous le titre *Les pratiques culturelles des Français* [*cf.*, par exemple, DONNAT (1998) qui en est la dernière édition]. Cette enquête régulière sur les pratiques culturelles des Français permet de connaître finement, à la fois sur le plan qualitatif et sur le plan quantitatif, les formes de la médiation culturelle, en ce qu'elle concourt à la structuration esthétique et symbolique de l'identité et de la citoyenneté de ceux qui la mettent en oeuvre. Ces derniers travaux ont deux rôles : d'une part, il s'agit de mieux faire apparaître les pratiques culturelles comme une forme de *miroir esthétique de la culture*, et, d'autre part, il s'agit de contribuer à la rationalisation des décisions et des choix en matière de politique culturelle.

à la fois leur appartenance sociale et institutionnelle et la signification qu'ils reconnaissent aux oeuvres auxquelles ils sont confrontés - qu'ils les créent ou qu'ils les reçoivent - au cours de leurs pratiques culturelles. L'esthétique des représentations de l'appartenance établit ainsi une relation entre l'esthétique des formes constitutives de la médiation culturelle et la consistance à la fois institutionnelle et esthétique de l'appartenance et du politique. On peut citer trois exemples historiquement forts, et, sans doute, permanents, d'une telle articulation. Le premier exemple est celui de l'architecture institutionnelle et religieuse. Il s'agit d'une forme d'architecture qui articule dans ses conceptions et dans ses productions la signification politique et la signification esthétique des monuments et des édifices construits, en les inscrivant dans ce que l'on pourrait appeler des paysages institutionnels. C'est ainsi que l'architecture politique donne lieu à des interventions esthétiques des institutions dans l'espace public, comme la construction du Parlement à Londres, par Charles Barry, en 1870, sur un modèle néogothique représentant une imitation architecturale de l'ancien palais de Westminster, sans doute représentative d'une certaine conception de la pérennité de l'État. Le deuxième exemple que l'on peut donner d'une telle articulation entre l'esthétique et la représentation de l'appartenance est l'exemple du cinéma politiquement engagé comme celui d'Eisenstein ou celui d'un cinéma historique comme celui d'Abel Gance, dont les représentations de Napoléon, dans *Napoléon* ou dans *Austerlitz*, articulent étroitement le savoir historique et politique sur la signification du règne de Napoléon et les choix esthétiques de la représentation, conçus pour donner au personnage une certaine modernité, quoique à des époques différentes, puisque ces deux films datent, respectivement, de 1927 et de 1960. Le troisième exemple d'une telle articulation est la musique - et l'on citera deux exemples dans la musique classique : le premier est l'exemple, déjà cité plus haut, de Mozart de *la Flûte enchantée*, qui constitue une représentation esthétique de l'idéal politique de la franc-maçonnerie et qui, au-delà, représente, par conséquent, une réflexion politique et institutionnelle forte sur des sujets et des thèmes comme la liberté, le savoir et l'humanité ; le second exemple est celui du Beethoven de la *Symphonie Héroïque*, qui constitue une représentation musicale et sonore du personnage de Napoléon Bonaparte et du mythe qui commence à naître lors de l'écriture de cette oeuvre, en 1802-1804. L'engagement politique que constituait, pour Beethoven, l'écriture de cette symphonie se trouve marqué par la modification du titre de l'oeuvre et la suppression du nom de Bonaparte de son titre après le sacre de décembre 1804. Les représentations de l'appartenance et des choix politiques portés par les acteurs de la culture dans leurs représentations esthétiques donnent toute sa consistance à l'articulation ainsi conçue entre la dimension politique et la dimension esthétique de la médiation culturelle.

La culture comme matérialisation du lien social

C'est par la mise en oeuvre de l'esthétique des formes culturelles que l'appartenance acquiert une consistance matérielle véritable : en fait, c'est l'esthétique des oeuvres de la culture et de la représentation qui donne à l'appartenance et au lien social la visibilité qui rend possible leur appropriation par les sujets singuliers de la sociabilité, et qui permet, ainsi, la mise en oeuvre de la médiation dans l'espace public de la sociabilité. Comme matérialisation du lien social dans l'espace de la représentation, la médiation culturelle instaure une double représentation de la sociabilité. La première est une sublimation esthétique de l'appartenance des acteurs de la sociabilité. En rendant possible la sublimation esthétique des sujets de la sociabilité par leur identification symbolique à l'idéal de soi, la médiation esthétique fait apparaître une limite esthétique de la représentation : elle fait apparaître la possibilité pour les sujets de la médiation esthétique, de représenter, pour eux-mêmes et pour les autres, ce qui peut constituer une forme de l'idéal politique et social. En donnant une forme matérielle à la représentation du lien social, la médiation esthétique l'inscrit dans une logique de sublimation, dont on peut trouver des représentations dans l'histoire de l'art classique et de l'art contemporain. Tandis que la communication médiatée, dans les journaux et dans les autres médias, fait circuler des représentations médiatées du lien social en les inscrivant dans les logiques et les pratiques de la culture, l'art et les formes esthétiques de la médiation culturelle créent et diffusent des formes esthétiques sublimées de l'appartenance et de la sociabilité. Ainsi, s'établit une différenciation entre deux instances, ou, si l'on préfère, entre deux lieux de la médiation culturelle : les lieux de la sublimation politique, qui sont les médias et les autres institutions de diffusion de l'information et des formes de l'idéal politique, et les lieux de la sublimation esthétique, qui sont les institutions de la création et de la diffusion des formes de l'art. La seconde forme de représentation de la sociabilité est la formulation esthétique de l'idéal politique qui donne sa consistance et sa signification à la représentation de la sociabilité et du lien social et qui permet l'adhésion des sujets de la médiation et de la communication. La formulation esthétique de l'idéal politique consiste dans l'ensemble des représentations artistiques et culturelles de nature à susciter l'engagement des publics et des spectateurs et à représenter leurs choix politiques et institutionnels. Il s'agit, à la fois, de l'art engagé et, de façon plus générale, de l'implication de la médiation culturelle dans la mise en oeuvre de la médiation politique : d'une part, l'art et les représentations militantes de la médiation culturelle (on peut songer, en particulier, au théâtre de Brecht ou à ce que l'on appelle la littérature engagée) ; d'autre part, les pratiques politiques de la diffusion culturelle et de l'animation dans les institutions et les organismes de l'éducation populaire, tels que ces organismes ont été structurés, par exemple en France lors du Front Populaire en 1936, sous l'impulsion de Léo Lagrange, ou à partir des années 1950-1960, avec l'apparition des activités culturelles des comités d'entreprise ou des maisons des jeunes et de la culture.

Les pratiques culturelles donnent du sens au lien social

La culture donne sa consistance sémiotique au fait social

La culture, par conséquent, donne une consistance sémiotique interprétable au lien social et fonde, ainsi, le caractère langagier de l'appartenance et du politique : les activités de la médiation culturelle et de la représentation donnent une consistance symbolique et esthétique au fait social lui-même. La médiation culturelle permet de faire prendre conscience aux sujets qui en sont porteurs de la consistance et de l'importance du lien social qui les fondent comme sujets sociaux et comme citoyens. Il ne s'agit plus seulement de donner sa consistance esthétique au lien social constitutif de l'appartenance et de la sociabilité : il s'agit de fonder le fait social lui-même dans sa dimension sémiotique. C'est la culture, en fin de compte, qui donne du sens au fait social, c'est-à-dire à la constitution même des espaces sociaux et des formes de l'appartenance : c'est la médiation culturelle qui rend visible et intelligible le fait social dans l'histoire. Sans la médiation culturelle et les pratiques de la création esthétique, l'appartenance et le fait social ne seraient que des faits ou des événements de l'histoire sans consistance, sans signification, et, par conséquent, sans que les acteurs singuliers de la sociabilité aient la possibilité, en y adhérant, de leur donner une signification et une consistance symboliques susceptibles de les inscrire dans la durée. En donnant sa consistance sémiotique au fait social, et en le rendant interprétable, la médiation culturelle rend possible l'adhésion des sujets de la sociabilité dans la durée et, par conséquent, assure sa pérennité à la médiation et à la sociabilité. La culture, dans ces conditions, est donc un élément fondamental de l'appartenance et de la sociabilité. C'est, par exemple, la continuité des créations culturelles dans l'espace public comme les monuments ou les oeuvres d'art, qui permet aux sujets de la sociabilité de mesurer toute la durée du lien social et, par conséquent, de prendre la mesure de son importance historique. La médiation culturelle inscrit, enfin, l'espace public dans des logiques symboliques et des logiques esthétiques qui rendent possible l'adhésion des sujets de la sociabilité en leur permettant de mettre en oeuvre des pratiques culturelles et des pratiques esthétiques. La médiation culturelle, par conséquent, rend effective l'adhésion des sujets de la sociabilité aux formes de l'appartenance et leur appropriation des langages et des formes qui l'inscrivent dans le symbolique et dans le langage. La culture donne sa consistance sémiotique au lien social en lui donnant des formes interprétables, et qui peuvent, par conséquent, faire l'objet d'une appropriation par les sujets de la communication : c'est ainsi qu'en assistant à une représentation théâtrale, puis en participant au culte rendu aux dieux dans les temples, puis, enfin, en entendant l'aède réciter les champs homériques, les citoyens grecs manifestaient leur appartenance et leur sociabilité en leur donnant du sens et en l'inscrivant dans les médiations politiques et institutionnelles de leur vie sociale, dans une continuité symbolique entre leur engagement politique en tant que citoyens, et leur engagement culturel et esthétique en tant que sujets assistant à la représentation. C'est la médiation culturelle qui, de cette manière, assure la continuité symbolique entre l'agora et le théâtre, et conditionne ainsi la représentation politique et symbolique de l'appartenance et de la citoyenneté.

La culture permet la représentation du lien social

Ce sont les pratiques culturelles qu'il met en oeuvre qui permettent au sujet de représenter dans l'espace public le lien social dont il est porteur et de le faire reconnaître aux autres. C'est sans doute le sens de la ligne de partage très stricte qui sépare le monde de la nature et le monde de la culture, c'est-à-dire, d'une part, le monde du réel et de la causalité, et, d'autre part, le monde du symbolique et de la signification. En rendant représentable le lien social qu'elle représente dans le symbolique, la médiation culturelle l'inscrit dans les logiques de la signification : elle le rend à la fois significatif pour ceux qui en sont porteurs, reproductible dans l'espace public de la sociabilité et visible pour l'ensemble des sujets qui adhèrent à la forme de sociabilité qu'il constitue. Si le monde de la culture s'oppose, de cette manière, au monde de la nature, c'est qu'il n'est pas de sociabilité, de lien social, sans formes symboliques et culturelles pour en assurer la médiation, c'est-à-dire l'appropriation par les pratiques singulières, et la diffusion, c'est-à-dire l'appropriation dans tous les lieux de la sociabilité. C'est pourquoi il n'y a pas de société sans système de représentation, que ces représentations soient inscrites dans l'espace ou dans le paysage de la sociabilité, ou qu'elles le soient dans les formes symboliques de la communication et de l'information. L'émergence d'un espace social structuré par des formes esthétiques et par des constructions est, sans doute, la première manifestation des logiques de médiations culturelles, puisqu'il s'agit des premières formes qu'a pu prendre, dans l'espace, la répétition, c'est-à-dire le langage. En donnant lieu à la construction de maisons semblables ou de monuments comparables dans le même lieu de sociabilité, la culture donne à l'espace habité la configuration symbolique d'une représentation et d'un langage, puisque les formes de construction, ainsi répétées dans l'espace, se donnent autant à lire et à interpréter qu'à voir. La diffusion des formes symboliques de l'information, qu'elles soient orales, picturales ou écrites, constitue une autre façon pour la médiation culturelle d'habiter l'espace et de le rendre, par conséquent, symbolique : dès lors que nous pouvons reconnaître dans l'espace les mêmes formes de langage et de code, dès lors que nous pouvons répéter dans l'espace la production des formes de la communication, c'est que nous sommes dans un espace de langage, c'est-à-dire dans un espace de sens et de sociabilité. Finalement, en cherchant dans l'espace les traces des civilisations et des cultures qui s'y sont inscrites, l'archéologie ne fait que rechercher l'histoire des formes signifiantes de la spatialité[44]. La culture rend le lien social représentable en en disséminant les formes et les signifiants dans toute l'étendue de l'espace de la sociabilité dont elle fait, ainsi, un espace symbolique : un espace de signification. Les formes symboliques de la sociabilité constituent, de cette manière, des repères permettant aux sujets qui habitent cet espace d'y retrouver les signes de leur appartenance et de leur propre sociabilité. Habiter un espace, c'est y lire

---

[44] C'est là la différence entre l'histoire et l'archéologie, telle que la présente René Treuil : *« Alors que l'histoire exploite toutes les catégories possibles de documents, y compris les documents archéologiques, l'archéologie s'appuie d'abord sur un type de documents particulier :* les témoins matériels *laissés par l'homme à la surface de la terre. »* [TREUIL (1995), t. 2, p. 796].

les formes symboliques de la sociabilité qu'il renferme. C'est pourquoi l'espace naturel est un *continuum*, sans frontières et sans rupture dans le fait perceptif qui le constitue, alors que l'espace culturel de la sociabilité est une succession d'espaces et de lieux différents et spécifiques renvoyant à des appartenances différentes et séparés par des frontières qui constituent autant de formes symboliques et langagières représentatives des appartenances et des liens de sociabilité.

La culture fait de la sociabilité un objet de savoir

C'est pourquoi les espaces de la culture et de la signification sont des formes symboliques de l'appartenance, dans lesquelles les sujets peuvent retrouver leurs propres signes et les traces de leurs identités. La culture, de cette manière, fait de l'espace qu'elle habite un espace d'information. En rendant lisible l'espace, grâce aux formes qu'elle y repère et qu'elle y interprète, la médiation culturelle fait de la sociabilité même un objet de savoir et d'information. Au lieu de se trouver, devant un espace de sociabilité, en situation de perception ou d'orientation, comme devant n'importe quel espace naturel, nous nous trouvons, devant un espace de sociabilité, comme devant un espace à lire : comme devant des formes à identifier et à interpréter. Les pratiques culturelles de l'espace consistent à y inscrire la sociabilité comme un objet de savoir et comme un objet de sens et d'inteprétation. C'est la culture qui fait de la sociabilité et du lien des objets de savoir et qui, dans ces conditions, rend proprement pensable une philosophie politique : on peut citer, là-dessus, l'entreprise de Kant et de sa *Raison dans l'histoire*[45], qui, peu avant la Révolution française, tente de lire l'histoire des formes de la sociabilité comme la continuité symbolique d'un ensemble de formes susceptibles d'inscrire dans le réel des pratiques sociales et des pratiques politiques, la manifestation des formes de l'entendement et de la raison. L'émergence, au dix-huitième siècle, d'un souci de penser l'histoire a sans doute le même sens que le développement des voyages de découverte qui préfigurent la naissance de l'anthropologie : il s'agit de penser les faits de culture et les formes constitutives de la sociabilité comme des faits de signification, qui peuvent faire l'objet d'une

---

[45] *Cf.* KANT (1947), pp. 166-167 (Les références chiffrées sont des renvois à la Genèse) : « *Les premiers besoins de l'existence, auxquels on ne peut pourvoir que par la diversité des formes de vie (IV, 2) purent alors s'échanger mutuellement. D'où la naissance de la culture, et les débuts de l'*art *(aussi bien arts d'agrément que beaux-arts) (IV, 21-22). Mais, fait essentiel, là aussi prirent naissance les premiers rudiments de la constitution civile et de la justice publique.* »

interprétation et d'une rationalisation en termes de signification. Au lieu de penser l'histoire comme l'accumulation d'un ensemble de faits et la géographie comme l'accumulation d'un ensemble de découvertes, il s'agit de les penser comme des langages : comme des systèmes de formes inteprétables. À cet égard, il est important de comprendre que cet avènement d'une logique symbolique dans l'interprétation des faits sociaux, comme toute médiation, comporte son retour, c'est-à-dire son application sur les formes mêmes de sociabilité de ceux qui la mettent en oeuvre : à partir du moment où devient pensable une sémiotique des faits sociaux que l'on peut appliquer à la découverte historique ou à la découverte géographique, on peut, de la même manière, appliquer ce regard sémiotique sur les conditions mêmes de sa propre sociabilité et de sa propre existence. On peut faire l'anthropologie de sa propre civilisation. Une telle entreprise consiste à faire des formes de sociabilité à la fois des objets de savoir et des formes symboliques : en d'autres termes, à les inscrire dans une logique d'information. C'est, en effet, le rôle des sciences de l'information et de la communication de rendre raison, de cette manière, des conditions dans lesquelles les pratiques sociales et les objets de la sociabilité relèvent d'une interprétation qui fait d'eux les objets d'une forme de sémiotique institutionnelle des faits de sociabilité. C'est le sens du projet anthropologique de constituer, dans le champ des sciences sociales, un champ de rationalité et de scientificité fondé sur une approche sémiotique de l'intelligibilité des faits sociaux et des faits culturels.

Mise en scène des médiations de la sociabilité dans l'espace public

La culture est un ensemble de pratiques symboliques par lesquelles nous mettons en scène notre propre appartenance dans l'espace public, en vue, pour nous-mêmes, de lui donner du sens et d'en percevoir la réalité, et, pour les autres, de la diffuser et de la donner à voir en l'assumant nous-mêmes par nos pratiques culturelles effectives. On peut, dans ces conditions, parler de l'espace public comme de l'espace de cette mise en scène, c'est-à-dire, en fin de compte, comme de l'espace dans lequel les pratiques sociales acquièrent une signification. L'espace public est l'espace dans lequel nos pratiques sociales acquièrent le statut de médiations puisqu'elles font l'objet d'une dialectique entre la dimension singulière de leur mise en oeuvre et la dimension collective de leur interprétation par les autres. La connaissance des formes de la médiation culturelle consiste à rendre intelligibles les conditions dans lesquelles les acteurs de la sociabilité s'approprient les formes collectives de la représentation en les inscrivant dans leurs pratiques symboliques singulières. Finalement, c'est là le sens du projet anthropologique : il s'agit de rendre raison de la mise en scène des médiations de la sociabilité dans l'espace public, il s'agit de rendre intelligibles les procédures par lesquelles les médiations qui expriment notre appartenance peuvent s'inscrire dans des stratégies de représentation et dans des stratégies de communication dans un espace public que leur présence transforme en espace culturel. L'espace culturel est, ainsi, un espace de signification : il s'agit, en quelque sorte, de substituer des logiques de sens à des logiques d'organisation. C'est pourquoi la médiation culturelle fait l'objet d'une approche de type sémiotique : la critique de la médiation culturelle s'inscrit dans le projet de constitution d'une raison sémiotique des faits sociaux et institutionnels. Les médiations de la sociabilité dans l'espace public s'inscrivent dans des formes et dans des stratégies de langage qui donnent du sens à l'appartenance. On peut, ici, choisir deux illustrations de la logique sémiotique des faits de culture ainsi relevés. Le premier exemple est celui de l'habitat et de l'aménagement. Dès lors que l'espace devient un espace social, il fait l'objet d'un aménagement, en fonction de logiques politiques et en fonction de logiques d'usage, qui inscrivent cet usage dans une logique de signification[46]. L'aménagement de l'espace en espace social et culturel l'inscrit dans une logique de formes et de symboles qui rendent intelligible l'appartenance sociale dans l'espace. C'est pourquoi l'espace physique est un continuum, alors que l'espace symbolique et culturel est fait de différences et de ruptures dans les logiques et dans les formes de l'aménagement. Le second exemple que l'on peut donner est celui du costume - dont, d'ailleurs, l'étymologie est la même que celle de *coutume*, c'est-à-dire de formes culturelles de représentation de l'appartenance. Le costume permet de distinguer et de différencier les systèmes sociaux d'appartenance : c'est aux différences entre costumes que l'on peut reconnaître l'appartenance des personnes que l'on rencontre. Le costume, dans ces conditions, ne saurait être réduit à une dimension fonctionnelle ou utilitaire : il comporte bien, au-delà de cette dimension d'usage, une dimension symbolique de représentation de la sociabilité[47]. L'usage du costume ou l'usage de constructions de telle

---

[46] Voir, sur ce point, LAMIZET, « Les langages de la ville », MONNIER, « Les murs mot à mot », et BRINO, « La signification urbaine », in LAMIZET et SANSON (1997).

[47] Voir naturellement, sur tout ceci, BARTHES (1983).

ou telle nature représentent, ainsi des mises en scène de la sociabilité dans un espace qui, dès lors qu'il est, de cette manière, ponctué de formes symboliques reconnaissables de l'appartenance, devient un espace symbolique.

Chapitre 10

DIMENSION INSTITUTIONNELLE DE LA CULTURE

La médiation culturelle, comme toute forme activité sociale qui se déroule dans l'espace public, s'inscrit dans des institutions, dans des logiques de pouvoir et dans des formes de représentation collective : la dimension institutionnelle de la culture représente une double relation des pratiques culturelles à l'institution. D'une part, les pratiques de la médiation culturelle sont mises en oeuvre dans des institutions par des acteurs qui s'inscrivent dans des stratégies de pouvoir et dans des stratégies de représentation des institution auxquelles ils appartiennent, d'autre part, les formes de la médiation culturelle qui font l'objet d'une diffusion dans l'espace public de la sociabilité ont une signification institutionnelle : elles s'interprètent à la fois dans la représentation qu'elles assurent de la sociabilité et de l'appartenance, et dans la représentation qu'elles assurent des formes institutionnelles de l'exercice du pouvoir et de la pratique des acteurs de la sociabilité.

Pratiques culturelles et pratiques institutionnelles

Les pratiques culturelles font l'objet, dans ces conditions, d'une rationalisation et d'une interprétation de nature à rendre raison des modalités de leur mise en oeuvre dans le champ des pratiques institutionnelles constitutives de la sociabilité : en fait, la mise en oeuvre des pratiques culturelles dans l'espace public constitue une représentation symbolique de l'institution même, par la médiation de leur signification institutionnelle. C'est ce qui explique l'importance de la connaissance des pratiques culturelles pour les décideurs et pour les institutions politiques[48]. En fait, les institutions constitutives de la sociabilité ont une double signification, à la fois par rapport aux formes esthétiques de la culture et par rapport aux formes institutionnelles de la sociabilité. Le théâtre grec peut s'interpréter aussi bien par rapport à la représentation dont il est porteur de l'opinion et des idées constitutives de la médiation politique de l'appartenance que par rapport à la représentation des idées et des sentiments des personnages mis en scène dans les situations dramatiques représentées.

Représentation distanciée de la sociabilité politique

Les pratiques culturelles représentent une forme de miroir distancié, et, par conséquent, critique, des pratiques institutionnelles qui fondent la dimension politique de notre sociabilité : ce miroir des formes sociales et culturelles de notre sociabilité fait l'objet d'une double distanciation, puisqu'il s'agit à la fois de la distanciation esthétique de la représentation et de la distanciation politique de la médiation culturelle. Comme représentation esthétique de la sociabilité, la médiation culturelle met en oeuvre la distance même du langage : ce ne sont pas nos pratiques sociales qui font l'objet d'une inscription dans les formes de la médiation culturelle, ce sont, en fait, leurs interprétations et leurs représentations, distanciées par l'ensemble des formes symboliques dont elles sont faites. C'est, par exemple, le sens des tragédies historiques de Shakespeare, qui met en scène, pour ses contemporains, puis pour nous, les représentations amplifiées, exacerbées, des logiques politiques qui, pour lui, caractérisent son histoire. C'est ainsi que, par exemple, il nous montre le futur Richard III tenir une sorte de double langage :

Alas, why could you heap this care on me ?
I am unfit for state and majesty :
I do beseech you, take it not amiss ;
I cannot nor I will not yield to you.[49]
Richard III, *III, 7, v. 204-207*

Dans ces vers, en effet, Gloster, en train de préparer son accession au trône, tient un discours généreux et modeste en apparence, qui

---

[48] Voir sur ce point, DONNAT (1998).

[49] « *Hélas, pourquoi vouloir amonceler sur moi pareils soucis ? Je ne suis pas fait pour la royauté ni la grandeur ; je vous en supplie, ne prenez pas la chose en mauvaise part, mais je ne peux ni ne veux vous céder.* » [(trad. Par P. Leyris), Paris, Club Français du Livre, 1967].

construit, en ce sens, une stratégie de séduction envers les autres acteurs de l'espace public, mais, un peu comme nous le dit Lacan à propos de *La lettre volée*, de Poe, il tient en réalité sur lui-même un discours qui dit la vérité sur le personnage qu'il est, sans qu'à aucun moment, en raison de la tradition et des convenances, personne n'ait l'idée de prendre ces mots au premier degré - pour la vérité même dont ils sont porteurs[50]. Cette première distanciation tient à ce que la représentation s'inscrit dans des formes de langage qui constituent, déjà, une médiation qui nous met à distance de la représentation même de la sociabilité : Shakespeare nous dit ces mots en vers (première distanciation, formelle), et il nous les montre sur la scène, avec une seconde distanciation, celle du jeu des acteurs. Comme représentation politique de la sociabilité, les pratiques culturelles, qui sont des occasions au cours desquelles les acteurs sociaux se retrouvent dans les mêmes lieux pour mettre en oeuvre ensemble des pratiques collectives de représentation, constituent des représentations distanciées par les exigences mêmes de la représentation - qu'il s'agisse de la distance de la mise en scène et de l'organisation du spectacle dans le cas des activités culturelles et artistiques, ou de la distance du protocole et des règles officielles de la représentation dans le cas des activités institutionnelles de la médiation. La représentation théâtrale constitue une représentation de la sociabilité politique distanciée par la mise en scène d'un langage et d'une poétique de la représentation, et par les exigences mêmes de la représentation, qui séparent fondamentalement la représentation théâtrale de l'événement ou de la situation de réalité dont elle est le récit.

Constitution d'une institutionnalité de la culture

Il existe, par conséquent, une double institutionnalité de la culture : la première est celle de la représentation culturelle de la vie institutionnelle, et la seconde est l'inscription de la médiation culturelle dans des logiques institutionnelles. Les politiques culturelles mettent en oeuvre cette inscription des formes et des logiques de la représentation culturelle dans les exigences et dans les choix politiques des acteurs institutionnels de la sociabilité. Ce que l'on peut appeler l'institutionnalité de la culture se définit comme l'ensemble des

---

[50] *Cf. Le Séminaire* sur « La lettre volée », *in Écrits*, Paris, Seuil, 1966, pp. 11-61, et en particulier, ces lignes : « *C'est ainsi que, si l'homme vient à penser l'ordre symbolique, c'est qu'il y est, d'abord, pris dans son être. L'illusion qu'il l'ait formé par sa conscience, provient de ce que c'est par la voie d'une béance spécifique de sa relation imaginaire à son semblable, qu'il a pu entrer dans cet ordre comme sujet.* » (p. 53).

médiations institutionnelles et politiques constitutives de l'identité culturelle de l'appartenance et de la sociabilité. Cette dimension proprement institutionnelle de la médiation culturelle s'inscrit dans les lieux, les stratégies et les moments de la politique culturelle. Depuis qu'existent des formes politiques et institutionnelles de la sociabilité, on peut dire qu'il existe des interventions de l'État et des acteurs institutionnels dans le champ des pratiques culturelles, mais sans que cette intervention constitue une politique pleinement assumée et revendiquée comme choix politique et comme forme d'intervention institutionnelle dans l'espace public. Le concept de politique culturelle, au sens strict du terme, d'une intervention politique d'acteurs de pouvoir dans le champ de la médiation culturelle, est relativement nouveau : c'est ainsi qu'en France, ce n'est qu'en 1959 qu'est créé un ministère des affaires culturelles, dont le premier titulaire sera André Malraux, et qui constitue la première reconnaissance politique de l'activité culturelle dans son autonomie, puisque c'est la première fois qu'un acteur politique est désigné pour en exercer la responsabilité. Le concept de politique culturelle prend, ainsi, acte de la nécessité pour les politiques d'inscrire la médiation culturelle et le champ des pratiques et des formes de la représentation dans leurs stratégies, dans leurs décisions et dans leurs choix politiques. Les politiques culturelles sont mises en œuvre par les institutions spécialisées et font apparaître les enjeux politiques et des enjeux de pouvoir qui les constituent en stratégies ordinaires de la sociabilité. C'est par les choix et les mises en oeuvre des politiques culturelles qu'ils conçoivent que les acteurs du pouvoir et de la sociabilité donnent à la vie institutionnelle la dimension symbolique qui lui assure une visibilité et une signification : sans les politiques culturelles, les choix symboliques des acteurs institutionnels du pouvoir ne seraient ni lisibles ni significatifs pour l'ensemble des acteurs singuliers de l'espace public de la sociabilité. L'institutionnalité de la culture, enfin, définit l'enjeu qu'elle représente pour les acteurs institutionnels qui la mettent en oeuvre et pour les logiques de pouvoir qui prennent les décisions et font les choix la concernant. La médiation culturelle devient institutionnelle à partir du moment où elle est assumée par des acteurs de pouvoir et de responsabilité politique, et, par conséquent, à partir du moment où elle devient un enjeu de pouvoir. C'est ainsi, par exemple, que les choix culturels d'une compagnie théâtrale comme celle de Molière et de l'Illustre Théâtre devenaient institutionnels à partir du moment où ils étaient assumés par Louis XIV dans le champ de sa politique culturelle, puisqu'ils constituaient, dès lors, des médiations esthétiques de représentation du pouvoir. C'est ainsi que les politiques culturelles constituent, de nos jours comme par le passé, le mode institutionnel d'action politique de l'État ou des pouvoirs sur le sens.

Émergence de pouvoirs culturels et de logiques institutionnelles lourdes

Mais, dès lors que le champ des pratiques esthétiques de la médiation culturelle devient le champ d'intervention de choix politiques et de logiques institutionnelles, il devient en même temps un champ dans lequel se mettent en oeuvre des formes et des stratégies d'exercice des pouvoirs. Les acteurs culturels s'inscrivent, dès lors, dans des stratégies de pouvoir et dans des stratégies de développement de leurs pratiques proprement institutionnelles dans l'espace public. Si la médiation culturelle est, au point de départ, le champ social et institutionnel de la représentation d'une critique de l'institution et de la vie publique, l'espace de la culture finit par être structuré par des logiques institutionnelles et des logiques de pouvoir aussi lourdes que les autres logiques institutionnelles. C'est d'abord une question de taille critique. Certaines institutions de la médiation culturelle deviennent des institutions parce qu'il s'agit d'institutions lourdes, organisées, dans lesquelles s'affrontent des pouvoirs contradictoires : on peut citer le cas des grands musées ou des grands théâtres, et, en particulier, le cas des grands théâtres subventionnés, qui constituent des lieux d'exercice du pouvoir, et par conséquent, des lieux dans lesquels s'inscrivent des logiques et des stratégies de pouvoir plus que des logiques de représentation esthétique. Pour reprendre l'exemple de l'Illustre Théâtre de Molière devenant le Théâtre Français puis la Comédie française au temps de Louis XIV, il est clair que cette institutionnalisation d'une pratique théâtrale et d'une troupe particulières aboutit à la réduction du travail esthétique du théâtre à la mise en oeuvre de logiques et de stratégies de représentation de la légitimité du pouvoir de Louis XIV : c'est le sens du *Bourgeois gentilhomme* de représenter le bon usage de l'idéal politique dans les lieux institutionnels de la France de l'époque. De nos jours, la construction du grand Louvre et celle du Musée du XIXème siècle dans l'ancienne gare d'Orsay, à Paris, ont constitué des décisions assez importantes pour impliquer les acteurs politiques et institutionnels en tant que tels dans la décision constitutive de la politique culturelle. L'émergence de telles institutions et de tels organes de diffusion de la médiation culturelle s'inscrit elle-même dans des logiques de choix et dans des logiques de décision constitutives d'acteurs politiques et institutionnels eux-mêmes assez lourds pour faire l'objet d'une rationalité politique particulière, en mesure de se donner des lieux et des formes susceptibles de porter dans l'espace public les traces de la signification sociale et politique d'un engagement institutionnel. C'est, en fait, l'apparition des états centralisateurs, au XVIème et au XVIIème siècles, avec Philippe II en Espagne (aménagement esthétique et culturel de Madrid, désormais choisie comme capitale d'Espagne, et construction de l'Escurial à partir de 1561), puis Louis XIV en France (aménagement de Paris et construction de Versailles), qui va signifier l'émergence de logiques politiques lourdes dont se soutient le concept contemporain de politique culturelle, tel qu'il a un sens, aujourd'hui, dans des logiques d'états unifiés et dans des logiques modernes de la décision et des choix institutionnels. On peut remarquer, d'ailleurs, que cette modernité du processus de la décision culturelle s'accompagne de sa relative indistinction dans le champ des institutions politiques : les acteurs de la politique culturelle, désormais, deviennent des acteurs politiques et institutionnels comme les autres. C'est la fin d'une sorte d'exception culturelle des acteurs et des décideurs : les institutions de la médiation culturelle cessent d'être dirigées de façon spécifique pour s'inscrire dans les formes dominantes de la gestion du politique.

Les pratiques institutionnelles comme limites de la création culturelle

L'existence de ces logiques de pouvoir constitue une limitation importante des logiques de la création culturelle et de la spécificité des langages et des modes de représentation qu'elle met en oeuvre. Tandis que les logiques de pouvoir structurent la mise en oeuvre du réel du politique dans l'organisation de l'État, les logiques de la création culturelle mettent en oeuvre des formes et des représentations de l'idéal de soi des acteurs qui les engagent au cours de leurs pratiques et au cours de leurs expériences de la médiation esthétique. Les pratiques et les stratégies par lesquelles les institutions mettent en oeuvre les formes et les structures de la sociabilité constituent, dans ces conditions, des limites de la création culturelle, car la logique institutionnelle et la logique culturelle n'ont ni les mêmes significations ni les mêmes formes d'intervention. La logique institutionnelle a pour but de structurer l'espace social de l'indistinction en organisant la mise en oeuvre des stratégies d'acteurs et en construisant l'espace social de la médiation politique : c'est ainsi, en particulier, que les logiques institutionnelles se fondent sur l'indistinction et qu'elles ont pour but d'organiser l'espace de la sociabilité, tandis que les logiques de la création culturelle se fondent sur la reconnaissance des formes esthétiques, et qu'elles ont pour but de représenter l'idéal de soi et l'idéal politique. Cet antagonisme fondamental entre les logiques institutionnelles et les logiques de la création culturelle se manifeste, en particulier, dans l'opposition entre l'académisme et la création. À partir du moment où, dans une culture, les formes esthétiques s'inscrivent dans une normalité et où, en particulier, l'évaluation de la création artistique se fait en fonction de la conformité à des règles institutionnellement établies de la représentation, la création se trouve prise au piège de l'académisme et d'une sorte de conformisme. Au lieu que le critère de l'évaluation artistique soit l'identification du sujet à l'idéal de soi, il devient la conformité aux normes établies dans des logiques de pouvoir. L'activité de la création artistique et de la médiation culturelle s'inscrit, dans une situation de ce genre, dans une logique qui est davantage une logique de pérennisation des modèles et des institutions qu'une logique de renouvellement et de création. Mais les logiques marchandes et l'organisation de la création artistique comme un marché peuvent constituer un autre type de limite de l'activité de médiation culturelle : si l'activité des galeries d'art a pu, au XIXème siècle, par exemple, favoriser en France l'émergence d'un art de la représentation, et, grâce à la découverte des techniques de la gravure, d'un art de la diffusion des formes, il n'en demeure pas moins que l'activité de création esthétique s'est trouvée, à cette époque, dominée par les négociants et les diffuseurs de l'art, inscrits dans une logique de commerce et d'échange plutôt que dans une logique de médiation. Cela a contribué à l'apparition d'un système de normes de la représentation et de la création, dont la seule façon d'évoluer sera une rupture radicale, qui aura lieu au vingtième siècle, et dont la violence sera à la mesure de la pression culturelle et idéologique de la norme établie auparavant. L'apparition en Europe, sous l'influence de la montée de la bourgeoisie industrielle et du capitalisme commençant, d'un véritable marché de l'art et l'organisation de logiques de diffusion de l'image et de la musique (galeries d'art et salles de concert) vont donner lieu, avec l'institutionnalisation de la médiation artistique et culturelle, à la naissance d'une véritable opposition, largement reprise dans les thèmes de la création littéraire et dans les mythologies de la création artistique, entre les artistes, considérés, dès lors, comme les acteurs authentiques de la création et de l'activité esthétique, et les acteurs économiques, politiques et institutionnels d'une médiation esthétique et culturelle en train de naître comme logique institutionnelle et comme champ d'acteurs de l'espace public de la sociabilité.

Les acteurs institutionnels et la culture

L'exercice du pouvoir : la censure

La première manifestation effective d'un pouvoir dans le champ de la culture est l'apparition des formes diverses de censure, qui peuvent se définir, dès lors, comme le mode d'intervention spécifique du pouvoir dans le champ culturel. Il s'agit, en fait, de logiques de pouvoir, qui, dans le champ des activités et des pratiques de la médiation esthétique et culturelle, vont précéder, historiquement, l'émergence du champ économique de la création et de la diffusion des formes de la culture et de la représentation. La censure est l'activité politique de régulation des formes de création et de diffusion de la médiation culturelle : elle constitue en cela d'une part une activité de normalisation et de régulation, et, d'autre part, une forme de l'exercice du pouvoir institutionnel. En tant qu'activité de normalisation et de régulation, la censure représente une logique d'unification et d'intégration des activités de la médiation culturelle au sein de l'espace public et de ses structures. La censure joue, dans le champ de la médiation culturelle, le même rôle que les autres médiations, c'est-à-dire un rôle d'intégration et d'homogénéisation des formes symboliques, mais il s'ajoute à cette dimension symbolique une dimension proprement institutionnelle, qui est celle de l'exercice d'un pouvoir politique. C'est ainsi qu'au-delà du contrôle idéologique qu'elle exerçait, l'institution religieuse a pu jouer un rôle considérable d'unification des pratiques artistiques et esthétiques dans toute l'époque classique européenne, en fournissant aux artistes des thématiques, des objets de savoir, des mythes, propres à structurer la signification de leurs pratiques esthétiques. Mais la censure représente aussi une modalité de l'exercice du pouvoir institutionnel sur les activités de la création artistique et de la médiation esthétique et culturelle. La censure constitue une logique d'exercice du pouvoir, mise en oeuvre par des acteurs institutionnels, selon des stratégies proprement politiques et non selon des stratégies culturelles : c'est en ce point que réside la différence fondatrice de la censure par opposition à l'activité de création. La censure représente la pleine mise en œuvre de l'activité d'un pouvoir, selon des stratégies institutionnelles d'exercice de la souveraineté : c'est de cette manière que les logiques du pouvoir, fondamentalement antinomiques des logiques de l'activité artistique, peuvent imposer une unification politique de la création et la reconnaissance des impératifs politiques de la sociabilité par les acteurs de la médiation culturelle. À partir de là, naissent les logiques de l'art officiel ou de la normalisation de l'art, fondamentalement antinomiques des logiques de création, car elles s'inscrivent dans une problématique institutionnelle de la régulation de la sociabilité, au lieu de le faire dans une problématique de l'idéal culturel ou esthétique. La censure constitue le lieu théorique où se confrontent les logiques et les stratégies de l'esthétique de la représentation et les logiques et les stratégies institutionnelles du pouvoir. En ce sens, elle suspend la mise en oeuvre de la médiation esthétique en substituant les logiques institutionnelles de l'exercice du pouvoir aux logiques esthétiques de l'identification à l'idéal de soi : la censure constitue une forme de neutralisation, ou de disparition, des formes esthétiques de la médiation, qui ne sauraient s'exercer, dès lors qu'elles constituent des modes de représentation de l'idéal de soi au lieu de constituer des modes de représentation de l'institution. C'est ce qui explique la contradiction fondamentale entre médiation esthétique et médiation politique : les politiques culturelles sont le champ dans lequel est mise en oeuvre la dialectisation de cette contradiction.

Les politiques culturelles

L'inscription de la culture dans des stratégies institutionnelles (qui ne se limitent pas à des stratégies de pouvoir) constitue en propre ce que l'on est convenu de désigner par le concept de politique culturelle. Il s'agit de l'ensemble des choix et des décisions, des actions, des conduites et des stratégies, par lesquels les acteurs institutionnels entreprennent, dans leurs choix politiques et dans l'exercice de leur pouvoir, la mise en oeuvre des logiques esthétiques et symboliques de la représentation du lien social. Les politiques culturelles représentent l'ensemble des décisions et des choix qui, exercés par les acteurs politiques et institutionnels du pouvoir, constituent la visibilité institutionnelle de la médiation culturelle. En ordonnant et en régulant les engagements politiques et financiers des états et des pouvoirs, en donnant une forme et une visibilité à l'intervention des acteurs politiques dans le champ institutionnel et dans l'espace public, les politiques culturelles donnent une consistance matérielle aux choix symboliques et esthétiques constitutifs de la médiation culturelle. C'est par l'élaboration et la mise en oeuvre des politiques culturelles que les acteurs de la sociabilité font apparaître, dans l'espace public, la consistance proprement esthétique et symbolique de la médiation constitutive de la sociabilité politique. En ce sens, les politiques culturelles, en constituant un mode d'intervention des acteurs politiques et institutionnels dans le champ des pratiques esthétiques, rendent visible et significatif leur engagement dans la mise en oeuvre des médiations esthétiques et symboliques de la souveraineté et de l'appartenance. L'importance des politiques culturelles dans l'exercice du pouvoir est à la mesure de l'importance de la diffusion des formes institutionnelles de la représentation dans l'espace public de la sociabilité : il s'agit de diffuser dans l'espace public les formes esthétiques qui permettent aux sujets d'exercer leur citoyenneté et de représenter leur appartenance en exerçant les médiations esthétiques de la sociabilité.

Le mécénat

Le mécénat représente l'usage des formes de la culture et de la création esthétique dans des logiques de représentation du pouvoir politique ou du pouvoir économique et financier. Le mécénat consiste, en fait, pour un acteur politique ou économique, qu'il s'agisse d'un acteur du pouvoir ou d'une entreprise de production, de distribution ou d'échange, à investir dans de la création ou dans de la médiation culturelle : il s'agit, pour un acteur institutionnel économique ou politique, de s'assurer une visibilité symbolique dans l'espace public en favorisant la mise en oeuvre d'une institution de médiation culturelle. En fait, le mécénat n'est pas une invention récente, puisque le terme même qui désigne cette pratique institutionnelle est issu du nom de Mécène, riche entrepreneur romain, qui finançait de ses deniers des entreprises esthétiques ou culturelles pour avoir une visibilité dans l'espace public romain. Et, dans la suite de l'histoire des formes de la médiation culturelle, les acteurs institutionnels, politiques ou économiques, ont toujours eu recours à cette forme de représentation dans l'espace public, par le financement d'activités culturelles qui leur donnent à la fois le pouvoir d'en contrôler le déroulement, l'existence, le choix des formes et la visibilité publique d'une présence symbolique dans l'espace public - ce qu'en latin, on appelle la *fama*, traduit par les termes français *opinion*, et même, parfois, *rumeur*. Le mécénat consiste ainsi dans l'investissement symbolique d'un acteur institutionnel en vue d'acquérir une visibilité dans l'espace public de la sociabilité. Le mécénat a été puissant dans l'Antiquité et à l'époque moderne, sous la forme d'investissements des acteurs politiques, et est devenu, à l'époque moderne et contemporaine, un lieu d'investissement politique et symbolique des acteurs économiques. Il convient de distinguer deux types de mécénat : d'un côté, Mécène et Fouquet ; de l'autre, Louis XIV et Napoléon. D'un côté, la recherche, par des acteurs financiers[51], d'une visibilité publique institutionnelle, de l'autre, la recherche par des acteurs institutionnels d'une visibilité esthétique dans l'espace de la sociabilité. Ces deux logiques de mécénat renvoient, l'une et l'autre, à l'exigence de fonder une dimension symbolique à la production esthétique et à la création de formes. Si l'on veut interpréter le mécénat, si l'on veut en élucider la signification dans l'espace public des formes de la médiation, il convient de le penser comme l'articulation symbolique de la logique politique et de la logique marchande de l'espace public : le mécénat est un ensemble de pratiques de création et de diffusion culturelle dont le but est, finalement, d'unifier symboliquement l'espace public, mais de le faire non dans les formes institutionnelles de l'unification politique, mais dans les formes pragmatiques d'une intervention économique et financière. Le mécénat, finalement, déplace les lieux de la médiation culturelle en l'inscrivant dans des stratégies financières et en instituant, de cette manière, une véritable vie économique, voire un capitalisme de la médiation culturelle. Il s'agit de donner aux formes de la médiation culturelle une consistance économique et financière qui les inscrive dans l'espace public comme des stratégies de présence et d'intervention financière, au lieu de les y inscrire comme des stratégies de médiation politique. Le mécénat inscrit les formes de la médiation culturelle dans les stratégies de l'exercice du pouvoir économique.

Signification de l'aide à la création culturelle

L'aide à la création culturelle représente la mise en oeuvre d'un dialogue spécifique des acteurs politiques avec les acteurs culturels et leur reconnaissance à la culture d'une fonction et d'un statut dans l'espace public. Elle n'est pas de même nature que le mécénat, car elle ne consiste pas dans une aide à des acteurs institutionnels ou à des acteurs de la communication médiatée, mais dans une aide individuelle à des créateurs et à des logiques de production de médiation esthétique et culturelle. L'aide à la création a, dans ces conditions, une double signification politique. D'une part, il s'agit, pour les acteurs institutionnels qui en décident la mise en oeuvre, de revendiquer leur présence dans l'espace de la médiation culturelle ; ils décident, ainsi,

---

[51] C'est ainsi que le Crédit Local de France se désigne lui-même comme « *mécène général* » du Festival d'Avignon.

d'utiliser leur pouvoir, politique ou financier, pour favoriser ou pour encourager des créateurs dans leur entreprise et dans leurs pratiques artistiques ou esthétiques. Les acteurs institutionnels qui engagent une politique de l'aide à la création représentent, de cette manière, leur intervention indirecte dans l'espace de la création et manifestent, ainsi, leur préoccupation politique de développer les activités de création et de diffusion des formes dans l'espace public. Il s'agit, par conséquent, pour eux, de soutenir l'entreprise de la création - peut-être de se donner même une dimension de créateurs à travers les logiques institutionnelles de l'investissement financier. C'est de cette manière que les financiers, par exemple, au XIXème siècle, ou certains industriels contemporains à travers des fondations, entendent donner une consistance artistique à leur présence dans l'espace public, utilisant, en quelque sorte, les artistes comme les médiateurs de leur propre activité. D'autre part, il s'agit, en fait, d'une reconnaissance de la dimension institutionnelle de la création artistique et esthétique : l'aide à la création consiste, finalement, pour les acteurs institutionnels qui la décident et qui la mettent en oeuvre, à reconnaître aux activités artistiques qu'ils soutiennent la dimension d'une nécessité sociale et politique. Il s'agit de reconnaître aux acteurs et aux pratiques de la création l'importance institutionnelle d'une activité publique - financée et structurée, à ce titre, comme n'importe quelle activité institutionnelle de médiation politique. En ce sens, la création artistique se trouve pourvue d'une nouvelle dimension qui n'est pas esthétique, mais qui est à la mesure de l'investissement qui l'a rendue possible. En créant, par exemple, la villa Médicis, destinée à permettre à des artistes français de séjourner à Rome en vue de s'y livrer à des activités de création, l'État confère à leur création et aux formes qu'ils produisent une reconnaissance, et, de cette manière, une visibilité institutionnelle. Les artistes qui bénéficient d'une aide publique à la création se transforment, par cette aide, en acteurs institutionnels de la médiation politique, et leurs oeuvres se trouvent, dans ces conditions, dotées d'une double signification - à la fois esthétique et politique. On peut citer aussi en exemple les déductions fiscales consenties par l'État dans certains pays aux investisseurs qui financent des activités artistiques dans l'espace public. On voit bien où est le risque : en inscrivant les logiques de la création dans des formes institutionnelles et en leur donnant des significations politiques, les acteurs de l'aide à la création tendent à les inscrire dans leurs propres problématiques et dans leurs propres significations - offrant, ainsi, le risque d'une sorte de conservatisme sur le plan esthétique. L'aide à la création culturelle et esthétique a ainsi une double signification, contradictoire : celle d'un encouragement à la pratique esthétique, mais aussi celle d'une limitation institutionnelle de la création.

Le paradoxe fondateur : la dimension institutionnelle comme limite de la culture

C'est ainsi que s'instaure le véritable paradoxe de toute politique culturelle : en donnant des encouragements institutionnels, politiques, financiers, à la création artistique et esthétique, les acteurs du pouvoir politique et institutionnel limitent, dans le même temps, l'autonomie de la création et, par conséquent, lui font courir le risque d'une limitation de sa dimension créatrice. En ce sens, l'institutionnalisation de la culture constitue une limitation de sa dimension et de sa fonction mêmes dans l'espace public de la sociabilité.

Culture institutionnalisée et notabilité sociale

Le grand risque de l'institutionnalisation des pratiques culturelles est, en effet, la fermeture de l'horizon de la création par des exigences d'ordre politique. Le risque de l'institutionnalisation des pratiques esthétiques et culturelles est que les préoccupations et les logiques qui donnent leur signification aux entreprises de la création ne se trouvent limitées, voire diminuées par les exigences et les ambitions des acteurs politiques du pouvoir et de la régulation sociale et institutionnelle. C'est ainsi que la notabilisation sociale des acteurs de la création et de la médiation culturelle est le risque majeur qui tend à faire d'eux des acteurs institutionnels au lieu d'acteurs esthétiques et créateurs de la médiation culturelle. Le risque majeur de l'institutionnalisation des pratiques esthétiques et culturelles est que l'émergence d'une notabilité sociale des acteurs de la création ne leur retire leur indépendance vis-à-vis des pouvoirs et des acteurs institutionnels, pour faire d'eux des acteurs du pouvoir. La création pourrait, ainsi, finalement, être dominée par les modèles voulus par les stratégies politiques et institutionnelles des acteurs du pouvoir. Un tel risque ne saurait être réduit ni passé sous silence : qu'il s'agisse de la tendance à l'académisme ou de la tendance à l'art officiel, pour ne pas parler des tendances des acteurs esthétiques et culturels à se contenter de redire sans distance critique les exigences de l'opinion publique ou de l'opinion des acteurs au pouvoir, les acteurs de la médiation culturelle ne sont jamais à l'abri de tendances de cette nature. La culture institutionnalisée ne se renouvelle pas et, au contraire, se transforme en une culture de notables seulement soucieuse de la continuité des institutions : en ce sens, elle court le risque d'une disparition de ses aptitudes mêmes à la création, et, à terme, celui de disparaître sous les exigences et les logiques des acteurs institutionnels. Cela a abouti, par exemple, au réalisme soviétique ou à l'académisme de l'époque napoléonienne, qui, l'un et l'autre, sont des illustrations extrêmes de l'absence de création dans la logique d'un art officiel sans signification esthétique. En effet, le danger réel de cette tendance à l'institutionnalisation de l'art et de la création est de faire perdre aux formes esthétiques leur signification même, puisqu'elles sont inscrites dans les seules stratégies institutionnelles de l'exercice du pouvoir. Le risque majeur de l'institutionnalisation de l'art et de la médiation culturelle est de substituer, finalement, à l'identification à l'idéal de soi l'aliénation aux formes et aux structures du pouvoir. Ce risque est, à terme, celui de la disparition des tendances de la médiation culturelle à inscrire les formes de la création dans les espaces de la représentation et de la diffusion de l'art au sein de l'espace public. L'institutionnalisation de la culture revient, finalement, en neutralisant l'identification du sujet à l'idéal de soi, à déplacer la signification de l'art du champ de la médiation culturelle vers celui de l'exercice du pouvoir politique.

Émergence d'une logique de normes au sein des faits culturels

Les acteurs culturels sont parfois pris dans des logiques institutionnelles qui ou les engagent dans des faits d'autocensure ou leur donnent à eux-mêmes le statut d'acteurs de pouvoir les uns pour les autres. Les logiques de normes ainsi structurées constituent les faits culturels en faits stratégiques et politiques et les inscrivent non dans des faits de médiation, mais dans des stratégies d'acteurs politiques : on peut dire que l'émergence d'une logique de normes dans le champ des faits culturels représente une appropriation des faits culturels dans des logiques et dans des stratégies de pouvoir. Tant que les faits culturels sont structurés par des logiques esthétiques et par des logiques de représentation symbolique, ils mettent en oeuvre des modes de représentation des idéaux politiques constitutifs des acteurs de la sociabilité ; à partir du moment où les faits culturels sont structurés par des logiques de normes, il s'agit d'une situation structurée et régie par les stratégies de pouvoir des acteurs institutionnels. Le concept même de norme représente une logique de pouvoir dans le champ culturel : il s'agit de la mise en oeuvre, dans le champ des pratiques esthétiques et culturelles de la création et de la représentation, de références par rapport auxquelles se situent les conduites et les stratégies des acteurs de la sociabilité en vue de s'inscrire dans des logiques d'unification et d'intégration. Le concept de norme représente l'instance unificatrice de la culture - presque la neutralisation de la dimension dialectique constitutive de la médiation. Prenons, à cet égard, l'exemple de l'école. Le développement de l'école publique au XIXème siècle, sous l'influence de Jules Ferry en France, entend élaborer des normes de formation pour toutes les écoles d'un pays et en assurer la mise en oeuvre. Il s'agit, par conséquent, d'une logique unificatrice de la culture et des représentations. En ce sens, il s'agit de la mise en oeuvre de la dimension unificatrice de la culture et du savoir - l'école ne constituant, dès lors, plus seulement une médiation culturelle, mais aussi une médiation institutionnelle et politique : le savoir qui fait l'objet de la diffusion de l'école n'est pas fondateur d'identité ni d'appartenance, mais il est fondateur de norme et de représentation de l'idéal politique - par ailleurs inscrit dans les projets institutionnels de l'école. Dès lors que se met en œuvre une politique de la norme, nous nous trouvons, dans l'histoire, devant un transfert de la médiation des instances et des pratiques culturelles : il s'agit d'une institutionnalisation des pratiques didactiques et des pratiques de diffusion des formes sociales et politiques de l'appartenance. L'émergence d'une logique de norme au sein des faits culturels représente, en fait, l'émergence d'une contradiction entre les logiques d'idéal constitutives de la mise en oeuvre de la médiation culturelle et les logiques normatives constitutives de la mise en oeuvre de la médiation institutionnelle et politique. Cette contradiction fonde la place particulière de la médiation culturelle par rapport au politique : pour les sujets de la sociabilité, la médiation politique représente les formes et les structures de la citoyenneté et des pratiques institutionnelles, tandis que la médiation culturelle représente les formes et les structures de la représentation de l'idéal de la sociabilité. Inscrits dans une logique de norme, les faits culturels s'institutionnalisent et se mettent en oeuvre dans des institutions et dans des activités structurées par des logiques de pouvoir.

L'institutionnalité comme menace sur la culture

En ce sens, l'institutionnalité des faits culturels est de nature à menacer la spécificité sociale et politique de la médiation culturelle. En effet, dès lors que l'on s'inscrit dans une logique institutionnelle de mise en oeuvre, dans l'espace public, des acteurs et des stratégies de l'exercice du pouvoir, la médiation culturelle cesse de représenter une forme spécifique de travail et de pratique sociale. L'institutionnalité dissout les pratiques culturelles dans l'espace politique des institutions et efface la visibilité de sa dimension spécifique : la culture, dès lors, s'inscrit dans des logiques de pouvoir et non dans des logiques esthétiques de représentation. Si l'institutionnalisation de ses acteurs et de ses pratiques constitue, pour les pratiques de la culture, une menace contre sa pérennité et contre la spécificité de son engagement esthétique dans la cité, c'est qu'il s'agit, en fin de compte, d'une forme de substitution d'acteurs et de logiques institutionnels à des acteurs et à des stratégies esthétiques et culturels. L'institutionnalité menace la culture, parce qu'elle ne constitue pas un langage spécifique ni un mode spécifique d'intervention symbolique, et parce qu'elle ne s'inscrit pas dans une logique de l'idéal, mais dans une logique de la régulation et de la mise en oeuvre de projets et de décisions opératoires dans le présent effectif de la sociabilité. L'institutionnalité, en fin de compte, est une menace sur la culture et sur la spécificité de la médiation culturelle, parce qu'au lieu de s'inscrire dans la logique de la représentation de l'idéal de soi et de l'idéal politique, elle s'inscrit dans la logique de la mise en oeuvre historique, ici et maintenant, des médiations politiques de la sociabilité, telles qu'elles s'inscrivent dans des stratégies d'acteurs. L'institutionnalité de la médiation culturelle représente, par exemple, l'émergence de tout un ensemble d'acteurs et d'institutions ayant fait de la diffusion culturelle l'activité qui les légitime, au lieu d'inscrire leur intervention sociale et institutionnelle dans des activités de recherche et de création. C'est toute la différence entre l'académisme et l'avant-garde, en peinture par exemple. Mais la séparation institutionnelle entre recherche et diffusion, entre création et distribution, consiste, finalement, pour la médiation culturelle, en une spécialisation de l'activité culturelle dans le domaine de la diffusion et, par conséquent, dans des logiques de reproduction. La structuration de la médiation culturelle en institutions et en acteurs de la reproduction engage l'activité esthétique dans une logique de reproduction et dans une logique de pouvoir. La logique de reproduction consiste à remplacer la mise en oeuvre des médiations culturelles par une mise en oeuvre de la diffusion de normes centralisées et reproduites de l'activité culturelle. C'est le rôle qu'auront joué, dans la plupart des cas, les institutions de diffusion qui ne sont pas liées à des structures de création esthétique ou artistique : les musées ou les théâtres officiels contre les galeries ou les théâtres d'avant-garde. La logique de pouvoir consiste à orienter les activités esthétiques et culturelles dans une logique de la production et de la reproduction liée à l'activité de diffusion des formes idéologiques des acteurs institutionnels : c'est le rôle que jouent les institutions religieuses de diffusion de la culture quand les églises entendent exercer une forme de pouvoir dans l'espace public. L'institutionnalité est une menace sur la culture, car elle engage des stratégies orientées par la recherche ou la conservation du pouvoir qu'elle exerce, au lieu d'engager des logiques de création et de représentation orientées par la recherche de formes nouvelles pour la médiation culturelle. On peut parler, dans ce cas, de conservatisme institutionnel de l'activité culturelle. La réponse au risque d'une telle institutionnalité est dans la conception d'une logique de *division des pouvoirs* - comparable à la division démocratique des pouvoirs, garantie de l'existence de contre-pouvoirs libres dans le domaine de la culture.

Institutionnalité et répétitivité de la culture

L'institutionnalité inscrit la culture dans des pratiques répétitives sans distanciation spécifique par rapport au présent dans lequel elles s'inscrivent et la culture, dès lors, cesse de se projeter dans la représentation distanciée d'un idéal politique. Si l'institutionnalité de la médiation culturelle est une menace pour la culture et pour la création, c'est qu'elle substitue des exigences politiques d'acteurs à des exigences esthétiques de projets. Tandis que l'institutionnalité des activités culturelles consiste dans la mise en oeuvre de stratégies de pouvoir exercées par des acteurs institutionnels en charge du contrôle et de la diffusion des pratiques esthétiques, la création culturelle consiste dans la mise en oeuvre de logiques de contradiction en rupture avec les formes ordinaires de la sociabilité. La création culturelle ne consiste pas dans une dénégation ni dans un rejet des formes ordinaires de la sociabilité : elle consiste dans une représentation des formes de la sociabilité inscrite dans une référence à un idéal politique qui leur donne une orientation et une signification. Au lieu de s'inscrire dans des logiques et dans des stratégies d'acteurs et d'institutions, la création culturelle inscrit les pratiques esthétiques dont elle est porteuse dans des logiques de sujet et dans des mises en scène au sein de l'espace symbolique[52]. En effet, le propre de l'institutionnalisation des pratiques culturelles est de les inscrire dans une logique de la diffusion (puisqu'elles doivent constituer

---

[52] C'est dire l'importance de la dimension inconsciente de la création esthétique et culturelle : la psychanalyse nous rappelle qu'il n'y a pas de création sans désir de nature à inscrire le sujet dans la plénitude de son identité dans les formes et dans les pratiques de la création esthétique.

des médiations de l'appartenance institutionnelle), alors que la mise en oeuvre de la dialectique esthétique de la médiation culturelle consiste à inscrire les formes et les pratiques de la culture dans une logique de la création en rupture avec ce que l'on peut appeler, pour reprendre un terme de M. de Certeau, l'ordinaire de la sociabilité. L'institutionnalisation de la représentation fait de cette dernière une des stratégies d'exercice du pouvoir et d'exercice du contrôle social, tandis que la mise en oeuvre de la dialectique culturelle et esthétique de la création consiste à faire de la culture une activité de médiation : il s'agit d'une dialectique et d'une contradiction assumées entre la singularité du sujet qui la met en oeuvre et la dimension collective de l'espace dans lequel a lieu cette mise en oeuvre. L'institutionnalisation de la représentation revient à la mise en oeuvre de formes officielles et contrôlées du théâtre, du cinéma, de la littérature, comme il peut exister des éditeurs officiels, des sociétés d'écrivains contrôlées par les institutions du pouvoir, ou des normes de la création, mises en oeuvre dans les évaluations officielles. En revanche, la dialectique de la création consiste dans la mise en œuvre d'une rupture esthétique, au cours même des processus de création esthétique et artistique. C'est ce qui a pu donner lieu, dans l'histoire, à l'émergence de la figure du poète ou de l'artiste incompris, ou au phénomène de la figure du cinéma d'auteur méconnu et mal diffusé. La substitution de la norme institutionnelle à l'idéal esthétique consiste, en fin de compte, pour la médiation culturelle, à mettre en oeuvre une logique répétitive, opposée, par conséquent, à la logique du renouvellement et de la création, et une logique institutionnelle, opposée, par conséquent, à la logique critique de la distanciation esthétique et culturelle.

Les pratiques culturelles rendent l'histoire présente

La culture donne l'histoire à voir aux acteurs sociaux

C'est la culture qui rend possible la représentation de l'histoire pour les acteurs sociaux dans l'espace public de la rencontre, et qui, par conséquent, est en mesure de lui donner du sens. L'importance de la médiation culturelle se mesure, ainsi, à l'importance de la continuité historique qu'elle assure entre les acteurs de la sociabilité. Seules, les formes de la médiation culturelle sont en mesure de constituer, pour les acteurs qui en sont porteurs, le savoir constitutif de la médiation d'appartenance à la culture et à la sociabilité. C'est parce que nous sommes porteurs d'une histoire dans notre mémoire et que nous l'assumons dans notre culture, que nous sommes en mesure de comprendre et de revendiquer l'appartenance qui fait de nous des sujets de la sociabilité, porteurs de lien social et créateurs de représentations symboliques de l'appartenance qui perdurent au-delà des conditions et des circonstances singulières de notre appartenance réelle et de l'exercice effectif de notre sociabilité. C'est même, sans doute, là la définition de la culture : elle assure une médiation, et, d'une certaine manière, une continuité, entre des acteurs de la sociabilité séparés les uns des autres par la différence même des époques et des circonstances dans lesquelles ils étaient vivants. La culture assure, en ce sens, ce que l'on peut appeler une médiation historique, constitutive de l'intégration culturelle et symbolique des acteurs et des lieux de l'histoire d'un pays ou d'une société. La culture représente, en ce sens, ce que l'on peut appeler une instance collective et sociale de la mémoire : elle est la médiation de la mémoire, puisqu'elle permet aux sujets qui en sont porteurs de reconnaître et de revendiquer la continuité historique de leur appartenance dans les conditions qui permettent à leur mémoire singulière d'assumer la continuité de leur subjectivité dans leur expérience personnelle. C'est la culture qui donne l'histoire à voir aux acteurs singuliers et collectifs de l'appartenance, comme c'est la mémoire singulière qui donne le passé à voir pour les sujets singuliers du langage et de la représentation. L'importance de l'histoire dans la structuration de la médiation culturelle est, ainsi, à la mesure de l'importance de l'enjeu que représente la continuité des appartenances et des formes de la sociabilité dans la constitution des acteurs. En fait, le savoir sur l'histoire, c'est-à-dire les conditions dans lesquelles, grâce au savoir dont ils sont porteurs, les acteurs singuliers de la sociabilité se font les détenteurs de la mémoire collective, s'inscrit dans leur conscience et dans leur culture singulières par la médiation d'une culture, c'est-à-dire par la médiation d'un certain nombre de faits, de données, de représentations, qui constituent la matérialité et la densité de ce que l'on peut appeler la mémoire collective. Si le savoir sur l'histoire est ainsi une médiation, c'est que ce savoir dont nous sommes singulièrement porteurs fonde la spécificité de notre appartenance même : compte tenu de leur histoire régionale, les habitants de la Serbie et ceux de la Croatie ne peuvent avoir la même représentation de leur état d'appartenance, et le rôle de la médiation culturelle est d'assurer, dans toutes les situations, l'intégration des acteurs de la sociabilité dans la culture constitutive de leur mémoire collective, c'est-à-dire de leur histoire.

Continuité de l'appartenance et logique culturelle

De la même manière que la médiation de l'histoire constitue une médiation de l'appartenance pour tous les acteurs qui en sont porteurs, les pratiques culturelles donnent à voir dans l'espace public les formes et les logiques de nos usages et des pratiques collectives qui définissent notre culture et notre société d'appartenance. Les pratiques culturelles font apparaître la continuité de l'appartenance et de l'espace public à ceux qui en sont porteurs ou qui devraient l'être : c'est le rôle à la fois de l'école de diffuser les savoirs constitutifs de ces pratiques culturelles et des lieux de sociabilité de donner aux citoyens la possibilité et l'occasion de mettre en scène, dans l'espace public, ces formes de représentation du lien social. La logique de l'appartenance culturelle et de ses formes de représentation impose aux sujets qui appartiennent à la sociabilité les formes et les procédures grâce auxquelles ils représentent leur appartenance et lui confèrent une forme significative. Les logiques culturelles mettent en scène, dans l'espace public, les représentations de nos appartenances et, de cette manière, assurent, pour nous-mêmes et pour les autres, la représentation de la continuité de cette appartenance. Les rituels sociaux, qui constituent autant de mises en scène de la sociabilité dans l'espace public, inscrivent dans les formes de la représentation les stratégies par lesquelles les acteurs de la sociabilité représentent leur appartenance, et, par conséquent, lui donnent la consistance esthétique et symbolique d'une représentation culturelle. Prenons l'exemple de rituels professionnels comme la rentrée solennelle des tribunaux. Il ne saurait seulement s'agir d'une circonstance au cours de laquelle l'activité professionnelle des juges et des magistrats est seulement reprise : il s'agit aussi de mettre en scène, dans l'espace public, par des discours et par des représentations offerts à l'indistinction, les dimensions et le statut de la magistrature comme acteur social collectif. Les circonstances comme la rentrée solennelle des tribunaux permettent à certains corps professionnels ou à certaines institutions de faire publiquement la démonstration institutionnelle de leur existence sociale et de la représentativité dont elles disposent. De cette manière, l'institution s'inscrit dans des pratiques sociales de représentation et de mise en scène qui font d'elles un acteur collectif. C'est bien l'enjeu des rituels collectifs et des mises en scène dans l'espace de la sociabilité : il s'agit de constituer symboliquement, par une visibilité institutionnelle et par une stratégie effective de communication et de représentation, des institutions et des acteurs de l'espace public comme des figures de la représentation et de la visibilité publique de l'appartenance sociale et du lien constitutif de la sociabilité politique et institutionnelle. Les institutions, globalement, ne sont, en fin de compte, que les représentations, émergées dans l'espace public, de la sociabilité même qui les a fondées comme formes symboliques. La représentation des formes de la médiation culturelle inscrit dans l'espace public de la sociabilité la continuité symbolique et institutionnelle des stratégies des acteurs et des représentations de leur pouvoir. En ce sens, elle assure la continuité symbolique des formes juridiques et institutionnelles de la médiation d'appartenance. La logique culturelle des représentations de l'appartenance succède à leur logique institutionnelle en leur donnant une consistance esthétique et symbolique propres à les inscrire dans la mémoire et dans la conscience de ceux mêmes qui les mettent en oeuvre.

Culture et patrimoine

Le patrimoine constitue l'autre forme de présence dans l'espace social de la continuité des appartenances : il représente l'ensemble des formes et des lieux dans lesquels la mémoire collective de la sociabilité reconnaît la permanence et la pérennité des appartenances et des liens de sociabilité. En ce sens, la valeur du patrimoine s'inscrit dans la nécessité, pour les acteurs de la sociabilité, d'être effectivement porteurs de la médiation qui les constitue comme sujets sociaux et comme acteurs effectifs du politique. Le patrimoine constitue, pour eux, une forme de représentation du lien social qui inscrit une valeur particulière, symbolique, mais aussi marchande, dans les objets, dans les constructions, dans les lieux, et même dans les rituels de représentation de la sociabilité. En rendant identifiable l'espace social de l'appartenance, la culture constitue le patrimoine comme ensemble de formes symboliques constitutives de l'appartenance et de la sociabilité. Mais le patrimoine représente une forme particulière de médiation culturelle, puisqu'il s'inscrit dans la continuité et dans la pérennité de la culture dans le temps, alors que les médias, par leur diffusion, inscrivent la médiation culturelle dans l'espace. Le concept de patrimoine renvoie étymologiquement au latin *pater*, *père*, c'est-à-dire à la représentation institutionnelle de la filiation, donc de la continuité historique d'une appartenance et d'une forme de sociabilité. Le patrimoine représente, finalement, une garantie de la pérennité de l'appartenance dans le temps et dans l'historicité des liens et des formes du politique. L'importance culturelle du patrimoine est, dans ces conditions, double. D'une part, il assure la continuité et la pérennité des formes symboliques et esthétiques par lesquelles un peuple se représente à lui-même sa propre continuité, et, d'autre part, il assure à ceux qui en sont conscients et qui en sont porteurs, la représentation de la valeur du lien social fondateur de leur culture et de leur appartenance. Le patrimoine constitue une valeur de référence pour ceux qui en sont porteurs, car il inscrit dans la continuité de l'histoire les formes de la sociabilité et l'assurance de leur identité et de leur statut symbolique et politique. Le patrimoine, finalement, constitue, pour ceux qui en sont porteurs, une représentation de la médiation historique de leur appartenance et de leur sociabilité, en même temps qu'il donne un sens à leur appartenance en la situant dans la continuité d'événements et de situations qui rendent possibles son identification et son interprétation. La médiation patrimoniale s'inscrit à la fois dans le temps qui lui donne sa signification et sa rationalité, et dans l'espace qui lui donne sa consistance et sa visibilité : c'est ainsi que se constitue, peu à peu, un paysage culturel, fait des formes du patrimoine et, par conséquent, des signes de l'appartenance. La signification du patrimoine est, dans ces conditions, toujours double, puisqu'il s'agit à la fois d'histoire et d'esthétique : puisqu'il s'agit toujours, à la fois, de représenter la pérennité de la sociabilité au cours de l'histoire et de nous donner des formes et des objets de nature à susciter notre intelligibilité du lien social et notre reconnaissance de sa légitimité. C'est dire toute l'ampleur proprement politique de la gestion du patrimoine, qui assume, finalement, la responsabilité de rendre l'appartenance lisible, dans les paysages et dans les monuments, à la fois dans l'histoire et dans le présent.

Culture et histoire

La signification, à la fois symbolique et sociale, du patrimoine est bien de représenter, dans l'espace public, l'ancrage de notre appartenance dans la continuité d'une histoire et dans les formes d'une esthétique. Le patrimoine, en quelque sorte, donne à notre ancrage dans l'histoire des signifiants, c'est-à-dire un système de formes qui nous le rende perceptible et qui nous permette de le comprendre en l'inscrivant dans un code. La reconnaissance du patrimoine, et, au-delà, la politique mise en oeuvre pour en assurer la conservation, la connaissance et la transmission, signifient l'appropriation sociale et institutionnelle de l'histoire par la société même qui l'inscrit dans ses pratiques culturelles. Depuis plusieurs années, en France, ont lieu, au mois de septembre, des *Journées du patrimoine*, un peu partout, pour faciliter la diffusion et la meilleure connaissance des lieux et des formes constitutifs du patrimoine culturel et esthétique de ce pays. La signification de ces journées ne saurait se réduire à la logique d'une organisation de loisirs intelligents, ni à une simple logique d'information ou d'animation. De telles manifestations, qui constituent des médiations grâce auxquelles les habitants ou les visiteurs d'un pays peuvent appréhender la réalité de sa mémoire patrimoniale, ont une signification plus complexe. Il s'agit, finalement, de mettre en oeuvre des stratégies de communication et d'information faisant découvrir le fait que la fonction patrimoniale consiste à investir un monument, un site ou une pratique culturelle, d'une signification à la fois esthétique et historique. La spécificité de la médiation patrimoniale est de constituer la culture par la dialectique entre esthétique et histoire. L'histoire, ainsi inscrite dans les pratiques culturelles, fait donc l'objet d'une double signification, qui se pense dans son rapport à la constitution d'un espace social et politique et dans son rapport aux pratiques culturelles, esthétiques, symboliques de ceux qui s'en reconnaissent dépositaires. Les pratiques culturelles rendent l'histoire interprétable, en rendant possible, dès lors, par la médiation du fait patrimonial, la constitution d'une conscience historique et son appropriation par les acteurs sociaux : en parcourant le château de Versailles ou en découvrant le musée de l'imprimerie, les visiteurs s'approprient les formes historiques de la présence symbolique d'un pouvoir, d'une profession, de processus technologiques, et, en s'en appropriant ainsi la consistance historique, ils leur donnent une signification par laquelle l'histoire devient, plus encore qu'un objet ou un champ de savoir, une médiation culturelle. Pour que l'histoire soit pleinement assumée par ceux qui en sont porteurs, comme médiation culturelle de leur appartenance, il faut que, grâce à la médiation patrimoniale et à la médiation muséale, elle s'inscrive dans les formes et dans l'exposition d'une esthétique. Le rôle du patrimoine est de fournir à cette esthétique une reconnaissance sociale et politique, et le rôle du musée est de lui donner les lieux, les cadres et les structures grâce auxquels cette esthétique puisse faire l'objet d'une conservation et d'une appropriation grâce aux parcours et aux regards des visiteurs. Mais, au-delà, la signification historique de la médiation patrimoniale et de la médiation muséale est d'assurer la pérennité et la continuité, à la fois dans l'histoire et dans le langage, de l'identité et de l'appartenance, en rendant possible une appropriation des formes de nature à assumer, dans le même temps, la reconnaissance continue d'une appartenance.

Pratiques culturelles et conscience institutionnelle

C'est que la reconnaissance des formes et des objets du patrimoine culturel constitue, en même temps, un mode d'appropriation de ce que l'on peut appeler une conscience institutionnelle. Les pratiques culturelles ne sauraient être séparées de ce qui représente, sans doute, leur enjeu majeur : la constitution, par la médiation esthétique et symbolique des formes de la culture, d'une conscience institutionnelle qui fasse de nous les sujets actifs et conscients d'une appartenance destinée à devenir une citoyenneté.

Conscience sociale et conscience institutionnelle

Il convient de commencer par distinguer aussi nettement que possible le concept de conscience sociale et celui de conscience institutionnelle, qui ne s'inscrivent, l'un et l'autre, ni dans les mêmes usages ni dans les même significations. La conscience institutionnelle a une dimension politique : elle est celle de l'appartenance et elle fonde la citoyenneté de celui qui en est porteur. La conscience sociale est d'un autre ordre, parce qu'elle se situe dans la logique du rapport aux autres acteurs de l'espace public et de la sociabilité : elle consiste dans la mise en oeuvre, par le sujet, d'une stratégie d'échanges et de communication par laquelle il reconnaît son inscription dans un rapport de sociabilité, de solidarité, de connaissance mutuelle, aux autres. Les pratiques culturelles rendent possible la reconnaissance de ces deux logiques, et, surtout, elles donnent aux sujets de la sociabilité les moyens esthétiques et formels de faire apparaître dans leur expérience la signification qu'ils donnent à cette double reconnaissance. En effet, quand je mets en oeuvre une pratique culturelle, je représente, ainsi, dans l'espace public, à la fois la dimension politique de ma conscience institutionnelle (de cette manière, je m'inscris dans un espace de droits, de devoirs, et de citoyenneté) et la dimension culturelle de ma conscience sociale (de cette manière, je reconnais la validité et la signification d'un système symbolique de représentation). Les pratiques culturelles vont constituer, de cette manière, un engagement du sujet porteur de la sociabilité dans des usages qui lui permettent de donner une consistance et une visibilité à son appartenance, et d'assumer, ainsi, sa double conscience sociale et institutionnelle. L'enjeu des pratiques culturelles a, sans doute, toujours été, dans les systèmes sociaux, de rendre ainsi manifestes les formes de la sociabilité politique, c'est-à-dire de l'adhésion des citoyens au système politique dont elles se soutiennent. La représentation théâtrale est l'occasion, pour les spectateurs, de représenter dans l'espace public, les uns pour les autres, leur appartenance politique et leur citoyenneté, mais aussi leur appartenance sociale, qui consiste dans leurs choix esthétiques, dans leurs choix vestimentaires, dans leur façon de mettre en oeuvre leurs pratiques culturelles (on va voir un film, mais on choisit aussi le cinéma dans lequel on va le voir). La médiation culturelle, en l'occurrence la pratique du cinéma, consiste, pour ceux qui la mettent en oeuvre, dans l'articulation, assumée par leur plaisir esthétique, entre les choix idéologiques et politiques constitutifs de leur conscience politique et les choix culturels constitutifs de leur conscience sociale. En donnant ainsi une consistance politique à notre conscience sociale, nos pratiques culturelles nous permettent de donner un sens à l'une et à l'autre, et, ainsi, de mieux les assumer au cours de nos pratiques sociales. Les pratiques culturelles ne sauraient se limiter, ainsi, à leur fonction de plaisir ou de loisir : c'est par la mise en oeuvre de ce plaisir esthétique, voire de leur dimension ludique, qu'elles rendent possible la pleine appropriation de leur signification et de leur reconnaissance par les sujets sociaux qui les mettent en oeuvre.

La culture donne du sens à notre appartenance et à la conscience dont nous en sommes porteurs

Les pratiques culturelles sont, dès lors, constitutives de notre conscience sociale en lui donnant la consistance symbolique qui nous permet à nous-mêmes, et qui permet aux autres, de la percevoir et de la comprendre. C'est la raison pour laquelle elles sont structurées, rationalisées, pensées, dans tous les systèmes politiques, comme une forme majeure de leur appropriation par les sujets qui les feront vivre dans l'histoire. La médiation culturelle, finalement, constitue, pour nous une forme d'objectivation esthétique et symbolique de notre propre appartenance : elle donne, en effet, à notre citoyenneté, à nos pratiques sociales, à notre engagement, une logique de représentations et de symboles qui les mettent en scène, leur donnant, de cette manière, une signification. La rationalité économique d'un système politique ne lui donne pas de sens : elle en fait apparaître le bien-fondé, voire les avantages sur un autre. Ce n'est pas sur ces bases que l'on assume une appartenance politique. On ne choisit pas une appartenance politique sur catalogue, en comparant les avantages et les inconvénients de l'une par rapport à une autre. On ne vote pas pour un candidat ou un parti, on ne choisit pas une église, parce qu'ils lavent plus blanc. L'engagement dans un parti ou dans une église, la reconnaissance et l'appropriation d'une opinion, résultent d'un choix culturel, assumé par la médiation esthétique de pratiques symboliques. C'est là ce qui fait toute la différence entre des choix politiques d'intérêt immédiat ou d'intérêt particulier et des choix politiques qui se fondent sur la représentation de l'intérêt général. C'est, d'ailleurs, pourquoi les régimes totalitaires mettent en scène de grandioses représentations de la culture, sans rendre possible l'émergence de réelles médiations culturelles : il ne s'agit pas, pour eux, de rendre possible une adhésion rationnelle et une appartenance assumée, mais de forcer, par une sorte de fascination et en faisant obstacle aux interrogations et aux questionnements politiques, la reconnaissance de ceux sur qui ils exercent leur pouvoir. La médiation culturelle, dès lors qu'elle est mise en oeuvre par des sujets libres qui l'assument, rend possibles la reconnaissance et l'appropriation symboliques des formes politiques de la sociabilité qui constituent le système social et institutionnel dans lequel ils vivent. Nous ne donnons de sens à une appartenance ou à un choix politique que quand ils s'expriment par la médiation de formes esthétiques et symboliques interprétables : l'exercice du pouvoir n'a pas de sens, il ne s'interprète pas, puisqu'il n'est pas là pour cela, mais pour mettre en oeuvre dans le réel les choix dont il se soutient. Ce qui rend possible notre engagement symbolique pour telle ou telle forme d'exercice du pouvoir, c'est sa représentation dans un langage et dans un système symbolique auquel nous pouvons donner du sens, et, par conséquent, signifier notre reconnaissance et notre adhésion. C'est le sens de la médiation culturelle de la communication et du discours politiques, qui constituent des représentations des choix politiques et des acteurs qui les assument dans des logiques esthétiques et culturelles qui les rendent lisibles et qui leur donnent du sens. Je ne peux souscrire à une opinion politique que quand elle s'inscrit, pour moi, dans des signifiants qui lui donnent une consistance, et, en particulier, dans des pratiques culturelles qui me la représentent au cours d'activités esthétiques comme des représentations théâtrales (théâtre engagé), des représentations littéraires (littérature engagée) ou des représentations musicales marquant des choix explicites.

Pratiques culturelles et citoyenneté

Les pratiques culturelles font apparaître la consistance symbolique de nos droits et de nos modes d'organisation de la société : elles fondent, dans ces conditions, la dimension symbolique de notre libre exercice de la citoyenneté. Toute la dimension proprement politique de la médiation culturelle réside dans l'expression de la citoyenneté qu'elle rend visible en la diffusant dans l'espace public de la sociabilité. C'est dire, à la fois, l'importance de l'appropriation de la culture par ceux qui deviennent citoyens et l'importance de l'expression politique de l'appartenance grâce aux formes et aux pratiques de la médiation culturelle. Les pratiques culturelles donnent à l'expression de la citoyenneté la dimension esthétique et symbolique qui ne saurait lui être donnée par notre seule participation aux activités institutionnelles de l'espace public : elles représentent ce que l'on pourrait appeler l'usage esthétique et symbolique de l'espace public. Les pratiques culturelles représentent une dimension symbolique de la citoyenneté, d'abord dans la mise en oeuvre des systèmes de représentation qui la structurent : tout le projet des institutions de l'animation socio-culturelle a bien été, au départ, l'organisation de modes culturels d'accès à la citoyenneté[53], de la même manière qu'au siècle précédent, les institutions mettant en oeuvre les pratiques culturelles de la bourgeoisie industrielle dominante étaient là pour donner aux acteurs dominants des représentations esthétiques et symboliques de leur appartenance. Le théâtre bourgeois, largement diffusé en France au XIXème siècle, , puisqu'il existait un théâtre dans chaque ville un peu importante, constituait, pour la bourgeoisie une forme esthétique de représentation spéculaire dans laquelle elle pouvait reconnaître et assumer sa propre sociabilité, grâce à une esthétique qui lui était destinée et par laquelle elle pouvait assister à une représentation sublimée d'elle-même (opéra bourgeois, théâtre de boulevard). Quant à l'époque contemporaine, les formes esthétiques de la représentation mettent en scène, dans l'espace public, diverses formes de ce miroir sublimé de notre propre sociabilité : on peut citer, en particulier, toute l'esthétique théâtrale issue du happening, dont le travail de Jérôme Savary peut constituer un exemple, qui consiste dans une critique esthétique radicale des formes de la sociabilité et de la communication, mais on peut citer aussi cette autre forme de critique radicale que peut constituer l'esthétique du *ready-made*, ou celle de Duchamp, qui inscrivent la critique des formes de la sociabilité dans la mise en scène même des objets et des formes de la représentation au coeur de l'espace de la médiation esthétique. Grâce à ces mises en scène esthétiques de représentation sublimée des formes de la sociabilité, nous nous trouvons devant des miroirs de la citoyenneté : en représentant le lien social sur la

---

[53] C'est le sens de l'activité des associations d'animation, des maisons des jeunes et de la culture, qui s'engagent à la fois dans des politiques de développement de loisirs et de développement de la médiation culturelle, et dans des politiques de participation à la formation continue.

scène d'un spectacle ou d'une exposition, ces formes de représentation constituent un miroir social de la citoyenneté, puisqu'elles donnent à l'appartenance les formes esthétiques qui la représentent à ceux mêmes qui en sont porteurs, mettant, par conséquent, en scène un miroir social et politique des formes du politique.

Culture et continuité historique des formes du politique

En les rendant transmissibles, la culture assure la communication des formes du politique dans l'espace public de la sociabilité, et, en les rendant enregistrables, elle en assure l'inscription dans la mémoire des acteurs de la sociabilité (patrimoine). La médiation culturelle constitue, dans ces conditions, une double continuité - symbolique et institutionnelle - des formes du politique, c'est-à-dire des formes institutionnelles de la sociabilité. La médiation culturelle s'entend, en effet, comme une double médiation : par rapport au passé, elle assure la continuité de la représentation de l'appartenance en assurant la médiation entre les formes contemporaines et les formes passées de l'organisation sociale (c'est la dimension patrimoniale de la médiation culturelle) et, par rapport au présent, elle assure la continuité des représentations de l'appartenance dans la diversité des lieux de la sociabilité (c'est la dimension de communication et d'information de la médiation culturelle). La médiation culturelle, somme toute, constitue la continuité des formes du politique, elle fait de la médiation politique un continuum symbolique, dès lors inscrit dans l'histoire et dans l'espace. En France et dans d'autres pays, cette mission de continuité de la représentation esthétique et symbolique de la médiation est assurée grâce à son institutionnalisation au moyen de la fondation d'une mémoire de la médiation culturelle, exercée par l'institution muséale et par la mise en place, au seizième siècle, du dépôt légal. Le musée est le lieu institutionnel de la conservation des formes de la médiation culturelle et, par conséquent, de l'expression d'une continuité symbolique et institutionnelle entre elles. Le musée fait apparaître, dans toutes leurs différences et toutes leurs spécificités, les formes de médiation culturelle constitutives de notre patrimoine, la dimension de ce patrimoine correspondant, d'ailleurs, à la dimension que donne le musée à l'espace social de notre appartenance : le projet du Musée de l'Homme ou du Musée des arts premiers est de représenter l'universalité supposée de l'humanité, en représentant une forme universelle de médiation symbolique de l'appartenance, tandis que le Musée de l'Imprimerie et de la Banque, à Lyon, entend représenter, par la médiation d'expositions d'objets et de pratiques professionnelles, l'institutionnalisation d'une profession et d'une appartenance sociale. L'institution du dépôt légal est un peu de même nature. Quand François Ier décide, au seizième siècle, de faire déposer à Paris un exemplaire de chaque ouvrage imprimé en France, il s'agit, de la part du pouvoir royal, de répondre aux exigences de deux impératifs. Le premier est politique : en faisant déposer un exemplaire de chaque production imprimée de ce pays, le roi peut contrôler l'activité naissante de l'édition et exercer une forme indirecte de censure. Le second est patrimonial et proprement culturel : par l'institution du dépôt légal, le pouvoir commence à constituer une mémoire culturelle de ce pays, il entreprend la constitution d'un ensemble symbolique considérable de savoirs et de productions de langage censé représenter l'état de la culture d'un pays à un moment donné, et, par conséquent, censé constituer la mémoire de tous les écrits de ce pays. Le dépôt légal reconnaît, finalement, le caractère spécifique de l'écriture qui est de pouvoir être conservée dans sa forme. De cette manière, l'institution du dépôt légal participe à la mise en oeuvre d'une continuité symbolique de l'appartenance et de la citoyenneté.

Chapitre 11

HEGEMONIE, IDEOLOGIE ET CULTURE

La dimension politique de la médiation culturelle est liée à sa dimension institutionnelle : la constitution et la mise en oeuvre d'activités et de structures proprement institutionnelles de la médiation culturelle reviennent à une forme de reconnaissance de son importance et de son rôle dans les formes politiques de la sociabilité. Mais, en reconnaissant cette importance spécifiquement politique de la médiation culturelle, il importe de faire apparaître la signification politique de son discours et de ses représentations, et de reconnaître une dimension politique aux formes mêmes de l'esthétique qu'elle met en oeuvre dans l'espace public. Cette dimension politique de la médiation culturelle représente ce que l'on est convenu de désigner par le concept d'idéologie. C'est en raison de cette dimension politique même qu'il n'y a pas de mise en oeuvre neutre de la médiation culturelle : dès lors qu'elle est représentée dans l'espace public, toute forme de médiation culturelle fait l'objet d'une reconnaissance et d'une interprétation de la part de ceux qui y assistent, et qui, de cette manière, par leur sociabilité même, lui confèrent une visibilité et une consistance politiques. Ce n'est pas tant le texte même du *Mariage de Figaro* qui confère une dimension politique à la pièce de Beaumarchais, mais bien, au contraire, l'usage qu'en feront ses spectateurs en inscrivant l'esthétique de cette représentation dans les logiques politiques dont ils sont porteurs et qui préparent la Révolution.

Pratiques culturelles et hégémonie politique

Cette dimension politique des formes culturelles de la médiation leur confère nécessairement une dimension institutionnelle et leur donne la consistance d'un pouvoir. Tandis que le désir fonde le réel de la subjectivité et de sa consistance symbolique, c'est le pouvoir qui fonde le réel de la consistance des acteurs politiques : de même que ce qui distingue un sujet d'un autre, malgré leur spécularité symbolique, c'est la singularité de leur désir, ce qui distingue un acteur politique d'un autre, malgré l'indistinction de leur appartenance et de leur sociabilité, c'est la singularité du pouvoir de l'un qui ne saurait se soutenir que de l'absence de pouvoir de l'autre. Le concept d'hégémonie désigne la mise en oeuvre esthétique et symbolique, dans l'espace public de la sociabilité, des formes de la représentation du pouvoir.

Mise en scène des pratiques culturelles dans l'espace politique

Cette inscription des formes du pouvoir, et, au-delà, des formes de la représentation des acteurs politiques, dans l'espace public de la sociabilité, institue ce que l'on peut appeler leur mise en scène dans l'espace politique. Pas de présence symbolique et institutionnelle des acteurs du politique sans qu'ils fassent l'objet d'une représentation esthétique et symbolique, qui prend la forme de pratiques culturelles mises en scène dans l'espace public : la visibilité institutionnelle des acteurs politiques leur est assurée par leur représentation dans l'espace public, grâce à des stratégies de communication et à des stratégies de représentation dans les médias, dans les pratiques culturelles ou dans les autres formes symboliques de représentation mises en oeuvre dans l'espace public. Les pratiques culturelles inscrivent les pratiques symboliques sociales des sujets de communication qui les mettent en oeuvre dans l'espace public, et leur confèrent, ainsi, une dimension et une consistance effectives d'acteurs politiques. C'est ainsi qu'une tragédie comme *Britannicus* confère au problème de l'exercice du pouvoir et de sa légitimité la consistance symbolique d'une représentation esthétique dans l'espace public, ou qu'un film comme *Octobre* représente les choix politiques de la révolution dans l'espace public de la représentation et de la diffusion des formes esthétiques de l'argumentation politique.

Acteurs politiques et pratiques culturelles

Les acteurs politiques acquièrent une visibilité médiatée dans l'espace public par la mise en œuvre de pratiques culturelles qui les font apparaître aux yeux des acteurs singuliers de la sociabilité : les pratiques culturelles ainsi organisées et mises en oeuvre par les institutions ou par les autres acteurs de la vie politique représentent une dimension symbolique et esthétique de la médiation politique. On peut, à cet égard, distinguer deux époques de l'inscription des stratégies des acteurs politiques dans les formes de la médiation culturelle : il y a l'avant et l'après par rapport à l'émergence des formes modernes et contemporaines de la communication politique. On peut situer la ligne de rupture au XIXème siècle, avec l'apparition des quotidiens imprimés et diffusés industriellement. Avant le XIXème siècle, les acteurs politiques se font connaître par des formes symboliques de médiation culturelle qui correspondent à une époque au cours de laquelle le champ politique se confond, socialement et isntitutionnellement, avec les acteurs des institutions. *1789*, d'Ariane Mnouchkine, met en scène l'exclusion du peuple des lieux du politique par l'impossibilité d'écrire les cahiers de doléances, faute de «savoir faire un gueu», et, donc, faute de pouvoir écrire le mot *gabelle*. On se trouve, jusqu'au dix-neuvième siècle, en France, mais aussi dans la plupart des pays, dans une situation d'exclusion du peuple par rapport aux lieux du politique, un peu, d'ailleurs, de la même façon que, dans l'Antiquité, la citoyenneté, en droit et en fait, était réservée à ceux qui, pour des raisons sociales et culturelles, disposaient des moyens de représenter leur opinion dans l'espace public en lui donnant les formes esthétiques d'un discours. La rupture se situe avec l'industrialisation du XIXème siècle qui, de façon dialectique, voit l'émergence des formes modernes de la communication médiatée par l'industrialisation de l'imprimerie de presse grâce à la découverte de la rotative, et le développement des formes institutionnelles de l'éducation populaire, grâce à l'apparition de l'école publique, sous différentes formes selon les pays et selon les traditions. L'espace politique va tendre, dès lors, à se confondre avec l'espace de la sociabilité, grâce à la diffusion et à la généralisation des pratiques culturelles : celles-ci, comme le journal, la musique, et, bientôt, le théâtre et le livre, vont assurer l'homogénéisation esthétique et culturelle d'un espace public, déjà institutionnellement structuré de façon homogène - à l'exception, toutefois, en tout cas en France, faut-il le rappeler ici ? , des femmes, exclues jusqu'en 1945 du champ des pratiques institutionnelles de la médiation politique. Désormais, la diffusion des pratiques culturelles dans l'espace social va assurer sa constitution effective en espace politique, et la médiation culturelle va constituer une forme de garant de l'exercice indistinct des droits politiques liés à la citoyenneté. Le rôle de la médiation culturelle va, dès lors, évoluer, puisqu'elle va constituer, désormais, une forme de la médiation politique ; dans ces conditions, va apparaître toute une esthétique moderne de la sociabilité, illustrée, en particulier, par les romans de Dickens, puis de Zola, par l'imagerie politique et révolutionnaire de 1848 ou de la Commune, ou par les caricatures des premiers journaux.

La domination culturelle

Le concept de domination culturelle désigne une situation institutionnelle et politique dans laquelle un système culturel de représentation et de signification impose des formes et stratégies de communication comme seules légitimes. La domination culturelle consiste dans une situation de monopole pour les acteurs dominants de la communication qui mettent en oeuvre leurs pratiques esthétiques et culturelles, et qui, pour cela, l'inscrivent dans un système établi de signification et de représentation. La domination culturelle inscrit les modes de communication et de représentation dans des situations de pouvoir : d'une part, elle met en oeuvre des logiques et des stratégies de pouvoir et de domination sur les représentations culturelles elles-mêmes, et, d'autre part, elle utilise les formes et les stratégies de la médiation culturelle comme des modes et des stratégies institutionnels d'exercice du pouvoir. En fait, la situation de domination culturelle consiste dans une articulation, ou dans une surdétermination, entre les logiques politiques d'exercice du pouvoir et les logiques esthétiques de la médiation culturelle : c'est ainsi que l'on peut analyser la situation progressivement dominante, puis hégémonique, de la culture athénienne dans l'espace culturel grec, ou encore la substitution de l'hégémonie culturelle de la latinité à l'hégémonie politique de l'empire romain dans les pays européens. Le concept de domination culturelle désigne une forme indirecte d'exercice du pouvoir, puisque ce ne sont pas les décisions immédiates ou les choix pratiques de mode de vie, qui sont concernés par une telle hégémonie, mais les formes de pensée, les langages de représentation ou les pratiques esthétiques et culturelles. La domination culturelle est toujours indirecte, elle est toujours seconde, puisqu'elle ne porte pas sur des choix ou des décisions engageant le réel des situations politiques, mais sur des choix ou sur des significations engageant les stratégies de représentation ou de signification, indirectement constitutives de l'identité culturelle des acteurs ou des sociétés sur lesquels elle porte. L'hégémonie culturelle de la latinité, au Moyen-Âge, par exemple, ne consiste pas dans une hégémonie politique de nature à imposer des choix ou des décisions d'organisation sociale et politique : elle consiste dans l'existence d'un langage unique de représentation de la médiation culturelle dans les pays dans lesquels elle est présente. Une telle hégémonie culturelle porte sur l'esthétique de l'art, sur les constructions et les modalités esthétiques de l'aménagement de l'espace social ; elle structure les pratiques symboliques et les pratiques culturelles mises en oeuvre au cours des activités de communication et représente, en fait, l'émergence dans l'espace politique de la sociabilité d'une forme unique de référence identitaire des appartenances et des formes de la sociabilité, qui se manifeste, en particulier, par la généralisation de l'usage de la même langue - le latin - comme langue constitutive de la médiation culturelle. Une forme nouvelle de domination culturelle apparaît, de nos jours, sous la forme de la situation hégémonique de la culture anglo-saxonne dans la mise en oeuvre des médiations culturelles dans le monde entier - en particulier dans le cadre de la négociation de l'Accord mondial sur l'investissement (A.M.I.), puis de son échec. En mettant en cause l'idée d'une «exception culturelle» dans la réglementation des investissements dans le monde, un tel accord était censé assurer aux États-Unis une situation hégémonique dans la production et la diffusion internationales des formes médiatées de la représentation esthétique et culturelle.

Domination culturelle et idéologie dominante

Ces deux concepts sont fondamentaux pour la rationalisation et pour l'intelligibilité des formes politiques de l'exercice des médiations culturelles. En effet, dès lors que des pays ou des institutions mettent en oeuvre des politiques culturelles, c'est-à-dire des politiques d'organisation de la création et de la diffusion en matière artistique ou intellectuelle, c'est que l'on se trouve dans une situation dans laquelle les logiques de médiation culturelle sont articulées à des logiques politiques. On se trouve, dès lors, dans une situation historique et sociale dans laquelle les formes de la médiation culturelle sont mises en oeuvre dans des stratégies hégémoniques par les acteurs au pouvoir. C'est ainsi que la diffusion des formes culturelles françaises a pu dominer tous les pays colonisés par la France, au point de constituer, dans bon nombre d'entre eux, encore aujourd'hui, une forme hégémonique de médiation culturelle. Il convient de distinguer ici le concept de domination culturelle et celui d'idéologie dominante, le premier constituant un ensemble de pratiques de la médiation culturelle, tandis que le second constitue un ensemble de représentations et de savoirs. La domination culturelle représente l'ensemble des formes et des pratiques culturelles considérées comme représentatives de la culture dominante, tandis que l'idéologie dominante représente l'ensemble des représentations symboliques mises en oeuvre au cours de ces pratiques culturelles. Il s'agit, en fait, de deux formes distinctes d'exercice du pouvoir politique sur les médiations culturelles de la signification et de la représentation : tandis que la domination culturelle constitue l'exercice d'un pouvoir réellement perceptible par un acteur institutionnel identifiable dans l'espace social, l'idéologie dominante désigne un ensemble de représentations, d'idées ou d'opinions dont le propre est de n'avoir aucun sujet, aucun auteur identifiable. Tandis que la domination culturelle est exercée par un acteur identifiable, au moyen de stratégies de domination que l'on peut décrire, et, éventuellement, tenir en échec, l'idéologie dominante est un ensemble de représentations et de discours portés, dans l'indistinction par les acteurs de la sociabilité, sans que leur consistance symbolique puisse faire l'objet d'une interprétation, ni que leur auteur puisse être identifié comme un acteur particulier de la sociabilité. Le propre de l'idéologie dominante est de faire l'objet d'une diffusion sans énonciation : les formes symboliques qui en sont porteuses dans l'exercice des médiations de la communication ne peuvent être reconnues et identifiées en tant que telles, ce qui, d'ailleurs, conforte la situation hégémonique de l'idéologie dominante, puisqu'elle ne peut faire l'objet d'aucune dénonciation et d'aucune rationalisation par les acteurs du politique et de la sociabilité. L'idéologie dominante est l'ensemble des représentations qui, diffusées dans toute l'étendue de l'espace public, assurent une homogénéité culturelle aux opinions politiques et aux choix culturels des acteurs de la sociabilité. C'est pourquoi elle ne saurait être imputée à un auteur ou à un acteur particulier : tous se reconnaissent, au cours de la mise en oeuvre de leurs stratégies et de leurs pratiques symboliques, dans les représentations constitutives de l'idéologie dominante. Il s'agit, par exemple, de ce que l'on appelle le goût, ou de ce que l'on appelle les modes : l'idéologie dominante impose une forme homogène de représentation de la médiation culturelle, sans même qu'en soient conscients les acteurs de la sociabilité. Le propre des logiques de pouvoir - qu'il s'agisse de la domination culturelle ou de l'idéologie dominante - est de s'inscrire dans des formes de représentation et de communication non assumées par des sujets particuliers de la sociabilité.

Les formes culturelles de l'hégémonie idéologique

Pour pouvoir s'exercer sur les acteurs de la sociabilité, dans leurs pratiques de communication et dans leurs pratiques esthétiques, l'idéologie dominante structure leurs opinions en exerçant sur eux des formes d'hégémonie idéologique. C'est dans les formes culturelles de l'hégémonie idéologique que s'exerce la puissance des modes dominants de la représentation et de la création culturelle.

La diffusion culturelle et l'exercice de l'hégémonie idéologique

C'est par la diffusion des formes culturelles dont il est porteur qu'un système politique ou une orientation idéologique acquiert la situation dominante dans la communication médiatée. En effet, c'est par la diffusion des formes de la culture et de la représentation que la consistance d'un discours ou d'un type de communication peut se faire le porteur, ou le relais, d'une entreprise de domination et d'hégémonie. L'hégémonie idéologique d'un mode de représentation ou d'une forme de médiation culturelle s'exerce par la diffusion, dans l'espace social, de représentations, d'idées ou de médias porteurs de ses choix et de ses orientations. La diffusion culturelle est mise en oeuvre d'une part par les médias, et d'autre part, par les sujets eux-mêmes du langage et de la sociabilité. Par les médias, les formes dominantes de la représentation sont diffusées dans tout l'espace public aussi bien à ceux qui en sont les destinataires, c'est-à-dire les usagers et les lecteurs, qu'à ceux qui en sont les énonciateurs, ainsi eux-mêmes porteurs des représentations dominantes. C'est par les médias, en particulier par les médias audiovisuels comme la télévision, que s'affirme aujourd'hui la situation hégémonique de la culture anglo-saxonne : les représentations des médias constituent ainsi des modes de diffusion de représentations constitutives à la fois des savoirs et des opinions des acteurs de la sociabilité. Ceux-ci, par ailleurs, constituent, eux-mêmes, les acteurs de la diffusion des formes dominantes de la sociabilité : c'est par les acteurs singuliers de l'opinion et des discours que les opinions et les représentations constitutives de l'idéologie dominante font l'objet d'une diffusion dans l'espace public de la sociabilité, mais encore faut-il qu'ils aient fait, d'abord, l'objet d'une reconnaissance et d'une appropriation par les sujets singuliers de la médiation culturelle. La situation hégémonique des opinions dominantes construit sa domination, finalement, grâce aux acteurs singuliers de la médiation culturelle, au cours de pratiques culturelles qu'ils n'assument pas toujours comme pratiques d'exercice de l'hégémonie de l'idéologie dominante, mais qui n'en constituent pas moins des formes d'expression et de représentation des idées et des opinions auxquelles est reconnu ce que l'on peut appeler un pouvoir idéologique. L'exercice de l'hégémonie idéologique d'un pays ou d'un pouvoir s'impose par la médiation des formes et des stratégies de représentation de cette idéologie ou des acteurs qui en sont porteurs : c'est ainsi que se mettent en oeuvre des stratégies culturelles de domination engagées par des acteurs au pouvoir, comme les stratégies de domination idéologique des partis uniques ou des religions dominantes, comme a pu l'être le christianisme en Europe au Moyen-Âge, véritablement dominant dans les représentations esthétiques (thématique des tableaux), dans l'architecture (importance de la construction des églises), dans l'esthétique du théâtre et de la représentation (mystères et pièces à caractère religieux ou sacré).

Représentations culturelles des idéologies dominantes

Les idéologies dominantes s'inscrivent dans des pratiques et dans des modes de visibilité et d'actualisation qui les représentent en leur donnant une forme symbolique interprétable dans l'espace public : en fait, ce qui caractérise les formes de médiation culturelle engagées par les idéologies dominantes est le fait qu'elles sont anonymes. Les représentations culturelles des idéologies dominantes se distinguent des représentations culturelles minoritaires par le fait qu'elles ne font l'objet d'aucune appropriation ni d'aucune reconnaissance par des sujets individualisés de la médiation culturelle, mais qu'au contraire, elles font l'objet de ce que l'on peut appeler une diffusion indistincte. La diffusion indistincte est une diffusion de représentations dans l'espace public sans appropriation par un sujet particulier de la sociabilité : pour que le principe de la médiation culturelle puisse se mettre en oeuvre, il faut que la relation établie par les représentations culturelles entre le singulier et le collectif demeure une dialectique, et, par conséquent, ne puisse faire l'objet d'aucune appropriation qui l'inscrirait dans des logiques singulières de communication et de représentation. Les représentations culturelles des idéologies dominantes - ce que l'on peut appeler les représentations culturelles hégémoniques - sont imputées par ceux qui en sont porteurs à l'indistinction constitutive de la sociabilité : *on dit*, *ils disent*, sont les formes les plus courantes de présentation des représentations dominantes dans les pratiques symboliques et culturelles de la sociabilité. Les représentations culturelles des idéologies dominantes peuvent, ainsi, s'interpréter, s'analyser, mais, en aucun cas, elles ne peuvent faire l'objet d'une appropriation ou d'une reconnaissance d'un acteur ou d'un sujet particulier. Il s'agit de représentations culturelles sans sujets et, par conséquent, finalement sans consistance : le propre des représentations culturelles dominantes est qu'elles n'ont pas de signification, puisqu'elles n'ont que des usages. En effet, pour qu'une représentation culturelle ait un sens, encore faut-il qu'elle puise faire l'objet d'une interprétation par celui qui en est porteur, c'est-à-dire d'une forme d'appropriation : interpréter une opinion, une représentation, c'est se l'approprier - comme le musicien qui interprète une oeuvre se l'approprie le temps de son exécution. En fait, dans les situations de domination d'une forme particulière de médiation culturelle, la culture ne fait l'objet d'aucune appropriation : tous reconnaissent les mêmes formes symboliques comme constitutives d'une logique indistincte de représentation. Finalement, le propre des représentations culturelles des idéologies dominantes est d'être énoncées et symboliquement structurées par l'indistinction même : c'est ainsi que les représentations esthétiques de la littérature populaire, des contes et légendes constitutifs de la narrativité populaire, ou encore les chansons qui représentent la culture populaire assumée par les sujets singuliers de la sociabilité sont toujours des formes anonymes de création et de représentation. On ne sait pas qui a créé *Frère Jacques*, pas plus que l'on ne sait qui a créé l'histoire du *Chat Botté* : son appropriation par Perrault, au XVIIème siècle, marque, au contraire, comme l'a bien montré Marc Soriano[54], le passage d'une logique populaire de la narrativité à une conception savante de la littérature, et, par conséquent, une forme de rupture entre les formes culturelles anonymes de l'indistinction et les formes esthétiques singulières de la création littéraire.

L'hégémonie idéologique et la culture médiatée

C'est par la diffusion de ses formes dans les médias que l'hégémonie idéologique se construit et fait l'objet d'une appropriation par les usagers des médias : dès lors, ces derniers s'inscrivent dans l'espace public comme acteurs symboliques de la sociabilité. Il y a hégémonie, sur le plan culturel et idéologique, à partir du moment où sont diffusées certaines représentations dont la connaissance conditionne l'appartenance à l'espace de la sociabilité. L'hégémonie consiste dans le fait d'imposer des formes de culture et de savoir et des pratiques symboliques dont la connaissance et la mise en oeuvre sont les conditions de la participation à la vie collective. C'est ainsi que la langue

---

[54] Dans *Culture savante et traditions populaires*, Marc SORIANO explique, à partir d'une analyse attentive des *Contes* de Perrault, comment ces derniers s'inscrivent dans une double logique, dans une double histoire : celle de la tradition des contes, non écrits, qui constituent l'imaginaire culturel des classes populaires, en particulier rurales, et celle de la tradition d'une esthétique littéraire ancienne, qui reprend les thèmes et les logiques des contes populaires dans les formes savantes d'une littérature reconnue.

constitue une forme d'hégémonie quand elle est imposée comme condition de la participation des sujets de la sociabilité aux relations et aux formes de la communication et de la vie culturelle. Le français est devenu hégémonique quand il a fallu passer par cette langue pour avoir accès aux formes institutionnelles de la médiation culturelle. C'est le sens de l'édit de François Ier de Villers-Cotterêts (1539) par lequel la langue française devenait une langue officielle : l'hégémonie de la langue française marque à la fois la domination politique et la domination culturelle d'une forme de pouvoir. Il s'agit d'une domination politique, car, à travers la généralisation de l'usage de cette langue, c'est toute une conception de l'état et du politique qui se généralise et qui constitue un modèle pour tous les habitants du territoire ainsi structuré, et il s'agit d'une domination culturelle, car, par la médiation de cette forme de représentation et de culture, c'est toute une esthétique et tout un système formel qui constituent, désormais, le système dominant de représentation et d'intelligibilité dans le champ de la littérature, dans le champ du langage, dans le champ de l'information et du politique. C'est par la médiation des pratiques de la culture que s'imposent les logiques hégémoniques de la représentation et de l'information. Le rôle des médias est, en particulier, de structurer un mode d'énonciation et de formulation pour les formes symboliques qui deviennent des langages hégémoniques : on peut citer, en ce sens, l'importance de l'information et, par exemple, des journaux, dans la constitution des formes hégémoniques de culture et de représentation. Si, au XIXème siècle, l'industrialisation de la presse écrite fait passer l'histoire des médias à l'étape décisive de la presse de masse, c'est qu'avec la production industrielle des journaux écrits et la diffusion à une grande échelle des informations relatives au politique et à la sociabilité, la médiation de la presse impose une forme hégémonique de culture à tous ceux qui appartiennent à un même espace social de diffusion et d'information : c'est la diffusion de la presse écrite à une large échelle qui fonde l'espace de la sociabilité comme espace d'information et de communication. Ce sont les représentations symboliques produites par les journaux et les médias de masse qui construisent, à partir de l'industrialisation de la presse écrite, les formes dominantes de la culture, jusqu'à leur élargissement avec l'avènement de la publicité, qui va, elle, diffuser et rendre à leur tour hégémoniques des pratiques sociales et des modes de sociabilité qui deviennent la norme de l'existence sociale dans la culture dans laquelle ils apparaissent.

Hégémonie idéologique et conscience d'appartenance

Mais l'hégémonie culturelle et idéologique mise en oeuvre par les médias et par les formes institutionnelles de la communication a un rôle encore plus important dans la constitution de l'appartenance sociale et, au-delà, dans la constitution d'un sentiment de lien social chez ceux qui sont porteurs des représentations hégémoniques. Pour reprendre l'exemple de l'industrialisation de la presse écrite au XIXème siècle, non seulement la diffusion industrielle des médias à une grande échelle rend possibles la diffusion de formes symboliques de culture et leur appropriation par un nombre de plus en plus important de lecteurs, d'usagers et de citoyens, mais c'est leur conscience sociale même d'appartenance qui se trouve, de cette façon, construite par les représentations des médias. C'est en donnant aux sujets symboliques de la communication la conscience de leur appartenance, et, par conséquent, en les inscrivant dans des logiques identitaires que les formes de la culture acquièrent la dimension d'une hégémonie idéologique : en lisant les journaux, puis, plus tard, en écoutant des disques et en allant au cinéma, non seulement je m'approprie les formes considérées comme dominantes de la culture légitime, mais, dans le même temps, je reconnais la validité de ces représentations et leur caractère de normalité, c'est-à-dire leur caractère dominant. L'hégémonie idéologique consiste dans le fait d'imposer aux sujets singuliers de la médiation une certaine conception de leur appartenance et de leur sociabilité mêmes. Il s'agit, finalement, de fonder et de construire la conscience de l'appartenance et de la sociabilité, en donnant aux sujets de communication qui en seront porteurs des idées, des représentations, un langage qu'ils puissent mettre en oeuvre, en se faisant eux-mêmes, de cette manière, les diffuseurs des formes hégémoniques de la culture et de la sociabilité. Les formes légitimes de culture, qui sont hégémoniques, se définissent comme des pratiques symboliques dont la mise en oeuvre conditionne, pour ceux qui en sont porteurs, à la fois le sens de l'appartenance et son importance politique et institutionnelle. On peut prendre l'exemple du cinéma : le fait d'aller voir des films considérés comme représentatifs de la culture dominante (par exemple des films en version originale sous-titrée, au lieu de films doublés) représente, pour ceux qui mettent en oeuvre une telle pratique du cinéma, à la fois l'expression de l'appartenance à un champ social considéré comme dominant (ceux qui sont assez cultivés pour voir des films dans une autre langue que la leur) et l'expression d'une revendication identitaire de cette appartenance, puisqu'il s'agit d'un choix, explicitement assumé par ceux qui choisissent ce type de salles de cinéma plutôt qu'un autre. C'est ainsi que les formes hégémoniques de pratiques culturelles s'inscrivent dans les lieux des institutions culturelles qui leur donnent leur consistance sociale effective dans l'espace public. L'hégémonie idéologique de certaines pratiques culturelles est le fondement de nos représentations des appartenances dont nous sommes porteurs : c'est ainsi que des pratiques musicales dominantes au point d'être hégémoniques finissent par constituer les seules sources culturelles dont nous puissions nous soutenir pour définir ce qu'est, pour nous, la création musicale : peut-être, aujourd'hui, les formes musicales imposées par les producteurs contemporains de disques et de concerts sont-elles des formes culturelles hégémoniques, dans la mesure où nous finissons par ne plus reconnaître la signification d'autres formes d'esthétique musicale.

Pratiques culturelles et pratiques hégémoniques

Mais, dès lors que s'inscrit dans les formes de la médiation culturelle, une stratégie de domination ou de pouvoir, s'engage une logique politique de la médiation : les acteurs de la médiation culturelle s'inscrivent eux-mêmes dans des stratégies de contrôle et de pouvoir qui font d'eux des acteurs politiques de la vie institutionnelle et de la vie sociale.

Les formes du contrôle politique sur les pratiques culturelles

Les acteurs politiques reconnus en situation d'acteurs dominants exercent sur les pratiques culturelles des formes de contrôle social qui relèvent de stratégies complexes de censure culturelle : c'est par l'exercice d'un tel type de contrôle que le champ de la médiation culturelle devient un champ de pratique pour les pouvoirs institutionnels qui structurent l'espace public de la sociabilité. Dès lors que des logiques hégémoniques sont mises en oeuvre, le champ de la médiation culturelle devient un champ social comme les autres, balisé et structuré par des logiques d'acteurs politiques et institutionnels et par des stratégies d'exercice et de conservation du pouvoir. À cet égard, les activités culturelles deviennent très vite un champ où s'engagent des stratégies de contrôle de nature à garantir aux acteurs du pouvoir le maintien de leur hégémonie sur les représentations culturelles qui font l'objet d'une appropriation par les acteurs de la sociabilité. Reprenons l'exemple de la langue : à partir du moment où la colonisation d'un pays par un autre impose l'usage de la même langue dans les pays sous contrôle, la langue dominante est la langue du pays en situation de colonisateur. C'est de cette manière qu'avec la langue, et par elle, les formes de la médiation culturelle mises en oeuvre par les sujets de la communication porteurs de cette culture dominante deviennent, à leur tour, des formes hégémoniques de représentation de la sociabilité. Par la langue, les langages et les cultures en situation hégémonique font l'objet d'une appropriation qui rend leur domination d'autant plus efficace qu'elle est assumée par les acteurs mêmes qui lui sont soumis. C'est ainsi que la culture anglo-saxonne et les modes de représentation dont elle est porteuse deviennent hégémoniques à partir du moment où ils sont mis en oeuvre par des sujets de communication qui leur sont étrangers et qui en reconnaissent quand même la domination. Ce ne sont pas les anglophones qui fondent l'hégémonie de la culture anglo-saxonne : ce sont les locuteurs des autres langues et les porteurs des autres cultures qui reconnaissent l'anglais dans leurs pratiques culturelles et dans leurs pratiques de représentation. Mais le contrôle politique ainsi exercé sur les pratiques culturelles et les modes de représentation est d'autant plus efficace que ceux qui lui sont soumis mettent en oeuvre eux-mêmes les représentations qu'il impose dans leurs pratiques de communication et de représentation. L'hégémonie culturelle se définit par l'appropriation immédiate des formes de représentation par ceux qui sont soumis à cette culture : c'est l'immédiateté de l'usage de la culture qui témoigne de l'adhésion de ceux qui la mettent en oeuvre et qui, ainsi, en reconnaissent eux-mêmes le caractère hégémonique. C'est quand les entreprises et les acteurs économiques francophones parlent spontanément anglais - voire le parlent entre eux - que se trouve affirmée l'hégémonie culturelle et symbolique de la culture anglo-saxonne.

Contrôle politique et contrôle social dans le domaine culturel

En fait, l'hégémonie culturelle se manifeste par l'instauration d'un contrôle des représentations : c'est quand est institué un tel contrôle de la légitimité des représentations, des opinions, des paroles, des images, que l'on peut parler de situation hégémonique sur le plan culturel. Il s'agit, en fait, d'une forme de censure. On peut définir la censure, sur le plan des médiations culturelles, de deux façons : d'une part, il existe la censure proprement négative, qui prend la forme de l'interdit de la représentation. Un ministre de l'information a pu interdire, par exemple, la diffusion en France, en 1966, d'un film de Jacques Rivette, tiré d'un texte de Diderot, *La Religieuse* : il s'agit d'une forme très radicale - voire brutale - de censure, qui manifeste l'exercice d'un pouvoir politique et institutionnel sur la création et la diffusion des formes de la représentation. D'autre part, il existe une autre forme de censure, que l'on appelle couramment l'auto-censure, qui consiste dans l'intériorisation de l'interdit par les acteurs mêmes de la médiation culturelle, qui exercent sur leur propre activité une forme de contrôle, à la fois esthétique et institutionnel. C'est ce contrôle de la médiation culturelle qui constitue la forme la plus complexe d'hégémonie sur les pratiques esthétiques de la médiation culturelle, et qui fait, dans ces conditions, de la médiation culturelle elle-même un mode d'exercice du pouvoir. Les activités culturelles sont ainsi soumises à un double contrôle : d'une part le contrôle politique, exercé par les pouvoirs et les institutions, et, d'autre part, le contrôle social, exercé par les sujets de la communication eux-mêmes qui intériorisent ces formes de régulation dans leurs pratiques culturelles. Ce double contrôle définit le champ des activités culturelles comme un champ de plus où s'exerce la domination des acteurs politiques. En quelque sorte, il est ainsi mis fin aux logiques esthétiques de la médiation culturelle et même aux logiques selon lesquelles se construisent les formes de l'idéal de soi ou de l'idéal politique. Ce sont les logiques proprement institutionnelles de l'exercice du pouvoir qui se substituent aux logiques de la médiation culturelle, par la mise en oeuvre de stratégies d'acteurs. Dans un tel contexte historique, les institutions de la médiation culturelle deviennent elles-mêmes de véritables acteurs du pouvoir et du contrôle social : les formes de la médiation culturelle ne s'inscrivent plus dans des stratégies de représentation et de création esthétique, mais elles prennent la place de structures et d'acteurs institutionnels de domination politique, partageant, en cela, les stratégies des autres acteurs politiques de l'hégémonie. C'est le sens, dans la longue durée, de l'émergence d'un véritable pouvoir culturel, qui s'exerce à travers l'institutionnalisation des décisions, des choix et des engagements financiers en matière culturelle, dans tous les lieux et chez tous les acteurs de l'espace politique institutionnel, au-delà des changements de responsables politiques au pouvoir. La médiation culturelle devient, en ce sens, un instrument de la domination politique exercée par les acteurs institutionnels. On peut remarquer ainsi que certains acteurs culturels finissent par assumer eux-mêmes la fonction de contrôle politique qui leur est imposée par les acteurs du pouvoir, jusqu'à pratiquer eux-mêmes la censure d'acteurs culturels ou de représentations - c'est ainsi que, dans certaines situations de très forte tension politique, les animateurs culturels ou les acteurs de la diffusion prennent eux-mêmes l'initiative de ne pas diffuser certaines formes de représentation. On a pu voir des exemples de telles formes d'auto-censure dans toutes les circonstances constitutives du totalitarisme. Le totalitarisme peut se définir comme l'abandon, par les acteurs de la médiation culturelle, de la liberté du refus et de la distanciation et par l'appropriation par eux des stratégies de la censure et de la limitation des représentation.

Les acteurs culturels de l'hégémonie

Les acteurs culturels de l'hégémonie sont les acteurs sociaux qui sont en charge des institutions culturelles ou qui sont les relais idéologiques de l'hégémonie dans les médias et dans les formes organisées de pratiques et de diffusion culturelles. Pour eux, l'hégémonie s'installe de façon durable dans un pays, dans un territoire ou dans une culture : il s'agit des acteurs qui inscrivent les représentations hégémoniques dans des institutions, dans des médias et dans des stratégies de diffusion qui leur assurent leur audience et l'adhésion des acteurs de la sociabilité qui constituent leur public. On peut définir les acteurs culturels de l'hégémonie - pour les distinguer d'autres acteurs de l'hégémonie, comme les acteurs politiques ou les acteurs institutionnels - comme les acteurs dont la pratique s'inscrit dans des stratégies de représentation qui supposent un public, en établissant une relation entre forme et public, ou entre représentation et spectateurs. Les acteurs culturels de l'hégémonie fondent leur domination sur une médiation qui est de l'ordre de spectacles ou de pratiques symboliques, alors que les autres acteurs de l'hégémonie, comme les acteurs institutionnels ou les acteurs idéologiques, fondent leur domination sur des pratiques institutionnelles ou sur des informations d'ordre politique. Dans le champ des pratiques culturelles de l'hégémonie et de la domination, l'adhésion des sujets qui reconnaissent cette domination se confond avec la mise en oeuvre de pratiques d'interprétation ou de reconnaissance de signification et de représentation. Une représentation culturelle hégémonique comme, par exemple, une thématique de film ou de spectacle ou une pratique musicale dominante inscrit sa stratégie de domination même, que celle-ci soit apparente ou qu'elle soir occultée ou refoulée, dans la mise en oeuvre des codes de représentation et des pratiques symboliques qu'elle engage dans l'espace public. C'est pourquoi de telles pratiques supposent toujours un rapport de public à spectacle, ou un rapport de lecteur à ouvrage, puisqu'il s'agit de pratiques fondées sur la reconnaissance d'une signification. C'est, d'ailleurs, dans le même temps, ce qui rend d'autant plus facile la domination qu'exercent de telles pratiques dans l'espace public, puisque le seul fait de les interpréter ou de leur donner du sens constitue, de la part de leur public, la reconnaissance de leur puissance et de leur hégémonie. On n'échappe pas à l'hégémonie du cinéma américain, car le simple fait d'aller voir un film, de le comprendre et de l'évaluer (pour l'apprécier, ou, au contraire, pour le rejeter) revient à adhérer aux formes culturelles qu'il met en oeuvre, et, par conséquent, à en reconnaître la suprématie. Les acteurs culturels de l'hégémonie peuvent, dans ces conditions être répartis en deux formes d'acteurs. D'une part, il s'agit des acteurs de la création et de la production des représentations destinées, par leur diffusion, à assurer une hégémonie idéologique et culturelle. Il s'agit des acteurs de la médiation culturelle proprement dite, c'est-à-dire des acteurs qui mettent en oeuvre, dans l'espace social, les formes et les langages de la représentation. D'autre part, il s'agit des acteurs de la diffusion de ces représentations qui en constituent, en quelque sorte, les médias ou les relais, auprès de leurs destinataires et de leurs usagers. Il s'agit des acteurs qui donnent sa consistance sociale, mais aussi marchande, ou économique, à la production des formes symboliques de la représentation en les faisant circuler dans un espace économique, c'est-à-dire dans un marché, au sein duquel ces représentations trouvent des usagers, des distributeurs, des acteurs et des prix, qui constituent la dimension proprement économique de leur importance esthétique et culturelle.

Les contre-pouvoirs des acteurs culturels

De la même manière qu'il existe des formes de contre-pouvoirs dans le domaine politique et institutionnel, les acteurs de la diffusion et de la médiation culturelles mettent en oeuvre des stratégies de contre-pouvoirs, à la fois réels et symboliques, par lesquels s'instaurent des critiques et des mises en cause des stratégies des acteurs institutionnels en situation dominante. Les contre-pouvoirs exercés par les acteurs culturels dans l'espace public font d'eux des acteurs politiques, puisque leurs stratégies représentent, dans l'espace de la sociabilité, une distanciation critique assumée par rapport aux logiques institutionnelles au pouvoir. On peut citer, de cette manière, le rôle de critique sociale et politique qui peut être exercée par les formes de la représentation médiatée - qu'il s'agisse, par exemple, de la caricature et de la diffusion des formes esthétiques de la contestation institutionnelle, ou de la diffusion de formes esthétiques inscrites dans des stratégies de critique par rapport aux institutions. Ce rôle est assigné aux intellectuels et aux autres acteurs sociaux qui mettent en oeuvre des pratiques symboliques dans l'espace public, en vue de représenter, de façon distanciée, les modes de vie dominants et les formes dominantes d'exercice du pouvoir et des institutions politiques et sociales. Les acteurs de la médiation culturelle exercent un contre-pouvoir dans l'espace de la sociabilité car ils n'exercent pas leur stratégie en fonction de l'idéal politique dont ils sont porteurs, et qui constitue, toujours, une représentation de la sociabilité, mais en fonction de l'idéal esthétique qu'ils se donnent dans leurs stratégies de conception et de diffusion artistique et culturelle. L'idéal esthétique représente une forme de contre-pouvoir, dans la mesure où il se constitue dans une distanciation esthétique et symbolique par rapport aux logiques et aux stratégies des acteurs politiques et institutionnels : la distanciation esthétique représente, en ce sens, une forme de contre-pouvoir. En effet, elle consiste à créer des formes de représentation fondées sur une signification, et non sur une implication institutionnelle : la distanciation esthétique est la situation dans laquelle les acteurs de la création et de la représentation esthétiques assument la différence entre la situation politique réelle dans laquelle ils se situent et la situation symbolique qui forme la trame de leur représentation. Si on lit, par exemple, un roman comme *Le Rouge et le Noir*, au moment où il est écrit par Stendhal, on peut y trouver une mise en cause très vive des formes politiques et institutionnelles de la sociabilité telles qu'elles sont exercées et mises en oeuvre dans la situation historique du XIXème siècle : une telle remise en cause ne peut se faire dans un roman, c'est-à-dire dans une création littéraire, que, justement, parce qu'elle se soutient d'un projet de distanciation esthétique, qui rend possible la distanciation par rapport au réel et à la situation qui font l'objet de la description et de l'écriture du roman. La littérature peut exercer un contre-pouvoir esthétique car elle inscrit dans l'espace public des formes et des représentations qui, situées par rapport à l'idéal esthétique et non par rapport à l'idéal politique, sont légitimées dans la spécificité qui leur est reconnue par les pratiques symboliques dont elles font l'objet (lecture, audition, et autres pratiques culturelles). Ce sont les pratiques culturelles qui assurent la reconnaissance des contre-pouvoirs de la médiation culturelle dans l'espace public de la sociabilité, ne serait-ce que parce qu'elles peuvent s'inscrire dans des temporalités décalées ou distanciées.

Hégémonie culturelle et savoirs dominants

Les formes culturelles de l'hégémonie s'inscrivent, en fait, dans des logiques de diffusion de savoir : ce sont les savoirs dominants qui assurent à la fois la diffusion des formes dominantes de l'hégémonie culturelle et leur appropriation par les sujets de la sociabilité sous la forme des savoirs dont ils sont porteurs, et qui sont, précisément, constitutifs des représentations dont la globalité constitue ce que l'on appelle l'idéologie dominante.

Les pratiques culturelles comme agents de diffusion des savoirs dominants

Les pratiques culturelles conformes aux normes et aux impératifs de la sociabilité et de l'idéologie dominante représentent les relais de diffusion des savoirs constitutifs de l'hégémonie culturelle : en effet, la mise en oeuvre des pratiques culturelles par les sujets de la sociabilité représente l'achèvement de la médiation, puisqu'aux représentations collectives qu'elles constituent en leur donnant une forme, correspondent, de plus, des usages singuliers mis en oeuvre par des acteurs individuels de la sociabilité. Les pratiques culturelles permettent la diffusion des savoirs dominants de deux façons. D'une part, elles représentent l'appropriation des savoirs par les sujets qui en sont porteurs : c'est à partir du moment où nous sommes porteurs du savoir qu'elles présupposent que nous pouvons rendre effectives les pratiques culturelles constitutives de la médiation culturelle. D'autre part, les pratiques culturelles assurent la diffusion effective des représentations dans l'espace public : les sujets singuliers de la sociabilité qui mettent en oeuvre les pratiques culturelles assurent, par ce fait même, la diffusion des formes de la représentation dans tout l'espace de la sociabilité. Les pratiques culturelles représentent, sans doute, la forme moderne la plus élaborée de la propagande idéologique, puisqu'il n'est même plus nécessaire de passer par des relais institutionnels pour être sûr de la diffusion des représentations, assurée par les sujets de la sociabilité eux-mêmes. C'est sur ces bases que les religions se sont diffusées comme pratiques culturelles hégémoniques, en fondant leur diffusion et leur extension sur la reconnaissance et l'adhésion singulières dont elles font l'objet de la part des fidèles, des croyants : des sujets singuliers de la sociabilité qui reconnaissent leur validité. La religion constitue une médiation, à partir du moment où ceux qui la pratiquent assument, dans leur expérience singulière même, les interdits et les prescriptions que cette religion constitue comme pratiques culturelles de la sociabilité. Cette forme d'intériorisation dans la conscience même de leur propre devenir et de leur propre existence rend possible la constitution des religions comme des médiations, qui s'inscrivent dans des formes culturelles de représentation à partir du moment où elles font l'objet de pratiques ritualisées par lesquelles la temporalité acquiert une dimension sociale et à partir du moment où elle est à l'origine de monuments qui font de l'espace un espace symbolique de sociabilité et de représentation. En ce sens, les religions constituent des pratiques de médiation culturelle : l'engagement qu'elles représentent de la part de ceux qui y adhèrent est à la fois un engagement symbolique et culturel et un engagement politique et institutionnel. Les pratiques culturelles diffusent les savoirs dominants en structurant, de cette manière, les logiques culturelles et esthétiques des sujets de la sociabilité, et en donnant une forme socialement et institutionnellement homogène aux pratiques symboliques et politiques de médiation qu'ils sont appelés à mettre en oeuvre au cours de l'exercice de la sociabilité et au cours des relations qu'ils établissent avec les autres sujets qui appartiennent au même espace social, structurant, de cette manière, une dimension sociale de la spécularité, c'est-à-dire de la reconnaissance symbolique de l'identité[55].

La diffusion des savoirs comme facteur d'homogénéisation culturelle

La diffusion des savoirs rend possible l'apparition d'une forme homogène de culture et d'un ensemble de représentations constitutives des savoirs dont sont porteurs les acteurs de la sociabilité : c'est la raison de l'importance accordée à la médiation culturelle et à la diffusion des connaissances par les acteurs institutionnels, puisque c'est bien l'appropriation des savoirs par le public indistinct qui conditionne et qui garantit l'émergence d'une citoyenneté fondée sur des représentations communes de la sociabilité. L'importance politique et institutionnelle des stratégies de diffusion des formes culturelles et des savoirs est à la mesure de l'importance reconnue à la médiation culturelle par les acteurs politiques et institutionnels : elle fonde l'appartenance et la citoyenneté, puisqu'elle donne aux acteurs sociaux les moyens de l'appropriation des formes de la culture ; et, par conséquent, de l'adhésion à la sociabilité. La diffusion des savoirs constitue la médiation majeure de la constitution

---

[55] Écoutons, une fois encore, Fernand Braudel [BRAUDEL (1986), t. 2, p. 425] : « *Mais l'économie, décisive à coup sûr, n'est pas seule en jeu. La sociabilité, le besoin de l'autre jouent leur rôle. Le paysan, au bourg ou à la ville, trouve l'occasion d'une rupture, d'un voyage, d'une sortie hors d'une vie où l'on est trop souvent seul avec soi-même. C'est aller vers le bruit, la conversation, les nouvelles, le cabaret, où l'on trinque avec ses amis de rencontre. Le malheur, c'est que la sociabilité ne se détecte pas aussi facilement que la contrainte de l'économie. Elle est en somme plus discrète.* ».

d'une citoyenneté et d'une appartenance sociale : c'est dire l'importance des stratégies et des institutions de diffusion de l'information dans l'espace public, mais aussi l'importance des politiques éducatives et culturelles engagées par les acteurs en situation de pouvoir. Nous sommes ici au coeur de la dimension proprement politique de la médiation culturelle : sans la mise en oeuvre de stratégies assumées et structurées de diffusion des savoirs sur toute l'étendue des territoires dont ils ont la charge, les politiques ne sauraient parvenir à fonder un sentiment homogène d'appartenance et de citoyenneté. La diffusion des savoirs par les institutions de la médiation culturelle a une double importance politique. D'abord, elle fonde une représentation commune de l'appartenance et de la sociabilité, dont se soutiendra la citoyenneté : la médiation politique[56] qui fonde la constitution politique d'un pays comme État, c'est-à-dire comme dialectique de la citoyenneté et des institutions, ne saurait s'instituer sans que les habitants de ce pays soient porteurs de la même culture - ou, tout au moins, des mêmes conceptions de la médiation culturelle, de ce qui la compose et de ce qu'elle rend possible. Ensuite, c'est la diffusion des savoirs semblables dans l'espace politique de la citoyenneté et du lien social qui rend possible la constitution d'une représentation commune de l'appartenance, de ses contraintes et de ses potentialités, et qui, par conséquent, fonde la possibilité d'une sociabilité effective. C'est à la possession des mêmes savoirs que les siens propres que l'on reconnaît, chez l'autre, une similitude politique, culturelle et sociale d'appartenance, et, par conséquent, une citoyenneté commune avec celle dont on est porteur. Dans ces conditions, la médiation culturelle, avec tous les savoirs communs sur lesquels elle se fonde, représente la condition minimale d'une sociabilité commune : elle représente la médiation constitutive de ce que l'on peut appeler la spécularité sociale, c'est-à-dire la reconnaissance chez l'autre de la même sociabilité et de la même citoyenneté que celles dont on peut être porteur et qui fonde notre dimension politique de citoyen. La médiation sociale et symbolique des savoirs fonde la culture comme un miroir social.

Logique éducative et logique culturelle

Mais la sociabilité structurée par la médiation politique et par la mise en oeuvre des acteurs institutionnels qui lui donnent sa consistance est un système complexe de sociabilité et de signification. En particulier,

---

[56] *Cf.*, dans la même collection, LAMIZET (1998).

il peut arriver que les stratégies des institutions dans l'espace public soient contradictoires, ou, à tout le moins, poursuivent des buts qui, à terme, peuvent être contradictoires. En particulier, les logiques constitutives de la citoyenneté, parce qu'elles assurent l'appropriation par les sujets de la sociabilité des savoirs dont la maîtrise fait d'eux des citoyens, qui sont la logique de l'éducation et celle de la culture apparaissent, à un certain moment, comme antinomiques ou concurrentes, car elles ne poursuivent pas le même but dans la mise en oeuvre globale de la citoyenneté et du sentiment d'appartenance. Tandis que les institutions de la médiation culturelle visent à formuler et à diffuser des médiations communes de représentation de la sociabilité et de production du sens, les institutions de la médiation d'apprentissage, c'est-à-dire les institutions de l'éducation, visent à établir, à formuler et à diffuser les savoirs constitutifs d'une norme culturelle : le rôle de l'école, et, d'une manière plus générale, des institutions et des structures de formation, est de mettre les sujets de l'appartenance en mesure de disposer d'un ensemble de connaissances, de savoirs, de méthodes, de modes de raisonnement et de discursivité, de nature à les rendre aptes à l'exercice de la sociabilité. Les médiations de l'apprentissage reposent, dans ces conditions, sur la formulation d'un certain nombre de normes considérées, socialement et institutionnellement, comme constitutives de la sociabilité. La logique éducative et la logique culturelle, en ce sens, diffèrent l'une de l'autre en ce que l'une instaure des médiations symboliques qui reposent sur la recherche esthétique et symbolique de l'idéal de soi, tandis que l'autre consiste dans la diffusion et l'acquisition d'un savoir constitutif d'une norme sociale. La dialectique de l'éducation et de la culture, dès lors, consiste, dans l'élaboration et dans la conduite des politiques culturelles et des politiques éducatives, dans la reconnaissance de la différence des objectifs que s'assignent ces différentes institutions et des stratégies qu'elles engagent dans leur pratique effective de la sociabilité. Cette différence, tant dans les objectifs que dans les stratégies engagées, permet de comprendre à la fois la différence et la concurrence que peuvent se livrer les acteurs de ces deux types de médiation dans l'espace public. La complexité croissante, par ailleurs, de ces deux types de médiation a rendu ce conflit encore plus aigu : en effet, tandis que les savoirs nécessaires à la mise en oeuvre des médiations culturelles devenaient de plus en plus complexes, et tandis, par conséquent, que la professionnalisation de la médiation culturelle donnait lieu à une spécialisation de plus en plus grande, les acteurs de la médiation culturelle ont tardé, à l'époque contemporaine, à obtenir la reconnaissance institutionnelle qu'ils étaient en droit d'attendre. Tandis que la médiation éducative constituait encore la forme dominante de médiation institutionnelle de la culture, la médiation proprement culturelle demeurait cantonnée à des activités de loisir ou à des fonctions hautement spécialisées de diffusion artistique et esthétique. Aujourd'hui, la médiation culturelle se voit reconnaître sa spécificité, que l'on peut définir, pour la distinguer de la médiation éducative, par la constitution d'une médiation fondée sur la dimension esthétique des formes et par la formulation d'une identité symbolique de la sociabilité.

Les lieux de diffusion culturelle et la stabilisation des savoirs dominants

Nous ne parlerons pas, dans cet ouvrage, de la médiation proprement didactique de la constitution et de la transmission des savoirs dans l'institution scolaire et universitaire. La médiation scolaire, pour la désigner d'un mot, fait l'objet de recherches complexes, en particulier dans le champ des sciences de l'éducation et dans d'autres domaines des sciences de l'information et de la communication. En fait, notre propos est ici, davantage, de faire apparaître les modes de constitution et de structuration des médiations esthétiques de l'appartenance culturelle et des médiations idéologiques de l'appartenance politique et de la citoyenneté. La diffusion culturelle poursuit, en effet, ces deux buts : d'une part, il s'agit de donner une forme représentable et diffusable aux médiations culturelles de la sociabilité ; d'autre part, il s'agit de structurer et d'organiser les lieux et les institutions dont la médiation permet à ces représentations de faire l'objet d'une diffusion et d'une appropriation effectives. La constitution d'une esthétique des formes de la sociabilité relève, en fin de compte, des pratiques et des stratégies des acteurs de la médiation culturelle : en effet, c'est par la mise en oeuvre des pratiques de la diffusion et de la médiation culturelle que naît l'obligation de leur représentation, et qu'apparaît, par conséquent, la nécessité d'une esthétique qui les structure et leur donne une consistance. C'est la nécessité de représenter les formes politiques et sociales de l'appartenance qui rend à son tour nécessaire la mise en oeuvre de peintures et de stratégies de représentation qui donnent lieu à des pratiques artistiques : sans être porteurs d'une représentation de la sociabilité et de sa propre appartenance, les artistes et les créateurs ne sauraient faire l'objet d'une interprétation et d'une intelligibilité de leurs oeuvres par les publics constitutifs de la sociabilité, et, par conséquent, ils ne sauraient faire l'objet d'une reconnaissance de leur pratique artistique et esthétique dans l'espace public. C'est le sens de la définition de l'art comme identification à l'idéal de soi : encore faut-il, pour que soit reconnue une oeuvre d'art, que les sujets de la communication et de la sociabilité reconnaissent en elle une représentation possible de l'idéal de soi dont ils sont porteurs ensemble et qui, à ce titre, constitue leur médiation culturelle d'appartenance et de sociabilité. L'institutionnalisation des lieux de diffusion culturelle (bibliothèques, musées, théâtres, cinémas, etc.) est reconnue comme un facteur de stabilisation des savoirs représentatifs de l'idéologie dominante dans une situation historique particulière. En effet, c'est dans les lieux institutionnels de la médiation culturelle que sont diffusées et mises en oeuvre les pratiques esthétiques et culturelles constitutives de la dimension esthétique de la sociabilité et du politique. L'institutionnalisation des lieux de la diffusion culturelle représente, finalement, la reconnaissance, par les pouvoirs politiques, mais aussi par les acteurs singuliers de la sociabilité qui les pratiquent, de leur légitimité et de leur représentativité institutionnelle : dès lors qu'elles font l'objet d'une reconnaissance institutionnelle, par leur représentation ou leur présentation dans des lieux reconnus de l'espace public, il s'agit bien de pratiques culturelles légitimes et, à ce titre, constitutives de la citoyenneté et du lien social, dans leur dimension esthétique et symbolique.

Hégémonie culturelle et communication médiatée

L'hégémonie culturelle des acteurs de la sociabilité et de la médiation esthétique qui en sont porteurs est mise en oeuvre dans l'espace public par les structures et par les acteurs de la communication médiatée. Il convient de reconnaître ici à la fois l'importance du rôle des médias d'information et d'opinion dans la constitution d'une conscience culturelle commune et l'importance du rôle des institutions et des pratiques mêmes de la culture dans la constitution et la formulation de l'idéal politique de l'appartenance et de la sociabilité.

Hégémonie culturelle et hégémonie politique

Deux logiques sont à distinguer dans l'espace public, qui ne poursuivent pas le même but et qui ne relèvent pas de la même intelligibilité. D'une part, il existe les logiques et les stratégies des acteurs institutionnels, qui construisent l'espace politique des faits sociaux et qui lui donnent sa signification ; d'autre part, il existe les logiques et les stratégies des acteurs culturels qui construisent l'espace symbolique de la création et de la médiation culturelle. D'une part, nous connaissons les pratiques et les stratégies politiques qui mettent en jeu des relations de pouvoir et des représentations distinctes de l'idéal politique et de l'organisation sociale, d'autre part, nous connaissons les pratiques et les stratégies des acteurs culturels qui mettent en jeu des formes de représentation et de signification, et qui relèvent de l'idéal esthétique et de la médiation culturelle. Mais ces deux logiques engagent des acteurs et des stratégies qui, à un certain moment, dans l'existence de la société, deviennent concurrents voire antinomiques. Cette tension entre les logiques politiques et les logiques culturelles est à l'origine de la constitution d'un espace institutionnel de la médiation. L'espace public se constitue en espace politique à partir du moment où il fait l'objet d'une concurrence entre hégémonie culturelle et hégémonie politique et, par conséquent, à partir du moment où l'une et l'autre sont spécifiquement significatives, dans leurs codes particuliers. En effet, cette concurrence entre les deux logiques fait apparaître leur antinomie et, par conséquent, les rend intelligibles l'une par rapport à l'autre. Les périodes de l'histoire dans lesquelles a lieu un rapprochement trop étroit entre logiques politiques et logiques culturelles sont souvent, dans le même temps, les périodes de l'histoire au cours desquelles la médiation culturelle fait la preuve de la créativité la moindre. C'est de la dialectique différentielle entre la logique culturelle et la logique politique que peut naître une représentation consistante de l'idéal politique de la sociabilité, comme on peut en percevoir une illustration dans la musique de Mozart, que l'on peut interpréter, justement, comme une tension entre les idéaux politiques et sociaux de Mozart, exprimés, par exemple, dans les références à la liberté ou dans les références à la maçonnerie, et ses idéaux esthétiques et culturels, exprimés, par exemple, dans des opéras comme *Cosi fan tutte* ou dans sa musique sacrée, comme dans le *Requiem*, porteurs davantage de choix et d'orientations esthétiques que de choix et d'orientations proprement politiques ou sociaux, dans *La Flûte enchantée*. L'hégémonie culturelle consiste, dans ces conditions, dans la mise en oeuvre d'une véritable normalité de la création culturelle et artistique, dans la mise en oeuvre d'outils de contrôle et de régulation des significations et des représentations dont elle est porteuse : c'est la situation du contrôle culturel, de l'art officiel. L'hégémonie politique consiste dans la production et dans la mise en oeuvre d'une censure des idées, des opinions et des représentations, de nature à produire une forme unique d'expression de la citoyenneté : c'est la situation de la censure sur les médias, sur la communication et sur les pratiques politiques.

Logiques de pouvoir et formes culturelles dans les médias

Les médias sont les lieux dans lesquels apparaît une contradiction conflictuelle entre logiques de pouvoir et formes culturelles, puisqu'ils sont porteurs d'une double logique, fondamentalement antinomique, d'information et de diffusion idéologique. C'est dans les médias, parce qu'ils sont au coeur de l'espace public, que s'inscrit avec le plus de netteté cette concurrence, ou cette antinomie, entre logiques culturelles et logiques politiques. Les médias, en particulier, sont le lieu de tensions politiques et institutionnelles considérables, que l'on peut décrire en trois formes. D'une part, il existe les tensions liées à la conception de l'information. Entre les médias proprement dits et les acteurs de la diffusion culturelle, il existe une tension entre une conception de l'information comme engagée et porteuse d'opinion politique et une conception de l'information comme porteuse de représentations culturelles ; ces deux tendances peuvent apparaître comme antinomiques à l'occasion de choix mettant en cause l'engagement culturel des médias et des acteurs sociaux. C'est ainsi que les compte-rendu de festivals ou les critiques de spectacles sont toujours l'occasion de conflits entre les médias qui ne font que répercuter dans la communication et l'information les différences esthétiques qui structurent l'intervention publique des acteurs culturels. D'autre part, il existe des tensions liées à la conception du rôle culturel des médias. A cet égard, il convient de noter une évolution des journaux ; tandis que les quotidiens demeuraient, jusqu'à une époque récente, fondamentalement tournés vers l'information politique ou vers l'information de proximité (faits divers par exemple), ils deviennent de plus en plus sensibles à l'information culturelle, qui est désormais l'une des formes d'expression de la médiation d'appartenance. Enfin, il existe, dans les médias, des contradictions entre des stratégies d'acteurs distinctes et souvent antinomiques : les acteurs institutionnels et politiques sont orientés dans des stratégies de pouvoir, tandis que les acteurs culturels font le choix de stratégies de diffusion culturelle, et les médias sont le lieu d'expression sociale et institutionnelle de cette antinomie, qui finit par être constitutive de la spécificité de ces deux types d'acteurs. Les médias représentent l'espace social dans lequel les conflits entre logiques culturelles et logiques de pouvoir prennent leur consistance et leur visibilité : c'est dans les médias, à la fois lieux de communication et espaces de pouvoir, que s'exacerbent les tensions entre les logiques différentes et antinomiques dont sont porteurs les acteurs de la sociabilité, et qui, sans doute, les constituent dans leur spécificité. Le rôle des médias, ainsi, est de donner une consistance symbolique, et, au-delà, une signification interprétable, à cette tension entre les logiques antinomiques du pouvoir et de la culture. C'est le sens de leur engagement culturel et esthétique, et c'est pourquoi leur présence est de plus en plus forte dans le champ culturel, à mesure que devient plus important l'enjeu politique que représentent les activités et les institutions de la médiation culturelle. C'est aussi, sans doute, le sens de l'engagement médiaté des artistes et des intellectuels, et de la naissance de ce que l'on a pu appeler, successivement, l'artiste éclairé, l'intellectuel engagé et l'intellectuel organique.

Formes culturelles dominantes et communication médiatée

C'est dans les médias et dans les formes de la communication que l'hégémonie culturelle peut s'inscrire dans des formes reconnaissables et diffusables auprès du public : la communication médiatée représente, ainsi, le lieu majeur dans lequel est mise en oeuvre l'hégémonie culturelle, à la fois parce que, pour avoir accès à la communication médiatée, les formes de la médiation culturelle sont contraintes de subir une censure, et parce que les médias sont eux-mêmes porteurs des conceptions de la médiation culturelle. La censure exercée par les médias à l'égard des formes de la médiation culturelle est représentée par la critique. En faisant apparaître les choix institutionnels des médias en matière culturelle et en donnant à ces choix et à ces opinions l'importance institutionnelle d'acteurs de la communication médiatée, la critique assure une forme de pouvoir, à tout le moins de contrôle, sur l'activité de la médiation culturelle. La communication médiatée participe ainsi, par la médiation de son activité de critique, à la mise en oeuvre des logiques de domination et de contrôle exercées par les institutions de la médiation culturelle. Les médias représentent, en ce sens, d'ailleurs, le lieu majeur de constitution des logiques et des stratégies institutionnelles à l'oeuvre dans le champ de la médiation culturelle. Mais les médias sont aussi les porteurs de logiques dominantes de l'esthétique et de la médiation culturelle, qu'ils contribuent à diffuser dans l'espace public, et dont ils contribuent, ainsi, à faire la norme de la création et de la médiation culturelle. C'est dans les médias et dans les formes et discours de la communication médiatée que l'on peut trouver les formes dominantes de la création et de la médiation esthétique. Il ne s'agit plus seulement de censure : il s'agit des conditions dans lesquelles la médiation esthétique fait l'objet d'une reconnaissance et d'une diffusion dans l'espace public. Les médias construisent l'opinion sur les livres, les arts et sur la culture, ils font aussi, et défont, les positions dominantes des acteurs de la médiation culturelle. C'est cette fonction de reconnaissance médiatée de l'activité esthétique qui, dans les médias, constitue les acteurs de la culture et de la médiation esthétique comme des acteurs institutionnels et des acteurs du politique, au même titre que ceux qui sont porteurs d'un mandat ou au même titre que ceux qui exercent un pouvoir dans l'espace politique et institutionnel de la sociabilité. C'est de cette manière que la médiation culturelle s'inscrit, comme un champ de plein exercice, dans l'espace politique de la sociabilité, et qu'elle constitue l'un des champs majeurs de l'exercice du pouvoir par les acteurs institutionnels. C'est ce qui explique que les politiques culturelles constituent l'un des champs dans lesquels devient le plus sensible la signification même de l'engagement politique des acteurs au pouvoir en charge de l'organisation et de la mise en oeuvre des formes sociales et symboliques de la médiation et de la sociabilité. C'est le sens des politiques culturelles de donner une consistance esthétique et symbolique aux formes et aux objets représentatifs de la sociabilité, et constitutifs de la signification qu'elle peut revêtir pour ceux qui en sont porteurs. C'est dire, enfin, l'importance de l'enjeu que représentent les politiques culturelles, leur conception et leur mise en oeuvre effective dans l'espace social.

Communication médiatée et représentation culturelle de l'hégémonie

Les acteurs de la communication médiatée représentent l'hégémonie culturelle elle-même, par la médiation des informations et des représentations dont ils sont porteurs : en fait, nous sommes ici en présence de la grande rupture qui s'opère au XIXème siècle, dans pratiquement tous les pays occidentaux, avec, à la fois, l'émergence de la grande presse et des médias de masse dans leur forme contemporaine, et le développement de l'industrialisation, dans toutes ses dimensions culturelles, politiques et sociales. En fait, cette époque de l'industrialisation et du développement des médias contemporains connaît aussi l'apparition des formes nouvelles des institutions culturelles : les grands opéras dans les centres urbains, le théâtre bourgeois dans les villes, l'apparition des grands éditeurs, comme Hachette, qui naît en 1865, et qui comprend, très vite, la logique qui consiste à instaurer une synergie entre les activités d'édition et celles de distribution (kiosques et bibliothèques de gares). En fait, la communication médiatée devient, à partir de ce moment, l'activité constitutive de la médiation culturelle : ces deux formes de culture ne vont plus connaître de signification séparée, et elles feront l'objet d'un développement industriel, commercial et financier conduit dans la logique d'une synergie. Mais il est clair que ce développement majeur des industries culturelles va s'accompagner de l'apparition de situations hégémoniques considérables : ces situations hégémoniques vont caractériser aussi bien des acteurs politiques et institutionnels dans une logique de contrôle des médias et de l'information, que des acteurs économiques, industriels et financiers à la recherche de nouvelles activités et de nouveaux investissements. C'est dans ces deux dimensions que la médiation culturelle va devenir, à partir du XIXème siècle, et jusqu'à nos jours, un champ public de pratiques sociales et institutionnelles dominé par des logiques financières et par des logiques économiques. C'est de cette manière que, dans notre modernité, le concept même d'hégémonie culturelle ne saurait être séparé de sa dimension proprement économique et financière : si des acteurs culturels se trouvent en situation hégémonique, c'est qu'ils se trouvent, dans le même temps, en particulier dans le champ de la communication, en situation financièrement active, voire monopolistique. Désormais, avec le développement des formes modernes et contemporaines de la médiation culturelle, l'activité de création et de diffusion des formes de la culture et de la communication devient une activité de médiation, aussi bien politique qu'économique et financière. C'est toute la signification de la médiation culturelle qui prend, de cette manière, une dimension nouvelle. Dans le même temps, l'industrialisation et la croissance de la communication médiatée va faire des médias les lieux complémentaires de la médiation culturelle. En effet, la culture ne saurait désormais se cantonner aux lieux publics institutionnels du théâtre, de la musique, des musées et, bientôt, du cinéma ; la médiation culturelle s'inscrit désormais aussi dans les institutions et dans les formes de la diffusion et des médias. C'est toute sa signification qui va connaître une dimension nouvelle : en s'inscrivant aussi dans les formes et dans les langages des médias et des stratégies de l'information, la médiation culturelle acquiert, désormais, une dimension proprement idéologique et politique qui va faire d'elle un des lieux de l'intervention du politique, et, au-delà, une des formes de l'exercice du pouvoir. L'institution du ministère des affaires culturelles est, en 1959[57], le signe de l'achèvement de cette évolution engagée avec la synergie opérée entre les quotidiens industriels du XIXème siècle et les lieux nouveaux de la diffusion culturelle.

---

[57] André Malraux sera le premier à occuper cette fonction, avec le rang de ministre d'Etat.

Chapitre 12

SIGNIFICATION DE LA CULTURE

Il ne s'agit pas, ici, de reprendre ce qui a été dit plus haut, sur le plan méthodologique, de la sémiotique de la culture, mais de faire apparaître la spécificité des modes d'interprétation et d'élucidation des faits culturels. Les faits culturels, par les institutions, les pratiques et les acteurs qu'ils représentent, instaurent, dans l'espace public un ensemble de significations : ils inscrivent du sens dans les pratiques sociales constitutives de la cité, et c'est à ce titre qu'ils relèvent de logiques d'interprétation et de reconnaissance qui leur donnent toute leur importance et toute leur consistance.

Sémiotique des pratiques culturelles

La sémiotique des pratiques culturelles n'a pas les mêmes modes de rationalité et d'intelligibilité que la sémiotique de la langue ou celle de l'image, et, par conséquent, elle n'en a pas les mêmes méthodes ni les mêmes approches des faits qu'elle interprète. Cependant, elle se fonde sur les mêmes concepts majeurs, qui sont ceux de l'arbitraire du signe, selon lequel le signe ne saurait relever d'une causalité, et celui de la nécessité de la présence de l'autre, pour qu'il y ait interprétation et, par conséquent, signification. Cette exigence, qui vient nous rappeler qu'il n'est pas de culture ni de signification hors d'un lieu social, c'est-à-dire hors d'un lieu de rencontre avec l'autre, ne saurait, cependant, s'inscrire dans une logique que l'on nommerait logique d'interaction. Les deux partenaires de l'échange symbolique en présence dans la mise en oeuvre des faits culturels ne sont pas, l'un pour l'autre, en situation dite d'interaction, pas plus, d'ailleurs, qu'ils ne le sont dans une situation de communication : ils sont, l'un pour l'autre, en situation de représentation, ils signifient l'un pour l'autre, ce qui veut dire qu'ils s'inscrivent, l'un et l'autre, dans une division semblable du monde entre le réel et le symbolique.

Signifiant et signifié dans le champ des pratiques culturelles

Comme tout fait interprétable, les pratiques culturelles peuvent faire l'objet d'une articulation entre un signifiant et un signifié, dont la mise en relation constitue précisément l'instauration d'une sémiotique. Dans le champ de la médiation culturelle, l'articulation entre le signifiant et le signifié met en relation la production, réelle, d'un événement culturel, qu'il s'agisse de la représentation d'un spectacle ou la présentation d'un tableau dans une exposition, et la référence de cette production au réel de la sociabilité dont sont porteurs les acteurs de l'événement culturel : l'articulation entre signifiant et signifié consiste, dans le champ des pratiques culturelles, dans la reconnaissance de la référence réelle, en termes de sociabilité et d'appartenance, qui fonde le signifié de l'oeuvre ou de la production culturelle, faisant d'elle un signifiant, dans le champ sémiotique, c'est-à-dire dans le champ des pratiques culturelles. La médiation culturelle est un fait sémiotique, car elle s'inscrit dans une rationalité fondée sur un clivage arbitraire entre les formes signifiantes et les signifiés qui constituent la possibilité de leur reconnaissance et de leur interprétation par les sujets de la sociabilité qui appartiennent à l'espace public. L'appartenance à une même culture consiste, finalement, à reconnaître les mêmes signifiés dans la mise en oeuvre et dans la création des mêmes signifiants. Les pratiques culturelles articulent des signifiants divers et relevant de codes et de pratiques esthétiques différents à des signifiés qui, parce qu'ils sont institués comme tels dans une langue et dans un culture qui les fonde, sont communs, en revanche, à tous ceux qui mettent en oeuvre, ainsi, des pratiques culturelles. La médiation sémiotique, dans le champ des pratiques culturelles, consiste à articuler le singulier des pratiques effectives et le collectif des représentations auxquelles renvoient ces pratiques.

Les signes culturels sont-ils arbitraires ?

Mais, pour parler en termes de rationalité sémiotique de façon fondée, il convient de penser l'arbitraire des signes culturels : la question est de savoir à quoi correspond le principe de l'arbitraire du signe dans le domaine des pratiques et des faits culturels. La première question est celle de la causalité. En quoi peut-on dire que les signes culturels échappent à tout principe de causalité ? En quoi ne se fondent-ils, par conséquent, que sur la signification qu'ils représentent pour ceux qui les mettent en oeuvre ? Ce qui fonde les faits culturels, c'est qu'ils représentent dans le champ symbolique la sociabilité même au sein de laquelle ils ont été conçus. Les fêtes, les compositions musicales, les oeuvres littéraires, les tableaux, sont conçus dans une situation historique particulière, par des acteurs culturels particuliers, qui appartiennent précisément à une forme de sociabilité dans une situation particulière. C'est bien à l'époque de Napoléon que Hegel écrit qu'il a vu passer sous ses fenêtres "l'esprit du monde à cheval". C'est bien à la même époque que Beethoven compose la *Symphonie Héroïque*, et que, précisément, il la corrigera plus tard pour répondre à des exigences différentes de représentation politique. Dans une certaine mesure, les faits culturels, par conséquent, sont inscrits dans une histoire, leurs auteurs et leurs spectateurs appartiennent à des champs de sociabilité, mettent en oeuvre des pratiques politiques, sociales et institutionnelles dont la signification renvoie à une situation historique particulière réelle. Mais la coupure sémiotique s'instaure, dans le champ de la culture, en ce que les faits culturels continuent de produire du sens en dehors même de la situation historique dans laquelle ils ont été conçus. Les pratiques culturelles et les formes esthétiques ont une signification même indépendamment des situations historiques réelles qui leur donnent leur consistance et leur historicité : ce qui les fait advenir au sémiotique, et qui, par conséquent, représente pleinement ce que l'on a pu appeler une coupure sémiotique, c'est le fait qu'elles sont signifiantes au-delà de l'historicité. Je peux continuer à écouter la *Symphonie Héroïque* au vingtième siècle, je peux même l'écouter sans savoir qu'elle a été composée par Beethoven, ni dans quelle situation historique ; je ne lui en donnerai pas moins une signification. Si les signes culturels sont arbitraires, c'est qu'à un certain moment ils cessent de s'inscrire dans la seule historicité de leur consistance. Les faits culturels constituent, en ce sens, une double médiation, et l'arbitraire sémiotique consiste dans l'articulation des deux instances de cette médiation. D'une part, ils s'inscrivent dans une logique de représentation, et, en ce sens, ils fondent leur signification sur la reconnaissance d'un signifié sous les formes signifiantes par celui qui met en oeuvre une pratique culturelle. Quand je regarde un tableau, je reconnais, dans les formes de ce tableau, des couleurs, des formes, un usage de l'espace pictural, qui produisent une signification en me renvoyant à un réel absent, le signifié, dont ces formes se soutiennent, et que l'interprétation consiste, précisément à reconnaître. D'autre part, les faits esthétiques et culturels s'inscrivent dans la médiation entre la situation historique et sociale constitutive de la référence qui fonde leur signifié et la situation historique et sociale au cours de laquelle ils sont produits, qui fonde leur signifiant, et ces situations sont, fondamentalement, différentes. Cette médiation symbolique, instaurée par les faits esthétiques et culturels, entre le réel de la sociabilité dont se soutient la création et le réel de la sociabilité dont se soutient leur usage, constitue, en propre, la médiation culturelle : elle se traduit, précisément, dans l'identification du sujet de la culture et de l'esthétique non à l'autre, comme dans les autres faits de communication, mais à l'idéal de soi.

Introduction des signes linguistiques dans les pratiques culturelles

Les pratiques culturelles sont balisées et structurées par leur inscription dans des pratiques de communication qui mettent en oeuvre des signes linguistiques et des langages de signification et de représentation. C'est même cet ancrage dans des pratiques culturelles structurées par du sens et de la langue qui manifeste l'inscription des faits esthétiques et culturels dans des logiques de médiation. Pas de culture sans langue, d'abord, parce qu'il s'agit de pratiques sociales : en ce sens, les pratiques culturelles font l'objet d'échanges, de commentaires, de critiques, d'évaluations, entre ceux qui les mettent en oeuvre, et tout cet environnement, qui fonde précisément la sociabilité des faits culturels s'inscrit dans des formes linguistiques. On parle avec d'autres, des amis, des compagnons, après un spectacle ou après une exposition, précisément, pour se donner à soi-même, autant qu'à l'autre, sous une forme objectivée par les signes linguistiques de l'énonciation et du discours, une interprétation et une signification qui, en fait, constitue la reconnaissance même de la dimension esthétique et culturelle des faits auxquels on a ainsi participé. Les signes linguistiques constituent, en quelque sorte, l'ampleur sociale, la consistance collective, des pratiques culturelles, en en faisant des formes et des pratiques ainsi inscrites dans des situations sociales et institutionnelles de communication et d'interprétation. Les signes linguistiques assurent aux faits culturels la consistance d'un échange symbolique grâce auquel ils font l'objet d'une appropriation effective par ceux qui les reconnaissent et par ceux qui les mettent en oeuvre. C'est pourquoi les faits culturels sont ainsi étroitement articulés à une dimension linguistique : la culture et le langage sont contemporains, et la mise en oeuvre d'une dialectique esthétique et culturelle de la singularité de la création et de la collectivité d'une pratique, constitutive, comme on vient de le voir, de la médiation culturelle, ne saurait avoir lieu que dans une situation de communication balisée et structurée par du langage : par la langue qui définit, précisément l'identité culturelle de la société dans laquelle s'inscrivent les faits culturels et les pratiques symboliques de la communication et de la sociabilité. Cette dimension proprement linguistique des faits culturels, qui en structure à la fois le sens et la consistance, permet à la fois de les exercer dans un espace homogène de sociabilité (les faits culturels sont, ainsi, représentatifs de la société dans laquelle ils apparaissent), et de leur reconnaître une consistance symbolique en les inscrivant dans une sémiotique, c'est-à-dire dans un mode interprétatif de rationalité et d'intelligibilité. La dimension linguistique de l'interprétation et de la formulation des faits culturels leur assure, en quelque sorte, une homogénéité.

La langue comme contrôle sémiotique des faits culturels

En tant qu'institution appelée à réguler le système social des échanges de communication dans un pays ou dans un système social, la langue constitue une instance de contrôle sémiotique des faits culturels. D'une part, elle assure l'homogénéisation sociale et politique de l'interprétation des faits culturels, pour ceux qui les mettent en oeuvre et pour ceux qui en sont les spectateurs ou les témoins. De la sorte, les faits culturels, qui font l'objet d'une interprétation et d'une analyse par les acteurs sociaux qui, ainsi, les assument en leur donnant du sens, constituent des représentations de l'appartenance sociale dans l'espace public. D'autre part, en fournissant un code d'interprétation des faits culturels, et en leur donnant une forme d'amplification ou d'expansion, sémiotique et linguistique, la langue les inscrit dans une logique institutionnelle, faite de descripteurs, de codes d'interprétation, mais aussi de codes de mise en scène et de réalisation. Quand je vais au cinéma, je commente le film, à la sortie, avec mon voisin ou, plus tard, avec des personnes qui l'ont vu. De cette manière, je m'approprie pleinement, en en faisant l'objet d'un discours, le film que j'ai vu, dans sa composante dramatique et narrative et dans sa composante esthétique, grâce aux acteurs qui l'ont interprété, et, de cette manière, j'inscris ce film dans ma conscience et dans ce que l'on peut appeler ma compétence culturelle[58]. Mais, par ailleurs, le discours que je tiens sur ce film, l'interprétation sémiotique que j'en donne, la critique que j'en formule, par ce discours, définissent ma propre situation dans l'espace public en

---

[58] Par analogie avec le concept de « *compétence linguistique* ».

référence à ce film comme, par conséquent, en référence avec mes autres pratiques culturelles. En ce sens, la langue met en oeuvre un dispositif de contrôle : il s'agit à la fois d'une forme d'intégration des formes de la culture à notre conscience sociale et à notre représentation de la sociabilité, et, en même temps, d'une vérification de la conformité des formes et des pratiques culturelles aux codes sociaux dont nous sommes porteurs, et dont la langue constitue une représentation. Le contrôle sémiotique de la langue sur les faits culturels est aussi exercé par la médiation de l'acquisition et de l'apprentissage : c'est par la médiation de la langue que nous apprenons les codes culturels, d'interprétation et de représentation, mis en pratique dans nos pratiques sociales et dans nos pratiques culturelles. La langue constitue, en effet, la médiation symbolique et institutionnelle par laquelle les sujets de la sociabilité sont en mesure de mettre leurs pratiques culturelles en conformité avec un certain nombre de normes et de critères qui constituent le code social de leurs activités, et qui, en particulier, rendent possible l'interprétation des faits culturels, elle-même préalable à leur mise en oeuvre et à leur reconnaissance. Si l'on prend, encore, l'exemple du cinéma, l'usage de la langue nous permet de faire l'acquisition des codes cinématographiques, par l'apprentissage de cette pratique auprès de nos parents ou de notre entourage, et par l'acquisition linguistique des instances, que l'on pourrait nommer métaculturelles, par lesquelles nous engageons la critique, et qui, durant la phase de notre apprentissage, assurent notre formation à la pratique culturelle du cinéma - ne serait-ce qu'en formant notre goût et en suscitant notre désir.

Interprétation des faits culturels

L'appropriation des faits et des pratiques de la culture par ceux qui les mettent en oeuvre ou par ceux qui y assistent constitue une forme d'interprétation, puisqu'il s'agit, comme dans tout processus sémiotique, d'assumer la signification en se mettant en mesure d'en rendre compte. L'interprétation des faits culturels constitue, pour le sujet, la reconnaissance de la validité et de la légitimité du code ont ils se soutiennent, et la reconnaissance de la signification que l'on peut leur attribuer.

Qu'est-ce que l'interprétation des faits culturels ?

L'interprétation des faits culturels consiste à élucider les significations dont ils peuvent être porteurs pour ceux qui y assistent ou y participent, à partir de leur confrontation aux codes et aux systèmes sémiotiques dont ils sont porteurs. D'une part, il s'agit de rendre raison de la signification de la représentation qui constitue les faits culturels. En effet, il n'est pas de faits de culture qui ne mettent en oeuvre une logique de représentation, se mettant, de cette manière, en situation de formes signifiantes et, par conséquent, de médiation symbolique par rapport à un réel qu'ils représentent dans l'espace des pratiques de communication. Les faits culturels relèvent d'une interprétation, parce qu'ils mettent en oeuvre des codes, qui les rendent répétables (le propre des faits de culture est de pouvoir faire l'objet de plusieurs lectures ou de plusieurs représentations), et qui instaurent, entre eux et le réel, la différence fondatrice qui les distingue de pratiques sociales que l'on pourrait qualifier d'ordinaires. Les faits culturels sont séparés de l'ordinaire de la sociabilité (pour reprendre l'expression de Michel de Certeau) par toute la distance esthétique qui constitue leur consistance sémiotique même. Dans ces conditions, les faits culturels donnent lieu à interprétation, et c'est cette interprétation qui va, précisément, rendre compte, de notre situation par rapport à eux. On n'interprète pas le sens d'une musique de Mozart de la même façon selon le milieu social auquel on appartient, selon la formation musicale que l'on a reçue, selon le fait que l'on pratique ou non un instrument de musique, et c'est cette spécificité de notre reconnaissance de Mozart qui constitue ce que l'on peut appeler notre interprétation propre de la musique de Mozart. Le moment de l'interprétation des faits culturels est le moment où nous nous les approprions en faisant d'eux une part de notre expérience de la médiation culturelle : quand Foucault nous livre son interprétation des *Ménines* de Velazquez, quand Lacan nous donne son interprétation des *Ambassadeurs de Hollande*, de Holbein, il s'agit de modes d'appropriation des faits culturels, c'est-à-dire de procédures selon lesquelles le sujet du symbolique s'inscrit dans la logique de médiation engagée par les formes de la représentation, pour exprimer sa singularité et la singularité de ses codes de savoir, d'interprétation et de reconnaissance au coeur de la dialectique du singulier et du collectif, elle-même constitutive des formes de la médiation culturelle. C'est dire la complexité de l'interprétation des faits culturels : en fait, il s'agit d'une interprétation à deux degrés : d'une part, elle constitue une interprétation de nature sémiotique - dont nous avons déjà parlé, et qui relève de la production des significations que l'on peut reconnaître aux faits culturels ; d'autre part, elle constitue une interprétation de nature esthétique - que nous pouvons définir ici comme la reconnaissance de la spécificité de la médiation culturelle mise en oeuvre et comme notre intelligence des formes de cette médiation. C'est pourquoi il n'y a pas de pratique culturelle, fondamentalement, sans adhésion du sujet qui la met en oeuvre, et qui, pour cela, se soutient d'un désir : s'il n'est pas de pratique culturelle sans désir, c'est que le sujet est structuré, dans la médiation culturelle, par le désir même dont il est porteur, et qui est désir de sociabilité, un désir d'appartenance, un désir d'esthétique et un désir de savoir.

Implications politiques de l'interprétation des faits culturels

Mais l'interprétation des faits culturels ne saurait se limiter à la reconnaissance par le sujet du désir d'idéal dont il est porteur et qui rend possible son appropriation ou sa pratique des formes de la médiation culturelle. Interpréter des faits culturels, c'est, ainsi, en élucider les codes, mais, par conséquent, c'est se mettre en mesure de rendre compte des logiques politiques dont ils se soutiennent et qui sont à l'origine de leur instauration. La reconnaissance des faits culturels fonde une dialectique entre deux instances, ou, si l'on préfère, deux dimensions, du sujet de la médiation. La première est l'instance réelle du symbolique dont il est porteur. Le réel du symbolique, c'est-à-dire ce qui, dans notre langage et dans nos codes, empêche l'identification des sujets les uns aux autres, c'est le désir dont nous sommes porteurs, qui constitue notre langage de telle sorte qu'il ne puisse faire de nous des sujets indistincts, puisqu'il constitue une représentation de notre singularité. L'autre dimension du sujet de la médiation est ce que l'on peut appeler l'instance sociale du réel du symbolique : ce qui fait de nous des sujets dont l'appartenance même est un fait réel, c'est-à-dire un fait par lequel nous ne pouvons nous identifier les uns aux autres. De la même manière que le désir dont nous sommes porteurs nous empêche de nous identifier à l'autre, en nous donnant une irréductible singularité, notre engagement politique et les choix dont nous sommes porteurs, qui font de nous des sujets du politique, nous confèrent une autre forme de singularité, car nous ne pouvons nous identifier à un sujet qui n'est pas porteur des mêmes choix que nous. C'est le constat de cette irréductible singularité du politique qui, finalement, est désigné par Marx quand il parle de la lutte des classes : si la lutte des classes constitue un moment indépassable du politique, si le politique (et cela, nous le savons depuis l'Antiquité grecque) est le lieu, par excellence de la conflictualité sociale et institutionnelle, c'est que, justement, l'engagement politique constitue une irréductible singularité - une spécificité d'adhésion qui empêche toute identification de notre part à l'autre dans l'espace de la sociabilité. C'est cette dimension politique qui va constituer l'autre instance fondatrice des faits culturels, en leur donnant l'autre clé majeure d'interprétation. Les implications politiques de l'interprétation des faits culturels représentent, en fait, la dimension proprement politique des pratiques culturelles et esthétiques dont nous sommes porteurs : finalement, par notre interprétation des faits culturels et par nos pratiques culturelles, nous faisons le choix d'une adhésion politique à une opinion, à un engagement, à un mythe parfois, et cette adhésion fait de nous des sujets de culture réellement porteurs de la sociabilité, c'est-à-dire porteurs de la sociabilité dans une dimension réelle, non identifiable, irréductiblement singulière, de notre citoyenneté. C'est la raison pour laquelle nos choix culturels ne sauraient faire l'économie de l'engagement politique qu'ils représentent.

Interprétation des événements culturels et participation à leur mise en oeuvre

L'interprétation des faits culturels et l'élucidation de leur signification s'inscrivent dans le processus de leur mise en oeuvre, dont elles représentent la dimension symbolique : en effet, ce n'est pas le moment même de leur mise en oeuvre par les acteurs de la sociabilité qui constitue véritablement la naissance des événements culturels en tant que tels : tant qu'ils sont mis en oeuvre comme n'importe quelle pratique sociale, les événements culturels ne sont, en fin de compte, que des pratiques et des usages comme les autres, sans spécificité. Leur spécificité résulte de la reconnaissance de leur dimension symbolique et de l'interprétation dont ils font l'objet de la part du public qui assiste à leur déroulement et à leur mise en oeuvre dans l'espace de la sociabilité, qui devient, ainsi, en propre, ce que l'on peut nommer l'espace culturel. Interpréter les événements culturels, c'est reconnaître dans des mises en scène, dans des productions esthétiques, dans de la littérature, la représentation esthétique et symbolique de médiations dont on est soi-même porteur, et, de cette manière, c'est participer à leur mise en oeuvre dans l'espace public. On peut prendre, de façon plus précise, l'illustration de l'ouverture du Grand Louvre, c'est-à-dire de la rénovation du musée du Louvre, à Paris, qui a consisté dans l'aménagement et l'ouverture de nouveaux locaux et dans la présentation de nouvelles collections dans des installations muséographiques nouvelles. L'interprétation de cette ouverture et, par conséquent, sa reconnaissance comme événement culturel, résultent de l'évaluation par le public de l'apport qu'elle représente à la structure muséographique, et, même, des différences qu'elle présente par rapport aux formes traditionnelles de l'exposition et de la muséographie, dans la présentation et la mise en scène des tableaux, dans la présentation des différentes écoles qui font l'objet d'une exposition nouvelle, et, enfin, dans l'ouverture de la pyramide, qui constitue un lieu nouveau de la muséographie, grâce auquel sont mises en oeuvre des fonctions de lisibilité et des fonctions de commentaire nouvelles dans l'usage du musée par ses visiteurs. L'ensemble de ces améliorations et de ces modifications du musée du Louvre, de nature à modifier à la fois la structure du musée et les usages culturels dont il fait l'objet, représente la mise en oeuvre d'une interprétation nouvelle de l'exposition des collections du musée et de ce que l'on peut appeler la sémiotique du fait muséographique : d'une part, la pyramide, en rappelant symboliquement l'histoire napoléonienne du musée, donne au projet muséographique la consistance symbolique de la représentation esthétique d'un événement de l'histoire, et, d'autre part, l'espace muséographique est désormais conçu comme une dialectique entre l'espace des collections et de la présentation des oeuvres (le musée lui-même) et l'espace de communication, d'information et de représentation (la pyramide). La mise en scène et l'organisation de l'espace muséographique constituent, dans ces conditions, une sorte de refondation de la présentation des collections du musée en tant qu'événement culturel. L'interprétation des faits culturels fait, de cette manière, partie intégrante de la mise en oeuvre, dans l'espace public, de la médiation qu'ils représentent.

Interprétation singulière et politique collective en matière culturelle

Si les faits culturels constituent, par définition, des médiations et, donc, des faits collectifs, leur interprétation relève, en revanche, de chaque sujet qui y assiste et qui, ainsi, se les approprie : c'est l'interprétation qui achève, par le retour sur le sujet singulier, le processus de médiation de la culture. La mise en oeuvre des faits culturels dans l'espace public se confond, finalement, avec la mise en oeuvre singulière de l'interprétation et de la reconnaissance dont ils font individuellement l'objet pour chacun des acteurs de la sociabilité. C'est l'interprétation, c'est-à-dire la reconnaissance de leur signification, qui fonde les faits culturels dans leur dimension symbolique et institutionnelle de médiation dans l'espace public. Les faits culturels, s'inscrivant, en cela, dans une logique symbolique, font l'objet de deux types d'interprétation, et s'inscrivent, par conséquent, dans une double médiation : d'une part, les sujets singuliers mettent en oeuvre des pratiques culturelles qui sont, en fait, des pratiques esthétiques, et, d'autre part, les logiques collectives dans lesquelles s'inscrit la reconnaissance des faits culturels leur confèrent une dimension politique. D'une part, les faits culturels font l'objet d'une reconnaissance, d'une appropriation et d'une interprétation par des sujets singuliers de la sociabilité, et constituent, à ce titre, des formes singulières de pratiques sociales ; d'autre part, ils s'inscrivent dans des stratégies institutionnelles de médiation politique, qui revêtent une signification et comportent des enjeux sociaux, et ils constituent, à ce titre, des formes collective de représentation du politique et de la sociabilité. Continuons à suivre l'exemple du musée du Louvre. L'aménagement muséographique du Louvre constitue, dans sa dimension collective et institutionnelle, une forme institutionnelle d'appropriation politique d'un palais royal par le régime républicain, puis par le régime impérial de Napoléon Ier, qui utilisera, en particulier, cet espace muséographique pour la mise en scène symbolique et institutionnelle des objets représentant l'expédition d'Égypte. Dans le champ des pratiques singulières dont il peut faire l'objet, en tant que médiation esthétique et culturelle de la sociabilité, l'aménagement du Louvre comme musée rend possibles la découverte et l'appropriation symbolique, par chacun des sujets singuliers de la sociabilité, des objets qui constituent la représentation métonymique de l'expédition d'Égypte, des richesses de l'expédition d'Italie, et de la succession des richesses artistiques qui constituent les trésors successifs du patrimoine de la France. La succession de ces différentes significations, à la fois politiques, culturelles et esthétiques, représente la complexité culturelle d'un projet muséographique comme celui du Louvre, et, par conséquent, représente toute la complexité des enjeux successifs qui rendent possible l'interprétation de ses modifications, de ses améliorations et de ses différents aménagements. En fait, le cas du musée du Louvre fait apparaître ce que l'on peut appeler la condensation des interprétations qui constituent la complexité d'un tel projet muséographique comme fait culturel : fait à la fois politique, puisqu'il représente les succès militaires de Napoléon et de l'Empire, culturel et esthétique, puisqu'il représente le nouveau statut muséographique de l'histoire de l'art au XIXème siècle, le musée du Louvre représente aussi un fait didactique et urbanistique, puisqu'il s'agit d'inscrire un tel fait culturel au coeur du développement et de l'aménagement urbain de Paris. Cette condensation constitue ce que l'on peut appeler un complexe esthétique et culturel. Un tel complexe résulte de la mise en oeuvre d'une interprétation des faits culturels, en l'occurrence du fait muséographique, qui se fonde à la fois sur leur dimension institutionnelle et sur leur dimension esthétique.

La culture comme sémiotisation des formes sociales

Les faits culturels constituent des médiations parce qu'ils supposent l'interprétation singulière des sujets qui les reconnaissent et les mettent en oeuvre au cours de leurs pratiques esthétiques et culturelles. La médiation culturelle se fonde, dans ces conditions, sur la mise en oeuvre d'une logique d'interprétation de faits sociaux, puisque c'est cette interprétation qui rend possibles leur reconnaissance comme faits symboliques (comme faits porteurs de sens) et, par conséquent, la reconnaissance de leur statut de médiation à la fois symbolique et institutionnelle. La culture représente, dans ces conditions, le code, le système symbolique qui donne du sens aux pratiques sociales et qui, ainsi, fait d'elles des médiations. C'est la culture dont je suis porteur qui, en me donnant les moyens de reconnaître la signification d'une pratique culturelle comme celle du musée, rend possible la reconnaissance, de ma part, de la médiation culturelle que représente le Louvre. Mais, dans le même temps, si je puis ainsi reconnaître au projet culturel du Louvre le statut d'une médiation culturelle de la sociabilité, c'est que je lui reconnais une signification, et que, de cette manière, je l'inscris en même temps dans une pratique sémiotique de la sociabilité. Dans ces conditions, la culture va de pair avec la sémiotisation des pratiques et des formes sociales, à qui est reconnu le statut de formes symboliques interprétables dès lors que leur est reconnue la possibilité de représenter, comme toute médiation, la sociabilité même dont elles se soutiennent. Dès lors que le projet du Louvre se voit reconnaître la dimension culturelle et esthétique d'un projet muséographique institutionnel, lui est reconnue, dans le même temps, la signification qui le rend interprétable et lui assure une consistance sémiotique.

Pratiques quotidiennes et pratiques culturelles

Comme on vient de le voir à propos de la médiation muséographique, les pratiques quotidiennes de toute sorte qui balisent et scandent l'existence sociale de chaque sujet de l'appartenance constituent des pratiques culturelles dès lors qu'elles sont dotées d'une signification. Les pratiques quotidiennes des espaces et des médiations de la culture représentent, dans ces conditions, autant de circonstances au cours desquelles les sujets singuliers de la sociabilité, en en interprétant la signification, reconnaissent à ces institutions et à ces pratiques le statut de pratiques culturelles. Les pratiques culturelles représentent, finalement, dans leur mise en oeuvre et dans les interprétations dont elles font l'objet de la part de leurs acteurs mêmes, autant de circonstances au cours desquelles les sujets de la sociabilité, en interprétant les formes qui résultent de leur mise en oeuvre, mettent en oeuvre les langages esthétiquement et symboliquement constitutifs de la sociabilité dont ils sont porteurs. C'est en donnant une signification à mes pratiques quotidiennes, et en les inscrivant, dans ces conditions, dans une dimension symbolique, que je leur reconnais le statut de médiation culturelle de la sociabilité. Nos modes de vie peuvent devenir des pratiques culturelles dès lors qu'ils se voient reconnaître une signification. C'est ainsi que la cuisine peut se voir reconnaître une dimension culturelle, au-delà de sa dimension alimentaire, quand elle fait l'objet d'une interprétation, c'est-à-dire d'une reconnaissance de sa dimension symbolique. C'est la signification qui forme la distance entre la dimension quotidienne et la dimension culturelle d'une pratique mise en oeuvre par un sujet de la sociabilité. En effet, la signification reconnue à une pratique sociale constitue la médiation même par laquelle est reconnue sa dimension culturelle : la forme particulière de cuisine et d'alimentation propre à un système social se voit reconnaître le statut d'une pratique culturelle quand elle fait l'objet d'une interprétation, de la part de ceux qui la mettent en oeuvre, ou de la part de ceux qui y assistent, mais, dès lors, elle cesse d'être analysée d'un point de vue fonctionnel. La limite entre pratiques quotidiennes et pratiques culturelles, c'est-à-dire la différence qui fait passer nos usages et nos pratiques d'un statut à un autre, est, justement, la constitution et la reconnaissance d'une signification. C'est pourquoi on peut considérer que, pour donner du sens à une pratique sociale, il faut lui être étranger : en effet, pour reconnaître à une pratique sociale le statut de médiation culturelle de la sociabilité, il faut lui donner une signification, et, par conséquent, lui reconnaître une dimension arbitraire. Or, je ne peux reconnaître une dimension arbitraire à une pratique sociale qu'à partir du moment où cette pratique se trouve, pour moi, écartée de toute fonctionnalité ou de toute utilité sociale : pour qu'une pratique sociale soit signifiante, donc arbitraire, il faut qu'elle n'ait pas de cause, ni, par conséquent, d'utilité ou de fonctionnalité sociale. Tant que je fais la cuisine pour me nourrir, il s'agit d'une activité fonctionnelle : je ne peux regarder la cuisine comme une pratique culturelle que si elle ne sert pas à me nourrir - qu'il s'agisse de la cuisine qui sert à nourrir les autres (regard ethnologique sur la cuisine et l'alimentation), ou de ma propre cuisine (mais, dans ce cas, dans la situation esthétique, voire artistique, de sa mise en œuvre, par exemple par de grands chefs).

La culture constitue un code de lecture et d'interprétation des faits sociaux

La culture, comme système sémiotique, constitue un code de lecture et d'interprétation qui permet l'appropriation des faits sociaux par ceux qui en sont témoins ou par ceux qui y participent, en reconnaissant, ainsi, la sociabilité dont ils sont porteurs ou à laquelle ils assistent. En fait, se produit, ici, une rupture comparable à ce que l'on appelle la coupure sémiotique : dès lors que la médiation culturelle représente un code qui en permet la reconnaissance, la lecture et l'interprétation, les faits sociaux cessent d'appartenir à l'expérience quotidienne de la sociabilité, pour s'inscrire dans une logique sémiotique de représentation de l'appartenance et des relations sociales. La médiation culturelle fait de la sociabilité, de l'appartenance et de nos usages sociaux une forme de mise en scène, et les inscrit, dans ces conditions, dans une logique de la représentation. Interpréter des faits sociaux en leur reconnaissant, ainsi, la consistance esthétique d'une médiation culturelle, c'est les inscrire dans une logique de représentation, et se mettre, par rapport à eux, dans la situation d'un spectateur. En ce sens, le *regard éloigné* (Lévi-Strauss) est le regard du spectateur : en reconnaissant une signification aux faits sociaux et aux pratiques culturelles, je les inscris dans un code de lecture qui fait d'eux des formes et des pratiques sémiotiques. Même les faits politiques, par conséquent, peuvent s'inscrire dans une logique culturelle : en élaborant un système complexe d'interprétation du discours politique, la linguistique, la sociologie politique et la lexicométrie font de ce discours un type de pratique culturelle, et inscrivent les pratiques politiques et institutionnelles dans une logique sémiotique. De cette manière, les discours politiques ne sont pas perçus seulement comme des argumentations, et ils ne font pas l'objet d'une reconnaissance à la seule lumière de leur incidence politique ou de l'usage institutionnel qu'ils mettent en oeuvre. Ils font l'objet d'une reconnaissance sémiotique : ils sont inscrits dans des formes de langage et de représentation qui les font relever d'une logique esthétique et culturelle. Ils ne structurent plus seulement la dimension symbolique des pratiques politiques et institutionnelles, mais ils se voient reconnaître le statut de partie intégrante de la mise en oeuvre des pratiques culturelles. Dans ces conditions, les pratiques et les stratégies politiques acquièrent une dimension culturelle et même esthétique : elles ne se voient plus seulement reconnaître un statut institutionnel et stratégique, mais elles deviennent aussi des pratiques esthétiques et symboliques qui relèvent d'un langage de médiation culturelle. En rendant possible l'interprétation des faits sociaux, la sémiotique des faits culturels fait apparaître l'existence de codes et de systèmes d'interprétation qui font de nous non seulement les acteurs d'une pratique d'activité, mais aussi les sujets d'une pratique de sens.

Inscription des pratiques sociales dans des logiques culturelles

C'est par la mise en oeuvre de la sémiotique qui permet de les interpréter que les pratiques sociales peuvent être appelées à s'inscrire dans les logiques culturelles qui en assurent la pérennité et la signification. En effet, la sémiotique des pratiques culturelles, d'une part, permet que soit reconnue aux pratiques sociales qui en font l'objet le statut de formes signifiantes interprétables, et, d'autre part, en leur reconnaissant une dimension signifiante, elle les inscrit dans une logique arbitraire, c'est-à-dire, dans une certaine mesure, hors de l'historicité. Il n'est de sémiotique, au plein sens de ce terme, qu'en dehors de l'histoire, car cette dernière inscrit les faits sociaux dans des logiques de causalité. L'histoire n'est que la représentation, logiquement ordonnée, de faits reliés les uns aux autres par une relation de causalité qui les rend explicables les uns par les autres, et qui fait d'elle un système élucidable de rationalité. En ce sens, l'inscription des pratiques sociales dans des logiques culturelles n'est pas du même ordre que la reconnaissance de leur historicité. En effet, il ne s'agit pas, de cette manière, de les inscrire dans un continuum explicable et élucidable par la connaissance des logiques de causalité dans lesquelles elles s'inscrivent, mais de les inscrire dans des processus symboliques qui relèvent de l'interprétation et de la lecture du sujet qui les met en oeuvre. Inscrire des pratiques sociales dans des logiques culturelles revient, en ce sens, à une pratique d'analyse complémentaire de leur inscription dans des logiques historiques. L'inscription des pratiques sociales dans des logiques culturelles les renvoie à une signification et à une esthétique. En les renvoyant à une signification et à une interprétation, la sémiotique des faits sociaux leur reconnaît un caractère arbitraire. En les renvoyant à une esthétique, elle leur reconnaît la dimension d'un système formel et d'une représentation. Reconnaître une signification au discours politique, c'est le lire, dans une certaine mesure, indépendamment de son effectivité historique et des incidences qu'il peut avoir sur une situation ou sur des stratégies d'acteurs. Dans le même temps, c'est se donner la possibilité d'apprécier la dimension proprement esthétique d'un tel discours, rendre raison des faits et des structures linguistiques dont il résulte, et prendre la mesure de sa dimension poétique - à distinguer, ici, de sa dimension rhétorique, inscrite, elle, dans son rapport au faire et au réel des situations qui résultent de son énonciation. De cette manière, la lecture des textes politiques est repensée et ils deviennent des faits culturels. L'inscription de pratiques sociales dans une dimension culturelle revient, ainsi, de la même manière, à leur reconnaître le caractère arbitraire d'une signification. C'est le sens du projet de Roland Barthes dans les *Mythologies*. Il s'agit, en effet, pour lui, dans cet ensemble d'articles et de chroniques, de décrire des pratiques sociales et des habitudes de son temps en en rendant compte comme d'autant de pratiques symboliques - voire esthétiques. Il donne, dans cet ouvrage, une signification à des habitudes et à des pratiques sociales, et, de cette manière, leur reconnaît le caractère arbitraire d'une sociabilité qui ne se dit pas. Si ces pratiques sociales sont définies comme des mythes dont il rend compte, c'est qu'elles relèvent de dires (en grec, un mythe, un *muthos*, est une parole dite), et, en ce sens, d'une signification, c'est-à-dire d'un caractère arbitraire. Le «Guide Bleu» est extrait des situations réelles dans lesquelles on peut y avoir recours, pour se voir reconnaître une signification dont l'interprétation nous est proposée par Barthes.

Sémiotique et mémoire des faits culturels

Dès lors que des faits historiques ou sociaux réels sont ainsi constitués en faits culturels par leur interprétation et l'élucidation de leur dimension sémiotique, ils peuvent s'inscrire dans la mémoire de ceux qui en reconnaissent la signification. La mémoire est, en effet, une pratique symbolique, puisqu'elle est une représentation. La mémoire ne saurait être considérée comme une accumulation de faits réels, ni comme un ensemble de traces réelles de faits ou d'événements du passé. La mémoire est un ensemble de représentations : elle est le langage qui confère la dimension et la consistance symboliques d'une représentation à des faits, à des objets ou à des événements dont je suis porteur. Le langage et la culture fondent la consistance de la mémoire des faits culturels, et, en ce sens, la mémoire leur confère une dimension sémiotique. C'est le statut qu'il convient, sans doute, de reconnaître au principe de la commémoration. La commémoration consiste, pour une société, à reconnaître une consistance symbolique à un événement par la répétition symbolique ritualisée de sa mise en oeuvre. C'est ainsi que la prise de la Bastille, à Paris, le 14 juillet 1789, s'inscrit dans la logique sémiotique d'une commémoration au cours de la mise en oeuvre de la fête de la Fédération, qui, elle-même, est institutionnellement décrétée, par la suite, fête nationale. Cette commémoration transforme un événement historique particulier en lui reconnaissant la consistance d'un fait culturel, puisqu'il se voit désormais reconnaître une signification : de cette manière, la commémoration déplace un événement en l'inscrivant, désormais, non plus dans la mémoire des acteurs qui y ont assisté ou qui l'ont mis en oeuvre, mais dans le langage et le système de représentation historique de ceux qui lui reconnaissent la dimension esthétique et culturelle de sa commémoration. Entre la mise en oeuvre d'un fait historique, en l'occurrence l'événement que représente le moment historique de la prise de la Bastille, et sa commémoration sous la forme de la fête de la Fédération, elle-même transformée en fête nationale, il y a toute la distance qui sépare un fait réel, reconnu comme un événement et inscrit dans une logique de causalité, de sa dimension symbolique, inscrite dans l'arbitraire de sa signifiance. Après tout, d'autres événements auraient pu constituer l'ancrage référentiel réel de la fête de la Fédération et de la fête nationale. Le choix de cette date particulière relève de l'arbitraire symbolique de l'esthétique politique et institutionnelle. La dimension esthétique de cet événement se trouve, alors, mise en scène par la célébration elle-même : c'est le sens de la fête, dans sa dimension d'événement et de mise en scène dans l'espace public. La commémoration même, sa mise en scène, les défilés qui y ont lieu, les cérémonials institutionnels qui s'y déroulent, mais aussi les bals populaires qui ont lieu dans la soirée qui la suivent, tous ces événements culturels constituent une mise en scène qui représente la consistance esthétique de l'événement et l'inscrivent, dès lors, dans une dimension poétique. De cette manière, la commémoration est une activité de médiation esthétique et culturelle qui donne du sens à l'événement dont elle rappelle l'historicité.

Les obstacles à l'interprétation des faits culturels

Comme tout langage et comme tout système sémiotique, la médiation culturelle connaît les limites de son interprétabilité. Certains faits culturels constituent la limite de la sémiotique de la culture, en ce qu'ils ne sont pas interprétables : en ce que leur mise en oeuvre ne saurait relever d'une sémiotique ni d'une interprétation. Il en est, finalement, des faits culturels comme de n'importe quel fait social : certains d'entre eux ne sauraient relever d'une interprétation ni d'une forme sémiotique d'intelligibilité.

Y a-t-il des faits culturels non interprétables ?

Certains faits historiques et sociaux semblent ne pas pouvoir faire l'objet d'une interprétation. Il s'agirait, alors, de faits culturels non interprétables - à la limite de faits culturels étrangers au concept même de médiation. L'exemple radical que l'on peut donner de tels faits est la politique d'extermination nazie, à laquelle, justement, on a eu tant de mal à donner un nom que la culture francophone a fini par lui donner le nom hébreu de Shoah - comme pour énoncer, ainsi, l'impossibilité de la nommer dans un système linguistique comme la langue française. La désigner, de cette manière, par un nom hébreu, c'est, en fait, lui reconnaître le statut d'un concept innommable. L'appropriation culturelle d'un fait historique comme celui-là dans le système de représentations dont nous sommes porteurs passe, sans doute, par la reconnaissance de son caractère innommable - à la suite d'auteurs comme Primo Levi, dans *Si c'est un homme*, ou dans *Maintenant ou jamais*[59]. Le caractère unique et indépassable de cet événement tient justement à son caractère proprement innommable - donc d'une certaine manière non interprétable - qui le rend étranger à notre conscience politique et à notre intelligibilité des faits politiques et institutionnels. Si l'événement qu'a constitué l'extermination dans les camps nazis représente un fait culturel non interprétable, c'est que, comme nous le rappelle l'oeuvre des écrivains comme Primo Levi ou comme David Rousset, cet événement est inscrit dans notre culture comme fondamentalement irréductible à toute signification possible. Nous nous trouvons, ainsi, devant l'exemple d'un fait culturel sans signification, devant l'exemple d'un fait que nous inscrivons dans notre culture, précisément comme l'horizon de sa signification, comme la limite ultime - et symboliquement présumée indépassable - de toute interprétation possible. Reconnaître la possibilité d'une signification à un événement comme celui-là, ce serait le rendre intelligible. Mais - et c'est radicalement impensable - ce serait, de ce fait même, reconnaître la possibilité ou l'intelligibilité historique possible d'une limite au principe de l'indistinction. La reconnaissance, politique et morale, du principe fondateur de l'indistinction revient à la

---

[59] LEVI (1983).

reconnaissance du caractère impensable de toute persécution ou de tout interdit lié à l'origine ethnique d'une population, et c'est pourquoi un événement tel que cette persécution demeure hors de l'intelligibilité possible de l'histoire et de la conscience culturelle dont nous sommes porteurs. Dans ces conditions, une forme politiquement assumée de la culture, c'est-à-dire la constitution effective d'une médiation culturelle, fondée sur la reconnaissance de la dialectique entre le singulier et le collectif, se fonde sur les interdits et les limites qu'elle se fixe à elle-même pour se constituer en une forme esthétique et culturelle de rationalité.

Obstacles linguistiques à l'interprétation des faits culturels

Les obstacles linguistiques empêchent l'interprétation des faits culturels à l'extérieur du système linguistique et social auquel ils appartiennent : c'est l'objet d'une géographie linguistique des faits culturels. La dimension linguistique des faits culturels en constitue l'appartenance : c'est parce que les faits culturels et les pratiques symboliques ou esthétiques s'inscrivent dans un système linguistique qu'ils sont reconnus comme partie intégrante de la culture portée et constituée par cette langue même. En ce sens, il ne saurait être question de faire l'économie de l'interprétation ou de la formulation des faits culturels par des formes linguistiques. La langue ne saurait être réduite à un système de représentation ou de formulation permettant de donner une consistance interprétable ou transmissible aux faits culturels : elle fonde leur consistance même. C'est la langue qui représente, pour ceux qui les mettent en oeuvre, l'appropriation des faits culturels, et, pour ceux qui assistent, en étrangers, à leur mise en oeuvre, à la fois leur intelligibilité (par des traductions possibles) et leur extériorité, leur étrangeté. Les faits culturels ont une consistance linguistique qui permet à ceux qui y assistent ou qui y participent de tenir leur place dans leur mise en oeuvre. Une représentation théâtrale ou cinématographique n'a de consistance que pour ceux qui ont accès à la signification linguistique des répliques ou des dialogues qui y sont prononcés. Mais, même dans le cas d'autres formes de médiation culturelle, la langue est constitutive de la participation et de la reconnaissance sémiotiques du public des spectateurs. On peut, à cet effet, choisir deux exemples : celui du musée et celui de l'audition des oeuvres musicales. Peut-on recevoir et comprendre la dimension culturelle de la médiation esthétique du musée en l'absence d'intelligibilité de la langue dans laquelle il est constitué ? Ce serait, certes, ignorer les éléments d'information qui structurent le musée comme espace de communication linguistique (panneaux d'information, étiquettes de description, etc.), mais il faut aller plus loin : la dimension linguistique du musée s'inscrit dans son aménagement même, et dans les choix culturels qui président à l'organisation spatiale de la présentation des oeuvres et des objets qu'il renferme. En effet, comme pratique culturelle d'exposition, le musée constitue ce que l'on peut appeler une expansion sémiotique des objets présentés : il représente un contexte, une situation sociale et institutionnelle de communication, dans lequel les objets présentés se voient reconnaître une signification, et l'élucidation de cette signification s'inscrit dans une langue. L'audition des oeuvres musicales peut sembler étrangère à la dimension linguistique du système culturel dans lequel elles sont conçues, et pourtant, d'une part, ces oeuvres font l'objet d'une intelligibilité et d'une interprétation qui s'inscrivent elles-mêmes dans un code linguistique explicitement assumé, et, d'autre part, elles relèvent de pratiques institutionnels et de codes symboliques représentatifs de la culture dans laquelle elles ont été composées et dans laquelle elles sont interprétées. L'intelligibilité d'une oeuvre musicale s'inscrit dans l'intelligibilité du système culturel dans lequel elle est composée, qui relève de sa langue. C'est, d'ailleurs, tout l'enjeu des choix mozartiens concernant la langue de ses opéras : il y a une continuité symbolique de l'intelligibilité de la musique d'un compositeur, et c'est sa langue qui permet d'en rendre compte, puisque c'est sa langue qui lui permet à lui-même d'en rendre compte (par ses écrits, par ses propos, par ses propres codes d'interprétation), mais c'est aussi la langue de ceux qui interprètent cette oeuvre qui confèrent la dimension symbolique et culturelle d'une médiation à leur interprétation même : en effet, c'est par le discours qu'ils tiennent sur leur interprétation, ou, en ce qui concerne les chefs d'orchestre, par le discours qu'ils tiennent aux instrumentistes de leur formation, que l'oeuvre musicale devient interprétable et qu'elle acquiert, lors de son exécution et de son interprétation, le statut effectif d'un événement culturel.

Obstacles politiques à l'interprétation des faits culturels

L'exercice du pouvoir peut constituer un obstacle politique à l'interprétation des faits culturels par l'imposition d'une censure institutionnelle, qui rend impossible leur intelligibilité, et, par conséquent, leur reconnaissance par les citoyens, constitutive, justement, de leur intelligibilité culturelle et institutionnelle. Les faits culturels qui, de cette manière, échappent à toute interprétation pour des raisons politiques, sont, en quelque sorte, neutralisés par les acteurs de la sociabilité dans l'espace culturel dans lequel ils se situent. En fait, c'est la logique même de pouvoir qui, dans le champ culturel, rend impossible l'interprétation des faits sociaux, car, en les réduisant à des pratiques inscrites dans des logiques de pouvoir, elle rend impossible leur interprétation, puisqu'elle les réduit à la conséquence de stratégies de pouvoir. Dès lors que les faits culturels sont perçus comme relevant de la simple application de logiques de pouvoir, ils sont, de ce fait même, écartés d'une logique proprement sémiotique et interprétative, et, par conséquent, renvoyés à la dimension réelle de faits opaques - en quelque sorte de faits aveugles et non interprétables. La logique de pouvoir constitue une limite des faits culturels en rendant impossible leur interprétation sémiotique et en les réduisant à des actes. L'exemple le plus évident de ce type de faits est le culte de la personnalité qui caractérise certains régimes totalitaires. En effet, l'obligation politique de représenter le dirigeant suprême (qui, en général, exerce, seul, un pouvoir dictatorial non institutionnellement assumé) revient à une impossibilité, pour les acteurs de la médiation culturelle, de choisir ce qui fait l'objet de leurs représentations et de leurs pratiques esthétiques, et cette absence même de choix neutralise la signification de leurs productions et de leurs créations. Sans alternative possible à la représentation du dictateur, les acteurs de la médiation culturelle et esthétique de la représentation inscrivent cette représentation dans des formes esthétiques sans que soit possible, par conséquent, l'interprétation de leur activité et sans que soit pensable la logique artistique de l'identification à l'idéal de soi. Cet exemple d'obstacle politique à l'intelligibilité esthétique et artistique des faits culturels constitue la limite politique évidente de la création culturelle : de fait, dans les pays dictatoriaux dans lesquels s'impose ce genre de situation, l'activité esthétique de la médiation culturelle est réduite au minimum, voire totalement interdite ou contrôlée par les appareils répressifs.

Obstacles inconscients à l'interprétation des faits culturels

Le désir du sujet peut l'empêcher d'interpréter des faits culturels dont il est le témoin ou auquel il peut participer de façon distanciée, sans se les approprier. La médiation culturelle est limitée, à l'horizon même de la conscience du sujet, par l'inconscient dont il est porteur et qui structure ses pratiques signifiantes et ses médiations culturelles. Les obstacles inconscients à l'interprétation des faits culturels, et, par conséquent, à la mise en oeuvre des pratiques sociales de la représentation, forment la trace même des interdits qui structurent la conscience du sujet et qui font de lui un sujet culturel. Il y a là une forme d'ambivalence constitutive de la médiation culturelle : elle est à la fois la médiation de la représentation et la source des interdits qui la limitent. Cette limitation des faits culturels par l'inconscient est de nature à en rendre possibles, en même temps, l'interprétation et l'appropriation même par le sujet de la médiation culturelle. C'est ainsi que certaines formes d'inhibition peuvent rendre proprement ininterprétables des faits culturels comme un film, un tableau ou une oeuvre littéraire. Ne pas comprendre un roman, ne pas être en mesure de lui donner du sens, peut être lié au fait que ce roman vient nous rappeler, sous une forme esthétique et fictionnelle, une expérience qui constitue encore, pour nous, un effet de réel. Cette dimension réelle de l'expérience rend impossible le processus de sublimation esthétique qui donne lieu à la production d'une oeuvre ou d'une pratique culturelle, et, dans ces conditions, la médiation sémiotique, qui consiste dans la reconnaissance d'une signification, et, par conséquent, dans l'incription de la médiation esthétique dans une logique d'interprétation, se trouve inhibée, empêchée, par l'obstacle que constitue le réel refoulé de notre désir et de notre subjectivité. Il faut, dans ce cas, la mise en oeuvre d'une analyse de ce processus pour que puisse s'engager le processus de l'interprétation et de l'appropriation sémiotique : de cette manière, on peut découvrir dans un second temps de la lecture, des oeuvres esthétiques qui nous étaient fermées lors de notre premier contact avec elle. On pourrait parler, dans des cas comme celui-là, d'une médiation culturelle seconde, d'un «effet retard» de la médiation culturelle et de l'appropriation esthétique, comme après la levée de l'inhibition du plaisir esthétique et du désir de sens. Ces obstacles inconscients à la reconnaissance et à l'appropriation des formes de la culture font apparaître, finalement, l'existence d'une dualité de la médiation culturelle : d'une part, elle met en oeuvre des processus et des structures d'appropriation singulière de la médiation culturelle par le sujet de l'expérience esthétique ; d'autre part, elle met en oeuvre des processus et des structures de reconnaissance, par le sujet, de l'expression et de la représentation esthétiques des structures et des instances de l'inconscient à l'origine de son désir de sens et de son désir de sublimation dans l'expérience des formes. Il s'agit, dans ce cas, d'une instance inconsciente du contrôle de la médiation, fondamentalement liée à l'existence d'une forme de censure esthétique et culturelle du sujet.

Limites de la sémiotique culturelle

De telles limites du processus de l'interprétation, et, au-delà, du processus d'appropriation, des formes de la médiation culturelle et de la représentation, permettent de prendre la mesure des limites qui, en constituant l'horizon de la médiation culturelle, nous font prendre conscience de son caractère fondamentalement institutionnel. Les limites de la sémiotique culturelle, en marquant la limite au-delà de laquelle les formes de la médiation culturelle cessent d'être interprétables, représentent, dans le même temps, l'origine de l'institutionnalisation de la culture. C'est quand les prescriptions et les formes de la médiation culturelle nous semblent ne plus relever d'une signification qu'elles peuvent être considérées comme des formes neutres de la culture : comme de simples prescriptions de la culture significatives du moment où la médiation culturelle finit par constituer une forme institutionnelle de la sociabilité et non une forme esthétique de représentation. De la même manière, mais, en quelque sorte, en symétrie, certaines oeuvres esthétiques et culturelles peuvent faire l'objet d'une absence d'interprétation et d'appropriation sémiotique, parce qu'au contraire, elles s'inscrivent dans un système sémiotique que nous ne sommes pas préparés à comprendre et à mettre en oeuvre et parce qu'elles appartiennent à ce que l'on appelle, parfois, l'avant-garde. Ces deux types d'impossibilité d'interpréter des oeuvres esthétiques font apparaître une forme d'*impensé de la médiation culturelle*.

L'impensé des formes de la culture

Les formes des pratiques culturelles recèlent un impensé : un ensemble d'objets dont ne saurait rendre compte aucune rationalité de la culture. L'impensé des formes de la culture, qui, en fait, structure et conditionne l'ensemble de nos pratiques culturelles, est à la fois ce qui en empêche l'interprétation, en inhibant, finalement, la mise en oeuvre des médiations sémiotiques de la culture et de la représentation, et ce qui en constitue, proprement, l'instance réelle : l'instance irréductible à toute signification. Il y a là, semble-t-il, comme un paradoxe, à fonder la médiation culturelle sur une instance qui échapperait à toute interprétation possible : en effet, le propre de la médiation culturelle est, justement, de donner une dimension symbolique et, donc, interprétable, à toute mise en oeuvre des pratiques de médiation, et c'est pourquoi il importe de poser le problème dans toutes ses dimensions, à la fois esthétique, politique et anthropologique. Dans toute mise en oeuvre d'une médiation esthétique de la culture et de la sociabilité, repose un impensé. Sur le plan esthétique, il s'agit des différentes stratégies de l'interdit de la représentation et des différentes modalités selon lesquelles il s'impose à nous ; sur le plan politique, il s'agit de la résistance qu'offrent les médiations culturelles à toute forme d'exercice du pouvoir, et, en ce sens, il s'agit de la dimension, sans doute radicalement subversive, de l'impensé politique de toute création esthétique ; sur le plan anthropologique enfin, l'impensé de la médiation culturelle est le refoulement fondateur de certaines représentations impossibles et de certaines formes impossibles de pratiques esthétiques et culturelles de la médiation, dont le dépassement peut s'inscrire dans certaines manifestations rituelles comme la fête ou le carnaval. Sur le plan de la signification, et, donc, de la production des faits sémiotiques, il convient de penser aussi une limite de la représentation culturelle.

Le non représentable comme limite de la sémiotique culturelle

Les formes non représentables dans un système culturel constituent le premier exemple de ce qui échappe à la rationalité sémiotique de la culture. On peut prendre pour exemple l'interdit de la représentation humaine dans la culture musulmane. Théorisée sous la forme d'un interdit qui réserverait à Dieu la possibilité de créer l'homme, une telle limite, radicale et sans doute constitutive, fonde véritablement l'esthétique classique de la culture arabo-musulmane, et, par conséquent, elle a une importance, à la fois symbolique et esthétique, tout à fait essentielle. Cet interdit structurant de la représentation peut, lui-même, s'analyser en deux instances. La première instance n'est, au fond, que la reconnaissance de l'importance du stade du miroir : l'interdit de la représentation de l'autre prend acte de l'importance de la représentation esthétique de l'autre dans la constitution même de la subjectivité, et, d'une certaine manière, peut se comprendre comme l'interdit d'inscrire dans la médiation esthétique le processus constitutif de toute identité possible. L'interdit de la représentation arrache à la médiation esthétique le processus fondateur de la subjectivité, et, en ce sens, ne fait que marquer une limite indépassable entre le réel et le symbolique. Non symbolisable parce que non représentable, l'identité du sujet se trouve, de cette manière, définitivement ancrée dans le champ du réel de l'expérience, sans pouvoir faire l'objet d'une représentation. La seconde logique qui permet de penser cet interdit est d'une autre nature : elle produit un code esthétique, elle invente une esthétique nouvelle qui, au lieu de se fonder sur l'idéal de la représentation et, en dernière instance, du réalisme, se fonde sur l'idéal géométrique de la structuration symbolique de l'espace. Il ne reste, en effet, à la structuration esthétique de l'espace que deux formes possibles de médiation : la première est la géométrisation de la spatialité par l'invention, mille fois répétée, de chaînes ornementales qui fondent la dimension spatiale de l'ordre symbolique sur une géométrisation formelle de son organisation ; la seconde est le recours ornemental à l'inscription répétée du texte fondateur de la sociabilité : les versets du Coran vont, dès lors, se trouver en situation ornementale, et l'écriture va acquérir une dimension qu'elle n'a pas dans d'autres cultures. Au lieu de ne constituer qu'une médiation, qu'une sorte de véhicule de la pensée et du discours, l'écriture, en raison de cet interdit fondateur de la représentation, va acquérir une autonomie totale par rapport à l'expressivité. Le langage, désormais, va se fonder sur l'autonomie de sa dimension proprement esthétique : en résultent à la fois l'usage esthétique de la calligraphie dans l'ornementation de l'espace, devenant, ainsi, proprement, un espace de signes, et l'usage esthétique de la parole dans la psalmodie ritualisée du Coran, mise en scène et symboliquement structurée dans l'espace de la représentation - jusque dans certaines situations de transes mystiques de certains officiants, qui s'approprient, ainsi, pleinement, jusque dans l'expérience de leur corps, la signifiance formelle de la littéralité. On se trouve ici devant une butée indépassable de l'expérience esthétique : le moment où se produit une séparation entre la fonction esthétique de la médiation culturelle et sa fonction expressive.

Censure et sémiotique culturelle

Dès lors qu'elles sont structurées en faits institutionnels, les pratiques culturelles sont structurées par des formes d'exercice du pouvoir qui prennent la forme de censures multiples. Il s'agit, ici, des formes diverses de la censure politique de la médiation culturelle, qui constituent un frein à la fois à la création et à l'expérience de formes nouvelles de la médiation esthétique, et à la mise en oeuvre de stratégies d'interprétation, et, par conséquent, d'appropriation de ces formes par les sujets de la sociabilité. La sémiotique des formes de la culture peut, dans ces conditions, rendre raison des significations poursuivies et mises en oeuvre par la censure de la médiation culturelle. C'est ainsi que l'on peut élucider, de façon sémiotique, les raisons de l'interdit politique de la représentation du *Mariage de Figaro*, de Beaumarchais, par la police de Louis XVI. S'il est vrai qu'une telle censure peut s'expliquer pleinement, pour des raisons tenant à la représentation de l'arbitraire du politique, en pleine période pré-révolutionnaire (*Si le ciel l'eût voulu*, dit Figaro, *je serais le fils d'un prince*), on peut, cependant, donner de cet interdit une interprétation sémiotique : en effet, ce qui est en cause, dans le *Mariage de Figaro*, c'est la représentation distanciée de la médiation institutionnelle elle-même. Du pouvoir du Comte à la cérémonie du mariage de Figaro, en passant par la représentation de l'exercice de son autorité judiciaire, la pièce de Beaumarchais met en scène les structures fondatrices du pouvoir et de la médiation politique, et, en les mettant sur la scène d'un théâtre, elle en fait des objets sémiotiques, interprétables, au lieu de leur réserver le statut de conditions réelles de l'existence, par définition, ainsi, non interprétables et, d'une certaine manière, radicalement nécessaires. Sur le plan sémiotique, la pièce de Beaumarchais est, en propre, injouable, irreprésentable, car elle figurerait une représentation esthétique des limites sémiotiques de la légitimité politique de l'exercice du pouvoir. On se rend compte, par cet exemple, que l'interdiction politique constituée par la censure renvoie, en fin de compte, à des interdits et à des inhibitions d'une autre nature, qui mettent en cause les fondements sémiotiques de toute pratique esthétique de la médiation culturelle. Et l'on peut, dans ces conditions, comprendre mieux l'interdit religieux fondamental qui frappe les comédiens au temps de l'Ancien régime, et qui oblige les amis de Molière à l'enterrer en cachette. Si la représentation théâtrale de la comédie est interdite pendant si longtemps, en dépit de la protection ouvertement donnée par le roi de France à cette forme de médiation, c'est que la comédie met en scène l'origine proprement sémiotique de notre existence : le miroir. Tandis que la tragédie repose sur une représentation sublimée de l'existence de l'autre, et, par conséquent, sur une représentation sublimée du moment spéculaire fondateur de la subjectivité, la comédie met en scène une représentation de l'autre distanciée par le rire et par l'humour - par ce que Victor Hugo reconnaîtra, plus tard, comme l'expérience sublimée du grotesque[60]. C'est, sur le plan sémiotique, cette impossibilité de représenter la signification sous la forme grotesque d'une inversion de la sublimation qui fonde un tel interdit, et qui permet de comprendre sa persistance et sa reconnaissance par les comédiens eux-mêmes.

Les formes de la culture qui échappent à la rationalité

Il existe, ainsi, un irrationnel de la culture : un ensemble de formes et de pratiques culturelles dont aucun système d'analyse ne semble pouvoir rendre compte. C'est cet irrationnel qui constitue la limite

---

[60] Voir, par exemple le personnage de Gwymplaine, dans *L'Homme qui rit*.

extrême de la sémiotique culturelle, et qui, sans doute, la fonde en lui donnant une consistance symbolique, en quelque sorte originaire. Les formes de la culture qui échappent à la rationalité sont les formes de la culture qui s'inscrivent hors du champ des médiations et, en particulier, hors du champ des significations possibles. La découverte de la psychanalyse par les surréalistes, au début du vingtième siècle, aura étendu, à sa manière, le champ des pratiques esthétiques et culturelles : en se donnant, par le savoir et par l'expérience de la psychanalyse, les moyens intellectuels et théoriques de penser l'inconscient et de fonder sur lui la mise en oeuvre de la médiation esthétique, les surréalistes font, à leur manière, l'expérience de formes de la culture qui échappent à la rationalité. C'est, par exemple, le sens de *l'acte surréaliste*, théorisé, en quelque sorte, par Breton, qui n'est pas sans rappeler d'autres formes esthétiques nouvelles comme le happening. L'acte surréaliste, ou la mise en scène d'objets fondés comme esthétiques par leur seule inscription dans l'espace de la représentation constituent de tels moments ou de telles expériences d'un recul des limites de la création esthétique et de la médiation culturelle. Ce n'est, sans doute, pas un hasard si les expériences des surréalistes se seront inscrites dans toutes les formes de la création esthétique et dans toutes les formes d'art plastique, dans la recherche, assumée explicitement, de ce que l'on appellerait, aujourd'hui, un art total. C'est que le surréalisme constitue une médiation culturelle, en quelque sorte à lui tout seul. Fondé sur le principe du dépassement, éclairé par la psyuchanalyse, des limites fondatrices entre le réel, le symbolique et l'imaginaire, le mouvement surréaliste invente de nouvelles formes de création d'objets esthétiques et de nouvelles logiques d'organisation du lieu de la médiation culturelle. C'est, d'ailleurs, ce qui explique l'importance accordée par les surréalistes, plus peut-être qu'aucune école esthétique de pensée et de création, à la théorisation de leurs recherches, de leurs découvertes et de leurs expériences : il s'agit bien de *faire école*, de constituer un mouvement culturel et esthétique qui aille au-delà d'expériences singulières de création et d'invention de formes nouvelles, pour constituer véritablement une médiation culturelle. Dans ces conditions, on peut comprendre comment une logique esthétique de création peut fonder une médiation inscrite jusque dans le politique et dans les pratiques institutionnelles de l'engagement, puisque, toujours dans l'exemple du surréalisme, les choix esthétiques se sont systématiquement inscrits dans des logiques politiques et dans des choix de nature institutionnelle. Une telle esthétique, qui se fonde sur le dépassement des contraintes ordinaires de la rationalité et sur la recherche d'expériences et de logiques nouvelles de la création esthétique, fonde une esthétique de l'irrationalité, qui rend possible la découverte de champs nouveaux de la pratique des formes. On pourrait, naturellement, citer, en dehors du surréalisme, d'autres exemples de cette forme de subversion esthétique des limites de la rationalité. C'est ainsi, finalement que le principe même de l'improvisation représente, sans doute, une extension du champ de l'esthétique à une forme d'irrationalité, puisqu'il repose sur la création de formes imprévisibles et non répétables. Les pratiques esthétiques de l'improvisation, dans le domaine théâtral ou dans le domaine musical, ouvrent, ainsi une voie à des formes nouvelles de la création, dont l'élucidation suppose la mise en oeuvre d'une intelligibilité culturelle de l'inconscient.

Chapitre 13

L'INCONSCIENT
ET
LA MEDIATION CULTURELLE

Il nous faut donc poser le problème de la médiation culturelle dans les termes que nous propose l'approche psychanalytique, car une telle approche nous met en mesure de penser de façon critique la relation qu'il convient d'établir entre la création esthétique et la médiation culturelle. En faisant apparaître la nécessité de penser une consistance inconsciente de la rationalité et de l'intelligibilité des faits culturels, de l'articulation du désir du sujet et de sa sublimation dans l'identification à l'idéal de soi, la question de la médiation culturelle vient nous rappeler que nos pratiques de la culture et de l'art questionnent les dimensions originaires de la subjectivité et du lien social.

Le refoulement fonde la médiation culturelle

Au point de départ de cette approche des fondements inconscients de la médiation culturelle, c'est la question du refoulement qui constitue l'objet majeur à penser et à comprendre, pour pouvoir constituer cette topologie fondatrice de la raison de la culture. C'est, en effet, le refoulement qui nous fonde comme sujets de sociabilité et de symbolique, en substituant à la dimension proprement singulière de notre existence réelle une forme socialisée et institutionnelle de notre consistance symbolique. En nous imposant la reconnaissance et l'appropriation inconscientes d'une loi qui nous est commune, le refoulement fonde notre identité et notre subjectivité sur des formes et une structure qui nous sont communes à tous. Le refoulement représente ainsi, sans doute, la première survenance de la médiation conçue comme dialectique entre notre dimension singulière et notre dimension collective.

Dimension originaire du refoulement

En socialisant les pratiques que nous mettons en oeuvre, le refoulement les inscrit dans une logique culturelle et dans les structures de codes et de conventions eux-mêmes constitutifs de la dimension symbolique de la sociabilité. En fait, le refoulement fonde la médiation culturelle en instituant une reconnaissance possible de la sociabilité. En effet, nos actes, nos conduites, nos pratiques, à partir du moment où ils reconnaissent, dans leur mise en oeuvre, l'horizon indépassable que constitue, pour eux, la limite du refoulement, s'inscrivent dans les formes institutionnelles et culturelles de la sociabilité : c'est par l'observance du refoulement fondateur de la sociabilité que nos actes et nos conduites cessent de n'être intelligibles que comme des initiatives singulières pour s'inscrire dans la rationalité sociale et institutionnelle constitutive de la culture et de l'appartenance. Le refoulement fonde la médiation culturelle parce qu'il structure nos pratiques singulières, et, dans ces conditions, intervient avant même que n'apparaisse, pour nous, la présence des formes et des pratiques de l'expérience de la médiation culturelle : avant même, sans doute, d'être en mesure de donner du sens aux pratiques culturelles que nous accomplissons ou auxquelles nous assistons, le refoulement a déjà fait de nous des sujets de l'appartenance, de la sociabilité et de la médiation. La dimension originaire du refoulement par rapport à l'instauration de la médiation culturelle tient à ce qu'il est déjà inscrit dans notre logique inconsciente avant même que nous ne mettions en oeuvre les processus de la médiation culturelle qu'il rend possibles.

Le refoulement comme séparation entre le réel et le symbolique

En marquant les pratiques sociales de formes qui leur donnent du sens, le refoulement fait apparaître la séparation entre le réel et le symbolique, et, par conséquent, rend possible l'émergence des médiations constitutives de la culture. En effet, la sociabilité se fonde sur l'imposition d'une séparation entre les conduites, que nous pourrions qualifier de naturelles, qui s'inscrivent avant l'expérience du refoulement, et les conduites socialisées dont il rend possible l'apparition. Cette séparation fait apparaître la limite entre le réel et le symbolique : entre les expériences, les pratiques et les conduites réelles, auxquelles nous ne pouvons pas donner de sens car leur apparition est antérieure à l'émergence des codes de la sociabilité, et les expériences ou les conduites que nous mettons en oeuvre en tant que sujets sociaux porteurs du refoulement et de la médiation culturelle, il y a toute la différence entre des conduites qui ne sont intelligibles qu'en termes de causalité, dans une situation réelle, et des conduites qui sont intelligibles des autres dans l'application des codes et des conduites constitutifs de la sociabilité. Le refoulement marque l'émergence du symbolique en rendant possible la mise en oeuvre de stratégies et de conduites qui sont répétables, et renouvelables, puisqu'elles sont, désormais, conformes à des lois qui relèvent du langage et de l'acquisition. Avant le refoulement de la prohibition de l'inceste, la représentation d'*Oedipe Roi* n'aurait pas de sens, car l'interdit de l'inceste ne constituerait pas une loi. Cet interdit, majeur, ne constitue une loi que dans la mesure où le refoulement, fondateur de toute sociabilité, fonde sur lui l'opposition entre le symbolique et l'indicible et, par conséquent, rend possibles l'écriture et la représentation d'une tragédie. En effet, s'il y a tragédie, si la pièce de Sophocle (ou, bien plus tard, la *Phèdre* de Racine) constitue la représentation sociale et symbolique d'une esthétique tragique, c'est que les personnages sont liés les uns aux autres (médiation comme dialectique du singulier et du collectif) par la situation dans laquelle l'inceste est à la fois interdit et nécessaire : nécessaire parce qu'annoncé par l'oracle constitutif de notre langage, interdit parce que l'oracle lui-même a prononcé la malédiction qui fonde le récit. Mais la tragédie a une autre consistance : la tragédie n'est pas seulement la représentation esthétique et symbolique d'un événement tragique, sur le lieu du théâtre, par des acteurs qui viennent nous le jouer avec toute la distance des masques dont ils sont porteurs et qui dissimulent leur identité réelle pour ne plus laisser apparaître que leur identité symbolique. La tragédie est aussi ce qui, par cette mise en scène, va donner une consistance esthétique à la représentation de l'interdit : elle va nous le donner à voir, elle va nous forcer, nous spectateurs, nous public, ainsi constitué en acteur collectif par notre présence commune dans le lieu de la représentation, à assister à la mise en oeuvre symbolique de la malédiction dont la menace nous fonde. La tragédie est une expérience de la médiation parce que nous faisons tous, singulièrement, l'expérience de la souffrance nécessaire du personnage d'Oedipe, auquel, dans le noeud tragique, nous ne pouvons que nous identifier et que nous ne pouvons, dans le même temps, que rejeter, proscrire et exiler. Si Oedipe, à la fin de la pièce, se crève les yeux, ce n'est pas seulement pour ne plus nous voir et pour se plonger dans l'exil de la nuit : c'est aussi pour que nous-mêmes ne puissions plus voir son regard qui le fonde comme sujet et pour que nous-mêmes, par conséquent, refoulions l'interdite nécessité qui nous fonde. C'est bien, ainsi, la mise en scène de la médiation esthétique qui permet la représentation sociale, au peuple assemblé, de l'interdit qui sépare ce qui appartient au réel de nos conduites et de nos expériences et ce qui ne peut plus, désormais, appartenir qu'au symbolique.

Le refoulement constitutif des acteurs de la médiation culturelle

Dans ces conditions, c'est le refoulement qui fonde les acteurs de la médiation culturelle en définissant leur spécificité et en faisant apparaître les logiques de leurs conduites et de leurs choix symboliques : le refoulement nous impose de penser la cité en deux espaces. L'agora et le théâtre, encore et toujours. Côté cour, l'agora et les contraintes réelles de la sociabilité, faites, selon les temps et selon les lieux, de guerre et de conditions de travail, d'impérialisme et de trente-cinq heures, de criminalité et d'activités financières. Côté jardin, le théâtre et les contraintes symboliques de la représentation, faites de costumes et de musique, de masques et de décors, d'esthétique et de création. Côté cour, l'expérience du permis, d'où l'interdit est chassé ; côté jardin, l'expérience de la représentation, où l'interdit peut apparaître, pourvu qu'il soit masqué et que, selon la formule consacrée, soit *purement fortuite toute ressemblance avec des personnes ou des faits réels*. C'est bien le refoulement qui marque la séparation définitive et radicale entre ces deux espaces, que seule la médiation esthétique de la dramaturgie peut, un jour, faire se confondre dans l'événement de la représentation publique. Toute l'ambiguïté de l'iconographie religieuse est là : faut-il représenter l'interdit, faut-il faire une place au diable dans la mise en scène et dans la représentation des scènes édifiantes des écritures saintes ? Faut-il que le mythe et sa représentation théâtrale ou iconographique fasse une place aux porteurs d'interdit et de malédiction ? C'est, sans doute, le sens de la représentation des monstres et des animaux étranges dont est faite l'esthétique de la peinture et du théâtre classiques. C'est, sans doute, le sens de ces animaux fabuleux qui apparaissent pendant l'ouverture de *La Flûte enchantée*, et qui viennent nous tracer, une fois de plus, dans le lieu de l'opéra, la limite entre les représentations de ce que nous pourrions bien, après tout, rencontrer dans l'expérience de notre quotidienneté et les représentations de ce que nous ne savons pouvoir exister que dans l'imaginaire - à tout le moins dans la représentation esthétique du symbolique. Ces représentations impossibles, ces *chimères*, dont parlent Nerval et Baudelaire, ne sont, en fin de compte, que la représentation même de ce que le refoulement nous laisse : la consistance symbolique de la médiation esthétique qui fait de nous des sujets de parole en même temps que des sujets de sociabilité. C'est de cette manière que nous constatons l'importance du refoulement à l'origine de toute création esthétique : en interdisant certaines conduites, apparaissent ainsi avant même leur dire et leur représentation (*inter-dire*), le refoulement rend nécessaire l'inscription de leur mise en scène dans le lieu spécifique de la médiation culturelle. Le refoulement fonde la médiation esthétique en rendant nécessaire la mise en oeuvre esthétique de la représentation, et en fondant la consistance d'une médiation nouvelle de la sociabilité, celle qui, ajoutée à la médiation politique de notre existence collective et à la médiation éthique de notre conduite singulière, constitue la représentation de l'appartenance et de ses lois : la médiation esthétique.

Refoulement et signification des faits culturels

Le refoulement, par conséquent, fait apparaître la dimension symbolique des faits culturels et rend possibles leur interprétation et la formulation de la signification qui les fonde sémiotiquement. En fait, le refoulement rend possibles la constitution et la mise en oeuvre de la médiation culturelle, car il inscrit dans la communication la problématique de la signification. C'est le refoulement qui substitue la problématique de la signification à la problématique de la représentation et qui, dans ces conditions, fonde pleinement la consistance de la médiation culturelle de la sociabilité. La différence entre la représentation et la signification, dans le champ de la culture et de l'esthétique, résulte du statut particulier du sens dans la mise en oeuvre des médiations culturelles. Nous ne sommes pas dans une simple logique de communication, car il ne s'agit pas seulement, dans la mise en oeuvre de la médiation culturelle, de faire apparaître les conditions dans lesquelles peuvent s'instaurer un échange symbolique et la représentation, sous une forme dramatique, littéraire ou iconographique, d'une histoire appartenant au réel. La logique de la signification, qui fonde la médiation culturelle, consiste, en fait, dans un double mouvement de la rationalité : d'une part, le réel fait l'objet d'un spectacle, par la médiation d'un code, dans le lieu de la représentation ; d'autre part, le lien social même qui nous réunit fait, de cette manière, l'objet d'une représentation dans l'espace, qui devient, ainsi, un espace public désormais commun à tous. C'est de cette manière que s'instaure la signification des faits culturels : les faits culturels ne sont pas seulement une occasion de montrer, de donner à voir, des faits qui, éventuellement, font, par ailleurs, l'objet d'un interdit et sont, par conséquent, nécessairement imaginaires. Ces faits sont aussi l'occasion, pour le peuple assemblé, d'assister à la représentation de ce qui le réunit : de l'ensemble de prescriptions, des histoires, de la mémoire, qui font de lui non seulement un ensemble d'individualités vivant côte à côte, mais aussi, et plus fondamentalement, une société. Si les faits culturels font l'objet d'une interprétation, qui les institue comme signification autant que comme représentation, c'est qu'ils se fondent sur leur appropriation singulière par les sujets de la sociabilité qui assistent à leur mise en scène dans l'espace public. Il convient de substituer une logique du sens et de l'interprétation à la seule logique de la présentation dans l'espace de la sociabilité : les faits culturels, et c'est précisément en cela qu'ils relèvent d'une lecture psychanalytique parce qu'ils mettent en jeu les formes et les structures de notre inconscient, font l'objet d'une reconnaissance et d'une appropriation dans notre subjectivité même - reconnaissance sans laquelle, d'ailleurs, il ne saurait s'agir de faits de médiation, mais seulement de faits sociaux apparus, comme à notre insu, dans l'espace public. Le refoulement, qui fait de nous des sujets porteurs simultanément d'identité et d'appartenance, fait de la représentation une forme majeure de la médiation culturelle. En effet, c'est lui qui inscrit la mise en oeuvre de la médiation culturelle dans une logique de la signification et qui rend nécessaire, par conséquent, la formulation d'une logique sémiotique d'intelligibilité des faits culturels. .

Approche psychanalytique de la théorie de la culture

En fait, ce qui fonde une approche psychanalytique de la théorie de la culture, c'est la nécessité de rendre raison de la dialectique entre la représentation de la subjectivité et celle de l'appartenance dans les pratiques mises en oeuvre dans l'espace public de la sociabilité. On ne peut, en effet, rendre pleinement compte de cette dialectique que dans la représentation de ses deux instances : l'instance du sujet, dans la formulation de son désir, et l'instance de la sociabilité, dans la formulation de la loi.

Les trois sublimations

Les pratiques culturelles constituent un espace culturel fait de trois instances : l'idéal culturel, l'idéal politique et l'idéal de soi, et elles assurent la dialectique entre ces trois instances dans la constitution d'une conscience culturelle. On peut interroger, dans ce cadre, les différentes formes de la médiation culturelle dans leur rapport à l'inconscient : la médiation théâtrale, la médiation muséale, la médiation musicale et la médiation littéraire représentent, l'une comme l'autre, des formes d'inscription des trois sublimations constitutives de la médiation culturelle. L'idéal culturel est l'ensemble des représentations par lesquelles nous pouvons nous représenter à nous-mêmes, et représenter aux autres, notre conception de l'idéal du langage et de la médiation : il s'agit d'un ensemble de représentations du langage lui-même, ainsi que des formes esthétiques de médiation, que nous considérons comme représentatives d'une limite indépassable de la création et de la représentation esthétique de la sociabilité. L'idéal culturel constitue, pour ceux qui en sont porteurs, la représentation de l'expression la plus aboutie de la médiation culturelle et esthétique de la sociabilité. Le concept de classicisme représente, dans la mise en oeuvre de la médiation culturelle, une forme de sublimation parce qu'il impose une norme de nature à fonder un idéal esthétique, propre à orienter différentes pratiques artistiques et différents langages de représentation dans une logique commune de médiation et de symbolisation. C'est ainsi qu'au dix-septième siècle, un ensemble de normes traversent l'architecture, la peinture, la musique et la littérature, pour constituer une logique transversale commune de la création et de l'esthétique. L'idéal politique représente, dans le champ de la médiation culturelle, la représentation des formes de sociabilité qui constituent l'horizon des acteurs de la création et de la diffusion. C'est ainsi que l'engagement, dans le champ esthétique et culturel, qu'il s'agisse de la littérature engagée, du théâtre engagé ou du cinéma engagé, représente, pour les créateurs et les acteurs de la médiation culturelle, une forme d'investissement de la pratique esthétique par les idéaux mêmes dont ils sont porteurs. L'art engagé constitue une sublimation politique de l'art, et, en ce sens, représente une forme de transcendance du sujet de la création, tout entier fondé, ou refondé, dans cette logique engagée de sa pratique esthétique. L'idéal de soi constitue, enfin, une sublimation esthétique de soi : il s'agit de la forme que revêt l'idéal de soi quand les acteurs de la création culturelle mettent en oeuvre leurs pratiques esthétiques dans la logique de l'identification à l'idéal de soi dont ils sont porteurs. La sublimation esthétique s'inscrit dans l'identification à l'idéal de soi quand le créateur déplace les enjeux de sa pratique symbolique pour l'inscrire dans les formes, non de l'échange symbolique avec l'autre, comme dans la communication ordinaire, mais de la représentation d'un idéal qu'il entend présenter dans l'espace public. On peut interpréter le principe même de l'exposition, en matière esthétique et artistique, ou de l'édition et de la représentation, en matière littéraire ou en matière de spectacle, comme le fait, pour l'artiste ou le créateur, de donner à voir, dans l'espace public, les formes qui constituent l'horizon esthétique de sa subjectivité. En présentant son théâtre au public, Racine inscrit dans des formes de langage diffusables et reproductibles les structures mêmes de l'inconscient symbolique dont il est porteur et qui fonde la spécificité singulière de l'idéal de soi. *Le jour n'est pas plus pur que le fond de mon coeur*, fait-il dire à Hippolyte[61] : ce vers est une représentation symbolique du concept même d'idéal qui engage les logiques d'identification de ses personnages et de ses spectateurs.

L'inconscient et les formes de la médiation culturelle

Ces trois formes de sublimation font apparaître les types de langage particuliers dans lesquels s'inscrivent les formes de la médiation culturelle et la relation qu'elles établissent à l'inconscient du sujet, qu'elles fondent comme inconscient culturel : sublimation esthétique, sublimation politique et sublimation de soi représentent la mise en oeuvre des logiques distinctes de la médiation culturelle et de la création esthétique. À ces logiques de sublimation vont correspondre des langages et des modes distincts d'énonciation et de représentation. On peut, globalement, décrire quatre formes distinctes d'énonciation esthétique des logiques de la sublimation, dans le champ des pratiques culturelles. D'une part, il s'agit de l'énonciation de soi. Quand Phèdre dit à Hippolyte (II, 5) :

Et Phèdre, au labyrinthe, avec vous descendue,
Se serait, avec vous, retrouvée - ou perdue,

elle énonce l'idéal de sa subjectivité, et la médiation esthétique de la représentation théâtrale constitue, précisément une façon d'inscrire un tel idéal, avec tous les interdits qu'il transgresse, dans l'espace public. D'autre part, il s'agit de l'énonciation de l'intersubjectivité. On peut citer de nouveau, ici, l'exemple de la scène des masques, dans le *Don Giovanni*, de Mozart, dont nous avons déjà parlé : dans cette scène,

---

[61] *Phèdre*, IV, 2.

particulièrement tendue et tragique, les personnages ne s'inscrivent ni dans le regard des uns sur les autres, ni dans leur reconnaissance, rendus impossibles par le port des masques, mais, précisément, dans une sublimation de leur rôle sous le regard anonyme de l'intersubjectivité. Par ailleurs, il convient d'évoquer ici l'énonciation de l'inconscient politique et social. *Les Châtiments*, de Victor Hugo, exemple particulièrement important de poésie engagée, peut constituer un exemple de cette sublimation de l'écrivain dans la représentation esthétique d'une importance historique et d'un engagement politique qui le fondent comme acteur institutionnel, autant que comme acteur de la médiation esthétique. C'est ce qui explique l'importance et la fréquence, dans *Les Châtiments*, de la représentation sublimée des acteurs historiques de la sociabilité :

Et nous qui serons morts, morts dans l'exil peut-être,
Martyrs saignants, pendant que les hommes, sans maître,
Vivront, plus fiers, plus beaux,
Sous ce grand arbre, amour des cieux qu'il avoisine,
Nous nous réveillerons pour baiser sa racine
Au fond de nos tombeaux !

Dans ces derniers vers du recueil (*Lux*, v. 243-248), la poésie met en scène la sublimation du sujet dans son identification à un idéal politique. Enfin, la médiation culturelle s'inscrit dans les formes de l'énonciation de l'imaginaire, dans ce que l'on pourrait appeler un imaginaire sublimé. Cette logique de la sublimation esthétique de l'imaginaire, comme les autres formes de sublimation, donne une forme esthétique à la représentation poétique de l'inconscient mis en oeuvre dans les pratiques de la création.

Significations inconscientes des pratiques culturelles

Nos pratiques culturelles, dans ces conditions, peuvent se fonder comme pratiques sémiotiques, en assurant des significations dans des pratiques symboliques, par rapport à des références réelles constitutives de la sociabilité. En fait, la médiation esthétique semble inscrire dans des formes poétiques les significations inconscientes dont peuvent être porteuses les pratiques culturelles. La création artistique et poétique apparaît comme la logique selon laquelle sont conçues des représentations symboliques de nature à constituer des médiations qui donnent la consistance de pratiques culturelles effectives aux choix symboliques qui font de nous des sujets de langage et de communication. Nos pratiques culturelles ne peuvent se comprendre que dans la mesure où elles s'inscrivent dans des formes intelligibles de langage et de représentation, et c'est dans l'inconscient que l'on peut trouver pour elles des logiques de signification et d'interprétation. D'une part, le langage de la création et de la médiation esthétique assure une forme de lien entre les pratiques sociales du langage ordinaire de l'appartenance et des relations avec les autres et les pratiques symboliques du langage sublimé de la représentation. Nos pratiques culturelles renvoient, ainsi, à l'inscription dans nos pratiques sociales d'une référence à des sublimations dont nous sommes porteurs : c'est ainsi que nous lisons les livres ou que nous voyons des films en leur donnant une signification qui se fonde sur l'expérience propre de notre subjectivité, et qui, par conséquent, s'inscrit dans un système de représentation ambivalent, inscrit à la fois dans notre sociabilité et dans l'idéal dont nous sommes porteurs. Quand nous allons au cinéma, nous attendons du film que nous allons voir qu'il ait, pour nous, la signification d'une sublimation esthétique de notre propre expérience et de nos propres identifications. D'autre part, nos pratiques culturelles nous donnent à voir aux autres, nous mettent nous-mêmes en situation de représentation, et, par conséquent, nous amènent à représenter, pour les autres, les logiques de l'idéal de soi dont nous sommes porteurs : en pratiquant nous-mêmes des activités de création artistique ou culturelle, et en expliquant les raisons de nos goûts en matière de lecture ou de réception de créations esthétiques et culturelles, nous exposons dans le public les logiques et les déterminations constitutives de l'idéal de soi dont nous sommes porteurs, et, de cette manière, la médiation esthétique que nous mettons en oeuvre constitue une forme d'extériorisation de nos références et de nos idéaux esthétiques. Nos pratiques culturelles revêtent ainsi une signification inconsciente qui constitue une médiation symbolique des logiques qui nous fondent. Les pratiques culturelles représentent, dans ces conditions, la subjectivité de celui qui les met en oeuvre et, de cette manière, elles la rendent pensable. C'est, sans doute, un rôle majeur des pratiques de la médiation culturelle de permettre la représentation des structures et des logiques inconscientes de ceux qui les mettent en oeuvre. Le spectateur de *Don Giovanni*, autant, sans doute, mais d'une autre manière que Mozart, inscrit dans les formes de l'opéra auquel il assiste les logiques inconscientes de sa subjectivité, et ce sont elles qui lui permettent de lui donner du sens - au-delà du strict sens de la narrativité, de cette banale affaire de séducteur, en interrogeant les relations fortes et originaires du rapport à l'identification et du rapport à la loi. C'est l'interprétation des formes esthétiques de la représentation qui met le sujet en mesure d'assumer pleinement la mise en oeuvre de la médiation culturelle, y compris en situation de spectateur.

Les pratiques culturelles dans la constitution du sujet

Les pratiques culturelles peuvent ainsi, se définir, dans une logique psychanalytique, comme l'ensemble des pratiques constitutives de la dimension symbolique du sujet dans l'espace public de la sociabilité : en mettant en oeuvre les pratiques culturelles dans lesquelles ils s'engagent, les acteurs de la médiation culturelle s'instaurent comme sujets porteurs de représentations du contrat social constitutif de leur appartenance et de leur citoyenneté. Les pratiques culturelles représentent, en quelque sorte, le processus par lequel le sujet se fonde dans sa dimension sociale et institutionnelle, de la même manière que, par ses pratiques institutionnelles, le sujet se fonde comme acteur politique de la sociabilité. Les pratiques culturelles me révèlent à moi-même la dimension sociale et institutionnelle de mon existence, et, en ce sens, elles constituent une forme de *cogito* social et politique par lequel je prends conscience de la dimension sociale de mon existence qui me fonde comme acteur de la sociabilité et du politique. C'est le sens des pratiques culturelles que je mets en oeuvre dans mon expérience de la sociabilité : les pratiques culturelles représentent un *cogito* social et institutionnel constitutif de ma citoyenneté. Par les pratiques culturelles que je mets en oeuvre, j'assume, en en reconnaissant le sens, l'appartenance sociale dont je suis porteur, et qui fait de moi un sujet porteur non seulement d'identité et de singularité, mais aussi d'appartenance et de sociabilité. C'est de cette manière que les pratiques culturelles achèvent, par la constitution sociale du sujet, la mise en oeuvre des médiations constitutives de la sociabilité. Les pratiques culturelles, et c'est le sens de leur consistance symbolique et de leur inscription dans des codes et dans des logiques de représentation et de signification, donnent, en fait, une consistance proprement symbolique et esthétique à l'appartenance dont nous sommes porteurs. En ce sens, elles participent, de façon essentielle, au processus de constitution de la sociabilité. Sans les formes culturelles de la représentation, l'appartenance ne pourrait faire l'objet d'une reconnaissance et d'une appropriation par ceux qui en sont porteurs. C'est le sens de la fonction de la médiation culturelle comme miroir social de l'appartenance. On peut mieux mesurer, dans ces conditions, l'importance des apprentissages culturels, comme celui de la lecture, des pratiques artistiques ou des pratiques de spectacles, dans le processus par lequel la société fonde la consistance de ses acteurs. Les acteurs sociaux ne peuvent, pleinement, devenir des sujets porteurs à la fois d'identité et d'appartenance qu'à l'issue du processus symbolique de reconnaissance instauré par la mise en oeuvre des formes de la médiation culturelle. C'est pourquoi les pratiques culturelles s'inscrivent toujours dans la mise en oeuvre d'un désir : pas de culture sans désir du sujet qui la met en oeuvre. En effet, c'est le désir qui constitue l'ancrage du sujet, dans toute la consistance de sa personnalité, au coeur de l'expérience des pratiques culturelles de la sociabilité. L'engagement du désir du sujet dans la médiation culturelle représente, en fin de compte, l'engagement du réel de sa subjectivité, et, par conséquent, la plénitude de son engagement dans les formes de la sociabilité.

Le sujet de la culture

Le sujet de la culture représente, dans ces conditions, une dimension particulière de l'identité, fondée sur la médiation effective entre les formes symboliques par lesquelles il se représente, pour lui-même, la sociabilité dont il est porteur, et les formes symboliques par lesquelles il la représente aux yeux des autres, dans ses relations de communication et dans ses pratiques esthétiques et symboliques de la médiation culturelle.

La culture comme médiation entre le moi et le sur-moi

En tant que sujet porteur singulier d'une identité, nous mettons en oeuvre des pratiques culturelles qui constituent autant de médiations par lesquelles nous représentons notre appartenance en l'inscrivant dans le champ symbolique des formes de communication, et en lui donnant la consistance esthétique d'un ensemble de formes. C'est pourquoi la médiation culturelle va constituer une des médiations d'inscription symbolique de ce que Freud appelle le sur-moi, c'est-à-dire l'instance du contrôle social de la subjectivité. La culture fonde la mise en oeuvre symbolique du clivage entre le moi et le sur-moi, constitutif de la dimension institutionnelle du sujet dans la découverte freudienne, en inscrivant les pratiques symboliques du sujet, et l'expression même de sa propre subjectivité, dans des formes esthétiques et symboliques garantes de son appartenance et de l'expression de sa sociabilité. La culture représente une forme symbolique et esthétique de médiation entre le moi et le sur-moi, car elle constitue l'ensemble des formes de la médiation par lesquelles je puis prendre conscience de mon appartenance au coeur même des pratiques symboliques que je mets en oeuvre dans mes relations avec les autres. Le sur-moi, en effet, représente la dimension collective de mon identité, il constitue la part de mon identité dont je suis comptable vis-à-vis des autres : de ceux qui en partagent les lois et les contraintes avec moi, dans l'exercice commun des formes de notre sociabilité. Le sur-moi s'inscrit dans les formes de la culture puisqu'il constitue la sociabilité des formes de la représentation. En ce sens, la médiation culturelle, par l'expression de l'art, de la littérature, des médias, voire de la religion et des formes esthétiques de l'aménagement de l'espace social, constitue l'ensemble des formes par lesquelles le sujet prend conscience de l'existence et de la signification du sur-moi qui fait de lui un sujet de loi et de sociabilité, autant qu'un sujet de désir et d'identité. En constituant un langage que je m'approprie dans des pratiques esthétiques qui ne relèvent que de mon propre désir, la médiation culturelle me donne le langage dans lequel je suis en mesure d'inscrire dans des formes d'échange, de visibilité et de communication la sociabilité dont je suis porteur. Dans ces conditions, la culture constitue pleinement un langage, puisque c'est par sa médiation que le sujet est en mesure de prendre conscience de sa propre existence sociale et institutionnelle, dans toute la distanciation symbolique que constitue, pour lui, une telle objectivation. C'est, d'ailleurs, cette difficulté particulière de l'objectivation qui peut expliquer les inhibitions et les résistances qui empêchent certains de mettre en oeuvre des pratiques esthétiques et culturelles dans l'espace public : c'est le sens de la dialectique symbolique entre le moi et le sur-moi d'assurer, ainsi, une médiation entre la dimension singulière du sujet, assumée par lui au cours de son expérience du réel de l'existence, et sa dimension collective, assumé par lui, précisément, au cours de ses pratiques culturelles. On peut, de cette manière, s'identifier symboliquement au personnage d'un roman, ou, tout aussi bien éprouver à son égard un sentiment de rejet.

Les formes de la culture comme miroir social

Les formes de la culture constituent, en ce sens, un miroir social : elles structurent le sujet, en ce qu'il s'y reconnaît dans la représentation de son appartenance. Les pratiques culturelles qu'il met en oeuvre dans l'exercice de la dimension esthétique et symbolique de la sociabilité constituent, pour lui, la médiation qui lui permet de se reconnaître, et, par conséquent, de s'assumer comme sujet social, porteur des lois, des structures et des usages de l'appartenance et de la sociabilité. La médiation culturelle représente, ainsi, pour le sujet, une forme de médiation symbolique de la loi. Par la mise en oeuvre des formes esthétiques de la médiation culturelle, le sujet acquiert la dimension symbolique qui le fonde pleinement comme sujet de l'appartenance. Les formes de la culture représentent un miroir social dans lequel le sujet objective et constitue les formes mêmes de son appartenance et de sa sociabilité : c'est par les pratiques culturelles qu'il met en oeuvre, par exemple, que le sujet peut reconnaître son appartenance à telle ou à telle catégorie sociale ou socio-culturelle, c'est par les spectacles qu'il va voir, par les livres ou les médias qu'il lit, par les musées et les expositions qu'il visite, que le sujet de la sociabilité se trouve défini comme acteur social : se voit assigner, par le regard des autres, l'identité sociale dont il est porteur, et qui constitue la médiation symbolique de sa propre appartenance. L'importance des enquêtes et des recherches sur les pratiques culturelles, la constitution de véritables méthodologies d'observation, de suivi et d'évaluation des pratiques culturelles permet de constituer une sorte d'observatoire des modalités symboliques et des pratiques esthétiques constitutives de l'appartenance et de la sociabilité. C'est pourquoi les pratiques culturelles ont acquis une importance méthodologique nouvelle avec le développement des sciences sociales. Mais c'est aussi de cette manière que peut se constituer, dans la rationalisation des formes de l'appartenance et de la sociabilité, une logique symbolique et sémiotique qui permet de penser la médiation entre les contraintes et les formes sociales de l'appartenance et les structures et les formes de la subjectivité. C'est la place et la forme du désir et du désir d'idéal qui représentent, finalement, dans les logiques de la médiation culturelle, la place et la représentation de l'identité du sujet de la sociabilité. Si les formes de la culture représentent des médiations esthétiques et symboliques de l'appartenance et de la sociabilité, c'est que leur lecture, leur interprétation et leur évaluation peuvent permettre d'élucider les modes de constitution du sujet comme acteur social et de rendre raison de la sublimation sociale et institutionnelle du désir dont il est porteur. En rendant raison des formes mêmes de la sociabilité du sujet, les pratiques culturelles permettent de comprendre les logiques mêmes selon lesquelles il se constitue comme acteur social, et, au-delà, d'interpréter les logiques et les significations politiques de l'engagement social dont il est porteur. C'est bien le sens de l'interprétation politique des pratiques culturelles dont peuvent être porteurs les acteurs singuliers de la sociabilité, dans une médiation fondatrice entre la dimension sociale, politique et institutionnelle de leur inconscient et la dimension subjective et symbolique du désir dont ils sont porteurs. C'est de cette manière que la culture fonde l'inconscient comme une médiation.

Dimension culturelle de l'inconscient

L'inconscient est fondé par trois instances culturelles primitives majeures : la loi, les mythes et la langue. La loi représente l'inscription, dans la champ culturel des pratiques de la sociabilité, des formes du symbolique et de la représentation. La loi représente la médiation culturelle, en ce qu'elle s'applique à nos pratiques et à nos conduites, et, par conséquent, en ce qu'elles sont représentatives de notre appartenance. Elle représente la façon dont un système social et anthropologique d'appartenance transforme nos pratiques en formes de la sociabilité. Dès lors que nous agissons conformément à la loi, notre conduite cesse de n'avoir pour logique que la seule recherche d'un résultat et de la mise en oeuvre d'une intentionnalité, et elle devient représentative de notre appartenance. La loi, dans ces conditions, transforme nos actes et nos conduites singulières en actes et en conduites culturels : relevant d'un ensemble de formes et de prescriptions symboliquement prescrites par des codes transmis au cours de la pérennité de la sociabilité. C'est la raison pour laquelle le propre de la loi est de n'être inscrite dans aucune temporalité : la loi se parle, se dit et s'écrit au présent, car elle est fondamentalement intemporelle. Les mythes représentent l'inscription dans ce champ des formes de la mémoire médiatée et de la continuité anthropologique des représentations culturelles. Les mythes sont l'inscription des prescriptions de la loi et des récits de l'histoire dans les formes culturelles d'une expression et d'une représentation communes à tous, et constitutive de l'universalité des logiques de l'appartenance. Les mythes, à la différence des lois, ne constituent pas seulement des modes symboliques de prescription de nos conduites : ils inscrivent ces prescriptions dans des formes narratives attribuées à des acteurs indistincts porteurs de la sociabilité. Oedipe n'est pas seulement un personnage de récit : il est, en tant que figure mythique, porteur de tous les attributs et de toutes les formes de la sociabilité dont nous sommes, nous-mêmes, porteurs. La langue représente l'inscription des structures et des logiques de la représentation dans les formes de la communication. La langue représente la médiation culturelle minimale de l'appartenance : elle est minimale, car elle fait l'objet d'une appropriation et d'un usage par tous les acteurs de la sociabilité, puisque son usage constitue une exigence *sine qua non* de la reconnaissance, par les autres, de la sociabilité dont on est porteur. La langue ne saurait se réduire à un système symbolique de représentation : elle constitue, en fait, à la fois, la forme qui représente l'appartenance dont nous sommes porteurs, et le système de représentations qui donne une consistance symbolique à l'inconscient, en structurant nos pratiques symboliques et nos identifications sociales. La dimension culturelle de l'inconscient se trouve ainsi structurée par ces trois instances complémentaires, qui rendent raison de nos engagements dans les pratiques sociales, des représentations originaires qui peuplent notre savoir culturel, et des représentations que nous mettons en oeuvre dans nos échanges symboliques.

L'appropriation des faits culturels

C'est lors de son appropriation des faits culturels que le sujet se constitue au cours de la mise en oeuvre de l'inconscient, par les pratiques culturelles qu'il assume et par les processus de symbolisation grâce auxquels il construit les formes de la culture. L'appropriation des faits culturels par le sujet de la sociabilité, au cours de ses pratiques de la culture et des représentations, représente, en fait, sa constitution en sujet de la médiation, et, par conséquent, en acteur symbolique de la sociabilité. L'appropriation des faits culturels et de l'usage des pratiques esthétiques par les sujets de la sociabilité représentent le processus au terme duquel ils s'inscrivent dans leur dimension symbolique dans l'espace de la sociabilité : l'appropriation des faits culturels fait des acteurs de la sociabilité des sujets de culture et de médiation. En effet, elle consiste pour eux, à se rendre porteurs des savoirs et des représentations dont sont porteurs les autres acteurs de la sociabilité et qui fondent leur commune appartenance sur des formes, des images et des mémoires communes. L'appropriation des faits culturels, par la médiation des institutions et des pratiques de l'animation socio-culturelle et de la diffusion culturelle, constitue, en fait, le moment au cours duquel se met en oeuvre, dans l'espace public, la médiation selon laquelle le sujet de la communication devient un acteur de la sociabilité en assumant les pratiques culturelles auxquelles se reconnaît l'appartenance. L'appropriation des faits culturels est, dans ces conditions, un moment particulièrement important de la médiation culturelle, car il s'agit du moment constitutif de la sociabilité symbolique. Il ne faut pas sous-estimer, par conséquent, l'importance dans la médiation de l'appartenance culturelle des structures institutionnelles comme l'école ou les structures et les institutions de l'animation socio-culturelle et de la diffusion. L'appropriation des formes de la culture rend effectif le processus de la médiation, car, au terme de cette logique d'appropriation, ce sont les sujets singuliers de la sociabilité qui se reconnaissent comme porteurs d'un savoir collectif et de formes collectives de prescription et de lois. L'appropriation des formes de la culture donne, en fait, à notre appartenance, la dimension symbolique d'un ensemble de pratiques sociales et institutionnelles : c'est, en effet, dans des institutions et des pratiques institutionnelles qu'a lieu cette appropriation. Il faut l'anonymat du fait institutionnel pour que l'appropriation des formes de la culture se fasse sans la médiation de la subjectivité : c'est le fait institutionnel qui permet aux sujets singuliers de la sociabilité de s'approprier les formes de la culture de façon collective, c'est-à-dire de façon anonyme et non singulière. C'est le rôle de l'animation socio-culturelle et de l'école, d'assurer, dans des conditions de légitimité reconnues par tous les acteurs de la sociabilité, la socialisation des sujets singuliers de l'appartenance et de la médiation culturelle. L'importance de l'appropriation des faits culturels, et, par conséquent, des stratégies qui visent cette appropriation, réside en ce que cette appropriation collective est la garantie de l'adhésion au fait social des sujets singuliers qui sont désormais porteurs des formes de la culture. Mais il est clair que cette appropriation n'est pleinement achevée que quand les sujets de la sociabilité inscrivent les formes de la prescription des faits culturels dans l'inconscient dont ils sont porteurs, et qui structure, pour eux, l'articulation entre le champ du réel et le champ du symbolique.

La création et l'inconscient

C'est la création qui va constituer, pour les sujets de la sociabilité, l'expérience de la mise en oeuvre de formes esthétiques et symboliques de la sociabilité, et qui, par conséquent, va les mettre en mesure de représenter symboliquement leur propre appartenance. La création culturelle représente, en fait, moins une signification dans le champ de la représentation que la médiation par laquelle les sujets de la sociabililité inscrivent leur appartenance dans le champ des pratiques symboliques qui structurent le champ de la sociabilité. La création artistique et culturelle est une dialectique entre le savoir et la constitution de l'idéal de soi. En effet, nous mettons en oeuvre des logiques de communication qui ne consistent pas à nous identifier symboliquement à d'autres sujets, comme dans l'exercice de la communication intersubjective : les pratiques culturelles consistent dans la représentation esthétique de l'appartenance même du sujet qui les met en oeuvre, et par conséquent, elles supposent la formulation d'un idéal de la sociabilité, dont est porteur l'inconscient du sujet de la création. Je ne peux entreprendre une activité de création artistique et culturelle que par référence à un *idéal de soi* qui représente, à mes yeux, l'idéal de ma propre appartenance. Le peintre ou l'acteur de théâtre mettent en oeuvre le premier une représentation picturale de l'idéal de soi dans l'espace de la figuration, et le second une représentation dramatique de l'idéal de soi dans l'idéal de la représentation dramatique. La création représente, ainsi, une dialectique entre la dimension collective du sujet social et la dimension singulière du sujet des pulsions : c'est sur ce plan que se met en oeuvre une psychanalyse de la création esthétique et de la médiation culturelle. La création représente une entreprise au cours de laquelle le sujet instaure une dialectique entre le moment singulier de son identification à l'idéal de soi et le moment collectif de l'intelligibilité de son oeuvre par les autres acteurs de la sociabilité dans l'espace public. En ce sens, la création peut se définir comme une sublimation culturelle du désir du sujet : la culture sublime le désir du sujet en une forme sociale d'activité symbolique et esthétique. La création est un moment caractéristique de la médiation culturelle, car elle constitue un temps d'expression de la singularité du désir d'idéal dont peut être porteur le sujet, au cours de ses pratiques symboliques et esthétiques. Le moment de la création représente le moment de l'engagement effectif du sujet dans les pratiques culturelles qui constituent le langage collectif de la sociabilité à laquelle il appartient : la création représente une dialectique entre l'expression singulière d'une appartenance collective et l'expression collective d'un idéal esthétique dont est singulièrement porteur le sujet. C'est ce moment dialectique de la création, entre subjectivité et sociabilité, c'est-à-dire entre désir et appartenance, qui représente la consistance inconsciente de la médiation culturelle, et qui rend nécessaire, par conséquent, la mise en oeuvre d'une dialectique du désir et du lien social. L'inconscient du sujet structure ses activités et ses pratiques de création en leur donnant la représentation symbolique de l'idéal qui constitue la dialectique entre ces deux limites - celle de la subjectivité et celle de la communauté. L'enjeu de la création en termes de désir et en termes de structure inconsciente est, sans doute, pour le sujet de la médiation, la reconnaissance d'une dimension proprement esthétique de la subjectivité qu'il assume au cours de ses pratiques culturelles de création, de reconnaissance et d'interprétation des formes de la culture. L'enjeu de la création est, pour le sujet de la médiation culturelle, la reconnaissance par les autres de la représentation sublimée de sa propre subjectivité.

Les clivages de l'identité culturelle

L'identité culturelle constitutive de la dimension esthétique du sujet de la sociabilité se trouve, dans ces conditions, inscrite dans des clivages qui en font apparaître la multiplicité. Il n'est pas de sujet homogène de la médiation culturelle, car l'identité qu'elle fonde ne saurait se réduire à une représentation homogène.

Le clivage entre le désir et l'appartenance

Les pratiques culturelles permettent de représenter le clivage, constitutif du sujet, entre ses deux tendances antinomiques, celle du désir et celle de l'appartenance. C'est le premier clivage constitutif de la médiation culturelle du sujet. Entre le désir et l'appartenance, c'est-à-dire entre les lois qui structurent le premier et celles qui structurent la seconde, le sujet instaure son engagement symbolique dans les formes de la médiation culturelle en structurant, de cette manière, les processus par lesquels il assume la distance ainsi constitutive de la médiation. C'est le clivage entre le désir et l'appartenance qui donne toute sa consistance, et, d'une certaine manière, sa réalité et sa nécessité, au processus de la médiation culturelle. En effet, la sublimation esthétique qui fonde la dimension culturelle du sujet dans ses pratiques artistiques résulte de ce clivage, qui rend impossible la constitution esthétique de son identité. Pas de représentation unitaire possible du sujet grâce à la médiation esthétique, puisque, précisément, ce qui la fonde est l'impossibilité de réunir dans une même logique les instances constitutives de ce clivage fondateur. L'invention du romantisme, puis, grâce à la psychanalyse, des formes contemporaines de l'art et de la littérature, aura consisté, justement, à mettre un terme à une conception unificatrice du sujet, pour la remplacer par une représentation plurielle, voire différentielle et schizée, de l'identité dont il est porteur. Ce que nous annonce le romantisme, c'est l'impossibilité, pour le discours et les pratiques symboliques, de réunifier le morcellement de l'identité du sujet. C'est tout le sens de la poésie de Baudelaire, de faire apparaître, par la mise en oeuvre de la médiation poétique, la complexité du sujet et de ses structures. C'est le sens, en particulier, d'un poème comme *Dom Juan aux enfers*, dans *Les Fleurs du mal*, de mettre en scène, dans l'esthétique de la création, le morcellement et la fragmentation de l'identité du sujet, en ce que ce morcellement représente une expérience fondatrice de la subjectivité dans sa dimension esthétique. Ce clivage du sujet entre désir et appartenance, qui rend nécessaire, finalement, la sublimation de l'identité du sujet dans les formes esthétiques de la représentation, donne à l'identité du sujet la consistance symbolique qui le fonde et qui rendra possible, ultérieurement, le questionnement esthétique sur le concept même d'identité que l'on retrouvera dans l'expérience cubiste ou dans les formes wagnériennes de l'opéra et de la création musicale. Le clivage du sujet entre le désir et l'appartenance rend nécessaire, pour lui, l'unification symbolique que rendent possible l'expérience de la création artistique et celle des pratiques culturelles. En effet, l'expérience esthétique donne au sujet les formes lui permettant de faire apparaître, dans la communication et dans les pratiques symboliques qu'il met en oeuvre, la complexité de la structure identitaire qu'il représente. C'est, en particulier, par exemple, le sens du *leitmotiv* de l'opéra wagnérien.

Le clivage entre espace de la filiation et espace de l'appartenance

Mais ce clivage du sujet entre les deux instances qui le constituent, celle du désir et celle de l'appartenance, va faire apparaître, dans l'expérience esthétique, la représentation d'un autre clivage, entre l'espace de la filiation et celui de l'appartenance. La culture donne une consistance symbolique, par la différenciation des codes, à cette distinction fondatrice entre l'espace de la filiation (l'espace privé) et celui de l'appartenance (l'espace de l'indistinction). L'espace de la filiation fait l'objet d'une esthétique de l'intériorité, d'une esthétique de l'identité singulière, tandis que l'espace de l'appartenance fait l'objet d'une esthétique de l'extériorité : d'une esthétique qui fait apparaître les codes de représentation de la sociabilité. La différence entre ces deux types de représentation met en oeuvre une autre fonction de la médiation culturelle : celle qui consiste à donner aux sujets et aux acteurs de la sociabilité les formes et les langages par lesquels ils peuvent penser et se représenter une telle différence. Il faut attendre l'avènement de notre modernité, et, en particulier, le questionnement radical qu'a constitué l'émergence de la psychanalyse, pour que soit possible une remise en cause aussi radicale des formes esthétiques de la sociabilité et de sa représentation. Entre l'espace de la filiation et celui de l'appartenance, la médiation esthétique fait apparaître la succession de deux clivages. Le premier apparaît en même temps que le romantisme : il s'agit de l'industrialisation de la presse, de la communication et des médias qui va donner lieu à l'émergence d'une différenciation absolue entre l'espace que je peux irriguer de mes propres productions symboliques et l'espace que je ne peux irriguer de formes de communication qu'à condition qu'elles fassent l'objet d'une reproduction industrielle et d'une diffusion indistincte. Entre l'espace de l'intersubjectivité et du spectacle vivant et l'espace de l'indistinction et des médias, apparaît, désormais, toute la différence entre une activité singulière et une activité institutionnelle de la médiation culturelle. Mais apparaît alors le second clivage qui, lui, relève d'un questionnement psychanalytique radical : désormais, le sujet ne saurait fonder son identité sur ses pratiques symboliques et sur ses échanges de communication avec les autres. Ce qu'invente la modernité de la médiation culturelle, ce sont les formes nouvelles de la représentation de notre identité comme sujets de communication et de culture : désormais, les pratiques culturelles ne nous font plus apparaître comme des sujets singuliers, mais bien comme des acteurs de l'indistinction. L'identification à l'idéal de soi change de dimension : alors qu'il s'agit d'une expérience singulière en l'absence de diffusion industrielle, l'industrialisation des médias, à partir du XIXème siècle, fait de l'identification à l'idéal de soi une logique de médiation. La représentation esthétique et culturelle va donc assumer l'inscription d'une telle différence entre deux logiques de médiation dans les formes et les structures de la médiation symbolique constitutive du langage du sujet dans son expérience de la communication. La médiation culturelle va constituer, pour le sujet de l'expérience sémiotique, un mode de représentation de la différence entre l'espace de l'intersubjectivité et celui de l'indistinction, différence qui va, en définitive, la fonder comme un questionnement identitaire, ce qui peut expliquer l'importance du développement des représentations du sujet dans l'esthétique romantique et dans l'esthétique moderne.

Les pratiques culturelles comme représentations symboliques du clivage fondateur du sujet

Les pratiques culturelles, dès lors qu'elles sont assumées par le sujet qui en est porteur, donnent une consistance symbolique réelle et perceptible à ce clivage fondateur entre les deux dimensions de la subjectivité dans sa culture. Il s'agit de l'émergence d'une nouvelle logique de la médiation culturelle, et d'une refondation de son inscription dans le champ de la sociabilité. Les pratiques culturelles ne vont, désormais, plus seulement mettre en oeuvre des représentations sublimées du sujet dans sa dimension sociale et politique : la sublimation esthétique va constituer un mode de représentation de l'identité morcelée du sujet lui-même. C'est le sens qu'il convient de donner à l'émergence de la logique psychanalytique dans l'expérience esthétique. L'interrogation psychanalytique va s'inscrire dans les logiques de la création esthétique pour mieux y inscrire la représentation de l'identité plurielle du sujet : il ne s'agit plus d'une médiation de nature à restituer une représentation du sujet comme identité, mais d'une médiation de nature, au contraire, à remettre en question cette unité jusqu'alors considérée comme fondatrice de la subjectivité. Dans l'esthétique de la danse, dans l'esthétique de la peinture, dans l'esthétique de la littérature, l'interrogation psychanalytique est à l'origine d'une remise en question radicale du concept même d'identité constitutif de la subjectivité, et, dans ces conditions, le questionnement de la psychanalyse instaure un déplacement radical de la question de l'identité : la médiation culturelle, désormais, rend l'identité du sujet problématique. C'est pourquoi, avec la modernité, la médiation culturelle et esthétique va mettre en oeuvre une autre logique de constitution du sujet : c'est dans les pratiques esthétiques qu'il met en oeuvre que le sujet assume son identité en la faisant reconnaître des autres, et non dans une logique discursive, rhétorique ou dramatique. Les pratiques culturelles ne sont plus là pour représenter l'homogénéité identitaire dont se soutient le sujet dans son engagement au coeur de l'espace de la sociabilité, mais, au contraire, pour faire apparaître le clivage intérieur qui fonde son identité comme une forme plurielle de signification et de communication. C'est, en particulier, le sens de l'expérience du surréalisme : rarement une logique esthétique aura constitué un tel effet d'école, une logique aussi cohérente dans la multiplicité de ses expériences et de ses modes de représentation. Ce que représente le surréalisme, au coeur de l'expérience esthétique, c'est, précisément, dans tous les modes de signification qu'il met en oeuvre, la contestation même de l'identité du sujet : il instaure une logique de la subjectivité fondée sur la différence interne qui la structure. Les pratiques culturelles de l'esthétique et de la représentation font apparaître un clivage fondateur de la dimension esthétique de la subjectivité : la subjectivité, dès lors, constitue, elle-même, une médiation symbolique qui permet de penser la médiation esthétique. On peut, en particulier, rapprocher cette problématique de la découverte du rêve et de sa dimension sémiotique : le rêve constitue, grâce à l'expérience de la psychanalyse, une forme symbolique de représentation esthétique de l'inconscient que le sujet va pouvoir inscrire dans les formes esthétiques de la création artistique (cf., en particulier, les expériences de Magritte).

Les pratiques culturelles comme constitutives du langage de l'inconscient

Le langage de l'inconscient, lui-même fait des signifiants de cette différenciation, se trouve, dans ces conditions, constitué une fois que les pratiques culturelles ont donné leur consistance aux signifiants de la distinction entre les deux instances du sujet symbolique. Les pratiques culturelles donnent un mode d'expression au clivage, constitutif du sujet, entre le désir et l'appartenance, et, par conséquent, elles permettent d'inscrire toute la complexité de l'identité dont le sujet est porteur dans les formes et dans les langages de la médiation. L'inconscient s'inscrit dans des pratiques et dans des formes de culture et de représentation, et, en ce sens, la médiation culturelle objective, pour le sujet, les structures mêmes de l'inconscient dont il est porteur : l'esthétique et la représentation culturelle constituent, pour le sujet de la communication des modes de représentation et de connaissance de son propre inconscient. Le travail de la création constitue, en ce sens, pour le sujet, une des médiations par lesquelles il reconnaît et assume les formes de son inconscient. C'est dire l'importance de la médiation esthétique dans le travail par lequel le sujet assume la conscience de sa propre identité, et, par conséquent, parvient à la mise en scène de sa propre présence dans l'espace social de l'intersubjectivité. La médiation esthétique constitue, pour le sujet, une véritable forme d'expression de sa présence dans l'espace public, mais, plus encore, constitue, pour lui, une médiation, qui lui permet de prendre conscience de sa propre existence. L'expérience de la médiation culturelle ne saurait, en ce sens, se réduire à la mise en oeuvre de représentations esthétiques et de formes de langage dans l'espace public : elle constitue, véritablement, la médiation par laquelle le sujet s'assume lui-même comme identité dans l'espace public de la représentation. On peut illustrer ce propos par l'exemple du travail du corps imposé par la mise en oeuvre de la médiation esthétique. Dans la mise en scène des *Danaïdes* par Silviu Purcarete, apparaît l'importance du souffle dans la représentation de la subjectivité, et, de la même manière, les recherches de Martha Graham dans le domaine de la danse s'inscrivent dans la recherche d'une esthétique du souffle dans la représentation du corps : ces recherches sur le souffle confèrent aux pratiques culturelles de la représentation le moyen de mettre en scène dans l'espace public une véritable représentation de l'inconscient - à la fois de l'énonciateur ou du concepteur du spectacle, de l'acteur qui le représente et du spectateur qui s'identifie, ainsi, par la médiation de la mise en scène, à l'idéal esthétique représenté. Les pratiques culturelles de l'esthétique et de la représentation constituent, en ce sens, une véritable médiation permettant l'inscription dans l'espace public de la scène de formes de représentation culturelle de l'inconscient. Il s'agit, en fin de compte, de transformer la représentation de l'inconscient, jusqu'alors inscrit dans une logique singulière et personnelle, en une représentation collective, mise en oeuvre dans l'espace public, devant le peuple assemblé. C'est de cette manière que la médiation esthétique constitue, pleinement, une médiation de l'inconscient : une médiation qui permet la mise en scène de l'inconscient dont nous sommes porteurs, dans un espace collectif où nous pouvons en retrouver la représentation. De cette manière, la médiation esthétique constitue une forme politique et institutionnelle du miroir de l'appartenance et de la sociabilité.

Idéal de soi et idéal politique

Mais, dès lors qu'il fait, ainsi, l'objet d'une inscription esthétique dans l'espace public de la représentation, l'idéal de soi acquiert une autre dimension : il s'inscrit lui-même dans une perspective de médiation, en assumant, dans ces conditions, lui aussi, la logique d'une dialectique entre singulier et collectif : la médiation culturelle et esthétique de la représentation rend possible l'émergence d'une dialectique entre l'idéal de soi et l'idéal politique. Cette dimension nouvelle de la médiation confère à la médiation esthétique et culturelle sa dimension politique : la médiation esthétique s'inscrit dans une logique politique dès lors qu'elle constitue un mode d'expression et de représentation de l'idéal politique dont sont porteurs les acteurs qui la mettent en oeuvre. Les pratiques culturelles, dès lors qu'elles sont mises en oeuvre dans l'espace public, n'engagent pas seulement les préférences et les choix esthétiques : elles engagent aussi les choix politiques et institutionnels.

Approche psychanalytique du concept d'idéal

Le discours de la psychanalyse renvoie le concept d'idéal à la mise en oeuvre de processus de sublimation, caractéristiques de la médiation culturelle dans l'espace public, et constitutifs de l'identité politique du sujet, ainsi fondé comme citoyen dans le refoulement sublimé de son désir singulier. En fait, la médiation culturelle est là pour constituer, dans l'espace de la sociabilité, les formes et les langages qui rendent possible une telle sublimation, et, de cette manière, pour donner un horizon et une signification à notre engagement dans les pratiques de la sociabilité. C'est par référence à l'idéal politique et à l'idéal de soi dont nous sommes porteurs que nous entreprenons les logiques de représentation qui fondent nos pratiques culturelles, et, à ce titre, elles relèvent d'une approche psychanalytique. Mais, sur ce point, une importante clarification épistémologique est à faire : il ne saurait s'agir, dans une telle problématique, de faire apparaître une psychanalyse des sujets de la médiation dans la singularité de leur expérience : en fait, ce qu'il s'agit de montrer et de rendre intelligible, c'est la façon dont la problématique même de l'idéal se fonde dans une logique psychanalytique, pour se trouver restituée, dans la suite, au cours des pratiques culturelles que nous mettons en oeuvre. L'approche psychanalytique du concept d'idéal consiste dans la formulation des modèles et des formes d'intelligibilité qui permettent de penser la médiation dans toute sa complexité : ils permettent de penser l'inscription du désir et de l'engagement singulier de la subjectivité dans les formes sociales de la culture. C'est un tel engagement qui peut expliquer, par exemple, la pratique des musées par les sujets singuliers de la médiation culturelle. La visite du musée relève d'une interprétation psychanalytique, qui fait apparaître la signification de deux processus : d'une part, la visite, en elle-même, qui consiste dans un parcours rendant intelligibles des objets et des collections dans un espace culturel ; d'autre part, la relation aux objets constitutifs du musée, qui consiste dans l'attribution aux objets de l'exposition muséale d'une expression symbolique de nature à faire l'objet d'une interprétation et d'une reconnaissance culturelle. Dans le champ de la pratique muséographique, l'idéal culturel s'inscrit dans la médiation et dans les formes des objets qui, dans leur déploiement, dans leur exposition, dans leur organisation au sein de l'espace muséal, constituent autant de représentations métonymiques de l'idéal culturel dont ils sont les porteurs et les témoins. L'espace muséal fait apparaître les formes de la médiation culturelle en les inscrivant dans l'espace des objets et en les morcelant dans une exposition qui fonde sa signification sur le choix des objets exposés et sur la mise en scène de leur exposition au sein d'un espace, dès lors devenu un espace culturel. La médiation muséale s'inscrit dans les objets reconnus comme constitutifs de la médiation esthétique dont ils sont porteurs, soit qu'il s'agisse d'oeuvres d'art, dont la signification résulte de la logique qui préside à leur choix (par exemple : tous les tableaux de Bonnard, ou tous les tableaux de l'époque napoléonienne), soit qu'il s'agisse d'objets culturels, dont la signification résulte précisément de leur mise en scène (reconstitution de formes de vie quotidienne, ou présentation d'objets spécifiques à un métier, par exemple).

La différenciation entre les deux formes de l'idéal constitutives de la subjectivité

La subjectivité achève de se constituer dans la reconnaissance, par le sujet qui l'assume, de la différenciation entre ces deux formes d'idéal que représentent l'idéal de soi et l'idéal esthétique. C'est, d'ailleurs, pourquoi l'expérience esthétique est d'une telle importance dans le processus de constitution de la subjectivité, puisque c'est d'elle que résulte la formulation, pour le sujet de la médiation, de la différenciation entre ces deux instances, ou ces deux formes, d'idéal. La subjectivité se constitue pleinement quand elle dispose de repères qui donnent du sens à son engagement dans les pratiques sociales qui font d'elle un sujet de culture et de médiation. Tant que la subjectivité n'est fondée que sur le rapport intersubjectif à l'autre, et, par conséquent, tant que n'est pas présente à la conscience du sujet la dimension institutionnelle et sociale de son appartenance, la subjectivité n'est pas pleinement fondée, parce que le sujet de la communication est un sujet dialectique de l'intersubjectivité et de l'appartenance sociale. Encore faut-il toutefois, pour qu'ait lieu cette différenciation de la part du sujet entre les deux idéaux qui le constituent comme sujet symbolique, que ces deux instances de la subjectivité apparaissent en toute signification. La différenciation entre les deux instances de l'idéal de soi et de l'idéal esthétique constitue, précisément, le moment fondateur de la conscience esthétique du sujet et, par conséquent, le moment fondateur de la médiation culturelle. La médiation culturelle résulte de la reconnaissance par le sujet, au cours de ses pratiques culturelles, de la différence entre ces deux idéaux et, par conséquent, de la reconnaissance de la signification qui résulte de cette différenciation même. L'expérience théâtrale, par exemple, permet au spectateur de prendre la mesure de toute la distance qui sépare un personnage de théâtre, un rôle, qu'il voit interprété par un acteur sur la scène du théâtre, d'une personne réelle rencontrée au cours de son expérience de la sociabilité. Comprendre le théâtre, c'est comprendre la différence constitutive entre le personnage et l'acteur - entre le masque et celui qui le porte. Alors, seulement, la sociabilité et l'appartenance peuvent faire l'objet d'une reconnaissance et d'une interprétation qui leur assignent leur rôle et leur dimension, à chacune d'entre elles. Mais cette prise de conscience de la différence entre l'acteur et le personnage ne peut avoir lieu qu'au cours de l'expérience de la représentation théâtrale : c'est en assistant à une représentation que le spectateur peut, pour la première fois, mesurer toute la distance qui sépare le champ de l'expérience réelle de la sociabilité et le champ de l'expérience esthétique de la représentation théâtrale. Alors seulement, peut-il prendre la mesure de l'importance et de la signification de la médiation esthétique constitutive de l'appartenance culturelle. En effet, quand je vais au théâtre et quand je découvre, par conséquent, que les personnages qui sont sur la scène sont représentés par des acteurs et, de cette manière, instaurent une différence indépassable entre leur consistance réelle et leur dimension symbolique, je prends conscience à la fois de la distance entre cette scène et le réel (par le simple fait qu'à la différence du réel, cette scène peut se reproduire, se répéter, à l'occasion d'autres représentations) et de la distance entre la consistance symbolique du personnage (le rôle interprété par l'acteur) et la consistance réelle de l'acteur (que, d'une certaine manière, je cesse de voir une fois qu'il est sur la scène, sous le masque, dans son costume, ou, simplement, dans son rôle).

Dialectique du sujet et différence entre les deux idéaux qui le constituent

Le sujet se constitue dans cette différenciation entre la scène réelle et l'autre scène, celle du symbolique, car cette rupture fonde symboliquement la dimension dialectique de son identité même, qui caractérise, en particulier, la différenciation entre les deux types de pratique qu'il met en oeuvre. C'est dire l'importance fondamentale de la médiation culturelle dans la constitution même du sujet de la sociabilité. Les pratiques esthétiques et culturelles ne sauraient être réduites au rôle d'amusement ou de manifestations de plaisir esthétique, car ce sont elles qui fondent, pour le sujet, la différence indépassable entre le réel et la représentation et qui, par conséquent, fondent, pour lui cette autre différence entre l'idéal esthétique qui le fonde comme sujet de l'expérience culturelle et l'idéal de soi qui le fonde comme sujet de l'expérience de l'art. Mettre en oeuvre la médiation culturelle consiste à inscrire dans les pratiques sociales dont nous sommes porteurs la représentation de ces deux idéaux et la représentation de leur différence même. La médiation culturelle, en ce sens, constitue pleinement ce que Lacan pouvait appeler la *dialectique du sujet*, et qui consiste, en fait, dans la découverte que l'identité fondatrice du sujet ne repose pas sur une logique ontologique, sur une logique de l'existence, mais bien sur une logique de la représentation. Si je puis me constituer comme sujet, ce n'est pas au cours de l'expérience réelle de mes sensations, c'est bien au cours de l'expérience symbolique de mon échange avec les autres et de l'énonciation du langage de mes représentations. C'est la différenciation entre mon activité réelle et mon activité symbolique qui me permet de prendre la mesure de mon statut de sujet, puisque c'est cette différenciation même qui me permet d'exister de façon autonome dans le champ de la réalité et de l'expérience. Avant la mise en oeuvre de l'expérience esthétique, le sujet n'existe que comme existence et comme conscience de cette existence : l'expérience esthétique le fait exister comme *représentation de cette existence* - représentation qui en objective la consistance et la signification aussi bien pour lui-même que pour les autres acteurs de la sociabilité. Dans l'expérience artistique, le sujet est aussi bien ici et ailleurs : je me trouve aussi bien dans la salle de cinéma, installé dans mon fauteuil rouge, en toute réalité et en pleine existence, que dans la représentation d'une fiction ou d'une narrativité, fondée sur le médiation esthétique de l'image projetée sur l'écran et sur le récit qui en implique les personnages. Quand je lis, je suis un lecteur, engagé dans une pratique culturelle particulière, avec une lampe qui m'éclaire plus ou moins bien, dans un intérieur qui me donne ou non du plaisir, dans lequel je me trouve, ou non, dans des circonstances particulières de santé et de mode de vie, qui font de moi un acteur réel de la sociabilité et de l'expérience. Mais, au cours de la lecture, apparaît une autre représentation de ma subjectivité, qui est le sujet de la culture, fait de langages et de représentations, qui engage un processus d'identification ou de distanciation par rapport à la narrativité ou aux personnages. L'expérience culturelle est la dialectique entre ces deux identités dont est porteur le sujet qui la met en oeuvre : elle consiste donc toujours, ainsi, dans une expérience de la dualité entre le monde réel et le monde de la représentation.

La dialectique entre les deux idéaux comme mode de représentation de l'histoire

Mais la médiation culturelle consiste aussi dans la reconnaissance, par le sujet, de sa dimension historique : elle n'est pas seulement la médiation entre le singulier et le collectif, dans la conscience de son appartenance et de sa sociabilité, elle n'est pas seulement, non plus, la médiation entre le temps présent, qui est celui de son expérience, et le temps passé, qui est celui du savoir de l'histoire : la médiation culturelle consiste aussi dans une représentation de l'histoire comme dialectique entre le temps de l'expérience réelle et le temps de la représentation[62].

---

[62] On peut lire dans *Le Monde* des 28 février et 1er mars 1999 ces propos d'Aminata Traoré, ministre malienne de la culture : « *Que voulons-nous pour nous-mêmes ? Cela*

L'histoire est assumée par le sujet, à la fois comme conscience et comme savoir, à partir du moment où il assume et reconnaît symboliquement la différenciation entre ces deux idéaux qui constituent la dimension institutionnelle et politique de la subjectivité. L'histoire n'est, finalement, que la représentation symbolique et esthétique, pour le sujet, de la continuité dans laquelle il s'inscrit par rapport à la mise en oeuvre de la médiation culturelle : l'histoire est l'ensemble des informations et des savoirs dont je suis porteur, et qui fondent mon inscription dans la lignée dans laquelle je me reconnais :

Et ce songe était tel que Booz vit un chêne,
Qui, parti de son ventre, allait jusqu'au ciel bleu.
Une race y montait, comme une longue chaîne :
En bas, chantait un roi ; en haut, mourait un Dieu,

nous conte Victor Hugo, dans *Booz endormi*. Il s'agit bien, ici, de faire apparaître le rôle de la culture et de la représentation esthétique - ici marquée par la représentation du rêve dont le personnage est porteur. La conscience symbolique dont nous sommes porteurs nous inscrit dans la continuité d'une logique de représentations qui, ensemble, constituent la trame symbolique et culturelle dont est faite notre appartenance, mais qui, surtout, façonne notre inconscient et qui fait de nous des sujets de loi, de désir et de sociabilité. La médiation culturelle est l'ensemble des représentations dont la connaissance et l'interprétation nous permettent de penser notre appartenance commune à une sociabilité qui fait de nous des sujets de sens et des sujets de représentation. Ce qui nous permet de comprendre l'histoire et même de la penser, c'est la formulation d'une relation dialectique entre les deux idéaux dont nous sommes porteurs : celui qui donne du sens à notre expérience propre (l'idéal de soi) et celui qui donne du sens à notre appartenance et à notre sociabilité (l'idéal culturel). La scène qui nous est décrite par Hugo dans *Booz endormi* est la scène au cours de laquelle le sujet, grâce à un rêve, fait l'expérience de l'articulation, ou de la dialectique, entre ces deux idéaux, et, surtout, au cours de laquelle il comprend que c'est la maîtrise de la relation entre ces deux idéaux qui lui permet de donner du sens à son existence, en l'inscrivant dans une logique faite à la fois de désir et de sociabilité. La médiation culturelle qui me permet, quand je l'interprète en lui donnant

---

nous a amenés à recentrer notre action sur la personne humaine - c'est ce que nous appelons la maaya *(l'humanisme). Il n'y a de culture que là où il y a des hommes qui ont une mémoire, une présence, et qui pensent un futur. (...) Nous avons refusé la ghettoïsation de la culture, qui n'est pas le parent pauvre du développement, mais un élément de la reconstruction de la société, de l'économie. ».*

du sens, de donner du sens à ma propre existence et à mon expérience de la sociabilité, se fonde, ainsi, sur la mise en scène du réel dont je suis porteur au cours de mon expérience symbolique de l'esthétique et de la représentation. L'histoire est un savoir, donc une part de la médiation culturelle, qui se fonde sur la connaissance de la signification que peut revêtir, pour un sujet de sociabilité, la relation entre son expérience présente, de sujet singulier, son expérience présente de la médiation, et la mémoire dont il est porteur, strictement symbolique, de son expérience passée et du passé de la sociabilité à laquelle il appartient. C'est à la médiation culturelle de donner la consistance d'une représentation à un tel complexe.

Approche psychanalytique de l'interprétation des faits culturels

On conçoit mieux, de cette manière, l'importance qu'il y a à fonder une interprétation psychanalytique des faits culturels qui rende pleinement raison de leur appropriation par les sujets de l'esthétique, et qui, par conséquent, rende compte de la signification de la médiation culturelle.

La psychanalyse comme constitution d'un langage culturel

En rendant raison des formes par lesquelles l'inconscient construit la signification du langage qu'il met en oeuvre, le discours de la psychanalyse rend raison des formes et des structures par lesquelles la médiation culturelle s'inscrit dans un langage, porteur de sens et de médiation pour les sujets qui l'inscrivent, à leur tour, dans leurs pratiques symboliques. La psychanalyse constitue un langage culturel, d'une part en faisant prendre conscience au sujet de la dimension symbolique de ses pratiques sociales, et, d'autre part, en mettant en oeuvre une logique d'interprétation de ses usages sociaux et de ses relations avec les autres dans l'espace de la sociabilité. En élucidant, pour le sujet, au cours de la lecture, la signification des représentations et des pratiques culturelles qu'il met en oeuvre, la psychanalyse constitue, pour lui, une expérience sémiotique : elle rend possible l'interprétation et, aussi, elle rend raison de l'émergence d'un code. En fait, il faut aller plus loin : la psychanalyse rend interprétables les pratiques sociales que nous mettons en oeuvre dans notre culture, dans la mesure où elle fait apparaître les références par rapport auxquelles ces pratiques peuvent prendre du sens. La psychanalyse des oeuvres d'art, telle qu'elle est pensée par Freud dans sa réflexion sur le *Moïse* de Michel Ange, ou encore les interprétations que peut donner Lacan de *L'Extase de Sainte-Thérèse*, du Bernin, dans le livre XX du *Séminaire*, constituent des exemples des codes que la psychanalyse met en oeuvre pour rendre raison non seulement de nos conduites et de nos productions signifiantes, mais aussi des oeuvres d'art que nous sommes amenés à reconnaître comme telles et, par conséquent, à investir de nos représentations, de nos cultures et des imaginaires dont nous sommes porteurs. En montrant que la statue du Bernin fait apparaître la jouissance de Thérèse, Lacan propose une interprétation de l'oeuvre d'art qui lui confère le statut d'une médiation esthétique de notre subjectivité, fondée sur une dialectique entre la jouissance dont nous pouvons être singulièrement porteurs et la représentation de la jouissance, qui, dès lors qu'elle est figurée dans une statue, s'inscrit dans une problématique culturelle de la médiation et de la sociabilité. D'autre part, la psychanalyse rend interprétables nos conduites et nos pratiques de la sociabilité en les inscrivant elles-mêmes dans une logique symbolique : en en faisant des signifiants. C'est de cette manière que la psychanalyse s'inscrit dans la logique de la médiation culturelle en renvoyant nos conduites et nos pratiques aux modes d'interprétation et de représentation constitués par la médiation esthétique. Les figures esthétiques de la représentation sont convoquées par la psychanalyse pour rendre raison de nos pratiques et pour fonder des modèles et des paradigmes qui peuvent les décrire et les rendre rationnelles - à commencer par la figure d'Oedipe, qui, fondatrice de la psychanalyse freudienne, appartient aux logiques culturelles de l'Antiquité et du monde grec. La psychanalyse constitue un langage culturel en fondant sur notre inconscient la rationalité des formes et des représentations de la sociabilité et de l'esthétique de l'appartenance. En fait, la psychanalyse achève la constitution de notre expérience en expérience symbolique : elle achève la constitution de notre subjectivité et de notre existence même comme des formes symboliques, relevant à ce titre d'une interprétation, mais aussi d'une représentation : inscrites dans un langage.

Les lectures du désir dans la création esthétique et culturelle

Pas de création, pas de conscience esthétique, hors de la mise en oeuvre d'une dynamique culturelle par un sujet qui se soutient, à un certain moment, de son seul désir et ne se reconnaît que dans la mise en oeuvre des formes qui donnent à son désir une consistance esthétique représentable. Donnant à la création la consistance réelle d'une représentation du sujet, le désir y fait donc l'objet de lectures engagées par les logiques de l'interprétation psychanalytique. C'est par l'inscription de son désir dans les pratiques culturelles et esthétiques qu'il met en oeuvre que le sujet peut donner une consistance et une représentation au réel même de sa subjectivité : l'expérience de la création esthétique, en ce sens, est fondatrice, car cette expérience rend possibles à la fois la représentation du sujet lui-même dans toute sa consistance dans l'espace symbolique et la mise en oeuvre par le sujet d'une logique de signification dans ses représentations du monde. L'expérience esthétique de la médiation culturelle permet au sujet d'inscrire la consistance de son désir et de son idéal de soi dans des formes de la représentation, et, dans le même temps, elle constitue une médiation esthétique grâce à laquelle il peut représenter dans des formes esthétiques et symboliques le savoir sur le monde dont il est porteur. Il s'inscrit lui-même, grâce à ce savoir, dans des pratiques symboliques de représentation. C'est la médiation culturelle qui rend possible l'inscription du réel de la subjectivité dans les formes de la représentation, et qui, par conséquent, donne une consistance matérielle, effective, aux formes par lesquelles le sujet engage la sublimation esthétique de son existence et de sa subjectivité. C'est le sens qu'il convient de donner à la logique de l'identification à l'idéal de soi : il s'agit, fondamentalement, d'une sublimation du désir du sujet. Au lieu d'inscrire son désir dans les formes et dans les pratiques du réel de son existence, le sujet inscrit le réel de son désir dans les formes et les pratiques de la représentation sublimée du monde : en ce sens, les formes esthétiques de la médiation culturelle constituent, pour le sujet de la sociabilité et des pratiques symboliques, des modes de représentation sublimée de sa propre subjectivité dans l'expérience de la création. L'art représente une identification du sujet à l'idéal de soi, en lui conférant les langages et les formes de représentation par lesquels il peut inscrire dans la communication les formes qui représentent, pour lui et pour les autres, l'idéal de soi auquel il tend à s'identifier dans la sublimation que les pratiques de la création lui permettent de mettre en oeuvre. Quand je peins, quand j'entends de la musique, je suspens les relations de signification et de représentation que je peux établir avec le réel et les relations de communication que je peux établir avec les autres, pour n'engager de pratique signifiante que dans la conception d'un idéal que je ne peux représenter que sous sa forme sublimée, puisqu'il n'est pas là. Pas d'expérience de la médiation esthétique sans un manque fondateur du concept même de l'idéal. Le désir se lit dans la création artistique et dans la médiation culturelle sous la forme de la représentation sublimée du sujet qui en est porteur.

L'inscription spéculaire du désir de l'autre dans les pratiques culturelles

Si le désir représente l'inscription dans les formes de l'esthétique culturelle du réel de la subjectivité, la représentation et la mise en oeuvre effective des pratiques culturelles font apparaître la spécularité de la relation à l'autre, constitutive, elle-même, de la médiation. C'est la représentation du désir de l'autre qui constitue, dans ces conditions, la possibilité d'une médiation esthétique de l'inconscient dans les pratiques culturelles. Toute la difficulté du problème de la médiation culturelle et des pratiques esthétiques réside dans cette aporie, dans cette contradiction majeure : l'art constitue une médiation, et, en ce sens, il s'inscrit dans une dialectique du singulier et du collectif, mais, dans le même temps, il constitue une sublimation de soi, et, en ce sens, il ne saurait s'inscrire dans des logiques et des stratégies de communication de nature à inscrire ses formes dans des processus de diffusion et d'appropriation collective dans l'espace public. L'aporie majeure des pratiques culturelles, finalement, réside dans la nécessité pour le sujet, à la fois, d'y inscrire une représentation du désir de l'autre et d'y faire entendre à l'autre une médiation de son propre désir. En fait, les pratiques culturelles peuvent se définir comme une forme de miroir sublimé de l'appartenance et de la sociabilité : ce ne sont pas des sujets singuliers qui y représentent l'expérience de leur propre conscience de la singularité, et, dans le même temps, ce sont bien des sujets singuliers qui font, dans l'expérience artistique, l'expérience de leur propre sublimation. Cette aporie rend particulièrement difficile l'interprétation psychanalytique des logiques de la création. En effet, il faut imaginer, pour pouvoir le faire, un concept de *désir sublimé*, un concept que l'on pourrait rapprocher d'une forme de transcendance du désir. Le propre des pratiques culturelles, en ce sens, est d'inscrire leur logique de signification dans la recherche d'une représentation sublimée de l'autre. Quand je lis, je ne mets pas en oeuvre une expérience symbolique qui me serait propre : il ne s'agit pas, comme dans la communication intersubjective, de jouer ma subjectivité en échange de celle de l'autre. Quand je lis, je mets en oeuvre une sublimation de ma propre subjectivité, puisque je suis amené à m'identifier symboliquement, au cours de ma pratique esthétique, à des personnages, qui sont autant de sublimations esthétiques de caractères ou de désirs, dont je peux, par ailleurs, être porteur. Dans ces conditions, il ne saurait s'agir d'une pratique de communication au cours de laquelle je me trouverais en présence d'autres personnes réelles : il s'agit d'une expérience esthétique au cours de laquelle je me représente, au cours de la lecture, sous la forme esthétique d'une représentation de l'idéal dont je puis être porteur. Les pratiques culturelles, en ce sens, consistent dans l'inscription de la représentation que nous nous faisons du désir de l'autre, sous la forme sublimée d'une identification à l'idéal : c'est ainsi, pour prendre un autre exemple, que les politiques culturelles consistent à inscrire dans les formes et dans les institutions de la sociabilité les pratiques esthétiques et symboliques que l'on suppose représentatives de l'identité des autres, et, par conséquent, de nature à faire l'objet d'un engagement de leur part.

La médiation culturelle comme constitutive du sujet du langage

Engageant ainsi les formes symboliques de la création esthétique dans l'espace public de la représentation, la médiation culturelle constitue, dès lors, la dimension esthétique et symbolique du sujet dans la mise en oeuvre du langage et des pratiques culturelles qu'il engage dans l'espace de la sociabilité. La médiation culturelle fonde le sujet du langage en lui donnant les formes à la fois de sa subjectivité, de son appartenance et de sa sublimation, et en lui faisant prendre conscience, ainsi, de la complexité que constitue, de cette manière, sa subjectivité. La médiation culturelle donne au sujet les formes mêmes de sa subjectivité, en lui faisant apparaître, dans ses pratiques esthétiques et dans ses expériences de la culture, des formes et des représentations de sa propre subjectivité et de la subjectivité d'autres personnages. Qu'est-ce que l'expérience littéraire sinon la découverte, dans le fil d'un récit, de l'expérience esthétique de la représentation d'un sujet tel que nous ? Qu'est-ce que l'expérience de la musique, sinon l'expérience, au cours de l'audition d'un concert ou d'un disque, de la représentation esthétique d'un idéal commun au compositeur, aux instrumentistes et à nous-mêmes ? Mais la médiation culturelle donne aussi au sujet de la sociabilité les formes sublimées de son appartenance, car elle lui fait apparaître apparaître, dans l'art, dans l'aménagement de l'espace social, dans les formes esthétiques qu'il rencontre au cours de son expérience, un travail de création et de représentation qui lui donne l'image de ce que peut être son identité sociale et culturelle. C'est cette image qu'il reconnaît, au cours de son expérience sociale de la culture. C'est bien pourquoi les régimes politiques se donnent des représentations esthétiques de leur grandeur et de leur puissance en jalonnant l'espace public de statues, d'aménagements et de constructions qui viennent rappeler au public les formes et les logiques de son appartenance. Enfin, la médiation culturelle donne au sujet les formes possibles de sa sublimation, en lui faisant faire l'expérience artistique de l'identification à l'idéal de soi, et en lui faisant prendre conscience de la différence radicale qui distingue d'une part le langage ordinaire et les formes de l'ordinaire de la communication, et, d'autre part, les formes esthétiques d'un langage fondé sur la représentation de l'idéal de la sociabilité.

Ces trois dimensions de la médiation culturelle fondent, finalement, en lui donnant les formes et les modes de représentation qui le structurent, le langage dont nous sommes porteurs, et qui, au-delà de l'expérience culturelle que nous engageons, nous fait reconnaître des autres comme appartenant à l'espace de sociabilité qui est le nôtre et en nous distinguant de ceux qui sont porteurs d'autres langages et d'autres modes de représentation. C'est, finalement, la médiation culturelle qui nous donne les formes par lesquelles, dans l'espace social, nous pouvons faire l'apprentissage du langage et de la représentation. La médiation culturelle, en peuplant nos souvenirs, notre savoir et notre conscience de formes de représentation qui donnent du sens à notre existence, fait de nous des sujets de sociabilité en nous engageant dans les pratiques esthétiques et symboliques que nous partageons avec les autres, et par lesquelles nous inventons, avec les autres, les formes mêmes de notre sociabilité et de notre appartenance. C'est le sens des pratiques culturelles auxquelles nous pouvons nous livrer, seuls ou en société, de nous faire retrouver le sens de nos liens en nous faisant apparaître l'évidence de la représentation sublimée de la sociabilité à laquelle nous appartenons.

Conclusions

LA SUBLIMATION SOCIALE DE L'IDENTITE

En fait, la médiation culturelle nous fait prendre conscience, à la fois singulièrement, au cours de nos pratiques esthétiques, et collectivement, au cours de nos pratiques culturelles, de la nécessité d'une dimension sociale de l'identité : la culture constitue le langage de représentation sociale et collective de l'identité, en fondant la logique de la sublimation esthétique de notre appartenance.

Le concept de sublimation sociale

L'identité est, d'abord, dans l'histoire de nos concepts, liée à notre dimension singulière : l'identité est ce qui nous distingue des autres, dans la filiation, d'abord, puis, d'une filiation à l'autre, elle est ce qui se transmet au sein d'un même famille, ou d'une même tribu. L'identité est ce qui nous fonde comme sujets singuliers en nous donnant de quoi nous reconnaître et nous faire reconnaître au sein de l'espace de l'indistinction. Dans la mise en oeuvre des pratiques culturelles, le concept d'identité change de consistance : il devient un signifiant de l'appartenance sociale, et cesse, de ce fait, de ne désigner qu'une place distinctive de la singularité, pour représenter ce qui peut distinguer une indistinction d'une autre : la médiation culturelle, finalement, se fonde sur ce que l'on peut appeler la sublimation sociale, c'est-à-dire sur la transformation d'un lieu d'appartenance et de sociabilité en signifiant de cette appartenance même. La sublimation sociale, et, en cela, elle constitue une dimension fondamentale de la médiation culturelle, inscrit l'appartenance dans une logique qui n'est pas seulement une logique d'opposition entre des espaces différents de sociabilité indistincte. Au contraire, cette logique se fonde sur l'appropriation, par ceux qui font partie de ces espaces d'indistinction, d'un certain nombre de pratiques symboliques et de formes esthétiques grâce auxquelles ils peuvent se reconnaître eux-mêmes dans leur appartenance et s'en faire reconnaître des autres. La sublimation sociale, qui s'inscrit dans les formes de la médiation culturelle, est le processus par lequel un groupe social d'indistinction accède au stade symbolique d'une représentation culturelle et esthétique. C'est la sublimation sociale qui inscrit les peuples dans la mémoire de l'histoire par la mise en oeuvre de faits culturels ; de tels faits et de telles pratiques donnent à leur appartenance les formes d'un patrimoine qui leur survit et qui les représente dans d'autres circonstances historiques que celles dans lesquelles ils sont nés. La médiation culturelle représente une sublimation sociale parce qu'elle ne s'adresse pas seulement à ceux avec qui nous vivons ou à nos contemporains, mais parce qu'elle s'inscrit dans une dimension qui, au-delà de l'histoire courte, s'inscrit dans la pérennité d'une histoire qui se signifie elle-même. C'est le sens du patrimoine et de la politique du patrimoine : il s'agit, pour les peuples et pour les sociétés, de laisser derrière eux une trace qui donne un sens à leur histoire, pour eux-mêmes d'abord, mais aussi pour ceux qu'ils s'imaginent comme leurs successeurs. La sublimation sociale nous permet de prendre conscience de notre appartenance et de nous l'approprier : elle donne, en ce sens, à notre histoire sociale, la pérennité d'un signifiant présent au-delà de notre historicité elle-même. L'artiste ou l'acteur de la médiation culturelle ne crée pas les formes esthétiques de la représentation pour lui-même, ni seulement pour ceux qui appartiennent à la même époque ou à la même sociabilité que lui : il les crée pour que, par la médiation de ces formes, sa culture demeure signifiante pour d'autres qui n'y appartiennent pas. C'est de cette manière que la médiation culturelle s'inscrit dans la durée, fondant une dimension symbolique de l'histoire qui, au-delà de sa dimension pratique, en fait un objet de mémoire et un objet de savoir. La sublimation sociale change la médiation de dimension : elle n'est plus seulement, comme dans notre expérience historique, une dialectique entre singulier et collectif, elle est aussi une dialectique entre ceux qui appartiennent au même espace social et ceux qui y sont étrangers. La sublimation sociale consiste, en fin de compte, à créer une image spéculaire sublimée qui fonde nos sociétés et nos appartenances collectives, comme l'expérience du miroir nous fonde singulièrement.

La dimension historique du sujet

La médiation culturelle, dans ces conditions, donne sa dimension historique au sujet : elle le fait exister symboliquement au-delà de l'expression singulière d'un *je*, en lui donnant la consistance d'une représentation, pour lui-même et pour les autres. C'est le sens qui nous permet de comprendre la dimension psychanalytique du fait muséal. La médiation muséale, fait culturel majeur, consiste à inscrire le sens d'une appartenance sociale dans des objets et dans des formes de représentation qui, dès lors qu'ils appartiennent à l'espace du musée, ne sont plus seulement des objets ni des représentations, mais deviennent des signifiants. Le fait muséal inscrit la dimension historique du sujet dans un système signifiant qui, par conséquent, au-delà de son expérience historique singulière et de l'expérience historique et sociale de ceux qui vivent dans le même espace social que lui, donne à son appartenance et à sa sociabilité une signification qui les rende lisibles et interprétables, pour les autres, mais aussi, par conséquent, pour lui-même. Comme toutes les autres pratiques culturelles, le musée nous donne la signification de nos appartenances, en nous donnant à voir les formes qui en sont la métonymie. En créant le musée du Louvre, la France se donne le moyen de se représenter à elle-même, mais aussi de représenter aux autres, les formes et les objets qui portent témoignage de son histoire et qui, par conséquent, lui donnent une signification - ne serait-ce qu'en rendant lisible la succession des choix politiques et sociaux qui ont ponctué cette histoire et qui en font une continuité. En créant, plus près de nous, le musée d'Orsay, qui est un musée du XIXème siècle, nous faisons de cette époque une époque qui, pour nous, ait du sens : à la fois, nous l'inscrivons dans une clôture qui la rend signifiante en la distinguant d'autres périodes que nous avons connues, et nous donnons un sens à cette séparation en la reconnaissant dans des formes et des objets dont nous décidons (un musée repose toujours sur des choix, donc sur des décisions) qu'ils sont représentatifs, ou signifiants, de cette période qui fait de nous des sujets sociaux. Mais l'on peut aller au-delà de l'exemple du fait muséal, et l'on peut, sans doute, faire une analyse semblable de l'ensemble des faits culturels - à commencer par les spectacles. Un spectacle est toujours la représentation, qui nous est donnée à voir, de scènes de notre existence sociale. La représentation, par conséquent, nous inscrit dans une dimension historique, puisqu'elle fait de notre sociabilité, de notre mode collectif d'existence, un objet de savoir. Le spectacle, en inscrivant notre sociabilité dans des formes censées la représenter, fait de notre appartenance même un objet de savoir en la donnant à voir aux autres, c'est-à-dire aux spectateurs, qui, de ce fait, se mettent à distance même, se distinguent d'elle, au moins le temps de la représentation. Mais, de ce fait, la sociabilité devient un objet de savoir pour ceux qui en font partie et qui assistent à la représentation. Notre propre sociabilité, notre propre appartenance, nous sont objectivées par la représentation du spectacle, et, en ce sens, le spectacle fait de notre propre sociabilité un objet d'histoire pour nous-mêmes. Par la représentation du *Cid* ou par celle de *Richard III*, c'est la monarchie même qui devient un objet d'histoire, et, avec elle, c'est leur propre forme de sociabilité et d'appartenance qui fait l'objet d'une représentation pour ceux qui en sont porteurs. En assistant à une représentation de sa propre sociabilité par la médiation du récit, mis en scène, d'événements qui appartiennent à son histoire, le sujet prend ainsi conscience de la signification de son appartenance : il assume son histoire.

Un sujet de sens

Les pratiques culturelles représentent les pratiques sociales par lesquelles le sujet se constitue lui-même en sujet de sens. C'est dire que, de cette manière, la sublimation sociale engagée par le processus de la représentation esthétique, se trouve articulée à une sublimation singulière qui achève la mise en oeuvre de la médiation culturelle. Le stade du miroir me fonde comme sujet en donnant un sens à mon identité par la reconnaissance de sa différence et en même temps de sa similitude à celle de l'autre. Je me fonde comme sujet lors de l'expérience du miroir en me reconnaissant, dans une forme de médiation symbolique, comme à la fois semblable à l'autre dans l'indistinction, et différent de lui dans ma spécificité. Mais la médiation culturelle est d'une autre nature : il ne s'agit plus seulement de fonder l'identité du sujet dans son rapport spéculaire à l'autre, il s'agit de fonder la signification de cette identité, puisqu'il faut que son identité soit, pour lui comme pour les autres, porteuse d'un sens, qui la fasse reconnaître et comprendre dans la vie sociale. La médiation culturelle consiste à donner à notre existence un sens qui rende compte d'elle dans nos relations avec les autres et dans la mise en oeuvre de nos propres pratiques sociales. Par la médiation culturelle, non seulement nous devenons un sujet symbolique comme nous le sommes devenus à l'issue de l'expérience fondatrice du miroir, mais nous devenons aussi un sujet de sens, c'est-à-dire un sujet dont l'existence et la présence mêmes dans l'espace public ont un sens, pour lui-même et pour les autres. Quand je vais au spectacle, et que je vois des personnages qui, incarnés par des acteurs, représentent des identités comparables à la mienne, et auxquels je peux symboliquement m'identifier, je reconnais de ce fait une consistance symbolique à mon identité. Elle acquiert du sens, puisqu'elle se trouve représentée par des formes esthétiques qui la signifient dans un espace de représentation. Aller au spectacle ne signifie pas seulement reconnaître des personnages, une narrativité, s'identifier à eux le temps de la représentation : cela signifie aussi reconnaître une consistance symbolique à leur existence, et, par conséquent, à la sienne propre. Nos pratiques culturelles font de nous des sujets de sens, en donnant à la rencontre avec l'autre, dans le lieu de la représentation, la consistance d'une expérience sémiotique. Mais c'est aussi le sens de la lecture : par l'expérience sémiotique de la découverte des signifiants, le lecteur découvre, au fur et à mesure que se déroule la linéarité du livre, les formes symboliques grâce auxquelles il va pouvoir constituer ses représentations, esthétiquement sublimées, de lui-même et des autres, de ses désirs et de ses engagements. Par la lecture, nous reconnaissons une consistance symbolique à notre propre existence, parce que nous la voyons représentée par les personnages ou par les informations portées par le livre. Mais cette reconnaissance symbolique de notre propre existence, dans une forme de miroir social, constitue bien une médiation (et c'est pourquoi on parle de médiation culturelle), parce qu'en opérant singulièrement cette reconnaissance, nous savons, que, dans le même temps, tous les autres lecteurs en opèrent une du même ordre.

Le sens du sujet

Les pratiques culturelles inscrivent le sujet dans une signification qui le représente dans l'histoire et qui donne une consistance symbolique à ses pratiques sociales. L'importance de la médiation culturelle, tant sur le plan historique que sur le plan politique, tient au fait qu'elle donne au sujet la consistance symbolique d'une représentation, et que, de cette manière, elle donne du sens à son expérience. Ce serait une erreur si la médiation culturelle, inscrite à juste titre dans des logiques et dans des processus d'industrialisation, les industries culturelles, qui la rendent diffusable et en font un média fondamental de notre sociabilité, se trouvait, par le fait même de cette industrialisation, conduite à perdre ce qui la fonde : sa dimension proprement sémiotique. La médiation culturelle n'assure pleinement sa dimension historique qu'en donnant aux sujets qui la mettent en oeuvre la dimension symbolique qui les rend intelligibles - et, d'abord, sans doute, à leurs propres yeux. En donnant au sujet le sens dont il se soutient, la culture le met en mesure d'assumer pleinement son historicité. Elle s'inscrit dans trois dimensions qui demeurent complémentaires, et qui, sans doute, sont significatives l'une par rapport aux autres. La première de ces dimensions est celle de la représentation : pas de médiation culturelle qui ne s'inscrive dans une logique de la représentation, c'est-à-dire dans une distinction radicale entre le champ du réel et celui des signes. C'est parce que la culture est un système de représentations qu'elle peut être commune à tous ceux qui, ne partageant pas nécessairement la même expérience de la sociabilité, sont néanmoins en mesure d'être porteurs des mêmes représentations de leur appartenance. La seconde dimension de la médiation culturelle est sa diffusion. Pour faire l'objet d'une médiation, c'est-à-dire d'une appropriation singulière de leur dimension collective, les formes de la culture font l'objet d'une diffusion dans l'espace social : en ce sens, elles relèvent d'une logique de l'exposition ou du spectacle, et elles relèvent d'une logique de la reproduction. C'est l'ensemble de ces formes de diffusion qui, en inscrivant les formes de la culture dans tout l'espace de la sociabilité, confèrent à cet espace même la dimension d'un espace symbolique, reconnaissable et identifiable comme notre espace social. Enfin, la médiation culturelle a du sens : elle fonde une logique qui n'est ni celle de la causalité ni celle du réel, mais celle de l'interprétation. L'arbitraire du signe qui fonde la spécificité de notre langage, fonde aussi la spécificité de la médiation culturelle en faisant reposer sa signification sur la seule reconnaissance dont elle fait l'objet de la part de ceux qui en sont porteurs. L'arbitraire de la médiation culturelle, comme celui de la signification, fait du langage et de la culture des engagements. C'est de cette manière que la culture donne du sens au sujet lui-même. C'est pourquoi, de la même manière que la signification du langage s'inscrit nécessairement dans la consistance et dans les formes des signifiants, la médiation culturelle s'inscrit nécessairement dans la consistance et dans les formes d'une esthétique. En effet, c'est son esthétique qui, à la fois, donne à la culture les formes par lesquelles elle peut être présente et reconnaissable dans l'espace public et rend possible, devant ces formes mêmes, l'expérience de la sublimation qui fonde les sujets de la sociabilité comme les sujets d'un idéal.

BIBLIOGRAPHIE

BARBIER (Frédéric) et BERTHO-LAVENIR (Catherine), *Histoire des médias de Diderot à Internet*, Paris, Armand Colin, 340 pages, index.

BARTHES (Roland), *Le théâtre grec*, in DUMUR (Guy) (1965), pp. 513-536, bibl.

BARTHES (Roland) (1980), « La chambre claire (Note sur la photographie) », Paris, Seuil / Gallimard (*Cahiers du cinéma*).

BARTHES (Roland) (1983), *Système de la mode*, rééd., Paris, Seuil, 305 pages, index (Coll. « Points »).

BARTHES (Roland) (1987, rééd.), *Mythologies*, Paris, Seuil, 247 pages (Coll. « Points »).

BRAUDEL (Fernand) (1986) *L'identité de la France*, Paris, Arthaud / Flammarion, trois vol., 368, 224 et 480 pages, bibl.

BRAUDEL (Fernand) (1987, 8ème éd.) *La Méditerranée et le monde méditerranéen à l'époque de Philippe II*, Paris, Armand Colin, deux vol., 580 et 520 pages, bibl., index.

BRECHT (Bertold) (1970, 2ème éd.), *Petit organon pour le théâtre*, 1948, suivi de *Additifs au petit organon* (trad. par J. Tailleur), 1963, Paris, L'Arche, 118 pages (Coll. « Travaux »).

CANTAL-DUPART (Michel) (1998, automne), « Théâtre en ville », *Du théâtre*, n°° 2, pp. 22-27.

CASSIRER (Ernst) (1993), *Le mythe de l'État* (trad. par B. Vergely), 1946, Paris, Gallimard, 402 pages (Coll. « Bibliothèque de Philosophie »).

CAUNE (Jean) (1996) *Acteur-spectateur (Une relation dans le blanc des mots)*, Saint-Genouph, Nizet, 214 pages, index.

CAUNE (Jean) (1997) *Esthétique de la communication*, Paris, P.U.F., 123 pages, bibl. (Coll. « Que sais-je ? »).

CAUNE (Jean) (1999), *Pour une éthique de la médiation : le sens des pratiques culturelles*, Grenoble, P.U.G., 273 pages, bibl., index (Coll. « Communication, Médias et Sociétés »).

CHOLLET (1998, automne), « Théâtres et architecture », *Du théâtre*, n° 22, pp. 15-21.

DIDIER-WEILL (Alain) (1998) *Invocations : Dionysos, Moïse, saint Paul et Freud*, Paris, Calmann-Lévy, 176 pages (Coll. « Petite bibliothèque des idées »).

DONNAT (O.) (1998) *Les pratiques culturelles des Français (Enquête de 1997)*, Paris, La Documentation Française, 360 pages.

DUMUR (Guy) (1965) *Encyclopédie des spectacles*, Paris, Gallimard, 2 010 pages, bibl., index (Coll. « Encyclopédie de la Pléiade »).

ESCHYLE (1996), *Les Danaïdes* (trad. par P. Mazon, adaptée par S. Purcarete), Arles, Actes Sud, 47 pages (suivi d'un cahier dramaturgique préparé par G. Banu) (Coll. « Actes Sud - Papiers »).

GRAMSCI (Antonio) (1965), *Lettres de prison* (trad. par H. Albani, C. Depuyper et G. Saro), Paris, Seuil, 597 pages, app., index (Coll. « Témoins »).

HABERMAS (Jürgen) (1993) *L'espace public* (trad. par M. B. de Launay), Paris, Payot, 324 pages, bibl., index (Coll. « Critique de la politique »).

HOGGART (Richard) (1970), *La culture du pauvre* (trad. par J.-C. Garcias et J.-C. Passeron), Paris, éd. de Minuit, 401 pages, bibl., index (Coll. « Le sens commun »).

KANT (Emmanuel) (1947), *La raison dans l'histoire* (trad. par S. Piobetta), Paris, Aubier Montaigne, 235 pages (Coll. « Bibliothèque Philosophique »).

KAUFMANN (Pierre) (1974), *Psychanalyse et théorie de la culture*, Paris, Denoël / Gonthier, 205 pages, bibl. (« Bibliothèque Médiations »).

LACAN (Jacques) (1973), *Le Séminaire*, livre IX : *Les quatre concepts fondamentaux de la psychanalyse*, Paris, Seuil, 254 pages (Coll. « Le champ freudien »).

LACAN (Jacques) (1975), *Le Séminaire*, livre XX : *Encore*, Paris, Seuil, 133 pages (Coll. « Le champ freudien »).

LAMIZET (Bernard) (1992) *Les lieux de la communication*, Liège, Mardaga, 331 pages, bibl., index (Coll. « Philosophie et langage »).

LAMIZET (Bernard) (1998) *La médiation politique*, Paris, L'Harmattan, 407 pages, bibl. (Coll. « Communication et civilisation »).

LAMIZET (Bernard) et SANSON (Pascal) (1997), *Les langages de la ville*, Marseille, Parenthèses, 177 pages (Coll. « Eupalinos »).

LEVI (Primo) (1983), *Maintenant ou jamais* (trad. par R. Stragliati), Paris, U.G.E., 379 pages (Coll. « 10 / 18 »)

MARIN (Louis), *Le portrait du roi*, Paris, éds. de Minuit.

METZ (Christian) (1977, nouv. éd.) *Langage et cinéma*, Paris, éd. Albatros, 229 pages, ind.

MILNER (Jean-Claude) (1978), *L'Amour de la langue*, Paris, Seuil (Coll. « Connexions du Champ freudien »).

ROCCASECCA (Pietro) (1997), *Paolo Uccello : Les Batailles*, (trad. par F. Moulinat et L. Pericolo), Paris, Gallimard / Électa, 134 pages, ill., index (Coll. « Chefs d'oeuvre de l'art italien »).

SORIANO (Marc), *Culture savante et traditions populaires*, Paris, Gallimard (Coll. « Bibliothèque des Sciences Humaines »).

SOULAGES (François) (1998) *Esthétique de la photographie (La perte et le reste)*, Paris, Nathan, 312 pages, bibl., index (Coll. « Fac »).

Théorie de la littérature (textes des Formalistes russes réunis, présentés et traduits par T. Todorov) (1965), Paris, Seuil, 307 pages, bibl., index (Coll. « Tel Quel »).

TREUIL (René) (1995), « Archéologie », in *Encyclopaedia Universalis*, Paris, Encyclopaedia Universalis, tome 2, pp. 795-799.

VILAR (Jean) (1986, 2ème éd.) *Le théâtre, service public* (recueil présenté et annoté par A. Delcampe), Paris, Gallimard, 544 pages, index (Coll. « Pratique du théâtre »).

TABLE

INTRODUCTION : LA MEDIATION ET LA CULTURE 9

La médiation et ses formes dans l'espace public 9
L'impératif social de la médiation 9 - L'espace public : le lieu des médiations 10 - Les formes de la médiation : rationalité anthropologique et rationalité politique 12 - L'acquisition de la médiation est l'acquisition de la conscience sociale 13

Acteurs culturels et acteurs de la médiation 15
La culture se donne à voir par la médiation 15 - Les acteurs culturels dans le champ des acteurs de la médiation 17 - Pratiques culturelles et logiques de médiation 18

Le fait institutionnel et le fait culturel 20
Qu'est-ce qu'un fait culturel ? 20 - L'institutionnalisation des faits culturels dans l'espace public 22 - La dialectique de la culture entre logique institutionnelle et logique esthétique 24 - Codes institutionnels et codes culturels 25

Culture, droit, loi 26
Le droit comme forme politique de la sociabilité 26 - Le droit comme régulateur institutionnel des pratiques sociales 28 - Culture et loi 30

L'espace public comme espace de médiation 31
Mise en oeuvre d'une logique de médiation dans l'espace public 31 - Identification culturelle des acteurs de l'espace public 32 - Qu'est-ce qu'un espace de médiation ? 34 - L'espace public comme espace de communication et de signification 36

CHAPITRE 1 : POLITIQUE DE LA REPRESENTATION 39

Culture et lien social 39
La culture comme médiation symbolique entre ceux qui appartiennent à une même société 39 - Culture, filiation et appartenance 41 - Exclusion de la culture et dissolution du lien social 42 - Le miroir des formes 44

La culture comme représentation du politique 45
Le politique devient un langage 45 - Le rôle de la presse et des autres médias dans la culture 47 - Le miroir social 49 - La culture comme miroir du politique 50

La représentation de l'idéal politique 52
L'idéal politique, et ses représentations dans l'espace culturel 52 - L'épopée 53 - La peinture 55 - Les arts du spectacle : de l'opéra au théâtre 56

L'exercice politique de la représentation 58
Le spectacle et la mise en scène : la ritualisation de la représentation du politique 58 - Le spectacle et les pratiques politiques comme formes de la représentation de la sociabilité 60 - Les pratiques culturelles et la citoyenneté 62 - Le mandat comme modalité politique de l'exercice de la représentation 63

L'exercice symbolique de la représentation 65
Les pratiques de la représentation dans l'espace public 65 - Signification de la représentation culturelle 66 - Les deux champs de l'espace public 68 - L'acquisition de la compétence politique 69

CHAPITRE 2 : ESTHETIQUE DE LA REPRESENTATION....... 73

Esthétique et culture.. 73
La culture et l'appartenance 73 - Un système de formes 75 - L'esthétique de la culture 76 - Logique unificatrice des formes de la culture 77

Les langages de la culture.. 79
Le langage des formes et des représentations 79 - Le langage des gestes 80 - Le langage des signes et des mises en scène 81 - Le langage des rythmes et des mesures 83

Esthétique et communication... 84
Communication et émotion esthétique : les arts du spectacle et la musique 84 - La communication picturale 85 - L'esthétique et les codes sociaux de la communication 87 - L'art comme représentation critique de la sociabilité 88

L'expérience esthétique de la représentation... 90
Une expérience du sujet 90 - Création, compréhension et interprétation 91 - L'esthétique pleine 92 - Les limites esthétiques de la représentation 94

L'idéal esthétique de la représentation.. 95
Art et culture 95 - L'art comme sublimation des formes de l'appartenance 96 - L'art est une sublimation esthétique de la sociabilité et du contrat social 98 - Le miroir social 99

CHAPITRE 3 : LES LIEUX DE LA REPRESENTATION........... 101

L'agora et le théâtre.. 101
L'histoire dans les formes de la culture 101 - Constitution des lieux fondateurs de la culture 102 - Représentation et critique sociale 104 - Le théâtre comme lieu de constitution du public 105

Espace public et espace culturel.. 106
L'espace public et l'espace culturel 106 - L'espace de la distanciation 108 - L'information et la représentation 109 - Les espaces de la médiation 110

La clôture muséale.. 112
Le musée comme espace de clôture 112 - L'enregistrement et la mémoire 113 - L'accumulation et la richesse 114 - La clôture didactique 116

Information et représentation.. 117
Le concept d'information et le concept de représentation 117 - Décision et miroir 119 - Sujet de l'information et sujet de la représentation 120 - Scène réelle et scène symbolique 121

Les formes médiatées de la représentation culturelle................................122
Les formes institutionnelles originaires 122 - Les formes institutionnelles secondes 124 - La nouure entre culture et savoir : la médiation didactique 125 - La nouure entre culture et politique : la médiation de l'engagement 126

CHAPITRE 4 : LES FORMES ET LES TEMPS DE LA REPRESENTATION.. 129

Les types de représentation dans les logiques culturelles......................... 129
Le comique 129 - Le tragique 130 - La médiation muséale 121 - La médiation didactique 133

Le temps et les durées de la représentation... 134
Le temps esthétique de la représentation 134 - Le temps pratique de la représentation 135 - Les deux logiques culturelles du temps et de la durée 137 - L'individualisation du temps de la représentation 138

Temps social, temps symbolique, temps réel.. 139
La culture comme articulation entre les trois temporalités 140 - Le lieu théorique de l'histoire 141 - Histoire et conscience sociale 143

Signification des temps de la représentation.. 145
    <small>Le temps de la représentation 145 - La fiction narrative 146 - Le temps tragique 147 - Le temps de la distanciation 148</small>

Les différents espaces publics et les formes de la représentation............. 150
    <small>La rue 150 - La place publique 151 - Le spectacle 152 - Le musée 153 - L'espace médiaté de la représentation 154</small>

CHAPITRE 5 : LES PRATIQUES DE LA REPRESENTATION CULTURELLE.. 157

La médiation esthétique... 157
    <small>Le processus de constitution de la médiation esthétique 158 - L'émotion esthétique 158 - La rationalité esthétique 160 - Le transfert esthétique 161</small>

Qu'est-ce qu'une pratique culturelle ? 162
    <small>L'expérience de la médiation culturelle 162 - L'expérience esthétique 163 - Les pratiques culturelles 164 - L'expérience singulière de la médiation esthétique 166</small>

Pratiques culturelles et idéal de soi.. 167
    <small>La narrativité 167 - L'art 168 - Le savoir et la rationalité en matière artistique 170 - Pratiques esthétiques et quotidienneté 171</small>

La création artistique... 173
    <small>Le mythe de la création 173 - Le temps de la création 174 - Création et sujet 175 - Les spectateurs et le public de la création 176</small>

Idéal de soi et idéal politique... 178
    <small>Idéal de soi et appartenance 178 - Une sublimation politique du sujet 179 - L'expérience de l'engagement culturel 180 - Le temps de la représentation 182</small>

CHAPITRE 6 : LA CULTURE ET SES SIGNIFICATIONS........ 185

Langage culturel et code culturel... 185
    <small>Langage culturel et code culturel 185 - Les codes culturels 186 - Autonomie sociale et politique du langage culturel 188 - Langage culturel et faits culturels 199</small>

La culture comme médiation symbolique du lien social........................ 190
    <small>Culture et appartenance 190 - Culture et institutions 192 - Lien social et langage 193 - La mémoire du lien social 194</small>

L'idéal culturel comme idéal esthétique... 196
    <small>L'idéal culturel dans l'espace public 196 - Le rôle du public dans la médiation culturelle 197 - La sublimation esthétique 198 - La médiation de l'idéal culturel 200</small>

Idéal culturel et idéal politique.. 201
    <small>La consistance symbolique du politique 201 - Idéal culturel et idéal politique 202 - Le temps de la culture 204 - L'idéal politique se transmet 205</small>

La culture donne du sens à l'histoire.. 206
    <small>Qu'est-ce que l'histoire ? 206 - Histoire et culture 208 - La culture et les formes de l'appartenance 209 - Triple signification de l'histoire de la culture 210</small>

CHAPITRE 7 : SEMIOTIQUE DE LA CULTURE................... 213

Signification des pratiques culturelles... 213
    <small>Représentation de la sociabilité 213 - L'identité d'appartenance 214 - La représentation du contrat social 216 - La consistance symbolique de l'appartenance 217</small>

Sémiotique de la culture... 219
Signification de la culture 219 - Sémiotique et adhésion aux pratiques culturelles 220 - Sémiotique de la culture et continuité de la mémoire 221 - Élucidation politique des formes culturelles 222

Interprétation sémiotique des faits culturels....................................... 224
Le travail sur la langue 224 - Le travail sur les lieux 225 - Le travail sur les rituels 226 - Le travail sur les images et sur les formes 228

La sémiotique de la culture et les autres pratiques sémiotiques............. 229
La sémiotique de la culture et la mise en oeuvre des usages sociaux 229 - Continuité entre la sémiotique de la langue et la sémiotique des autres formes symboliques de la sociabilité 231 - Naissance d'un espace culturel 232 - Sémiotique de la culture et sémiotique des médias 233

La limite de la sémiotique de la culture.. 235
Que serait une pratique culturelle non interprétable ? 235 - Le moment constitutif de la culture comme limite originaire 236 - La dialectique de l'appropriation des formes de la culture 237 - La reconnaissance et la distanciation des formes de la culture 239 - Les pratiques culturelles comme pratiques sémiotiques 240 - Signification politique de la sémiotique de la culture 242

CHAPITRE 8 : LA CULTURE ET SES PUBLICS........................ 245

Les lieux du public dans la médiation culturelle....................................... 245
Les lieux de la médiation culturelle 246 - Le lieu de l'indistinction et le lieu de la représentation 247 - Le rouge et la scène 249 - L'espace public dans le lieu de la représentation 250

Publics et pratiques de la culture.. 252
Le concept de pratique culturelle 252 - Les pratiques culturelles comme mode de constitution du public 253 - La pluralité des publics 255 - Le public et l'interprétation des formes culturelles 256

Constitution culturelle du public.. 258
Processus social de constitution du public 258 - Structuration sociale et institutionnelle des publics de la culture 259 - Structuration esthétique et sémiotique des publics de la culture 261 - La modernité culturelle et la naissance de la question des publics 263

Les modes de connaissance des publics de la culture.............................. 264
Qu'est-ce que connaître les publics de la culture ? 264 - L'émergence des sciences sociales et la question des publics 266 - Dimension économique de la connaissance des publics 267 - Les modes de connaissance des publics de la culture 269

L'expérience de la culture... 270
Cogito de la culture et expérience de la culture 270 - Les modes de l'expérience de la médiation culturelle 272 - L'évaluation de l'expérience de la culture 274

CHAPITRE 9 : CULTURE ET LIEN SOCIAL............................. 277

Culture et histoire... 277
Le refoulement de l'histoire 278 - Le moment originaire de la culture 279 - L'histoire de la culture et l'histoire de l'appartenance et de la sociabilité 280 - Pratiques culturelles et historicité politique du lien social ; la fête 281

La culture comme mise en scène du lien social....................................... 282
La mise en scène du lien social dans l'espace public 282 - Les acteurs de la culture 284 - La culture donne une réalité perceptible au lien social et à l'appartenance 285 - L'esthétique du lien social 286

La représentation symbolique du lien social.. 288
Le miroir du lien : la catharsis 288 - L'identité sociale 290 - La culture rend la médiation présente 291 - La sublimation du lien social 292

La culture comme esthétique des représentations de la sociabilité......... 294
Le code des représentations de la sociabilité 294 - Évaluation et appropriation des pratiques sociales 295 - Esthétique des représentations de l'appartenance 296 - La culture comme matérialisation du lien social 298

Les pratiques culturelles donnent du sens au lien social.................................. 299

La culture donne sa consistance sémiotique au fait social 299 - La culture permet la représentation du lien social 300 - La culture fait de la sociabilité un objet de savoir 302 - Mise en scène des médiations de la sociabilité dans l'espace public 303

CHAPITRE 10 : DIMENSION INSTITUTIONNELLE DE LA CULTURE.. 307

Pratiques culturelles et pratiques institutionnelles.. 307

Représentation distanciée de la sociabilité politique 308 - Constitution d'une institutionnalité de la culture 309 - Émergence de pouvoirs culturels et de logiques institutionnelles lourdes 311 - Les pratiques institutionnelles comme limites de la création culturelle 312

Les acteurs institutionnels et la culture.. 314

L'exercice du pouvoir : la censure 314 - Les politiques culturelles 315 - Le mécénat 316 - Signification de l'aide à la création culturelle 317

Le paradoxe fondateur : la dimension institutionnelle comme limite de la culture... 319

Culture institutionnalisée et notabilité sociale 319 - Émergence d'une logique de normes au sein des faits culturels 320 - L'institutionnalité comme menace sur la culture 321 - Institutionnalité et répétitivité de la culture 323

Les pratiques culturelles rendent l'histoire présente.................................. 324

La culture donne l'histoire à voir aux acteurs sociaux 324 - Continuité de l'appartenance et logique culturelle 326 - Culture et patrimoine 327 - Culture et histoire 328

Pratiques culturelles et conscience institutionnelle..................................... 330

Conscience sociale et conscience institutionnelle 330 - La culture donne du sens à notre appartenance et à la conscience dont nous en sommes porteurs 331 - Pratiques culturelles et citoyenneté 332 - Culture et continuité historique des formes du politique 334

CHAPITRE 11 : HEGEMONIE, IDEOLOGIE ET CULTURE..... 337

Pratiques culturelles et hégémonie politique... 337

Mise en scène des pratiques culturelles dans l'espace politique 338 - Acteurs politiques et pratiques culturelles 338 - La domination culturelle 340 - Domination culturelle et idéologie dominante 341

Les formes culturelles de l'hégémonie idéologique.................................... 342

La diffusion culturelle et l'exercice de l'hégémonie idéologique 343 - Représentations culturelles des idéologies dominantes 344 - L'hégémonie idéologique et la culture médiatée 345 - Hégémonie idéologique et conscience d'appartenance 347

Pratiques culturelles et pratiques hégémoniques.. 348

Les formes du contrôle politique sur les pratiques culturelles 348 - Contrôle politique et contrôle social dans le domaine culturel 349 - Les acteurs culturels de l'hégémonie 351 - Les contre-pouvoirs des acteurs culturels 352

Hégémonie culturelle et savoirs dominants... 353

Les pratiques culturelles comme agents de diffusion des savoirs dominants 354 - La diffusion des savoirs comme facteur d'homogénéisation culturelle 355 - Logique éducative et logique culturelle 356 - Les lieux de diffusion culturelle et la stabilisation des savoirs dominants 358

Hégémonie culturelle et communication médiatée..................................... 359

Hégémonie culturelle et hégémonie politique 359 - Logiques de pouvoir et formes culturelles dans les médias 361 - Formes culturelles dominantes et communication médiatée 362 - Communication médiatée et représentation culturelle de l'hégémonie 363

CHAPITRE 12 : SIGNIFICATION DE LA CULTURE 367

Sémiotique des pratiques culturelles 367

Signifiant et signifié dans le champ des pratiques culturelles 368 - Les signes culturels sont-ils arbitraires ? 368 - Introduction des signes linguistiques dans les pratiques culturelles 370 - La langue comme contrôle sémiotique des faits culturels 371

Interprétation des faits culturels 372

Qu'est-ce que l'interprétation des faits culturels ? 372 - Implications politiques de l'interprétation des faits culturels 374 - Interprétation des événements culturels et participation à leur mise en œuvre 375 - Interprétation singulière et politique collective en matière culturelle 376

La culture comme sémiotisation des formes sociales 378

Pratiques quotidiennes et pratiques culturelles 378 - La culture constitue un code de lecture et d'interprétation des faits sociaux 380 - Inscription des pratiques sociales dans des logiques culturelles 381 - Sémiotique et mémoire des faits culturels 382

Les obstacles à l'interprétation des faits culturels 383

Y a-t-il des faits culturels non interprétables ? 384 - Obstacles linguistiques à l'interprétation des faits culturels 385 - Obstacles politiques à l'interprétation des faits culturels 386 - Obstacles inconscients à l'interprétation des faits culturels 387

Limites de la sémiotique culturelle 389

L'impensé des formes de la culture 389 - Le non représentable comme limite de la sémiotique culturelle 390 - Censure et sémiotique culturelle 391 - Les formes de la culture qui échappent à la rationalité 392

CHAPITRE 13 : L'INCONSCIENT ET LA MEDIATION CULTURELLE 395

Le refoulement fonde la médiation culturelle 395

Dimension originaire du refoulement 396 - Le refoulement comme séparation entre le réel et le symbolique 396 - Le refoulement constitutif des acteurs de la médiation culturelle 398 - Refoulement et signification des faits culturels 399

Approche psychanalytique de la théorie de la culture 400

Les trois sublimations 401 - L'inconscient et les formes de la médiation culturelle 402 - Significations inconscientes des pratiques culturelles 403 - Les pratiques culturelles dans la constitution du sujet 405

Le sujet de la culture 406

La culture comme médiation entre le moi et le sur-moi 406 - Les formes de la culture comme miroir social 407 - Dimension culturelle de l'inconscient 409 - L'appropriation des faits culturels 410 - La création et l'inconscient 411

Les clivages de l'identité culturelle 413

Le clivage entre le désir et l'appartenance 413 - Le clivage entre espace de la filiation et espace de l'appartenance 414 - Les pratiques culturelles comme représentations symboliques du clivage fondateur du sujet 415 - Les pratiques culturelles comme constitutives du langage de l'inconscient 417

Idéal de soi et idéal politique 418

Approche psychanalytique du concept d'idéal 418 - La différenciation entre les deux formes de l'idéal constitutives de la subjectivité 420 - Dialectique du sujet et différence entre les deux idéaux qui le constituent 421 - La dialectique entre les deux idéaux comme mode de représentation de l'histoire 422

Approche psychanalytique de l'interprétation des faits culturels 424

La psychanalyse comme constitution d'un langage culturel 424 - Les lectures du désir dans la création esthétique et culturelle 425 - L'inscription spéculaire du désir de l'autre dans les pratiques culturelles 427 - La médiation culturelle comme constitutive du sujet du langage 428

CONCLUSIONS : LA SUBLIMATION SOCIALE DE L'IDENTITE.. 431

Le concept de sublimation sociale 431 - La dimension historique du sujet 433 - Un sujet de sens 434 - Le sens du sujet 435

BIBLIOGRAPHIE.. 437

TABLE..441

643175 - Mars 2016
Achevé d'imprimer par